新编财务管理

吴明礼 主编

东南大学出版社

图书在版编目(CIP)数据

新编财务管理/吴明礼主编. —南京:东南大学出版社,2012.3(2023.10重印)
ISBN 978-7-5641-3385-6

Ⅰ.①新… Ⅱ.①吴… Ⅲ.①财务管理 Ⅳ.①F275

中国版本图书馆 CIP 数据核字(2012)第 038785 号

东南大学出版社出版发行
(南京市四牌楼 2 号 邮编 210096)
出版人:江建中
江苏省新华书店经销 常州市武进第三印刷有限公司印刷
开本:787mm×1092mm 1/16 印张:27.5 字数:660 千字
2012 年 3 月第 1 版 2023 年 10 月第 12 次印刷
ISBN 978-7-5641-3385-6
定价:49.00 元

(凡因印装质量问题,可直接向读者服务部调换。电话:025—83792328)

出 版 前 言

高等教育自学考试制度在我省实施28年来,已先后开考了文、理、工、农、医、法、经济、教育等类234个本、专科专业,全省累计有1815万人次报名参加考试,已有61万余人取得毕业证书。这项制度的实施,不仅直接为我省经济建设和社会发展造就和选拔了众多的合格人才,而且对鼓励自学成才、促进社会风气的好转,提高劳动者的科学文化素质具有非常重要的意义。28年来的实践证明,自学考试既是一种国家考试制度,又是一种基本的教育制度,受到广大自学者和社会各界的欢迎,产生了巨大的社会效益,赢得了良好的社会声誉。

自学考试制度是建立在个人自学基础上的教育形式,而个人自学的基本条件是自学教材。一本好的自学教材不仅可以使自学者无师自通,还对保证自学考试质量具有重要作用。对自学者来说,由于缺少名师指点和自学者之间的相互交流,学习相当困难,除了要有一本高质量的自学教材外,还需要有与之配套的自学指导书,以便帮助自学者系统地掌握教材的内容,达到举一反三、触类旁通、提高自学效率的目的。因此,我们在教材建设中,将教材内容与自学指导有机地融合在一起,使自学者更加容易理解和掌握教材的内容;同时,打破常规教材编写追求系统性、完整性的戒律,针对我省当前经济发展的实际状况,使之成为自学者学习科学文化知识、提高自身素质的教科书。

今后,我们将有计划、有步骤地组织有关高等院校、成人高校、高等职业学校、中等专科学校以及行业主管部门中业务水平较高、教学经验丰富、熟悉自学考试特点和规律的专家、学者,编写一批适合自学特点和社会发展需要的自学教材,以满足自学者的需要。

编写适应经济建设和社会发展需要的自学教材,是一项探索性的工作,需要在实践中不断总结和提高,为使这项有意义的工作能取得事半功倍的效果,希望得到社会各方面更多的关心和支持。

江苏省教育考试院

二〇一二年二月

目　　录

第一篇　财务管理基本问题

第一章　财务管理概论 …………………………………………………… 3
　　第一节　财务管理含义 …………………………………………………… 3
　　第二节　财务管理的基本问题 …………………………………………… 11
　　第三节　财务管理的理论基础 …………………………………………… 15
第二章　基本价值观念 …………………………………………………… 18
　　第一节　资金的时间价值 ………………………………………………… 18
　　第二节　投资的风险价值 ………………………………………………… 29
第三章　财务分析 ………………………………………………………… 36
　　第一节　财务分析概述 …………………………………………………… 36
　　第二节　财务比率分析 …………………………………………………… 40
　　第三节　企业财务状况综合分析 ………………………………………… 48

第二篇　负债和所有者权益管理

第四章　筹资管理概述 …………………………………………………… 55
　　第一节　筹资的基本问题 ………………………………………………… 55
　　第二节　资金成本 ………………………………………………………… 59
　　第三节　资本结构 ………………………………………………………… 63
第五章　所有者权益管理 ………………………………………………… 72
　　第一节　资本金制度 ……………………………………………………… 72
　　第二节　吸收直接投资 …………………………………………………… 75
　　第三节　股票筹资 ………………………………………………………… 79
第六章　负债管理 ………………………………………………………… 89
　　第一节　负债筹资概述 …………………………………………………… 89
　　第二节　流动负债管理 …………………………………………………… 91
　　第三节　长期负债管理 …………………………………………………… 98

第三篇　资产管理

第七章　投资管理概述 …………………………………………………… 109
　　第一节　企业投资的意义与原则 ………………………………………… 109
　　第二节　西方财务投资理论概述 ………………………………………… 111
第八章　流动资产投资管理 ……………………………………………… 115
　　第一节　货币资金管理 …………………………………………………… 115
　　第二节　应收账款管理 …………………………………………………… 123

  第三节 存货管理 …………………………………………………………… 132
第九章 固定资产和无形资产管理 ……………………………………………… 151
  第一节 固定资产投资概述 ……………………………………………… 151
  第二节 固定资产投资决策方法 ………………………………………… 152
  第三节 固定资产折旧方案管理 ………………………………………… 161
  第四节 无形资产管理概述 ……………………………………………… 169
第十章 金融资产管理 …………………………………………………………… 174
  第一节 购买短期有价证券 ……………………………………………… 174
  第二节 购买长期债券 …………………………………………………… 176
  第三节 购买股票 ………………………………………………………… 181
  第四节 外汇和期权投资 ………………………………………………… 185

第四篇 收入、费用、利润管理

第十一章 收入和费用管理 …………………………………………………… 193
  第一节 收入管理 ………………………………………………………… 193
  第二节 成本费用管理 …………………………………………………… 204
第十二章 利润管理 ……………………………………………………………… 218
  第一节 利润形成管理 …………………………………………………… 218
  第二节 利润分配管理 …………………………………………………… 228

第五篇 特殊财务管理

第十三章 资本运营理论 ………………………………………………………… 241
  第一节 资本运营的概念 ………………………………………………… 241
  第二节 资本运营的理论和实践 …………………………………………… 243
  第三节 资本的扩张 …………………………………………………………… 247
  第四节 资本的收缩 …………………………………………………………… 250
第十四章 企业设立、变更、清算的管理 ……………………………………… 255
  第一节 企业设立 …………………………………………………………… 255
  第二节 企业变更的财务管理 …………………………………………… 257
  第三节 企业的清算 ………………………………………………………… 260
第十五章 跨国公司财务管理 …………………………………………………… 263
  第一节 跨国公司财务管理的特点和理财环境 ………………………… 263
  第二节 跨国公司的国际筹资 …………………………………………… 265
  第三节 跨国公司的国际投资 …………………………………………… 269
附 录 ……………………………………………………………………………… 276

第一篇

财务管理基本问题

第一章 财务管理概论

第一节 财务管理含义

一、企业与企业财务管理

财务管理也称公司财务,或称公司理财、公司金融。对于理财而言,它普遍存在于国家(政府)、金融企业、非金融企业(厂商)、事业机构、家庭(个人)的组织之中,这些组织既是市场活动的主体,也是经济利益的主体。

就国家(政府)理财主体而言,主要活动是在市场上通过经济杠杆和经济政策,保持市场平衡,促进经济结构优化;通过制定有关法律和法规,维护市场秩序,保证市场机制正常发挥;通过建立健全社会保障体系,保持社会秩序稳定,保证经济持续发展。同时,国家(政府)在进行经济活动时,无不渗透其理财活动的同步运行,在这一层次的理财活动我们称之为财政(政府理财),例如税收政策、财政预算都是财政的主要内容。

就金融企业理财主体而言,主要活动是金融企业在金融市场上,进行融通资金、开展信用活动,以谋取金融利润,因此金融主体,包括银行、证券、保险、信托等行业在进行上述金融活动时,也必然伴随其理财活动,这一层次的理财活动我们称之为财金(金融理财),例如存贷款活动、同业资金拆借、货币汇兑等活动是其理财的主要内容。

就工商企业理财主体而言,主要活动是根据市场的需求组织生产和经营,以追求市场活动的效益最大化,同时根据企业生产和经营的需要筹集资金、运用资金并对资金收益进行科学分配,它组成的理财活动我们称之为财务。本书将立足于工商企业这一财务主体,对其财务管理的基本问题,如财务管理内容、理财方法进行系统的阐述。下面就企业财务管理这一经济范畴,给出逻辑分析。

(一) 企业

"企业是一种赢利性的组织",是社会经济发展到一定阶段的产物,为了生产出更多的产品和财富,人们需要把各种生产要素组织在一起,以提高劳动效率,必须从一家一户的手工业作坊式生产整合成工厂式的组织形式,再进而发展为现代企业制度下的公司制组织形式。

我们所说的现代企业,就是按照现代企业制度安排下的公司,包括股份有限公司和有限责任公司。从现代企业的含义上来说,它是从事生产、流通和其他服务性经济活动,实行自主经营、自负盈亏、自我发展、自我约束的法人主体。其基本特征是:

1. 现代企业有独立的法人地位和法人财产。
2. 现代企业通过市场并按照市场机制组织生产和经营,筹措资金,以实现市场利益的最大化。

3. 现代企业在产权关系明晰时,实现所有权和经营权分离。出资者按投入企业的资本份额享有所有者权益,经营者根据授予的权限独立开展供、产、销活动,对企业的人、财、物各生产要素进行有效配置。

而公司制则是最能体现上述现代企业制度的基本特征的组织形式。企业制度如同国家制度一样,它要用一定的组织机构加以相互制约、相互补充实现预期目标。例如我国的人民代表大会制度下的立法机构,是全国人民代表大会和人大常委会,现代企业制度对应的就有股东大会和董事会;行政机构负责人是国务院总理,而现代企业制度对应的则是总经理负责制;司法机构为最高人民法院和最高检察院,现代企业制度对应的就是监事会。由此可见,现代企业制度形成的这种相互制约和相互补充的体制结构,只有通过公司制的形式才能得到充分表现。本书将就一般性企业的财务管理进行阐述,并对现代企业制度下的公司财务管理给予必要的倾斜。

由于企业,特别是现代企业(公司)是通过一系列合同关系,将不同的利益集团组织在一起的进行生产经营活动的一种组织形式,因此也是各种契约关系的集合。每一利益集团由于其角色不同,在企业中拥有不同的权利和利益。投资者要得到投资效益,债权者要收回本金并得到资金收益,经营者要得到管理报酬和奖励,劳动者要取得劳动报酬和相应福利,材料供应者要取得销售收入,消费者要得到所需求的商品和满意的服务,政府由于其社会服务和社会管理而取得税收。这样也就会使得不同的利益集团对企业生产经营的运行加以参与和干预,没有所有者投入的资本金,企业就无从开办;离开债权人对企业追加资金的必要补充,企业资金就有可能周转困难;没有经营者的管理,企业运行就会杂乱无章,缺少有效组织;没有企业劳动者的参与,就无从谈起企业的生产和经营;没有政府的社会管理和宏观调控,企业就无法在市场上得以进行公平竞争。这样企业中不同利益集团组成的关系(也即财务关系)表现为两个方面:

1. 每一个利益集团都希望企业的经营活动取得成功,具有把企业搞好、把企业经营的"蛋糕"做得好一点的愿望。因为只有企业经营取得成功,各自的利益才能得以实现。如果企业经营失败,遭受损失的不仅是投资者,还包括管理者、劳动者、债权者以及政府。这种与企业利益相互依赖、互相支撑的一面体现了各利益集团相互合作的一面。

2. 同时我们还要看到各利益集团的利益不同,在他们共享企业收益这块"蛋糕"时,还存在分割大小的问题,存在利益此消彼长的相互对抗的一面。

因此,如何化解对抗,使各利益集团通过妥协增进合作,需要通过相互间的讨价还价,签订合同契约,保证基本利益的实现。因此,上述利益集团形成的既合作又竞争的关系(财务关系),既是企业运行的条件,也是如何协调财务关系的中心内容。

(二) 财务

财务包括财务活动和财务关系两个方面的内容。一般认为企业财务是指企业在生产运动中的资金运动(即财务活动)及其所体现的经济关系(财务关系)。

1. 企业财务活动。在讲述财务活动时,由于工业企业表现的财务活动更具一般性和完整性,因此以工业企业作为各种企业形式的一般代表。工业企业组织其再生产活动,必然伴随资金运动过程,而资金运动过程则体现财务活动。工业企业再生产过程的供、产、销活动,必须首先筹措资金(货币资金);再购买劳动资料和原材料,形成储备资金;然后在生产过程中,劳动者用劳动手段对劳动对象进行加工(在产品),形成生产资金;伴随着产品的制造完成,产品消耗的劳动价值、材料价值和固定资产价值转化为生产成本和费用,形成产品资金;通过产品销售,产品价值得以实现,企业取得收入,形成货币资金;这种在取得的销售收入中,除了补偿企业的物耗和活劳动消耗外,还实现了利润增值,这就是企业利润;利润需要在国家、企业、个人之间进行分配和再分配,这就是分配资金。可见企业周而复始的生产循环必然伴随着周而复始的资金循环,也称作资金周转。因此资金周转运动就表现为筹集资金、运用资金、收回资金和分配资金这样一个实实在在的财务活动。上述关系可见图1-1。

由前所述,企业的资金运动又体现为资金的筹集、资金的投入(投资)、资金的耗费以及资金的收回与分配,概而言之就是筹资活动、投资活动、损益及损益分配活动,这就是我们所说的财务活动,即企业理财活动。

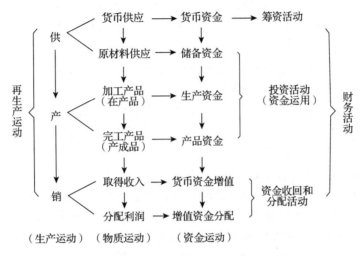

图1-1 生产运动、物质运动、资金运动、财务活动示意图

2. 企业财务关系。企业财务关系是指企业在财务活动过程中与有关各经济利益集团之间的关系,企业作为法人财产权主体同参与企业经济活动的各方利益集团有着广泛而密切的联系,这些联系主要表现在:

(1) 企业与投资者之间的财务关系。投资者指向企业注入资本金的出资者,如果是国家出资,称之为国有资本;如是其他企业出资,称之为法人资本;如是股东投资,称之为股本。因此投资者(即出资者)是企业的所有者,我们所说的国有企业、合资企业、股份制企业就是从出资方所界定的。企业的所有者按照投资的合同、协议、章程的约定,履行出资义务、行使相适应的管理权并享有收益分配;作为企业就是利用投资资本进行营运,获取资本收益,向出资者支付报酬。在股份公司制度下,如果企业经营不能满足投资者的期望报酬,那么股东(出资者)可以选择两种方式行使其财产所有权:一是通过股东大会参与对企业重大事项的管理("用手投票"),包括选举董事会成员、表决收益分配方案、决定企业重大投资项目;二是通过转让其股权选择新的投资方向("用脚投票")。可见,在两权分离条件下,企业与投资者在投资与报酬上体现利益博弈,其最终结果是:投资者(所有者)获得预期报酬,企业在既定的制度框架下得以运行。从这个意义上说,投资者需要明晰以下问题:

① 投资者出多少资能对企业加以控制(控股权),或者在何种程度上对企业进行控制。
② 投资者在获取利润上参与分配的份额以及对净资产的分配权。
③ 投资者对企业承担何种经济义务和责任,并在何时放弃其经济义务和责任。

企业和投资者根据上述几个方面进行合理的选择,最终实现双方之间的利益均衡。

(2) 企业与受资者之间的财务关系。企业以购买股票直接投资的形式向被投资企业注入资本所形成的经济关系是企业与受资者之间的财务。企业作为出资者成为被投资者的所有者权益,从本质上说也属第一种关系中的企业与所有者之间关系,只是调整了位置。但从目的上看,则有很大不同。企业之所以成为投资者,从目的上看,或是取得投资收益,或是稳定已有的购销关系,也就是收益性投资和控股性投资,无论何种投资目的,都要反映投资的本质要求,即取得预期收益。因此投资—收益之间的均衡是这类关系的出发点和落脚点。

(3) 企业与债权人的财务关系。企业在取得资本金后,不足资金需要向外部资金供给者借入资金,并按借款合同规定按时支付利息和归还本金,形成了企业"欠人"的财务关系。企业是债务人,资金供给者是债权人。从现时来看,企业的债权人主要包括企业债券购买者、银行信贷机构、商业信用提供者。债权人不同于投资者,不能直接或间接参与企业管理,也不能参与剩余权益的再分配,但债权人能够取得资金固定收益,与企业经济效益高低相隔离,其资金投入的风险也随之趋弱。企业作为债务人,与债权人形成的债务—债权关系,是通过风险—收益的均衡和博弈并通过借贷合同来实现的。

(4) 企业与债务人的财务关系。企业在利用资金交易和商品交易过程中,以购买债券、提供借款或商业信用给其他企业和个人,并按约定条件收取利息,收回本金,形成了企业与债务人之间的"人欠"财务关系。这种关系如同(3)一样,体现债权与债务经济关系,也需要通过风险—收益的均衡和博弈并形成借贷合同来实现。

(5) 企业与国家、企业内部、劳动者之间的财务关系。企业与国家、企业内部、劳动者之间的财务关系具体来说就是如何处理国家、集体、个人之间的利益分配关系。

企业与国家之间的财务关系体现为中央政府和地方政府在维持社会正常秩序、保卫国家安全、组织和管理社会活动方面行使政府职能,并依据这种职能和服务参与企业的收益分配。企业按照税法规定向中央和地方政府缴纳各种税款,包括流转税、资源税、财产税、行为税。国家通过行政权力取得税收,是由于国家为企业生产经营提供公平竞争的经营环境和制造"公共产品"时花费了"社会费用",必须得到补偿,也必须视为社会成本从收入中扣除。企业照章纳税既体现了企业与国家之间的公平原则,同时也体现了强制性特点,这是企业与国家之间财务关系的本质。

企业内部各单位(部门)在生产经营活动中既有各环节相互依赖、相互合作的联系关系,同时各单位(部门)之间又存在一定的利益冲突,形成不同的利益中心。如何组织生产活动中企业内部各单位(部门)在生产中的衔接,是生产管理的中心内容,而如何协调经济利益分配中所发生的冲突则是财务管理必要的组成内容。

企业与劳动者之间,由于劳动者付出了活劳动,因而企业有义务向劳动者支付劳动报酬(工资),提供劳保福利和奖金,按规定提取公益金,体现劳动者个人同企业的财务关系,这种关系如果处理得当,能够激励劳动者的积极性,为企业创造更多的经济收益;如果处理不当,不仅影响劳动者个人收入水平,还有可能制约企业自身发展。从这一点看,企业与个人之间的财务关系是不容忽视的。

(三) 管理

所谓管理,就是为了有效地实现预期目标,由一定的专业人员利用科学方法和专门技术对特定活动进行计划、组织、领导、控制的过程。这一定义对特定的财务活动而言,对其进行管理则具有如下特征:

1. 管理要有预期目标。管理本身不是目的,管理是为实现预期目标服务的措施和过程。这一特征确定了管理要实现什么目标的问题。

2. 管理要有特定对象和特定内容。管理存在于企业活动的各个侧面,如生产管理、供应管理、销售管理;再如有人事管理、财务管理、物资管理等。特定的对象是针对特定活动而言的,也形成了特定的管理内容。财务管理是一种价值管理,是一种资金运动管理,因此构成了财务管理的特定内容,这就架构了本书的内容体系。

3. 管理要有专门的技术和科学的方法。管理是从社会生产过程中分离出来的一种专门劳动,这种劳动是一种复杂劳动,它需要有一定的专门技术,同时还是一种高超的艺术,具体来说是专门技术和管理艺术的结合,就形成了科学的方法体系,它包括规划(预测、决策、计划)、控制、组织、领导等不同的管理方法和不同的工作环节,这就构成了本书的方法论体系。有关目标体系、内容体系和方法体系的进一步分析将在第二节予以阐述。

上述管理的三个基本特征同样适用于财务管理,它是本书第二节内容阐述的逻辑线索。

(四) 企业财务管理

由以上关于企业、财务、管理三个方面的阐述,可以认为财务管理就是人们利用一定的技术和方法,遵循国家法规政策和各种契约关系,组织和控制企业的资金运动(财务活动),协调和理顺企业与各个方面财务关系的一项管理工作。

二、财务管理的特点

企业的管理活动是全方位的,包括人、财、物等各个要素以及供、产、销各个环节的管理活动,如材料(商品)供应管理、生产管理、销售管理、劳动人事管理、技术管理以及财务管理。各项管理工作存在着密切的联系和配合,同时又各具特色。其中财务管理的特点更加明显,主要特点可以概括如下:

(一) 财务管理的实质是价值管理

企业的各项管理活动是企业分工的要求,它也赋予不同管理活动以不同权力。有的管理活动侧重于物的使用价值管理,如生产活动产品质量管理;有的管理活动则侧重于人的素质和行为管理,如劳动人事管理;而财务管理则侧重于价值管理,即在物和人的管理活动中所涉及的价值方面的管理,都属于财务管理的范围。如提高产品质量必然涉及成本和费用的增加,这就不仅是质量管理的范围,还需要财务管理活动的参与,需要通过质价比衡量提高质量的得失;再如劳动人事管理活动,其人员的调配和人才的引进是其日常工作范围,但如果涉及增加工资和提高人才福利待遇的问题,无疑也需要有财务管理的参与。从这个意义上说,各项管理活动尽管是独立的,但它们都必然与财务管理有着紧密联系的一面。所以财务管理其外在特点是价值管理,内在特点则是一种综合性管理活动。

(二) 财务管理的根本是资金管理

如上所述,财务管理活动深入到企业各项管理活动是由于对它们所涉及的价值能够加以制约和调控,而这种制约和调控都会引起资金流量的变化。可以说一切与资金无关的价值管理都是虚拟的财务管理,特别是现代财务管理活动的重要内容,包括利用资本市场进行资本运作的企业收购、兼并、控股等重大理财活动,也都会引起资金流量的剧烈变动,如果缺少资金的介入,资本运营则完全是一句空话。可见价值管理就是要把资金的增减、资金的收支、资金的筹集和使用管理起来,并通过科学的理财手段和方法调度资金,有效地对资金运用配置,节约资金的占用,提高单位资金的使用效率,所以说财务管理要以资金管理为根本。

(三) 财务管理是企业管理的中心

根据以上两个特点,可以明确"企业管理以财务管理为中心,财务管理以价值管理为实质,价值管理以资金管理为根本"这样一个结论。由于各项管理活动与价值管理、资金管理密不可分,并形成了递进式的联系,因此加强企业的财务管理工作,中心就是要做好资金的管理工作。资金犹如企业经济活动的血液,当资金充足、运用得当时,企业各项活动就会健康发展并达到良性循环;当资金短缺、运用失当时,企业就会贫血,缺少生机,出现病态现象。由此可见,企业管理的第一位工作就是加强资金管理工作。它包括资金的筹集、资金的合理配置、资金的使用效率以及资金效益的合理分配。资金管理各项工作渗透到企业各项管理活动中,各项管理活动也都需要资金的支持,保证其运行的畅通。这就体现财务管理是中心、价值管理是实质、资金管理是根本,其内涵是一致的。

三、财务管理体制

财务管理是财务活动的组织和财务关系协调的总和,它必须通过一定的制度安排和一定的组织机构来实现财务管理的责任和权利。通常我们把财务管理活动中的各种制度、各种组织机构、各种运行方式的集合称之为财务管理体制。

建立科学的财务管理体制是组织财务活动、协调财务关系的基本前提和合法依据。财务管理体制的形成又衍生出财务活动的运行方式。在我国向市场经济体制转轨的过程中,传统的财务管理体制正在发生巨大的变革,规范的、科学的、合理的财务管理体制正在酝酿之中。现仅就一般性的财务管理体制作一简单介绍。

一般性的财务管理体制可以概括为组织机构、管理制度、运行方式等三个方面的内容。

(一)组织机构

财务管理组织机构包括从中央到地方以及各主管部门专门对企业财务活动进行管理的行政机构,以及企业内部财务管理机构。目前各级行政管理机构正在进行重大改革,在结构上尚未完全成形,这里主要就股份制公司制企业的内部财务管理机构体系作一简要介绍。

股份制公司一般设有财务副总经理,直接对公司总经理负责。财务副总经理下分设财务管理机构和会计核算机构,分别由财务长和总会计师领导。财务长负责资金的筹集、使用和分配,总会计师负责会计账务核算和报表编制,具体示意图如图1-2。

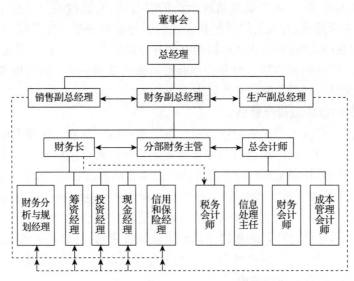

图1-2 财务管理组织机构简图

（二）管理制度

财务管理制度可以理解为财务管理过程中必须遵守的基本规则。这些基本规则包括国家对企业财务活动的规范性的政策、准则、通则，也包括企业自己制定的内部管理规章制度，还包括国家制定的其他法律所涉及对企业财务活动的规范，如公司法、证券法和税法等法规文件有关条款。

上述的财务管理制度可以归纳为三个层次：

1. 国家对企业财务管理活动作出的直接的规范。它包括企业财务通则、财务准则，以及行业财务制度。它体现为国家对企业财务一般性规定等。上述规范由财政部制定，各类企业都必须严格遵守。

2. 国家所制定的有关法律文件涉及企业财务管理活动的有关条款。它包括《中华人民共和国公司法》(可简称《公司法》)中公司资金筹措和使用的相关条款、《中华人民共和国税法》(可简称《税法》)中企业财务应尽的纳税义务、《中华人民共和国证券法》(可简称《证券法》)中法人股本上市等有关方面的规定。上述的有关法律由全国人大制定，由国务院总理颁布实施，对企业的财务活动同样具有高度的约束力，企业在财务管理过程中必须严格遵守。

3. 企业内部财务制度。这是建立健全企业内部的财务活动并加以约束的规章条款，以满足各个企业生产经营的自身特点及其内部管理的需要，同时也满足作为独立的财产法人所享有自主经营、自负盈亏、自我约束、自主发展所体现在财务上拥有的自主权。因此，企业制定科学合理、便于具体操作的内部财务管理制度尤为必要。企业内部财务制度可以看作是在满足国家和财政部一般性规范基础上，更深入、更具体、更细致地对企业理财活动加以约束的各种条款，从而体现纲与目之间的关系。因此，要求以《企业财务通则》为统帅，以行业财务制度为指南，以其他法规有关条款为补充，以企业内部制度为依据的系统的制度体系，才能保证企业财务活动得以有效和规范地运作。

（三）运行方式

长期以来，我国的企业大多是国有企业，而国有企业作为国家行政主管部门的附属物，缺乏理财自主权，按照"行政干预"的运行方式，统收统支，极大地损害了企业发展的积极性，削弱了企业发展的动力。改革后，对国有企业按照"放权让利"的指导思想，使得国有企业在一定范围内有了理财自主权。但从实践来看，国有企业囿于传统理财思路，既没有按照"市场机制"的运行方式对所获得的理财权有效运作，又由于"行政干预"的运行方式不得力和不得当，造成大量国有资产的流失。可见企业是采用"行政干预"运行方式，还是采用"市场机制"运行方式，或者是采用混合式运行方式，对于不同经济类型的企业应该有所区分。

一般认为股份制企业的财务管理运行方式必须采取"市场机制"行为，以资金有效配置为基本依据，对外部充分发挥资本市场和金融市场作用，拓宽融资投资渠道；对内部合理配置资金，提高资金运用效率，促进资金的良性循环。从我国目前来看，股份制企业，特别是上市公司在对外自主融资投资方面已经按照市场机制运作并卓有成效，但是在对内部资金运用方面，不少上市公司还停留在长官意志的行政干预的方式上，主观决策失误，资金运用随意，造成了ST现象，这是需要我们认真思考和总结的。

对于一般性中小型国有企业，除了深化体制改革以外，对于其财务管理运行方式，除了强调它也应以"市场机制"方式进行运作以外，还必须要求上级主管部门对国有资产流失现象加以必要的行政干预，不能因强调政企分开而对国有资产管理放任自流。

对于不参与市场竞争、维持垄断地位的特大型国有骨干企业，其财务管理的运行方式多数采用行政干预手段,但是这种行政干预的运作方式也必须是科学和高效的,而不是传统意义上的行政干预。这些特大型骨干企业内部财务管理也应尽可能采用市场机制方式,充分发挥市场杠杆的作用,保持内部资金的高效配置。

四、财务管理环境

财务管理体制是生成于一定的环境之下的,不同的财务管理环境会造成不同的财务管理体制。计划经济体制环境下的企业财务管理采用固定基金、流动基金、专用基金三段式基金管理体制;市场经济体制环境下的企业财务管理则采用筹资投资市场机制的管理体制。可见财务管理环境是企业赖以生存的土壤,是企业开展财务活动的舞台,谈理财离不开理财环境的分析。

从系统论的观点来看,财务管理可以视为一个系统,那么存在于财务管理系统之外,并对财务管理又产生影响作用的总和,便构成为财务管理的环境,它们也是财务管理活动的各种条件。企业理财活动受环境的制约,这些环境有的来自于企业内部理财活动之外的生产活动、销售活动、劳动人事活动以及技术、材料等因素,也有来自于企业外部的金融、税收、市场、物价、行政政策等环境的影响。这就要求企业在各种理财环境下协调平衡地组织财务活动,保证企业的生存和发展。

财务管理环境按其范围大小分为宏观财务环境和微观财务环境。

宏观财务环境是指它普遍作用于各个部门、各个地区、各类企业的财务管理条件,通常存在于企业外部。它包括一个国家和一个地区的经济体制、产业政策、税收政策、金融市场以及社会政策,也包括自然条件和经济发展水平,其中经济体制和产业政策是宏观财务环境中最重要的因素。

微观财务环境是指仅对某一特定范围内的财务活动产生一定影响的条件。它通常与企业内部条件有关,从而决定企业要制定的相关财务活动的对策。微观财务环境包括企业的经济类型、组织结构、生产经营活动、管理水平、企业规模、产品质量以及企业市场占有率。其中企业的经济类型和企业规模是微观理财环境中最重要的两个因素。

财务管理环境按其稳定性可将其分为相对稳定的财务环境和显著变动的财务环境。

相对稳定的财务环境是指在较长时间内其理财条件(或因素)变化不大或基本不变的环境,它是企业日常理财活动的基本条件和依据。它包括企业的地理环境、主营业务、生产方向、产业政策、税收政策。

显著变动的财务环境是指事件临时发生并对日常财务活动产生较大冲击的因素。它是企业特定理财活动的基本条件和依据。如企业变更或改制、金融危机爆发、原材料资源短缺、市场物价迅猛上涨、市场竞争格局的调整等。

总之,企业财务管理与生成的各种环境是相互依存、相互制约的。一方面,企业财务管理环境决定其财务管理的目的、手段、方法、方向和力度;另一方面,企业的财务管理活动也能够在一定的范围内改变已有的财务环境,使财务环境由坏的方面向好的方面转化。正确地理解两者之间的关系,就是要求在财务管理活动时既要尊重客观环境,充分发挥有利的财务环境的一面,同时还要发挥主观能动性,用科学的方法去改变不利的财务环境的一面,以提高财务管理活动的聚财、生财能力。

第二节　财务管理的基本问题

归于财务管理最基本的问题应是财务管理主体(谁理财)和财务管理目标(理财主体要实现什么目的)、财务管理内容(管理什么)、财务管理方法(怎样管理)这样三个方面的内容,它们是构造本书内容体系的基础。

一、财务管理目标

财务管理的逻辑起点应是财务管理主体,继而研究不同财务管理主体的财务目标。

现代企业理论认为,企业是所有者、经营者、债权人、政府和消费者一组契约关系的集合,因此企业的财务管理主体是多元的。就现代企业制度下的公司制企业而言,最主要参与企业财务管理的主体应该是所有者(出资者)、经营者(厂长、经理)、财务经理(财务负责人)三者。由于所有者和经营者两权分离,以及经营者的内部的分权管理,所有者、经营者、财务经理三者是站在不同的利益立场,并以不同的行为方式参与企业的理财活动,必然会导致不同的财务目标。财务管理目标可以认为是企业理财主体所希望实现的最后结果,也可以认为是企业理财主体为之努力的方向。财务目标对理财主体起着制约、激励、导向作用。

在这里需要明确的是财务主体和财务管理主体之间的不同。财务主体是针对法人财产权的归属而言,由于法人财产权属于企业(公司),因此财务主体则是企业。财务管理是一种管理活动,而管理活动是依赖一定的行为者参与的,所以参与理财的人员称之为财务管理主体。

所有者可以视为资本投入者,他们把资本投入企业,目的是使资本得以增值并获利。在国有企业,由于是独资,国家作为所有者侧重于国有权益在总量上保值增值;在股份制企业,由于是众多股东以不同比例投资,因此投资者不仅从总量上,而且从相对量(股份比例)上关心股东权益保值增值。总之,所有者财务目标就是为了使所有者权益保值增值。这一财务目标既是明确的,也便于在实践中考核。只要根据资产负债表下"所有者权益"要素项目便可以观察所有者财务目标实现情况。在两权分离的公司制度下,所有者财务主体在日常财务管理上是间接管理,但在重大财务事项上,如企业重大投资方向决策、所有权变更(企业购并、终止、转让)、权益结构调整(取得或放弃控股权)、收益分配等方面可以认为是直接管理,上述各项财务决策必须报经股东大会或董事会通过。同时所有者的财务管理目标的着眼点则是侧重企业长期的财务状况,即反映在"所有者权益"的有关项目上。

经营者可以视为是资产经营者(商品经营者也可),在委托—代理关系下,经营者把所有者投入的资本转化为能为企业带来未来效益的经济资源(即资产),并以此对企业的人财物、供产销进行全面管理,财务管理虽然只是企业经营者全面管理的一个方面,但却是根本性的。这是由于全面管理的目的就是为了使经营活动出效益、出利润,企业经营者能否给企业带来利润,这关系到经营者能否取得这一职位的最重要条件,因此说经营者的财务目标就是保证利润持续增长。这一财务管理目标的含义也是明确的,也便于实践考核,只要根据利润表的数据,很容易考核经营者财务目标的实现情况。由于经营者的管理是全面管理,因而经营者的财务管理范围主要针对日常财务活动中的重要财务决策(一般性投资决策、一般性长期筹资决策)进行直接管理;而对日常财务中的一般性财务活动(流动资金筹措和运用)则委托财务经理管理,因而这一部分是间接管理。经营者财务管理目标的着眼点侧重任期内的财务成果,它直接反映在利润表中。

财务经理可以视为特定意义上的货币经营者,他们对企业的钱进钱出、资金的筹措调度、与银行打交道、在高度发展的金融市场上负责现金有价证券转换、外汇兑换等这一类货币行为负有直接的责、权,可以说凡是涉及现金流量(现金流入、流出)的管理都是财务经理的权责范围,因此说财务经理财务目标是保证实现现金流量的良性循环。同样,这一财务目标的含义也是明确的,在实践上也是易于考核的,只要根据现金流量表相关数据就能考核这一财务目标的实现情况。从财务现状看,财务经理是对日常财务管理中的一般财务进行最直接的管理。财务经理的财务管理目标侧重近期(每日或每月)的现金流量,它直接反映在现金流量表和现金(银行)日记账上。

我们在分析上述三个层次财务管理目标时,是从三个财务层次的特点、着眼点、权责范围、考核形式上加以分析的。三个层次的财务管理主体尽管财务管理目标有所差异,但是都必须建立在"取得利润并保持利润不断增长"这一基本前提下,也即"利润"是企业的最基本财务管理目标。因为没有利润,根本没有可能使所有者权益保值增值,也无法使现金流量保持良性循环,因此说,企业"取得利润"这一财务管理目标是必要条件。但是企业有了利润如果分配不当,也可能导致所有者权益不能增值,甚至在隐性不良动机下,会使所有者权益不仅不能保值,还会流失减值。当然企业有了账面利润,但如果不能实现,也不能保证现金流量的良性循环。由此可见,利润增长、资本保值增值、现金流量良性循环三者之间保持协调同步是企业完整的目标,这样企业三个层次财务主体的财务管理目标就构成了企业财务目标的充要条件,并统一于完整的目标体系之中。

我国在传统计划经济体制下企业由"产值最大化"的财务目标过渡到"企业价值最大化"的财务目标可以说是一个历史的飞越,但是在这一提法中,过多地否认了"利润最大化"这一财务目标,认为这一财务目标没有考虑时间价值和风险价值。实际上"企业价值最大化"这一提法恰恰暴露出其不考虑时间价值而追求眼前价值同时又冒最大的风险的弊端,因为它们判断的价值是指上市公司每股价格最大,但每股价格只体现瞬间价格而且又是眼前的,所以有最大的风险性。"利润最大化"也可以是指长期利润最大化,并不指短期行为中掠夺性利润的泡沫现象。其次,"最大化"是一个经济学的抽象提法,因为最大化无法划出其边界,难以在财务管理中得以量化考核。所以我们在分析以上三个层次的财务管理目标时,一般都采用能用定量考核的字眼给以表述。

二、财务管理内容

通常我们把财务管理内容划分为资金的筹集、运用和分配,它们在内容框架上并没有严格意义上的区别,都体现为筹资、投资、损益及分配这样三大块内容。而筹资、投资、损益及分配从实质上来看,都可以纳入财务六要素管理范围之内。

筹资管理就是对负债和所有者权益两个财务要素管理。企业(公司)经营活动所需的资金的筹措渠道,一是吸收投资者投资,成为企业自有资本金,即所有者权益;二是通过向外(内)举债,形成债权债务关系,即负债。任何企业筹资基本上是通过这两种渠道形成的。当然,企业筹集资金也可以通过利润留成、接受捐赠、增股配股、债转股等形式,但其归根结底属于所有者权益要素和负债要素管理内容下的衍生事项。在西方财务理论中,对筹资的比例、渠道、方式的研究已有了相当系列的理论,如资本结构(MM)理论、资金成本理论、资本市场理论(产权交易置换)……这些筹资理论相对于我国传统的筹资理论有着很大的差异,需要我们认真思考并给以科学的借鉴,并能以我国企业的实际情况,创新筹资理论和方法,更好地为企业资金筹措服务。

投资管理则是对"资产"这一财务要素的管理。因为投资就是企业对资金的投放和运用,从而形成公司的资产形态。首先是固定资产投资(传统意义上的长期投资);继而购买原材料、生产在产品和产成品,并进行销售收回货币资金,体现为对流动资产方面的投资;在活跃的资本市场购买短期股票、长短期债券,体现为金融资产投资;除此而外,企业还通过购买长期股票参股控股,对外合资经营,形成外部资产投资,以及无形资产投资。所以说"投资"可以涵盖"资产"要素下的各个项目和各个组成部分,它不限于我们日常会计科目中短期和长期投资中的那种狭窄含义。在西方财务理论中,它以高度发达的金融市场为前提,在投资理论中产生了有效的市场理论、投资组合理论、资本资产定价理论、期权定价理论等一系列有影响的经典理论,对我国现代财务理论的建立和发展起了推动和借鉴作用。

损益及分配管理体现对收入、费用、利润(含利润分配)三个动态财务要素的管理。正如在前述财务目标所言及的,企业筹集资金并投放使用资金,其目的是取得收入和利润,且利润的分配,既涉及投资者权益如何得到保障,又涉及企业自身的积累和发展,是财务活动的重要内容。西方财务非常重视利润分配管理,并且创立了每股收益理论、股利政策理论等财务理论,较之我国传统财务侧重于收入管理和成本费用管理,更具其合理之处,所以说现代财务不仅要重视三个动态要素的管理,还要重视其延伸的利润分配管理。

日常财务管理的内容除了上述六要素管理之外,还把企业特殊财务活动纳入其范围之内,如企业的兼并、收购并购、破产清算等内容,从其现象上看,是资本运营范畴;从其实质看,仍属所有者权益管理和投资管理范围。但从管理活动状况看,它是企业偶然或间断行为,并不经常发生,所以单独作为一个板块安排。

由此可见,财务管理的内容主要分为筹资、投资、损益及分配三块内容。但具体来说,本书将按照以下五个板块介绍。

第一板块介绍财务管理的基础问题。第一章(财务管理概论)首先对全书内容做出总括性介绍。第二章(基本价值观念)从价值管理角度论述资金时间价值、投资风险价值等基本价值观念,为以后各章的共同性问题提供基础知识。第三章(财务分析)主要介绍财务分析有关理论。

第二板块介绍负债和所有者权益管理,它们隶属于筹资管理范围,分为筹资管理概述、所有者权益管理、负债管理三章。

第三板块介绍资产管理,它们隶属于投资管理范围,分为投资管理概述、流动资产投资管理、固定资产和无形资产管理、金融资产管理四章。

第四板块介绍收入、费用、利润管理,分为收入与费用管理、利润管理两章。这一板块介绍收入、费用、利润三个动态要素的管理内容。

第五板块则对企业特殊财务管理活动加以介绍,设资本运营理论,企业设立、变更、清算的管理,跨国公司财务管理等三章。其中资本运营理论是从所有者权益要素衍生出来的内容,介绍企业利用产权置换和交易进行资本扩张的财务活动,它是现代财务活动的重要内容之一;企业设立、变更、清算的管理则是从企业的生命周期过程阐述其财务活动,体现理财活动的连续性;跨国公司财务管理则是立足于经济国际化、市场一体化角度讲述跨国公司财务管理的特性,从而区别于一般性财务管理内容。

上述五个板块构成了本书的内容体系。

三、财务管理方法

财务管理是一种管理活动,它依赖于一定的管理方法运作。从财务管理的对象看,它是对财务要素的整合、组织和再配置;从财务管理的工作过程看,它是预测、计划、决策、检查、控制、评价等各种方法的顺序递进。上述各种方法有的是对财务活动中人的行为约束,需要制定规章制度规范人的行为;有的方法则是对财务活动中的事和物予以科学的界定和评价,需要采用计量模型给以准确结论。我国传统的财务管理方法,重视制度管理,忽略科学计量;而现代西方财务管理方法则主要依赖数量模型管理,淡化了制度管理的地位。所以在现代财务理论建设中,一定要对传统的制度管理方法和西方的数量模型方法给以合适的定位,保证管理方法在财务实践运用中的科学性和实用性。

值得指出的是,由于财务管理面对的是真实具体的财务活动,要使各种方法的运用收到最佳效果,管理者必须把管理对象视作一个整体,从整体的角度来研究问题、解决问题,坚持系统论观点,灵活而不是机械,长远而不是短期,整体而不是局部加以有效管理,才能取得较好的效果。所以说系统论方法是财务管理方法的基本出发点。

系统论是研究系统的特征并研究其运行规律。系统是由若干相互依存、相互作用的要素或子系统组合而成的具有特定功能的有机整体,它由物质、信息、能量三种元素所组成,这三种元素由不同的组合方式形成自然系统和人造系统、封闭系统和开放系统、静态系统和动态系统。所以学习财务管理的预测、决策、控制等具体方法时,有的企业和理财人员照搬书本中的方法,不尽如人意,效果较差;有的企业和理财人员则能把理论上的预测、决策、控制方法屡试屡爽,成果骄人,主要区别就在于是否坚持了系统论的方法。

系统论的人造系统、动态系统、开放系统具有整体性、相关性、有序性、适应性的基本特征,要求在理财活动中,需具备这样的基本认识:

1. 财务管理要有整体观点。管理活动要处理的每一个问题都是系统中问题,必须要用整体的观点予以指导。财务活动中出现的问题是多元的,在决策和实施过程中既要考虑直接的人、事、物等,还要考虑种种间接因素;既要考虑解决问题的内在条件,还要考虑外部关系;既要考虑当前的影响,还要考虑未来后果。这样才能统筹兼顾,综合思考,使财务管理活动更具整体观念。

2. 财务管理要有层次性观点。财务管理作为一个系统也是多层次的,其中高层财务管理者的任务则是确定重大方向性政策和终极目标,并对次层次的财务活动实施予以监督,并进行有效调控;而较低层次的财务管理者根据高层次的指令,一方面组织实施,同时还肩负着及时报告、及时反馈的职责。应该按照层次递进、职责分明的要求运作,而不宜采用高层次越层指挥、低层次越层请示的管理方法。"现场办公"、"一竿子插到底"、"深入基层"等管理方法不符合系统论要求。

上述两个管理观点是财务管理方法运用时要坚持的基本原则。它既贯穿于管理制度的设计之中,也贯穿于管理各阶段的运行过程之中,同时也反映在数量方法的计算和评价之中。

在明确财务管理的基本方法和具体方法的基础上,有必要在这里强调财务管理方法和财务会计方法之间的区别和衔接。财务会计是将事后核算方法的方法论体系连接起来,形成了财务信息系统;财务管理则是将事前规划(预测、计划、预算、决策)和事中控制的方法论体系连接起来,形成财务决策控制系统。财务信息系统和财务决策系统是有机联系的整体,并成为现代财务两个不可分离的分支系统,组成了价值事前、事中、事后全过程的管理,因而在方法上两个分支系统有了连续性,这在理论上有了逻辑的解释。另一方面,在实务中,属于财务会计报告的上市公司公开的财务报表,所提供的表外信息,包括募集股金的投资决策方案、投资收益预测、市场风险和经营风险的估量等一系列信息披露,都依赖于财务管理方法提供相关数据,这就是实践中实现财务和会计两个分支系统进一步合作的契机。财务会计和财务管理在理论上的连续性、在实务上的紧密合作推动了现代财务的发展,也拓展了交流的空间。

本节从财务管理目标、财务管理内容、财务管理方法等方面阐明了三个层次财务管理目标与三种会计报表具有呼应性,财务管理内容与财务六要素之间保持一致性,财务管理方法与会计方法有衔接性;表明了财务管理在最基本问题上除了保持自身系统性外,同财务会计理论体系保持了和谐与协调,因此上述基本问题的阐述是合理的,也是科学的,它是历史形成和当代发展的逻辑结果。

第三节 财务管理的理论基础

一、财务管理的理论基础

上面两节就财务管理的基本含义和其基本问题作了较为详细的论述,但作为一门学科,即财务管理学,它自身既有完整的理论体系,同时也需要相应的理论支撑,就现代财务管理涉及的理论基础看,主要包括经济学理论、金融学理论、管理学理论、财务会计学理论、IT与网络应用、证券等相关法规六个大的方面,另外还涉及计量经济学、统计学、行为学等有关学科。这里仅就六大理论基础作一简要介绍。

1. 经济学作为财务学源理论基础。在经济学流派中,有两支理论始终在财务源流上起着重大影响,一是自由主义学派中货币学派衍生出的公司财务理论,它几乎涵盖了全部财务经典理论,包括获得诺贝尔经济学奖的资本结构理论、投资组合理论、资本资产定价理论、期权定价理论,它从理论层面上阐释公司财务融投资基本思想和立论依据;二是制度主义学派的企业理论。"企业理论沿着两条线索展开,一是交易成本理论,二是代理理论。交易成本(交易费用)理论着重解释企业与市场关系,代理理论(代理成本)着重于解释企业内部组织结构及企业成员之间的代理关系。这两条线索都强调企业的契约性,因此,企业理论也称作企业契约理论"(费方域,《企业的产权分析》),它从制度层面上阐释了公司治理和治理结构的基本思想及立论依据。把财务学放到经济学的理论框架中,有助于深化财务理论的经济学分析。

2. 金融和金融市场作为财务活动的经营理念和经营工具的基础。现代财务理论与金融学理论几乎完全一致地包括在资本结构理论、投资组合理论、资本资产定价理论、期权定价理论中,因而在理论上是完全融合的。在传统的经营理念上,金融企业主要从事的是货币—信用—货币交易行为,而工商企业所从事的是货币—实物(服务)—货币交易行为,因此从工商企业的始点和终点看都与金融活动密切联结着。同时现代工商企业的财务活动理解为对外部的融投资活动,融投资活动又与金融市场和金融工具紧密联系,特别是上市公司在资本市场的运作,使得公司财务和金融活动、金融市场交融在一起,有着共同的背景,依赖同一种工具,因而金融企业金融活动和工商企业财务活动过程也是在互动中结合在一起的。传统的财务经营理念需要向现代金融经营理念转变,同时在各自独立的运行中相互分离。探索金融和财务关系,不仅在理念上,而且在实际运作上有了进一步关联性,例如,金融企业借壳上市,工商企业股权交易达到控股目的,都是财务理念向金融理念转化的结果。

3. 管理学作为财务管理的方法论基础。财务管理是企业生产要素人、财、物、事管理中的重要内容之一,是管理活动的重要组成部分。管理学的方法同样适用于财务管理的一般方法,包括预测、计划、决策、控制、分析的方法。同样,在一般方法的基础上,探索财务管理的具体方法则是一般方法的推广运用,如管理的计划方法推广运用到财务工作中形成财务预算方法,同时,财务预算是财务控制的工具,这就解决了管理学作为一般方法对财务管理的具体方法的指导作用。

4. 会计作为财务工作的信息基础。会计通过规范性的会计准则和会计制度记录计量所发生的资金运动信息,而财务有效地利用会计信息调动资金和配置资金;会计成为财务工作的信息基础,财务活动的开展依赖于内外部会计提供的数据信息。探索财务和会计的区分和融合,有助于企业财务和会计进一步明确分工和合作。

5. IT与网络应用作为现代财务技术应用基础。现代财务工作不可或缺的工具,如ERP技术、会计应用软件等成为会计核算、计量的基本应用技术,消除了手工核算效率低下、误差难以寻找的弊端,而且还提供了主动控制、自动平衡的基本条件;互联网和局域网提供网上交易和结算已成为现代财务最快捷的工具,资金往来、股权交易、委托理财有了高效通道和理想平台。

6. 证券、税务、会计等相关法规作为财务控制活动的规范基础。《中华人民共和国公司法》、《中华人民共和国证券法》、《中华人民共和国税法》、《中华人民共和国会计法》(可简称《会计法》)作为政府法令及相关规定,已经成为规范企业财务实践活动最重要的指南和规则,每一类法规及其相应的结合都会具体指导如何进行财务活动和财务交易行为。如企业如何组成股份公司,企业集团、有限责任公司如何有效进行税务筹划,在企业提供相关财务报表时选择较为妥当的会计政策。市场经济是一个法制经济,因此财务在公司治理、会计政策选择、信息披露、企业纳税筹划上都需要进一步加大相应规范。

当然,随着公司财务的拓展,财务工作、财务活动、财务学依赖更多学科的支持,但是财务基础支撑还是以上面六个方面为最主要的内容。

上面分别从基础理论指导、基本理念、基本方法论、信息基础、技术支撑、控制规范六大方面,阐明了现代财务理论与经济学、金融学、管理学、会计学、网络技术、法规之间的关系,表明它们是构造现代财务理论框架的六大支柱,也表明现代财务是一门多学科知识相互交融又自成体系的边缘性学科,它既是独立的,又是综合的,它不依附于任何一门学科,但与会计学科有更近的学科关联,这是不容置疑的一个现实。

二、对中西方财务理论的基本估计

传统的中国经济运行于计划经济体制,而计划经济的强制性和分配性特点,决定了传统的中国财务必然依据一元化的计划经济机制运作,缺少自主理财的功能,因而其财务理论是单调生产性财务,不具有现代财务所要求企业自主筹资和自主投资的基本内容。而西方现代财务理论建立在多元经济基础上,它要求企业必须在自主理财的基础上,通过在资金市场和资本市场上多渠道的筹资方式和多样性的投资行为,参与商品市场、资金市场、资本市场竞争,并且有丰富多样的选择性,所以其财务理论是活跃的,也能够对现代企业制度下的公司理财实践予以指导。从这一方面看,中国在建立自己的财务理论时,必须认真吸收借鉴西方现代财务理论中的精华。

同样，我们要注意到西方财务理论在其几十年的发展沿革中，也存在不少问题，至少对它自身存在的以下两大缺陷不可低估：

1. 在理论上尚未形成完整系统的理论体系。无论是在筹资理论中的时间价值理论、资本结构 MM 理论、资金成本理论、财务杠杆理论，还是在投资理论中的资本资产定价理论、投资组合理论、有效市场理论、投资风险理论，抑或是利润分配的每股利润理论、股利政策理论，这些专题理论的研究在个别问题上都取得了重大突破，但是各种财务理论之间的关联性却未整合，对财务理论的整体认识还缺少系统性，至今也没有明确的理论体系。

2. 在应用上缺少具体的可操作性。西方财务理论以抽象的数量分析为主要手段形成各种模型，这些模型由于缺少对理财主体活动的行为探索，因此在运用过程中常常背离现实，缺少实践的操作性。这一点与中国传统财务理论体系侧重于通过各种制度对行为主体加以约束相比较，中国传统财务理论操作性强，比西方财务理论略显优势，所以很多人认为西方财务理论中的数量模型是中看不中用的"花瓶"。从这一方面看，中国在建设自己的现代财务理论时决不能生搬硬套西方财务理论。

要借鉴而不要生搬西方财务理论是中国现代财务理论建设的基本出发点。

第二章 基本价值观念

财务管理的实质是价值管理,它必然涉及一系列的价值观念,本章侧重从财务活动中最经常涉及的资金时间价值、投资风险价值两种最基本的价值观念予以介绍。

第一节 资金的时间价值

一、资金的时间价值含义和表现形式

资金的时间价值是筹资、投资决策分析评价的重要依据之一。它是指在不考虑通货膨胀的情况下,因放弃使用资金或利用资金的使用的机会,换取将来由时间的长短而计算的报酬。通过这一定义,可知资金的时间价值是由现在放弃、将来取得、时间长短(现在与将来之间的间隔)、资金数量等几个要点所构成的特殊报酬。

众所周知,今天的1元钱与1年后的1元钱在数量上虽是相等的,但在质量上(即价值量上)和运用上都是不相等的,这是由于有一个时间差存在的问题。今天的1元钱可以现在使用,而1年后的1元钱今天却不能使用,那么今天的1元钱就比1年后的1元钱更有价值。今天的1元钱可以买到的东西,1年后的1元钱可能买不到,那么今天的1元钱就更值钱。如若你现在的1元钱放弃使用,那么在1年后理所应当有多于1元钱的货币,这多余的部分就是资金的时间价值。

资金的时间价值在实践中要从两方面加以理解:一是你没有放弃使用资金,而是用于投资,这样在货币资金使用的过程中取得了收益,即货币增加了数量,那么资金在使用期间的增值,就是资金的时间价值;二是你放弃使用资金,存入银行或借给他人使用,那么你由于放弃了使用能取得收益的机会,付出了一定的代价,那么付出的代价需要得到补偿(得到利息),也就是资金的时间价值。例如,你现在有1 000元现金存入银行,一年存期满后,取得利息100元,本金1 000元,那么利息100元就是1 000元货币一年时间的价值。因此我们把利息看作货币时间价值的绝对数表现形式,通常把利息占放弃使用货币金额的百分比,即利率,看作是资金时间价值的相对数表现形式。通常情况下,资金的时间价值被认为是没有风险和没有通货膨胀条件下的社会平均资金利润率,这是利润平均化规律作用的结果,一般以银行的存贷款利率为基准。

资金时间价值从理论上看,它实质上是货币资金的增值。不论在什么社会形态下,由于资金分属不同的所有者,而资金所有者也不愿意无偿出让资金的使用权,资金使用者也不可能无偿地使用资金,那么为了协调资金所有者和资金使用者在利益上的分配关系,这就成为资金时间价值存在的客观条件。如果没有货币使用者,货币所有者无从取得利息;如果没有货币所有者,那么货币使用者无法取得资金来源。只有资金时间价值的存在,才能使得资金所有者愿意

把使用权转让给资金使用者,以便取得报酬(收取的利息)。而资金使用者必须把资金增值额的一部分支付给资金所有者,从而形成使用资金成本(付出的利息)。当然自有资金(所有者)和自己使用(使用者)为同一主体的现象比比皆是,但是我们仍然把自有资金和自我使用(投资而不是消费)视作两种行为的分离。

资金的时间价值作为一种增值,本质上是作为生产要素之一(资本)同劳动相结合的结果。任何资金不投入经营活动,是不可能实现价值增值的,也就谈不上资金的时间价值。

资金的时间价值是一个客观存在的经济范畴,是财务管理中必须考虑的重要因素。从筹资角度看,如果其投资收益率低于资金成本,那么投资者会改变筹资渠道,寻求资金成本低的筹资渠道,采用新的低成本方式筹集资金。例如某公司准备借入100万元投资于某项目,年利率8%(资金成本),公司每年支付利息为80 000元,只有公司投资的项目毛收益超过80 000元,公司才愿意借入该笔款项,因此能否获得80 000元毛收益就成为判断借款是否合算的主要依据。从投资角度看,目前筹资100万元,用于投资的基本项目,在未来10年现金净流量上计有130万元,那么这个项目是否可行呢?由于130万元是分散在未来10年的各年份中,不同时间等量的货币其价值不等,需要把它们统一到相同的时间上,才能比较投资收益与投资额的孰大孰小,比较投资决策方案的可行性。可见资金的时间价值观念将渗透到财务活动的主要内容即筹资和投资决策的方案比较中。

资金时间价值体现为价值与时间的关系,一般有以下几个方面:

1. 资金使用时间的长短

在相同资金数量、相同资金收益的情况下,使用时间越长,价值就越大。因为它意味着资金作为一种资本,与经营活动结合时间越长,带来的资金增值额就越多,时间价值就越大。例如银行定期存款利率,其定期时间的长短决定其存款利率的高低。

2. 资金数量的大小

在相同使用时间内,资金数量越大,时间价值就越大。资金数量的大小与经营活动的规模大小成正比变化,不同规模的经营活动产生的收益不同,带来的资金增值额就有大小之分。资金数量大小是资金时间价值大小的最直接影响因素。

3. 资金周转速度

在相同的资金数量、相同的使用时间内,在相同收益情况下,资金周转速度的快慢决定着资金收益状况,也决定资金时间价值的大小。例如,同样10万元资金,每次收益10%,若把该笔资金存入银行,每年收益1次,资金时间价值为1万元(10×10%);若将该笔资金投入股市,在假定能保证每次收益为10%的情况下,如果每月均达到收益1次,每次收益1万元,则年周转速度为12次,那么该笔资金时间价值则为12万元(10×10%×12)。

可见,资金时间价值大小是时间、资金量、资金周转速度三个主要因素相互作用的结果,它们是财务管理筹资、投资的实践活动必须优先考虑的前提。我国国有企业长期以来忽视资金的时间价值观念,使得大量资金闲置、浪费、流失,即使投入使用,也忽视资金使用效率。比如,国家投资资金无偿使用;企业争投资项目,建设周期长、回收慢,有些甚至重复建设,造成资金浪费;企业争设备,并让其闲置;大量的材料物资积压,减缓流动资金周转。改革开放后,在完善市场体系的基础上,包括资金市场、资本市场在内的金融市场日益成为经济活动的最重要的资金配置市场,运用借贷、债券、股票、本票、商业票据、期权、期货等信用工具和金融衍生工具,进行筹资、投资活动,已成为理财工作不可缺少的内容,因此在财务活动中引入资金时间价值观念不仅有其存在的客观基础,而且有充分运用的迫切性。

二、利息与利率

(一) 利息与利率的关系

如上所述,资金的时间价值有两种表现形式:一是绝对数表现形式的利息;二是相对数表现形式的利率。从理论上讲,利率是从利息中派生出来的相对数,可以认为先有利息,才能计算出利率。而在实践中恰恰相反,总是先规定利率,然后才计算利息额。因此在投资决策分析中,我们格外看重利率这一实践性较强的相对数形式。

利率应根据社会平均资金收益率的高低加以确定,通常以中央银行规定的利率为准,并兼以时间长短为参照系数计算利息率。

计息的时间长短称为计息周期,我国现行存款和贷款以月为计息周期,国库券、债券以年为计息周期;国外有日、周、月、季、半年、一年等计息周期。

计息的方式有单利与复利之分。

(二) 单利与复利

单利是只就本金计算利息的一种方式。目前我国的银行存款利息、国库券利息、债券利息都是根据单利计算的。

例 银行规定3年期定期存款利率为12%,某人存入1 000元钱,3年计付利息为

$$1\,000\times(1+12\%\times3)-1\,000=1\,360-1\,000=360(元)$$

复利是指不仅本金计算利息,其利息也要计算利息,即以本利和为计息依据,也就是"利上滚利"。目前我国银行的贷款以复利计算利息,国外也大都以复利计算利息。如上例,如果以复利计算应是:

第一年本利和:$1\,000\times(1+12\%)=1\,120(元)$

第二年本利和:$1\,120\times(1+12\%)=1\,254.4(元)$

第三年本利和:$1\,254.4\times(1+12\%)=1\,404.92(元)$

或3年本利和:$1\,000\times(1+12\%)^3=1\,404.92(元)$

3年复利计付利息为:$1\,404.92-1\,000=404.92(元)$。其复利利息比单利利息多出的44.92元$(404.92-360)$,是由利息生成出来的利息。将复利本利和与单利本利和计算后加以比较,得出公式如下:

$$单利本利和 = 本金\times(1+利率\times计息期)$$

$$复利本利和 = 本金\times(1+利率)^{计息期}$$

(三) 现值与终值

为了与后面的决策分析内容衔接,这里再介绍与利率有关的两个概念,即终值和现值。所谓"现值"是指上面所讲的"本金",所谓"终值"是指上面所讲的"本利和"。我们经常把这两个概念与复利、年金联系起来予以应用,即复利现值和复利终值、年金现值和年金终值。

三、复利现值和复利终值的计算与运用

复利现值是指今后某一规定时期收到或支付的一笔金额,按规定的利率折算成现在的价值。从定义上理解,它与本金似乎不同,但它同上面的本金实质上是一致的。例如上例中3年后的一笔款项1 404.92元,以12%利率折合为现值即为1 000元。那么1 000元是1 404.92元的复利现值,1 404.92元是1 000元的复利终值。复利终值与复利现值在数学上表现为逆运算

关系。通常以 PV 代表现值,F 代表终值,I 代表利息,i 代表利率,n 代表计息期。

那么就有：

$$F = PV \cdot (1+i)^n$$

$$PV = F \cdot \frac{1}{(1+i)^n}$$

我们通常把公式中的 $(1+i)^n$ 称作复利终值系数,把公式中的 $\frac{1}{(1+i)^n}$ 称作复利现值系数,编成一定的表格以供查找。表格中以纵栏为利率,以横行为计息周期,其交叉处即为复利终值系数和复利现值系数。我们也可用计算器直接计算取得数据。

根据上述公式我们可以推导出利息计算公式：

$$I = F - PV = PV[(1+i)^n - 1]$$

复利终值和复利现值是长期投资决策分析经常用到的评价依据,因此要根据上面终值和现值的基本公式进行灵活处理,以计算我们所需要的数据。

1. 已知 PV, i, n,计算 F

例 某企业从盈余公积中提取公益金 100 000 元存入银行（复利,半年利率为 5%）,准备 3 年后提出盖宿舍楼,到期能提出多少款额？

因为计息周期为半年一次,故 $n = \frac{3}{0.5} = 6$

$$\begin{aligned} F &= PV \cdot (1+i)^n \\ &= 100\,000 \times (1+5\%)^6 \\ &= 100\,000 \times 1.34 \\ &= 134\,000(元) \end{aligned}$$

（查找利率为 5%,n 为 6 的复利终值系数为 1.34）

即到期可提出 134 000 元款额用于盖宿舍楼。

2. 已知 F, i, n,计算 PV

例 某工厂准备在 5 年后动用一笔资金 100 000 元,用于更新 1 台设备,在银行复利年利率为 10% 的条件下,现在应存入多少金额的资金？

$$\begin{aligned} PV &= F \cdot \frac{1}{(1+i)^n} \\ &= 100\,000 \times \frac{1}{(1+10\%)^5} \\ &= 100\,000 \times 0.621 \\ &= 62\,100(元) \end{aligned}$$

（查出复利现值系数为 0.621）

即现在需要在银行存入 62 100 元资金。

3. 已知 PV, F, i,求 n

例 某企业从盈余公积中提出 50 000 元存入银行（复利年利率为 14%）,到期需要 125 000 元用于机器更新,问该机器还要用多少年才能有足够资金更新改造？

根据 $F = PV \cdot (1+i)^n$ 公式,则有：

$$(1+i)^n = \frac{F}{PV}$$

$$(1+14\%)^n = \frac{125\,000}{50\,000} = 2.5$$

$$n = 7$$

(在复利终值系数表中查找利率为14%,系数接近2.5的横行年数为7年)

即该机器使用7年后方可有资金更新。

4. 已知 PV, F, n,求 i

例 如果某一工厂现从营业盈余中提取100 000元存入银行,在5年后能够提取200 000元用于厂房建设,银行必须提供多少利率才能保证企业这一目标的实现?

解法(1):用几何平均法

根据 $F = PV \cdot (1+i)^n$,则有:

$$(1+i) = \sqrt[n]{\frac{F}{PV}} = \sqrt[5]{\frac{200\,000}{100\,000}} = \sqrt[5]{2} = 1.148\,7$$

$$i = (1+i) - 1 = 1.148\,7 - 1 = 0.148\,7 = 14.87\%$$

即要求银行复利年利率要达到14.87%,才能保证企业到期有200 000万元款额用于厂房建设。

解法(2):插值估计法

根据 $F = PV \cdot (1+i)^n$ 公式,则有

$$(1+i)^5 = \frac{F}{PV} = \frac{200\,000}{100\,000} = 2$$

在复利终值系数表中 n 为5年的横行里查找接近于2的复利系数及利率见表2-1(设银行提供的利率为 x)。

表 2-1 复利终值系数表

利率	复利终值系数
14%	1.925
x	2
15%	2.011

依比例计算有:

$$\frac{x-14\%}{15\%-14\%} = \frac{2-1.925}{2.011-1.925}$$

$$x = 14\% + \frac{2-1.925}{2.011-1.925} \times 1\%$$

$$= 14\% + 0.87\% = 14.87\%$$

计算结果与几何平均法一致。

四、普通年金现值和普通年金终值的计算与运用

(一) 年金的含义和分类

年金是指在相同的间隔期内(一年、一季、一个月)收到或支出的等额款项,例如定期收到的工资、利息;定期支付的租金、水电费。因等额款项收付的时间不同,可以分为以下几种

年金：

1. 普通年金(A)

是指在每一相同的间隔期末收付的等额款项，也称后付年金。它是我们最常遇到的一种年金，以下将作重点介绍。

2. 预付年金

是指在每一相同的间隔期初收付的等额款项，也称即付年金。

3. 递延年金

是指凡在第一期末以后的时间连续收付的等额款项，也称延期年金。

4. 永续年金

是指无限期收付的等额款项，也称终身年金。

以上 4 种年金都采用复利计算方法。由于普通年金最为经常使用，下面以普通年金的现值和终值计算为例进行说明。

(二) 普通年金现值和普通年金终值的计算

普通年金终值(F_A)是每期等额款项的收入或支出数（以下称年金，用 A 表示）的复利终值之和。一般用公式表示为：

$$F_A = A + A(1+i) + A(1+i)^2 + \cdots + A(1+i)^{n-1} \quad (2-1)$$

其图示见图 2-1：

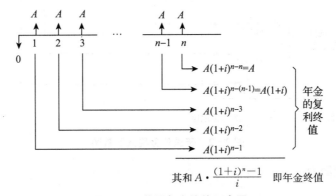

图 2-1 普通年金终值示意图

将式(2-1)等式两边同乘以 $(1+i)$，则有：

$$F_A(1+i) = A[1+(1+i)+(1+i)^2+\cdots+(1+i)^{n-1}](1+i)$$
$$= A[(1+i)+(1+i)^2+\cdots+(1+i)^{n-1}+(1+i)^n] \quad (2-2)$$

将式(2-2)减去式(2-1)，则有：

$$F_A[(1+i)-1] = A[(1+i)^n - 1]$$

$$F_A = A \cdot \frac{(1+i)^n - 1}{i} = A \cdot V_{A终}$$

通常把 $V_{A终} = \frac{(1+i)^n - 1}{i}$ 称作年金终值系数，并把有关利率和计息周期相对应的年金终值系数制成表格以供查找，也可以根据公式直接计算。

例 某企业预计在今后 4 年内每年年终从盈利中提取 5 万元存入银行，在复利年利率

10%的情况下,4年后有多少款项可供该企业使用?

$$F_A = A \cdot \frac{(1+i)^n - 1}{i} = 5 \times \frac{(1+10\%)^4 - 1}{10\%} = 5 \times 4.641 = 23.205(万元)$$

通常我们还把上述公式加以变换,求出年金(A):

$$A = \frac{F_A}{\frac{(1+i)^n - 1}{i}} = \frac{F_A}{V_{A终}}$$

这一公式也是下面内容经常运用的。

普通年金现值(PV_A)是每期等额款项的收入或支出的复利现值之和,就是把若干期末的每一笔等额款项按照利率折算成不同的现值之和。公式如下:

$$PV_A = A \cdot \frac{1}{(1+i)} + A \cdot \frac{1}{(1+i)^2} + A \cdot \frac{1}{(1+i)^3} + \cdots + A \cdot \frac{1}{(1+i)^n} \quad (2-3)$$

其图示如图2-2:

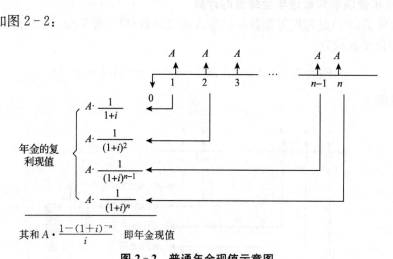

图2-2 普通年金现值示意图

式(2-3)可化简为:

$$PV_A = A \left[\frac{1}{1+i} + \frac{1}{(1+i)^2} + \frac{1}{(1+i)^3} + \cdots + \frac{1}{(1+i)^n} \right]$$

等式两边同乘以$(1+i)$,则有:

$$PV_A(1+i) = A \left[1 + \frac{1}{1+i} + \frac{1}{(1+i)^2} + \frac{1}{(1+i)^3} + \cdots + \frac{1}{(1+i)^{n-1}} \right] \quad (2-4)$$

用式(2-4)减去式(2-3),则有:

$$PV_A [(1+i) - 1] = A \left[1 - \frac{1}{(1+i)^n} \right]$$

$$PV_A = A \cdot \frac{1 - (1+i)^{-n}}{i} = A \cdot V_{A现}$$

其中$\frac{1-(1+i)^{-n}}{i}$称之为年金现值系数($V_{A现}$)。

$$PV_A = A \cdot \frac{1-(1+i)^{-n}}{i} = A \cdot \frac{1}{i}\left[1 - \frac{1}{(1+i)^n}\right]$$

年金现值系数($V_{A现}$)一般也编成表格以供使用时查找。

在此还可以推算年金(A):

$$A = \frac{PV_A}{V_{A现}}$$

这一公式在后面经常用到。

在此需要注意:年金与年金现值(年金终值)的含义不同,年金是等额付款的一期数额,年金现值(或年金终值)是指若干期年金经过折算后的合计数。年金的现值与年金现值的含义也不同,年金的现值仅指把一笔年金按复利折成的现值,而年金现值是指把若干笔年金按复利折成的现值之和。

现举例说明年金现值的计算。

例 某企业现在准备向银行存入一笔款项,以便在今后 5 年内在每年年终都发放某种专项奖金 10 000 元。在银行存款利率为 10%的情况下,该企业现在应存入多少款额才能满足上述条件?

把每年年终发放的年金折成现值,因此有:

$$PV_A = A \cdot \frac{1}{i}\left[1 - \frac{1}{(1+i)^n}\right] = 10\,000 \times \frac{1}{0.1} \times \left[1 - \frac{1}{(1+0.1)^5}\right] = 37\,910(元)$$

或

$$PV_A = A \cdot V_{A现(5,10\%)} = 10\,000 \times 3.791 = 37\,910(元)$$

即现在应向银行存款 37 910 元,可在 5 年内每年年终提取 10 000 元奖金。

(三) 普通年金现值和普通年金终值在投资决策分析中的运用

1. 年金终值和年金现值在投资决策分析中应用的原理——货币等值

年金终值和年金现值在投资决策分析中有着广泛的用处,其依据的原理就是资金的时间价值和货币等值,前者是现象,后者是实质。

货币等值是指在时间因素的作用下,在不同时点上的绝对额不同的货币可能具有相同的价值。某人在银行存入 1 000 元钱,在银行利率 12%的情况下,1 年后可得到 1 120 元。从绝对额上看,1 000 元与 1 120 元不等,但在货币时间价值条件下,可以说 1 年后的 1 120 元与今天的 1 000 元相等,或者说今天的 1 000 元与 1 年后的 1 120 元钱相等,这就是货币等值的直观解释。根据这个道理,就说明不同时间的货币绝对额不能直接对比价值大小,需要把它们的绝对额换成同一时点的金额,然后再进行比较;或者把现值统一折算到期末上的终值,或者把未来的各期终值统一折算到目前的现值上。根据这一原理,我们就能把发生在不同时间上的投资与收益进行比较,以确定投资方案的可行性。

我们在进行上述分析的过程中,可知影响货币等值的因素主要有三个:一是利率的高低;二是时间的长短;三是金额的大小。根据这三个因素,我们就能确定不同时间的不同数量金额是否等值。

2. 投资决策分析运用实例

(1) 根据年金现值对比分析决策方案

例 某机械加工厂准备从银行贷款 20 万元购买一条生产线,可使用 5 年,期满无残值,估计使用该项设备后每年可获纯收益 5 万元,该款项从银行借款年利率为 8%,试问购买该生产线方案是否可行?

这项方案如果不考虑货币等值,就会认为5年收益为25万元(5×5),超过生产线购价,似乎方案可行。但由于每年收益在未来期,各期的5万元则是不等值的,需要统一到现在的时间上,因此有:

$$PV_A = A \cdot V_{A现(5,8\%)} = 5 \times 3.993 = 19.965(万元)$$

经过对比,5年总收益折成现值小于原生产线购价,即收益小于投资,说明此项购置方案不可行。

(该题还可以把20万元折算成5年,8%利率的复利终值,把5万元折算成年金终值对投资与收益加以比较,其结论一致)

如果本例题把期末无残值改变为期末有残值5 000元,那么应该计算5 000元的复利现值:

$$PV = F \cdot V_{现(5,8\%)} = 5\,000 \times 0.681 = 3\,405(元)$$

那么,收益现值为19.965+0.340 5=20.305 5(万元),略大于投资额20万元,该方案勉强可行。

(2) 根据年金终值对比分析决策方案

例 某公司有一产品开发需5年完成,每年投资30万元,项目建成后每年均可收益18万元(含折旧费)。若该项目投资款项均来自银行贷款(年利率为10%),问该方案是否可行?

该项投资如不考虑货币的时间价值,就会认为该项目投资总额为150万元(30×5),那么每年有收益18万元,只需8年多(150/18=8.3年)就可收回投资。本题是认为这项投资可无限期地取得收益,因此认为该方案是可行的。但从时间价值角度看,5年总投资结束,已从银行贷款(年金终值)为:

$$F_A = PV \cdot V_{A终(5,10\%)} = 30 \times 6.105 = 183.15(万元)$$

就是说该项投资已向银行贷款183.15万元,而不是150万元,以后每年偿付银行利息金额就达183.15×10%=18.315(万元),这样与每年投资的毛收益18万元相比,每年收益不仅不能偿本,连付利息也存在一定困难,这样的借款永无偿清之日,故认为投资方案不可取。

(3) 根据投资使用时间(n)对比分析决策方案

例 某公司目前准备对原有生产设备进行更新改造,需支付现金8万元。改造后每年可节约材料和人工费用1.6万元,据估计,设备使用寿命最多为6~7年。该投资款项拟从银行以8%的年利率贷款,问该投资方案是否可行?该设备至少用多少年才能收回投资额?

如不考虑货币的时间价值问题,那么就可以认为6年可节约成本9.6万元(节约的成本就是取得的收益),与投资额8万元对比,该方案可行。但考虑到收益9.6万元与投资额8万元不是同一个时点的金额,因此要考虑货币等值问题,就需要计算该设备至少使用多少年。

因为 $\qquad PV_A = A \cdot V_{A现(6,8\%)}$

即 $\qquad 8 = 1.6 V_{A现(6,8\%)}$

即 $\qquad V_{A现(6,8\%)} = \dfrac{8}{1.6} = 5$

设该设备可使用x年,用插值法计算,在年金现值系数$i=8\%$中依次找到接近年金现值系数为5的两个近似值分别是4.623($n=6$)和5.206($n=7$)。

年金现值系数$V_{A现(6,8\%)}$	期数(n)
4.623 ⎫	6 ⎫
5 ⎬	x ⎬
5.206 ⎭	7 ⎭

用比例计算：

$$\frac{5-4.623}{5.206-4.623}=\frac{x-6}{7-6}$$

$$x=6+\frac{0.377}{0.583}=6.65(年)$$

计算结果表明：该设备至少使用 6.65 年才能收回投资款项，而该设备至多使用 6~7 年，因此投资方案属于可行与不可行之间，要慎重考虑，还要再从其他方面加以论证。

本例也可以用年金现值系数与投资额加以对比，比较决策方案的可行性。

（4）根据年金的大小分析评价决策方案

例 某公司拟从本年营业盈余中提取 10 万元存入银行，年利率为 10%，拟在 5 年内每年年终取得同样的金额发放奖金，问每年应取得多少奖金该方案才可行？

5 年内年终取得同样金额是年金，其 5 年现值之和应等于 10 万元，则有公式：

$$PV_A=A \cdot V_{A现(5,10\%)}$$

则

$$A=\frac{PV_A}{V_{A现(5,10\%)}}=\frac{10}{3.791}=2.638(万元)$$

即每年至多取得 2.638 万元现金即可执行该方案。

以上几例说明：在企业中，经常会遇到类似投资决策问题，必须在经济科学评价的基础上才能进行决策，防止过去长期忽视资金的时间价值存在，只对不同时间的投资和收益的绝对额直接对比就拍板的决定。可见，在企业日常管理活动中，特别是重大的投资决策方面，一定要重视资金的使用效益，防止片面性。既要看收益率，也要看回收期，还要看投资额，这就是前面所讲的货币等值三因素，以保证企业预算目标的实现。

五、预付年金终值和预付年金现值

如上所述，预付年金是在相等的间隔期初收到（或付出）的等额款项，也称即付年金，它也存在终值和现值两种形式。

（一）预付年金终值

这是在复利计算方法下，于若干相同间隔期初收付的等额款项的期末总价值（本利和）。计算公式为：

预付年金终值 $\qquad F_A=A \cdot (1+i)\frac{(1+i)^n-1}{i}$

与普通年金值计算公式相比，多了一个乘数因子 $(1+i)$，其他相同。这是因为在期初收付款，较普通年金相差一计息周期所致。

例 某人计划于每季初向银行存入款项 1 000 元，季利率为 2%，该存款在年底可取出多少金额现金（即本利和，预付年金终值）$\left(n=\frac{12}{3}=4\right)$？

$$F_A=1\,000 \times (1+2\%) \times \frac{(1+2\%)^4-1}{2\%}$$

$$=1\,000 \times 4.2 = 4\,200(元)$$

即年底可取出 4 200 元现金。

（二）预付年金现值

这是在复利计算方法下，在若干相同间隔期初收（付）的等额款项的现时总价值。其计算公式为：

$$预付年金现值 \quad PV_A = A\frac{(1+i)}{i}\left[1-\frac{1}{(1+i)^n}\right]$$

与普通年金现值相比，计算公式也是多了一个计算因子 $(1+i)$。

例 某企业现有一笔闲置现金，拟准备立即存入银行，准备在今后5年里每年年初取得一笔资金4 000元交付保险金。在银行存款年利率为10%的情况下，该企业现应存多少钱才能满足这一要求？

根据公式 $PV_A = A\dfrac{(1+i)}{i}\left[1-\dfrac{1}{(1+i)^n}\right]$

$$= 4\ 000 \times \frac{1+10\%}{10\%}\left[1-\frac{1}{(1+10\%)^5}\right]$$
$$= 4\ 000 \times 11 \times 0.379$$
$$= 4\ 000 \times 4.17$$
$$= 16\ 680(元)$$

即应存16 680元钱才能在5年内每年年初取得4 000元现金交付保险金。

由于在投资决策分析中主要运用普通年金的终值和现值计算，所以在此对预付年金现值和终值计算及运用不再作详细介绍。有关递延年金和永续年金的研究将在以后有关章节给出。

六、资金时间价值有关问题

（一）资金时间价值的通货膨胀影响扣除

上面我们在讨论货币的时间价值时，是在不考虑通货膨胀影响下作出分析的，但是在现实经济生活中，通货膨胀是客观存在的，如果我们不考虑这一因素对投资决策的影响，显然存在片面性。

对投资收益折现与投资额相比时，显然只考虑货币时间价值（利率）的影响与兼顾考虑通货膨胀影响所作出的评价结论是不一样的。因此，考虑通货膨胀影响的（复利）终值和现值计算公式如下（r 表示通货膨胀率）：

$$复利终值 \quad F = \sum PV \cdot (1+i)^n$$

$$复利现值 \quad PV = \sum F \cdot \frac{1}{(1+i)^n(1+r)^n}$$

例 某企业投资10 500元购买某种设备，估计在今后3年内的净收益，第1年为5 000元，第2年为4 000元，第3年为3 000元。试问：在物价上涨5%和复利年利率为5%的情况下，该方案是否可取？

在不考虑通货膨胀的影响下：

收益现值：

$$PV = \frac{5\ 000}{1+0.05} + \frac{4\ 000}{(1+0.05)^2} + \frac{3\ 000}{(1+0.05)^3}$$
$$= 10\ 981.53(元)$$

与投资额10 500元相比，收益大于投资，该方案可取。

但在考虑通货膨胀的影响下：

$$PV = \sum F \frac{1}{(1+i)^n(1+r)^n}$$
$$= \frac{5\,000}{(1+0.05)(1+0.05)} + \frac{4\,000}{(1+0.05)^2(1+0.05)^2} + \frac{3\,000}{(1+0.05)^3(1+0.05)^3}$$
$$= 10\,064.59(元)$$

与该项收益的投资 10 500 元相比,收益小于投资,该方案不可取。可见考虑通货膨胀与不考虑通货膨胀对决策方案的取舍评价是不同的,这在实践上也极具实用性价值。

(二) 名义利率与实际利率问题

由上可知,利率的货币时间价值的表现形式也是货币等值的重要因素之一。但在实际工作中,我们所用的利率在计息周期与付息周期不一致时,就产生了名义利率与实际利率两种不同含义的利率,而在实践上对名义利率和实际利率在认识上也有两种不同的看法。

第一种看法认为:名义利率就是计息周期利率与付息周期数之乘积,实际利率则是将付息周期内的利息再生因素考虑在内所计算出来的利率。例如,当付息周期为 1 年时,计息周期为月,其利率为 1%,那么:

$$名义利率 = 1\% \times 12 = 12\%$$
$$实际利率 = (1+1\%)^{12} - 1 = 12.68\%$$

综上所述,可以看出这种看法本质上就是名义利率是从单利上考查的利率,而实际利率则是从复利上考查的利率。这说明在利率一致、计息周期一致的情况下,实际利率总是大于名义利率。除非只有一个计息周期,此时两者才能完全相等。

第二种看法认为:名义利率为票面利率,实际利率为收益利率,这里的主要差别取决于计息周期与收益周期是否一致。如果两者一致,名义利率与实际利率完全相等;如果两者不一致,一般实际利率大于名义利率。例如某人持有 1 000 元 1 年期债券,票面利率为 10%,那么票面利率 10% 就是名义利率。但其在 9 个月时急需变现,以 1 020 元出售,那么收购债券者将获得的利率则不是名义利率 10%,而是实际利率,具体为:

$$\frac{1\,100 - 1\,020}{1\,020} \div 3 \times 12 = 31.37\%$$

表明该人虽然买的是 10% 的名义利率债券,但其实际年利率已达 31.37%,这是因为购券者用 3 个月就实际获得了 12 个月的利息收益。计息周期为 12 个月,而收益周期仅为 3 个月,这就造成了名义利率与实际利率的不一致。

第二节 投资的风险价值

一、投资风险价值的意义

财务投资所形成的固定资产和其他项目需要经过较长的时期才能收回投资成本,在此期间内,将会碰到许多不确定的因素,造成经营期间收益的不确定性,这就是投资者所冒的风险。从常识上看,不确定的收益与确定的收益是不一样的,因不确定的收益要承担可能收不到利益的风险,因此投资者就要求对所承担的风险进行补偿,承担的风险越大,对补偿的要求越高,也就对投资报酬率要求越高。可见,投资的风险价值就是指投资者冒风险进行投资所获得的报酬,也就是投资收益多于(或少于)货币时间价值的那部分。

通常,人们把银行利率、债券利率(利息)称为没有风险的时间价值。某投资者若把50 000元存入银行,以10%利率计算,1年后肯定会取本50 000元,收息5 000元,这5 000元是资金的时间价值,并且不存在风险问题。但是投资者如果用该笔资金开办一个食品加工厂,1年间获得利润9 000元,那么其中4 000元(9 000-5 000)是风险价值,是投资者甘冒经营无利或亏损的可能而获取的报酬,称为风险收益。如果1年内经营利润仅有3 000元,那么风险价值为-2 000元(3 000-5 000),就称为风险损失。可见投资的风险价值与货币的时间价值有不同的表现。货币时间价值只能是正数一种形式,而投资的风险价值则有正数(风险收益,即盈利)或负数(风险损失,即亏损)两种形式。

从本质上说,投资既是资金的投资,也是风险的投资。任何投资都存在一定的风险性,只不过风险有大有小而已。所以在进行长期投资决策分析时,必须考虑风险价值因素的存在。

二、测定风险价值的主要依据

对于投资的风险价值,我们既要从实质上认识它,也要在数量上测算它。在进行投资决策分析中,除依赖于不确定的概率估计方法外,主要依据标准差(率)这一统计量。

标准差(也称均方差)从计算上讲,是随机变量与期望值的离差平方平均数的平方根。其公式为:

$$\sigma = \sqrt{\sum (x_i - E(x_i))^2 \cdot P_i}$$

那么我们对这一公式应作何种理解呢? 在经济现象中,我们可以把 σ 的大小看作稳定性(保险性)的尺度。σ 越小,越稳定,风险越小;σ 越大,越不稳定,风险越大。以下例说明 σ 能够反映风险程度。

若有10 000元资金,可用于银行存款(月利率1%),也可用于购买股票,分别有下面资料(表2-2):

表2-2 银行利息与股票买卖损益测定风险价值表

	1月	2月	3月	4月	5月	6月	7月	…	12月
存入银行利息 x_i/元	100	100	100	100	100	100	100	…	100
股票买卖差价收入 x_i/元	500	200	-600	-7 000	0	1 000	-200	…	800

从直观上看,存入银行每月收入(随机变量 x_i)都为100元,期望收入($E(x_i)$)也就是100元,这说明各月利息收入(100元)与期望收入(100元)没有差别,代入公式计算的结果 σ 等于零,就说明储蓄行为的利息收入稳定,没有任何风险。但从买卖股票差价收入来看,若期望收入每月能获得200($E(x_i)$)元时,各月的股票买卖差价收入(随机变量为 x_i)数额与200元这一期望收入偏离的程度就比较大,那么计算的 σ 也就很大,说明股票买卖的收入不稳定,即风险大。在现实经济生活中,工薪阶层收入稳定(每月获得等额工资),生活上不存在很大风险;但是个体经营者月收入变化大,不稳定,经营上就存在一定的风险。在投资决策分析中,考查风险价值大小,更多的是把标准差这一平均量转换为相对量,即标准差系数(率),用于对比不同投资项目的风险大小。

$$V_\sigma = \frac{\sigma}{E(x_i)}$$

三、投资风险价值的计算

投资风险价值的计算,主要通过概率方法对各种不确定性因素计算,在此基础上计算期望值(未来可能出现收益的平均值)、标准差、标准差率,最后计算风险报酬率(额)。

例 某企业准备以100万元投资创办服装厂,根据生产规模和市场情况,对未来收益作如下估计(见表2-3)。要求在银行年利率10%的情况下,对投资风险价值进行估算。

表2-3 投资风险价值表

市场情况	预算年收益 x_i/万元	概率 P_i
畅　销	50	0.3
一　般	30	0.5
滞　销	15	0.2

注:服装加工行业风险系数(Y)的经验数据为0.2。

第一步,计算投资收益的期望值($E(x_i)$):

$$E(x_i)=\sum x_i P_i = 50\times 0.3 + 30\times 0.5 + 15\times 0.2 = 33(万元)$$

期望值33万元,表明该投资项目在考虑风险的基础上,对未来收益的预计数值。

第二步,计算标准差和标准差率(V_σ):

$$\sigma = \sqrt{\sum[x_i - E(x_i)]^2 \cdot P_i}$$
$$=\sqrt{(50-33)^2\times 0.3 + (30-33)^2\times 0.5 + (15-33)^2\times 0.2}$$
$$=12.49(万元)$$

标准差的含义已在上面作了解释,可以说明该项收益的稳定性和风险程度。但是这个统计量的数值大小还受到随机变量(x_i)水平高低的影响,所以常用标准差系数反映稳定性和风险程度。

标准差系数　$V_\sigma = \dfrac{\sigma}{E(x_i)} = \dfrac{12.49}{33} = 0.378$

第三步,计算风险报酬率:

计算风险报酬率需要导入风险系数,上述标准差系数只说明了收入的稳定状况(收益风险情况),而投资风险还包括行业风险,即投资项目在不同行业所遇到的风险也大小不一。例如用同样的资金开办商业和开办工业,风险程度也有区别。通常行业风险系数是经过对历史数据考查,再综合各行业横断面资料评估,形成经验数据。如本例投资服装加工业风险系数(Y)为0.2,那么预期风险报酬率就是收益风险与行业风险的综合率,则:

预期风险报酬率　$V_{风险} = Y \cdot V_\sigma = 0.2 \times 0.378 = 0.0756$

预期风险报酬额 $= E(x_i) \cdot \dfrac{V_{风险}}{i + V_{风险}} = 33 \times \dfrac{0.0756}{0.1 + 0.0756} = 14.2(万元)$

以上表明,由于该笔资金要冒风险投资,取得风险报酬14.2万元。

上述三步骤是传统方法对风险价值的测量。但是现在大家认为用下述方法计算风险价值更为简明和合理:

第一步,计算预期收益,即期望值($E(x_i)$)为33万元

第二步,计算预期收益率=$\frac{预算年收益}{投资额}$=$\frac{33}{100}$=0.33

第三步,计算预期风险报酬率=预期收益率-无风险收益率(利率)=0.33-0.1=0.23

有理由认为,全部收益由资金时间价值和投资风险价值组成,资金时间价值为无风险报酬,从全部收益中扣除后的剩余就是风险报酬。这种方法简单、明确,但主要缺陷是不能用于不同方案间的对比,不能考查投资过程中的风险程度。

四、"$E-\sigma$"风险指标与其他风险指标的比较

上述我们研究风险价值时,着重采用了"$E-\sigma$"分析方法,分别通过计算$E(x)$、σ、V_σ等指标确定其风险程度,在此基础上计算风险报酬率和预期风险报酬额。值得指出的是,在现代财务理论中,还有若干个其他风险指标对风险价值予以考核,其中包括β系数、市盈率等指标,这里给出σ、β、市盈率等三个指标的简单比较。

(一)关于σ的分析

在现有的风险计量方法中,σ可以说是最为理论工作者所熟悉又常被介绍的指标。这是因为这一指标能反映各期预期收益值(或价格)这一随机变量(x)对其期望值(E)平均偏离的水平,其数理含义是明确无误的。但是,在股票市场中这一指标的经济内涵就显得过于抽象,同时这一指标对证券的风险评价结论也不是非常清晰,因此,难以为众多的中小投资者所认同和采用。具体来说,它存在以下几点缺陷:

1. 从计算σ的前提条件看,它的基本数据难以收集。因为计算σ要按以下步骤:

(1)期望值$E(x_i)=\sum_{i=1}^{n}x_i \cdot P_i$,其中$x_i$为随机变量,表示预期收益或价格;$P_i$为相应概率。

(2)标准差$\sigma=\sqrt{\sum_{i=1}^{n}[x_i-E(x_i)]^2 \cdot P_i}$

如若对比不同证券风险程度,还需计算标准差系数($V_\sigma=\sigma/E(x_i)$)。

计算σ的资料会在以下两个方面遇到困难:首先是由于证券市场的不确定性,其每种证券的预期收益(或预期价格,即x)是难以确定的;其次是由于证券市场的不可试验性,每种收益或预期价格所发生的概率(即P_i)也是无法知晓的。

2. 从计算σ的过程来看,σ是建立在期望值[$E(x_i)$]的基础上,而期望值$E(x_i)$是随机变量x的函数。从动态上考查,股票价格x在不同的时段上是变动的,因而期望值$E(x_i)$和σ也是变化的;但从某个时段这一静态角度考查,x则是确定的,σ只能表明这一静止状态下的风险和波动情况。一旦某种证券(股票)其市场价格大大偏离企业实际价值,已经定格在很高的价位上,而大大脱离它的应有价位,实际上已有很大的风险性,但如果该证券在这样一个高平台价位上,同时在这一段时间内又稳定在这一价位上,那么据此计算的σ必然很小,这样σ就很难评价该种证券的潜在风险,有时得出的结论往往与实际情况相反。

3. 从σ计算的结果来看,它只适于对风险状况的一般性水平描述,而缺乏对风险的最终评价。即使进一步计算标准差系数,它也只能说明要比较的证券品种之间风险大小的排序,而不能对风险程度做出结论。

由上面对σ的计算条件、计算过程和计算结果所存在的不足进行的分析,可以看出用σ评价证券市场的风险,只不过是一种理论抽象而缺少在实际运用中的推广价值。

(二) 关于 β 系数的分析

β 系数是资本资产定价模式和组合投资下的一个风险计量指标,它旨在表明对 j 证券的投资相对于整个证券市场的风险程度的比较结果。计算公式为:

$$\beta_j = \frac{COV_{jm}}{\sigma_m^2} \quad (当 \rho_{jm} = \frac{COV_{jm}}{\sigma_j \sigma_m} 时)$$

$$= \rho_{jm} \cdot \frac{\sigma_j}{\sigma_m} \tag{2-5}$$

式中:COV_{jm}——j 证券与整个证券市场收益(价格)协方差;

ρ_{jm}——j 证券与证券市场的相关系数;

σ_j——j 证券的标准差;

σ_m——证券市场的标准差。

由 β_j 计算公式(2-5)表明 j 证券的风险受制于:(1) j 证券预期收益(价格)的波动性和风险性(σ_j);(2) 证券市场全体股票的波动性和风险性(σ_m);(3) j 证券风险和证券市场风险的相关性(ρ_{jm})。这一公式使我们认识到:

1. β 系数与 σ 相比较,至少对 σ 的第 3 条缺陷有了改进。由于标准差系数(V_σ)是该证券的 σ 与自身的 $E(x_i)$ 对比,缺少了比较参照系,因而无法判断该证券的整个市场体系中的比较风险。而 β 系数把 j 种证券的风险(σ_j)放到整个证券市场体系的风险(σ_m)这一背景下加以考核,因而有了参照系,就能够明晰 j 证券的风险程度。

一般认为 j 证券风险与市场风险在高度正相关关系下(ρ_{jm} 为 1),则:

当 $\sigma_j = \sigma_m$ 时,$\beta_j = 1$,表示 j 证券风险与市场风险一致;

当 $\sigma_j > \sigma_m$ 时,$\beta_j > 1$,表示 j 证券风险大于市场风险;

当 $\sigma_j < \sigma_m$ 时,$\beta_j < 1$,表示 j 证券风险小于市场风险。

2. 尽管 β 系数对 σ 或 V_σ 的第三项局限性进行了改进,但 β 系数仍是建立在 σ 这一指标计算基础上的,因此 σ 自身所存在的第 1、2 两条局限性则很难克服。

3. 基于上述种种原因,人们通常对 β 系数的计算公式作进一步改进:

$$\beta_j = \frac{\mu_j - i}{\mu_m - i}$$

式中:i——无风险收益率,通常以规定的存款利率和国债利率为准;

μ_j——j 证券前若干期平均收益率;

μ_m——整个证券市场前若干期平均收益率。

这一公式克服了 σ 计算中的各种局限性。首先是用以前若干期的历史数据,克服了预期值(x_i)和概率(P_i)估计的困难;其次是克服了 β 系数原始公式计算的繁琐性,省略了相关系数 ρ_{jm} 的计算环节,增强了该公式的应用性。更为重要的是这一公式的分子和分母的经济内涵是明确无误的,分子反映 j 证券平均收益率(μ_j)偏离无风险收益(i)的状况,分母反映证券市场全体股票平均收益率(μ_m)偏离无风险收益(i)的状况,使得 j 证券的风险在无风险和市场风险两个参照系下进行比较,因此有了明确的风险判定。

β 系数改进后公式的不足之处是 j 证券平均收益率(μ_j)和市场平均收益率(μ_m)的计算数据难以收集,而且计算量浩大,因而难以操作,故无法被众多的中小投资者所认同,可见改进后的 β 系数公式有待进一步完善。

(三) 关于市盈率分析

以上关于两个数理指标 σ 和 β 的分析表明:它们的数理内涵是科学的,但描述却是抽象的;它们的计量结果可能是准确的,但计量过程却是繁琐的。因此证券投资者需要有一个计算上更迅捷、含义上更直观、应用上更方便的指标来描述证券的风险,应该说市盈率这一经济指标是最好的选择。

市盈率原本是从盈利角度来衡量某种证券投资是否有价值的经济指标,但它的另外一个重要功能,即对证券的风险计量和评价,则往往被人们看轻或忽略了。其计算公式如下:

$$市盈率 = \frac{某证券市价}{每股利润}$$

1. 对市盈率指标的基本分析

(1) 从市盈率计算公式的分子来看,某证券市价表示该证券在证券市场上短期供求状况的结果,如果市价上扬,其市盈率就会增大,说明该证券具备短期投资价值,也承担了更多的投资风险;从该指标的分母来看,每股利润表示该证券所代表的上市公司在非证券市场(商品和劳务等市场)上长期经营业绩,每股利润越大,其市盈率就会趋小,则说明该证券更具备长期投资价值,表明有比较小的投资风险。人们对市盈率这一指标最矛盾的理解是既希望分子大,也希望分母大,从而使得市盈率在收益与风险中得到均衡。

(2) 从市盈率指标自身计算公式看,它表现为某项证券投资所需要回收的年限。因为分子市价为每股证券投入金额,其分母每股利润是每年回收金额,因此市盈率越高,回收年限越长,存在风险越大。再从其逆指标看,它就演变成了投资报酬率:

$$投资报酬率 = \frac{1}{市盈率} = \frac{每股利润}{每股市价}$$

投资报酬率表明投资者投资额(市价)所取得的收益(每股利润),它是市盈率的倒数,因此市盈率越大,投资报酬率越低,它从另一侧面说明投资风险的大小。

(3) 由于市盈率这一指标的分子是反映某种证券的市场价值,其分母反映该证券上市公司的实际价值。从理论上讲,市盈率越低,该证券的两种价值越接近也越均衡,其风险越小;市盈率越高,证券市场价值背离企业实际价值程度越远,其投资风险越大。但从证券市场的实际运作来看,人们之所以投资于证券市场,并不是从长期投资效应去评价投资风险,而是从短期投资效应出发,要求其有高风险收益,因此投资者并不过分强调市盈率要小,去增加安全性,而是强调市盈率保持在一个比较合理的界限上。过高的市盈率其风险太大,过低的市盈率(主要由市价太低引起)则缺少投资价值。经验数据要求市盈率为20~30倍时最具有短期投资价值和投资的安全性,人们也就以此数据为参照系,根据每种证券的市盈率去判定证券的收益性和风险性。

如果从动态角度进行分析还要注意:① 要根据证券的行业特点,对不同行业的市盈率要求应有所差异。朝阳产业市盈率要高一些;夕阳产业市盈率要低一些。② 从市场行情变化看,牛市要投资高市盈率证券,熊市要投资低市盈率证券。③ 从证券市场发育过程看,新兴的发展中证券市场市盈率要低一些,以免风险太大毁灭证券市场的发育;成熟发达的证券市场市盈率要高一些,以保证其不断发展的需要。总之,市盈率的分析不宜绝对化,应对不同证券的市盈率高低作具体分析。

2. 市盈率与 σ、β 的比较分析

(1) 市盈率的经济内涵非常直观,能为广大的中小投资者理解,同时该指标也便于计算,只要了解该证券的每股利润,根据瞬间变动的价格,随时可以计算出其结果,便于证券投资者对证券的风险判断。

(2) 市盈率集证券的收益性评价和风险性评价于一身,综合性高。在所有的经济指标中还很难找出类似的指标达到这一目的。因为有些指标只能评价其收益性,而无法评价其风险性。如银行存款利率,这是因为其收益是明确的无风险。而证券市场的收益(价格)是瞬时变动和波动的,有较大的落差和升降通道,所以市盈率有收益性评价和风险性评价功效。

(3) 市盈率以 20～30 倍为参照系,使具体的证券风险有了比较基础,便于人们对风险程度的判断。

以上关于市盈率与 σ、β 的分析比较表明市盈率虽然不具备 σ、β 系数所具有的数理上的优良性能,但它有在使用上的简便、直观、易算、好懂等特点,所以在衡量证券市场的风险上更值得提倡。

当然,市盈率并非十全十美,尚有待进一步改进之处。主要问题是其分母用每股利润,缺少了可比性。由于每股所含的净资产不一样,即使有相同的市价和相同的每股利润,其风险性和收益性肯定是不一样的,但计算的市盈率却是相同的。因此说若分母用净资产收益率(每股利润除以每股净资产)比每股利润更能准确评价证券的收益性和风险性。

五、对风险价值在实践中的认识[①]

财务理论始终认为,资金的时间价值和投资的风险价值是筹资活动和投资活动必须认真考虑的最基本的价值观念。资金的时间价值,也即等值原则,如今天的 1 元钱价值大于未来的 1 元钱价值,已经取得了公认;而对于风险价值来说,人们存在的认识就会有很大的差异,无风险的 1 元钱的价值是大于还是小于有风险的 1 元钱的价值则就很难判定。

例如某市某企业举行劳动竞赛,参赛者可以从以下方案中择其一:

方案一:参赛即可获得奖金 2 元。

方案二:达到规定定额的(概率为 1‰),可获奖金 2 000 元,未达定额则不获任何报酬。

那么参赛者几乎 100% 选择了方案二。这一例子说明参赛者是嗜好风险的。

如果把奖励的方案一改为 200 元,方案二改成 20 000 元,那么有近 50% 的参赛者选择方案一,有近 50% 的参赛者选择方案二,这一例子说明参赛者存在风险中性。

如果把奖励的方案一改为 2 000 元,方案二改为 2 000 000 元,那么参赛者几乎 100% 的选择方案一,而不选择方案二,这一例子说明参赛者是回避风险的。

上例表明参赛者对风险的认识并不是固定的,参赛者首先根据无风险的收益相对状况来评判对风险的偏好。如果收益值过小,人们会产生较大风险嗜好;若无风险的收益有了较大值时,人们宁可去避免风险。这就表明在财务活动中,对于涉及较大金额的筹资、投资活动所产生的风险与条件相同的较小金额相比,具有更大的风险。这就是冯·诺伊曼和莫根斯特思根据效用理论说明决策者中确实存在嗜好风险、风险中性、回避风险三种不同类型。

---

① 齐宣峰著.公司财务.北京:中国物价出版社,1997

第三章 财务分析

第一节 财务分析概述

一、财务分析的作用

财务分析是以企业的财务报告等会计资料为基础,对企业的财务状况和经营成果进行分析和评价的一种方法。财务分析是财务管理的重要方法之一,它是对企业一定时期的财务活动的总结,为企业进行下一步的财务预测和财务决策提供依据。因此,财务分析在企业的财务管理工作中具有重要的作用。

1. 通过财务分析,可以评价企业一定时期的财务状况,揭示企业生产经营活动中存在的问题,总结财务管理工作的经验教训,为企业生产经营决策和财务决策提供重要的依据。

2. 通过财务分析,可以为投资者、债权人及其他有关部门和人员提供系统完整的财务分析资料,便于他们更加深入地了解企业的财务状况、经营成果和现金流量情况,为他们作出经济决策提供依据。

3. 通过财务分析,可以检查企业内部各职能部门和单位完成财务计划指标的情况,考核各部门和单位工作业绩,以便揭示管理中存在的问题,总结经验教训,提高管理水平。

二、财务分析的目的

对企业进行财务分析所依据的资料是客观的,但是,不同的人员关心问题的侧重点不同,因此,进行财务分析的目的也各不相同。企业经营管理者,必须全面了解企业的生产经营状况和财务状况,他们进行财务分析的目的和要求是全面的;企业投资者的利益与企业的经营成果密切相关,他们更关心企业的资本赢利能力、企业生产经营的前景和投资风险;企业的债权人则主要关心企业能否按期还本付息,他们一般侧重于分析企业的偿债能力。综合起来,主要有以下目的:

1. 评价企业的偿债能力

通过对企业的财务报告等会计资料进行分析,可以了解企业资产的流动性、负债水平以及偿还债务的能力,从而评价企业的财务状况和经营风险,为企业经营管理者、投资者和债权人提供财务信息。

2. 评价企业的资产管理水平

企业的生产经营过程就是利用资产取得收益的过程。资产是企业生产经营活动的经济资源,资产的管理水平直接影响到企业的收益,它体现了企业的整体素质。进行财务分析,可以了解经营目标之一,它也反映了企业的综合素质。企业要生存和发展,必须争取获得较高的利润,这样才能在竞争中立于不败之地。投资者和债权人都十分关心企业的获利能力,获利能力强可以提高企业偿债能力,提高企业的信誉。对企业获利能力的分析不能仅看其获取利润的绝对数,还应分析其相对目标,这些都可以通过财务分析来实现。

3. 评价企业的发展趋势

无论是企业的经营管理者,还是投资者、债权人,都十分关注企业的发展趋势,这关系到他们的切身利益。通过对企业进行财务分析,可以判断出企业的发展趋势,预测企业的经营前景,从而为企业经营管理者和投资者进行经营决策和投资决策提供重要的依据,避免决策失误给其带来重大的经济损失。

三、财务分析的基础

财务分析是以企业的会计核算资料为基础,通过对会计所提供的核算资料进行加工整理,得出一系列科学的、系统的财务指标,以便进行比较、分析和评价。这些会计核算资料包括日常核算资料和财务报告,但财务分析主要是以财务报告为基础,日常核算资料只作为财务分析的一种补充资料。财务报告是企业向政府部门、投资者、债权人等与本企业有利害关系的组织或个人提供的,反映企业在一定时期内的财务状况、经营成果以及影响企业未来经营发展的重要经济事项的书面文件。提供财务报告的目的在于为报告使用者提供财务信息,为他们进行财务分析、经济决策提供充足的依据。企业的财务报告主要包括资产负债表、利润表、现金流量表、其他附表以及财务状况说明书。这些报表及财务状况说明书集中、概括地反映了企业的财务状况、经营成果和现金流量情况等财务信息。对其进行财务分析,可以更加系统地揭示企业的偿债能力、资金营运能力、获利能力等财务状况。

财务分析常用的3张基本会计报表分别为资产负债表、利润表和现金流量表。

资产负债表是反映公司某一特定日期全部资产、负债和所有者权益情况的会计报表。利用该表的资料可以分析公司资产的分布状态、负债和所有者权益的构成情况,据以评价公司资金营运、财务结构是否正常、合理;分析公司流动性或变现能力,以及长、短期债务数量及偿债能力,评价公司的财务弹性及承担风险的能力;利用该表提供的资料还有助于计算公司的获利能力,评价公司的经营绩效。

利润表是反映公司在一定时期内利润总额实现情况的会计报表。利润表可以为财务分析主要提供以下资料:① 提供反映公司财务成果及构成的信息资料,分析公司是否实现了财务成果目标,评价经营活动的绩效;② 提供反映公司收益能力的部分信息资料,利润表项目与资产负债表项目比较,可以计算所费与所得的比例关系,为投资者分析资本的获利能力、为债权人分析贷款的安全性、为经营管理者评价企业收益性提供资料;③ 提供反映公司主营业务收入与成本费用配比状况的信息资料,为分析公司主营业务经营状况以及进一步分析财务成果形成的原因提供资料;④ 提供反映公司对外投资效益的信息资料。

现金流量表是以现金的流入和流出,汇总说明公司在一定期间营业、投资及理财活动的报表。它为财务分析提供了以下资料:① 提供了本会计年度现金流入来源和流出原因的信息资料,为分析公司现金流入和流出的构成、评价公司当前和评估未来净现金流入的能力、偿还负债及支付股利的能力提供依据;② 提供了本期损益调整为营业活动产生现金净流量的信息资料,为分析两者的差异及产生的原因提供依据;③ 提供了公司重要理财活动的信息资料,为评价公司财务政策提供依据。

四、财务分析的种类

财务分析基本上可以按照下面几个不同标准进行分类:

(一)按财务分析的对象不同可分为资产负债表分析、利润表分析和现金流量表分析

1. 资产负债表分析是以资产负债表为对象所进行的财务分析

从财务分析的历史看,最早的财务分析都是以资产负债表为中心,通过资产负债表的分析,可以获得企业资产的流动状况、负债水平、偿还债务能力、企业经营的风险等信息。

2. 利润表分析是以利润表为对象进行的财务分析

要分析企业的盈利状况和经营成果,必须从利润表中获取财务资料,而且,即使分析企业偿债能力,也应结合利润表,因为一个企业的偿债能力同其获利能力密切相关,一般来说,获利能力强,偿还债务的能力也强。因此,现代财务分析的中心逐渐由资产负债表转向利润表。

3. 现金流量表分析是以现金流量表为对象进行的财务分析

现金流量表是资产负债表和利润表的中介,也是这两张表的补充。对现金流量表分析后,可以了解到企业一定会计期间内现金和现金等价物流入和流出的信息,并且据以评价企业获取现金和现金等价物的能力,预测企业未来现金流量。

(二)按财务分析的主体不同可分为内部分析和外部分析

1. 内部分析是企业内部管理部门对企业的生产经营过程、财务状况所作的分析

内部分析不仅要利用财务会计所提供的会计资料,还要利用管理会计和其他方面所提供的经济资料,是对企业整个生产经营活动的全面分析。通过这种分析,可以了解企业的财务状况是否良好,生产经营活动是否有效率,存在什么问题,从而为今后的生产经营提供决策依据。

2. 外部分析是企业外部的利益集团依据各自的要求对企业进行的财务分析

外部分析因各自目的不同,分析的范围也不同。它可以是对企业某一方面进行局部财务分析,也可以是对整个企业的各个方面进行全面的财务分析。比如债权人常常关心的是贷款风险,这样他需要对企业的偿债能力分析,投资者在购买企业股票时,要对企业的获利能力进行分析,而那些要与企业进行合资经营的人,则要对企业的各个方面进行全面的分析。

(三)按财务分析的方法不同可分为比较分析法、比率分析法、因素分析法等

1. 比较分析法

比较分析法是把两个或几个有关的可比数字进行对比,以揭示矛盾,从数量上确定差异的一种方法。有比较才能鉴别,有鉴别才能有发展,所以比较分析法是认识事物的一种最基本的科学方法。它不仅是财务分析中最重要的分析方法,而且也是任何分析工作中都离不开的方法。运用比较分析法进行分析,首先,需要确定分析的对象。财务分析的对象是财务分析指标,是将财务分析的分析值与标准数进行比较,以揭示差异。财务指标又有绝对数指标与相对数指标两种。绝对数指标的比较,其差异是绝对数;相对数指标的比较,其差异是相对数。两种不同的指标形式所揭示的差异具有不同的作用。其次,要确定比较的参照物。分析的目的不同,评价的标准也不同,一般有以下几种形式:本期的实际指标与前期的实际指标相比较;本期的实际指标与预期目标相比较;本期的实际指标与同类公司同类指标相比较等等。

2. 比率分析法

比率分析法是计算各项指标之间的相对数,将相对数进行比较的一种分析方法。这种方法是先将两个财务指标相除计算财务比率,然后将财务比率指标进行比较。财务比率指标的比较依据有:本期财务比率和前期财务比率相比较、和预期目标相比较、和同类公司同类指标

相比较、和行业平均值以及经验数据相比较等。

3. 因素分析法

因素分析法是依据分析指标与其影响因素之间的关系,从数值上确定各因素对分析指标差异影响程度的一种方法。公司的财务活动是一个有机联系的整体,每一个财务指标通常是由几个相互联系的经济因素决定的,在公司的财务活动中,这些经济因素往往会发生程度不同、方向不同的变动,对经济指标产生着不同的影响。为了使分析工作更加细致、准确,有必要把综合的财务指标分解为各个经济因素,然后分别从数量上测定每一个经济因素对指标的影响程度,从中抓住主要矛盾,更有说服力地评价公司的经营状况。

此外,为综合分析企业的财务状况,常把各种财务指标放在一起进行综合分析。综合分析最常见的方法是杜邦体系分析。这种分析有利于了解企业财务状况的全貌,不过这种分析也常常以比率分析为基础的。

(四) 按财务分析的不同可分为偿债能力分析、获利能力分析、营运能力分析以及综合分析等

有关这种分析,本章将进行详细说明。

五、财务分析的程序

财务分析的程序,即进行财务分析的步骤,它是保证财务分析有效进行而必须遵循的科学程序,一般包括以下几步:

(一) 确定财务分析的范围,收集有关的财务资料

财务分析的范围取决于财务分析的目的,它可以是企业经营活动的某一方面,也可以是企业经营活动的全过程。例如债权人可能只关心企业偿还债务的能力,这样他就不必对企业经营活动的全过程进行分析;而企业的经营管理者,则需进行全面的财务分析。财务分析的范围决定了所有收集的财务资料的数量,范围小、所需资料少,而全面的财务分析,则需要收集企业各方面的财务信息资料。

(二) 选用适当的分析方法进行对比分析,作出评价

根据分析目的和范围选用适当的分析方法。常用的财务分析方法有比率分析法、比较分析法,这些方法各有特点,在进行财务分析时可以结合使用。局部的财务分析,可以选择其中的某一方面;全面的财务分析,则应该综合运用各种方法,以便进行对比,作出客观、全面的评价。

(三) 对各因素进行分析,抓住主要矛盾

通过财务分析,就能发现影响企业财务活动的各种因素。在诸多因素中,有有利因素,有不利因素;有外部因素,有内部因素。进行因素分析时,必须抓住主要矛盾,即影响企业财务活动的主要因素,然后才能有的放矢,提出相应的方法,作出正确的决策。

(四) 为经济决策提供有效建议

财务分析的最终目的是要为经济决策提供依据。通过上述的比较与分析,就可以提出各种方案,然后权衡各种方案的利益得失,从中选出最佳方案,作出经济决策。这个过程也是一个反馈过程,决策者可以通过财务分析总结经验,吸取教训,以改进工作。

第二节 财务比率分析

财务报表有大量的数据,可以根据需要计算出很多有意义的比率,这些比率涉及企业经营管理的各个方面,本书主要从偿债能力分析、营运能力分析和获利能力分析等方面进行探讨。

一、偿债能力分析

企业偿付债务的能力是衡量一个企业财务状况好坏的标志。企业债务的增减变化直接影响投资人、债权人的利益大小,只要投资报酬率大于借款利息率,举债融资对股东就会有利,但债务过多会增加企业的风险。举债经营可以增加普通股每股利润,从而增加企业股权的价值,但风险的增加又会在一定程度上降低股权价值。就偿债能力大小而言,中长期债务主要由企业经营过程中所获得的盈利来偿还,而短期债务的清偿主要看企业的流动能力和资产清偿时对债权的保障。

(一)流动比率(current ratio)

流动比率是企业的全部流动资产与全部流动负债之比。公式为:

$$流动比率 = \frac{流动资产}{流动负债}$$

该财务指标反映了企业短期偿债能力。流动比率越大,通常说明企业偿债能力越强,财务状况运行良好。但从投资经营的观念出发,过高的流动比率并不完全是件好事,可能是由于企业未对资金作最有效的利用所致。一般来说,流动比率为2∶1上下为宜,但这也应结合企业的行业特点和流动资产结构等因素进行具体分析,不可一概而论。当然,流动比率过低,企业陷入无力清偿到期债务的可能性就过大,从而增加企业财务风险。还有一点应该注意到,由于流动资产包括存货等项目,若库存积压或滞销严重,流动比率仍然会表现为高值,从而达到伪造良好流动比率的目的,但企业实际的短期偿债能力却不强。所以,利用流动比率评价企业短期偿债能力时应考虑到它的局限性。

(二)速动比率(acid-test ratio)

速动比率又称酸性测试比率,它是剔除存货后的流动资产与流动负债的比率。剔除存货后的流动资产即为速动资产。公式如下:

$$速动比率 = \frac{流动资产 - 存货}{流动负债} = \frac{速动资产}{流动负债}$$

由于该指标在分子中剔除了变现能力较差的存货项目,所以可反映企业的即期偿债能力。根据经验,该指标为1时较为适宜。但该指标也是时点指标,考虑到这一局限性,在分析具体企业的即期偿债能力时,应结合其他财务经济指标以期作出合理评价。有些财务专家认为,在计算速动比率时,不仅要扣除存货,还应扣除待摊费用、预付账款等其他变现能力较差的项目。

(三)净营运资金(net working capital)

净营运资金是企业全部流动资产与全部流动负债之差。其公式如下:

$$净营运资金 = 流动资产 - 流动负债$$

流动比率和速动比率指标,比较适用于不同企业之间偿债能力的比较和分析。在企业资产和财务结构较长时期保持不变的情况下,净营运资金这一指标更适用于同一企业不同时期的偿债能力比较。由于企业现金流量预测上的不准确性和时间上的非同步性,促使净营运资金成为企业生产经营活动中不可缺少的组成部分。一个企业的净营运资金状况还会影响其负债筹资的能力,良好的净营运资金状况可为负债筹资创造有利条件。

(四)负债比率

衡量和评价企业长期债务偿付能力和风险情况的比率称为负债比率。企业负债越多,每年需要偿还的本息就越多,企业无法偿付债务的概率就越高,风险就越大。企业常用的负债比率有以下3个:

1. 资产负债率

资产负债率是企业负债总额与资产总额之比。公式如下:

$$资产负债率 = \frac{负债总额}{资产总额} \times 100\%$$

这一指标反映企业资产对偿付债务的保障程度,比率越小,说明企业的偿债能力越强。

2. 资产净值负债率

资产净值负债率是负债总额与业主权益的比率,也可称之为业主权益负债率、净资产负债率或主权资金负债率等。公式如下:

$$资产净值负债率 = \frac{负债总额}{资产总额 - 负债总额} = \frac{负债总额}{业主权益}$$

这一指标反映企业在偿还债务时对债权人的保障程度,同时也反映了企业的财务结构。该比率越低,说明企业偿债能力越强,对债权人越有安全感。但从投资人的角度看,如果企业经营状况良好,则过低的资本净值负债率会影响其每股利润的扩增能力。经验表明:该指标为1上下为宜。

3. 长期资金负债率

这里的长期资金是指企业的长期负债与股东权益之和。长期资金负债率则是长期负债与长期资本总额之比。公式如下:

$$长期资金负债率 = \frac{长期负债}{长期负债 + 股东权益} \times 100\% = \frac{长期负债}{长期资本总额} \times 100\%$$

关于负债比率,企业债权人和股东往往从不同的观念和角度来评价。对债权人来说,关心贷给企业资金的安全性;而对企业股东来说,则关心投资收益率的高低,若投资收益率高于贷款利率,则股东可以通过举债经营,以有限的资本,付出有限的代价而取得对企业的控制权。在财务分析中,资产负债率被称为举债经营比率,又称财务杠杆。它不仅反映企业的长期财务状况,也反映企业管理当局的进取精神。如果比率很小,说明企业比较保守,对前途信心不足;反之,则说明企业勇于进取,充满活力。当然,负债必须有一定限度。负债比率过高,企业的财务风险将增大,从而使企业承受随时遭受风险损失的压力。

(五)债务保障率

负债比率是运用资产负债表提供的存量信息进行静态分析。债务保障率则运用利润表提供的流量信息进行偿债能力的动态分析。负债比率侧重于测算和评价企业财务偿付、清算债务的债数保证,债务保障率则着重测算和分析企业持续经营时的债务保障能力。常用的债务

保障率是偿债准备比率,或叫利息保障倍数。公式如下:

$$利息保障倍数 = \frac{息税前利润}{利息费用}$$

这一财务指标表明企业在交纳所得税和支付利息之前的利润与利息支出的关系。计算这一比率的目的有二:一是可以将每年的营业利润视为偿债基金的基本来源;二是一旦这一比率发生重大变化,可提醒人们,企业可能发生了财务困难。所以,债权人了解企业经营状况之后,可以根据这一指标在企业未来收益低或上下剧烈变动情况下,要求企业做出关于支付利息次数的承诺。

应该注意的是,上式中并未考虑本金的支付及企业其他资金的流入。实际上,测算一个企业的偿债能力,应同时考虑其利息与本金的支付,以及公司的资金流入。因此,企业的债务保障率也可使用下列公式测算:

$$资金流量偿债准备比率 = \frac{息税前资金流入量}{利息 + \frac{应付本金额}{1 - 税率}} = \frac{息税前利润 + 折旧基金}{利息 + \frac{应付本金额}{1 - 税率}}$$

二、营运能力分析

营运能力是企业的经营运行能力,它通过资金周转状况反映出来。资金周转状况良好,说明企业经营管理水平高,资金利用效率高。企业的资金周转状况与供、求、销各个生产经营环节密切相关,任何一个环节出现问题,都会影响到企业资金的正常周转。资金只有顺利地通过各个生产经营环节,才能完成一次循环。在财务管理上,企业不仅要能筹资、投资、用资,而且还要能收回比原先投资额更多的资金。营运能力说明企业经济资源的开发、使用以及资本的有效利用程度。常用的营运能力分析指标有存货周转率、应收账款周转率和资产周转率等。

(一)存货周转率

存货是企业营运资产中的重要组成部分。存货的周转速度如何,直接关系到企业收益。分析存货周转速度的财务指标主要是存货周转次数和天数。

1. 存货周转次数

存货周转次数是一年内企业库存商品和原材料等所周转次数。公式如下:

$$存货周转次数 = \frac{年销货总成本}{平均存货}$$

式中的年销货总成本可从利润表中得知,平均存货则是期初存货和期末存货的平均数,可从资产负债表中知悉。如果企业生产经营带有很强的季节性,则年度内各季度的销货成本和存货都会产生较大波动,因此,平均存货应按月份和季度余额计算,先计算各月份或各季度的平均存货,然后计算全年平均存货。

存货周转次数越多,说明存货的流动性越强,存货管理效率越高。当然,过高的存货周转率可能导致其他费用如订货费用的增加,还可能导致存货不足和发生缺货的现象,引起停工待料等问题。准确衡量一个企业的存货周转率过高或过低的标准还取决于同行业的存货平均水平及企业过去的存货周转情况。

2. 存货周转天数

存货周转天数也称存货周转期,它是企业存货周转一次所需要的时间。公式如下:

$$存货周转天数 = \frac{平均存货 \times 年日历天数}{年销货总成本} = \frac{360}{存货周转次数}$$

单纯从以上两个指标并不能判断该公司的营运能力如何,还需要和企业以往的财务指标及同行业该项财务指标相比较,才能说明问题。

(二) 应收账款周转率

应收账款周转率是企业应收账款投资收回的效率。常用的财务指标为:应收账款周转次数和应收账款平均收款期。

1. 应收账款周转次数

企业赊销收入额与应收账款平均占用额之比称为应收账款周转次数,它反映了企业应收账款的流动程度。公式如下:

$$应收账款平均占用额 = \frac{期初应收账款 + 期末应收账款}{2}$$

$$应收账款周转次数 = \frac{赊销收入额}{应收账款平均占用额}$$

式中赊销收入额是指企业赊销收入扣除销货退回、销货折让与折扣后的净额。应收账款平均占用额的计算在季节性生产的企业中也应参照存货平均余额的计算,先计算出各月份或各季度的平均数,然后计算全年的平均应收账款占用额。

2. 平均收款期

平均收款期是指企业收回应收账款所需要的平均天数,又称应收账款平均账龄。其计算方法是将年内应收账款周转次数除年计划日历天数,即:

$$年均收款期 = \frac{年计划日历天数 \times 应收账款平均占用额}{赊销收入额} = \frac{360}{应收账款周转次数}$$

计算应收账款周转率,分析企业应收账款的变现能力、变现速度和管理效率,对于提高企业营运能力具有重要意义。对一个企业来说,应收账款周转次数越多,说明企业催收账款的速度快,可以减少坏账损失,而且资产的流动性强,短期偿债能力也强,在一定程度上可以弥补流动比率的不利影响。但是,如果应收账款周转次数过多,可能是企业奉行严格的信用政策,付款条件过于苛刻的结果,这样会失去许多销售机会,限制销售量的扩大,影响财务目标的实现。如果应收账款周转率过低,则说明企业催收账款的效率过低,或者信用政策太宽,这样会影响企业资金利用率的正常周转。分析企业应收账款的平均收款期应与企业制定的信用条件相比较,才能判断收账速度是否令人满意。

(三) 资产周转率

资产周转率是对企业财务活动的概括性测算和评价,它是企业销售收入与资产总额的比率,又称总资产利用率。公式如下:

$$资产周转率 = \frac{年销售收入}{资产总额}$$

该指标反映出企业运用其资产所产生销售额大小的效率。资产周转率越高,表明运用资产的效率越高,企业的营运能力越强;资产周转率越低,则表明企业资产有闲置浪费问题。该周转率需要与企业过去的营运能力及其他企业的情况进行比较,才能对其作出评价和判断。

关于资产周转率的测算分析和评价,还可分别计算流动资产周转率和固定资产周转率。

前者是销售收入与流动资产平均占用额之比；后者为销售收入与固定资产净值之比，亦称固定资产利用率，从而具体分析企业资产构成及其对营运能力的影响。

三、获利能力分析

一个企业不但应有良好的财务结构和较高的营运能力，更重要的是要有较强的获利能力。盈利是企业最重要的经营目标，是企业生存和发展的物质基础。它不仅关系到企业所有者的利益，也是企业偿还债务的一个重要来源。获利能力分析主要是分析企业赚取利润的能力及投资效益。

（一）投资报酬率

投资报酬率是企业在生产经营过程中投入资金数量与其所带来的利润的比率。根据财务管理需要，企业可从不同角度、运用不同数据和计算方法，测算出不同类型的投资报酬率指标。常用的指标有：

1. 资产收益率

企业在一定时期内的净利润与资产总额的比率称为资产收益率，也称资产报酬率。其公式如下：

$$资产收益率 = \frac{息税后收益}{资产总额} \times 100\%$$

式中息税后收益即为净利润。资产总额可采用期末数额，也可采用年初年末平均数。资产报酬率主要用来衡量企业利用资产获取利润的能力，它反映了企业总资产的利用效果。

一些财务学家认为，在市场经济比较发达，各行业之间竞争比较充分的情况下，各行业的资产报酬率将趋于一致。如果某企业资产收益率偏低，说明该企业资产利用效率较低，经营管理存在问题，应该调整经营策略，强化财务管理。也有一些财务学家认为，资产收益率是从税后纯收益角度进行计算，剔除了资金结构和所得税等因素。由于不同企业有不同的资金结构，所得税税率有时也有所不同。为了便于比较，人们就以息税前利润为基础计算资产报酬率，又称资产营业利润率。其公式如下：

$$资产营业利润率 = \frac{息税前利润}{资产总额} = \frac{税后净利+利息费用+所得税}{资产总额} \times 100\%$$

一般说来，在市场经济条件下，企业交纳税金和支付利息对投资者和经营者来说，都属于费用支出性质，所以，我们主张使用"息税前收益"作分子计算企业资产收益率。

2. 长期负债及所有者权益报酬率

长期负债及所有者权益报酬率是将长期负债和所有者权益作为计算基数，与税后利润和长期负债利息费用之和相比。长期负债及所有者权益报酬率与总资产报酬率的主要区别在于对流动资产的处理上。长期负债及所有者权益报酬率将流动负债除外，因为就企业经营者来说，流动负债是企业不能长期使用的资金，在总资产中，必须储备与之相适应的流动资产，用来随时归还流动负债。所以，长期负债及所有者权益报酬率，主要侧重于考查可作为企业长期资金来源的投资报酬率水平，对于投资报酬率的计算完全着重于长期债权人和企业所有者提供的资金。其计算公式如下：

$$\frac{长期负债及所}{有者权益报酬率} = \frac{税后利润+长期负债利息费用}{长期负债+所有者权益} \times 100\%$$

关于长期负债及所有者权益报酬率,也称之为长期资金收益率或资本毛收益率。这里的长期资金或资本主要是指股票资本、长期负债和留存收益之和。在西方,长期负债被视为一种资本化的资产。

3. 资本金报酬率

资本金报酬率就是企业税后利润与企业实收资本的比例关系。以资本金作为计算投资报酬率的因素是基于投资者的立场。就企业债权人而言,他们可定期从企业获得固定的利息收入,因而不像企业投资者那样关心企业的投资报酬率。其计算公式如下:

$$资本金报酬率 = \frac{税后利润}{实收资本} \times 100\%$$

在股份有限公司中,如果公司发行了优先股,因优先股股东享有固定的股息收入,因此,在计算资本金报酬率时,就需要将优先股股本从资本金中扣除,进而对投资报酬作出相应调整,即从企业税后利润中扣除已支付的优先股股利。其计算公式为:

$$资本金报酬率 = \frac{税后利润 - 优先股股息}{股本总额 - 优先股股本} \times 100\%$$

这种情况下的资本金报酬率又称普通股权益利润率。

从上述各种投资报酬率的测算和分析看,投入资本对企业的重要性在于它是否得到有效运用,而并非越多越好。

(二) 销售收入利润率

销售收入利润率是企业的营业利润与企业产品销售收入的比例关系。该比率主要反映企业每元销售收入所能带来的利润,说明企业在增加收入、提高效益方面的管理绩效。其公式如下:

$$销售收入利润率 = \frac{营业利润}{产品销售收入净额} \times 100\%$$

关于销售收入利润率还有两种计算方法:一种是销售毛利率(gross profit margin),它是销售收入扣除销售成本后的余额与销售收入的比率。其公式为:

$$销售毛利率 = \frac{销售收入 - 销售成本}{销售收入} \times 100\%$$

另一种是销售净利率(net profit margin),它是税后收益与销售收入之比,即:

$$销售净利率 = \frac{税后收益}{销售收入} \times 100\%$$

销售收入利润率的提高,表明生产成本的下降,企业获利能力的增强。

(三) 成本费用利润率

成本费用利润率反映企业成本费用与税前利润之间的比例关系,该项比率反映企业每发生1元耗费能给企业带来的利润,揭示企业在挖掘潜力、降低耗费、提高效益方面的经营绩效。其计算公式为:

$$成本费用利润率 = \frac{利润总额}{成本费用总额} \times 100\%$$

(四) 每股盈余

每股盈余又称每股收益、每股获利额,是每一普通股可能分得的当期企业所获利润的多少。优先股股东能领取固定的股息收入,一般并不享受企业的留存收益。但普通股股东除可获红利外,还享有企业的留存收益。通常,普通股股利只是留存收益的一部分,所以,普通股股东较为关心普通股每股应摊得的收益额。显然,每股盈余是测算和评价企业经营绩效和获利能力的重要指标。其计算公式为:

$$每股盈余=\frac{税后利润-优先股股息}{发行在外普通股加权平均数}$$

例如,假设信诚股份有限公司当年的税后利润为 84 000 元,当年 1 月 1 日发行在外的普通股为 4 000 股,无优先股。库藏股票 800 股于同年 4 月 1 日收回,后又于 7 月 1 日出售库藏股 200 股,则当年发行在外普通股加权平均数为:

$$4\ 000-800\times(9/12)+200\times(6/12)=3\ 500(股)$$

$$每股盈余=84\ 000/3\ 500=24(元)$$

(五) 市盈率

市盈率是指普通股市价与每股收益之比,又称价格与收益比率,它是投资者用来判断股票市场是否有吸引力的一个重要指标。高的市盈率表明投资者预期公司收益会稳定增长;相反,低的市盈率表明投资者对公司的发展前景不抱乐观态度。投资者在进行股票投资时,通常把许多公司的市盈率进行比较,并结合对其所属行业经营前景的了解,以供选择投资目标时参考。一般说来,市盈率越高,投资风险越大,收益率也就越高。其计算公式为:

$$市盈率=\frac{普通股每股市价}{普通股每股收益}$$

与市盈率相对应的另一个财务指标为股票价格收益率,它实际上是市盈率的倒数。

四、实例

以东方公司为例,计算上述各项指标。

表 3-1 东方公司资产负债表   单位:万元

资产		负债与股东权益	
流动资产:		流动负债:	
现金	31.8	应付账款	30
应收账款	132	应付票据	84
存货	120	应付税金	6
预付账款	10.2	其他	34
流动资产合计	294	流动负债合计	154
		长期负债:	120
固定资产:	288	负债合计	274
减:累计折旧	144		

续表

资　　产		负债与股东权益	
固定资产合计	144	股东权益：	
		普通股	110
其他资产	66	保留盈余	120
		股东权益合计	230
资产合计	504	负债与股东权益合计	504

表 3－2　东方公司利润表　　　　　　　　　　　　　　单位：万元

销售收入	720
减：销售成本	480
毛利	240
销售与管理费用	150
利息费用	18
营业利润	72
其他收入	(12)
税前收益	60
所得税(33%)	19.8
净收益	40.2
现金股利	12
保留盈余	28.2

(1) 流动比率＝294/154＝1.909

(2) 速动比率＝(294－120)/154＝1.13

(3) 净营运资金＝294－154＝140(万元)

(4) 资产负债率＝(274/504)×100%＝54.37%

(5) 资产净值负债率＝274/230＝1.19

(6) 长期资金负债率＝120/(120＋230)×100%＝34.29%

(7) 利息保障倍数＝(60＋18)/18＝4.33

(8) 资金流量偿债准备比率＝$\dfrac{78+24}{18+12/(1-0.33)}$＝2.84

(补充资料：东方公司本年折旧基金为 24 万元，需支付本金为 12 万元)

(9) 存货周转次数＝$\dfrac{480}{(96+120)/2}$＝4.44(次)

(补充资料：年初存货为 96 万元)

(10) 存货周转天数＝360/4.44＝81.08(天)

(11) 应收账款周转次数＝$\dfrac{720}{(114+132)/2}$＝5.85(次)

(补充资料：设全年销售均为赊销，年初应收账款余额 114 万元)

(12) 平均收账期＝360/5.85＝61.54(天)
(13) 资产周转率＝720/504＝1.43(次)
(14) 资产报酬率＝(40.2/504)×100％＝7.98％
(15) 资产营业利润率＝[(40.2＋18＋19.8)/504]×100％＝15.48％
(16) 长期负债及所有者权益报酬率＝[(40.2＋18)/(120＋230)]×100％＝16.63％
(17) 资本金报酬率＝40.2/230×100％＝17.48％
(18) 销售收入利润率＝72/720×100％＝10％
(19) 销售毛利率＝240/720×100％＝33.33％
(20) 销售净利率＝40.2/720×100％＝5.58％

第三节 企业财务状况综合分析

单独分析任何一类财务指标，都不足以全面地评价企业的财务状况和经营效果，只有对企业各种财务指标进行系统的、综合的分析，才能对企业的财务状况作出全面的、合理的评价，因此，必须对企业进行综合的财务分析。以下介绍两种常用的综合分析方法：财务比率综合评分法和杜邦分析法。

一、财务比率综合评分法

财务比率综合评分法，最早是在20世纪初，由亚历山大·沃尔选择七项财务比率对企业的信用水平进行评分所使用的方法，所以也称沃尔评分法。这种方法是通过对选定的几项财务比率进行评分，然后计算出综合得分，并据此评价企业的综合财务状况。

采用财务比率综合评分法进行企业财务状况的综合分析，一般要遵循如下程序：

1. 选定评价企业财务状况的财务比率

在选择财务比率时，一要具有全面性，要求反映企业的偿债能力、营运能力和获利能力的三大类财务比率都应当包括在内；二要具有代表性，即要选择能够说明问题的重要财务比率；三要具有变化方向的一致性，即当财务比率增大时，表示财务状况的改善，反之，当财务比率减小时，表示财务状况的恶化。

2. 根据各项财务比率的重要程度，确定其标准评分值，即重要性系数

各项财务比率的标准评分值之和应等于100分，各项财务比率评分值的确定是财务比率综合评分法的一个重要问题，它直接影响到对企业财务状况的评分多少。对各项财务比率的重要程度，不同的分析者会有截然不同的态度，但是，一般来说，应根据企业的经营活动的性质、企业的生产经营规模、市场形象和分析者的分析目的等因素来确定。

3. 规定各项财务比率评分值的上限和下限，即最高评分值和最低评分值

这主要是为了避免个别财务比率的异常给总分造成不合理的影响。

4. 确定各项财务比率的标准值

财务比率的标准值是指各项财务比率在本企业现时条件下最理想的数值，亦即最优值。财务比率的标准值，通常可以参照同行业的平均水平，并经过调整后确定。

5. 计算企业在一定时期各项财务比率的实际值

6. 计算出各项财务比率实际值与标准值的比率，即关系比率

关系比率等于财务比率的实际值除以标准值。

7. 计算出各项财务比率的实际得分

各项财务比率的实际得分是关系比率和标准评分值的乘积,每项财务比率的得分都不得超过上限或下限,所有各项财务比率实际得分的合计数就是企业财务状况的综合得分。该综合得分反映了企业综合财务状况是否良好。如果综合得分等于或接近于100分,说明企业的财务状况是良好的,达到了预先确定的标准;如果低于100分很多,说明企业的财务状况较差,应当采取适当措施加以改善;如果综合得分高于100分很多,就说明企业的财务状况很理想。

下面采用财务比率综合评分法,对前述东方公司该年的财务状况进行综合评价,详见表3-3。

表3-3 东方公司财务状况综合评价表

财务比率	评分值 (1)	上/下限 (2)	标准值 (3)	实际值 (4)	关系比率 (5)=(4)/(3)	实际得分 (6)=(1)×(5)
流动比率	10	20/5	2	1.909	0.95	9.50
速动比率	10	20/5	1	1.13	1.13	11.30
资产/负债	12	20/5	1.80	1.84	1.02	12.24
存货周转率	10	20/5	4.40	4.44	1.01	10.10
应收账款周转率	8	20/4	6.0	5.85	0.975	7.80
总资产周转率	10	20/5	1.5	1.43	0.953	9.53
资产报酬率	15	30/7	7.8%	7.98%	1.02	15.30
资本金报酬率	15	30/7	16.88%	17.48%	1.03	15.45
销售净利率	10	20/5	6.72%	5.58%	0.83	8.30
合 计	100					99.52

根据上表的财务比率综合评分,东方公司财务状况的综合得分为99.52分,非常接近100分,说明该公司的财务状况是良好的,与选定的标准基本是一致的。

二、杜邦分析法

利用前面介绍的财务比率综合评分法,虽然可以了解企业各方面的财务状况,但是不能反映企业各方面财务状况之间的关系。例如,通过财务比率综合分析法,可以比较全面地分析企业的综合财务状况,但无法揭示企业各种财务比率之间的相互关系。实际上,企业的财务状况是一个完整的系统,内部各种因素都是相互依存、相互作用的,任何一个因素的变动都会引起企业整体财务状况的改变。因此,财务分析者在进行综合财务分析时,必须深入了解企业财务状况内部的各项因素及其相互之间的关系,这样才能比较全面地揭示企业财务状况的全貌。杜邦分析法正是这样一种分析方法,它是由美国杜邦公司首先创造出来的,故称杜邦分析法。这种分析法一般用杜邦系统图来表示。图3-1就是东方公司该年的杜邦分析系统图。

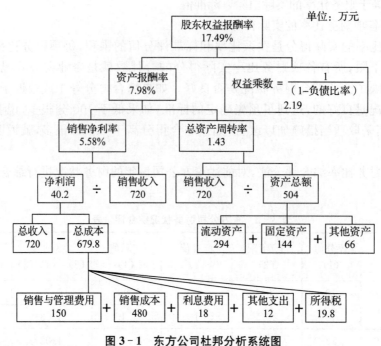

图 3-1 东方公司杜邦分析系统图

杜邦系统主要反映了以下几种主要的财务比率关系：

1. 股东权益报酬率与资产报酬率及权益乘数之间的关系

$$股东权益报酬率 = 资产报酬率 \times 权益乘数$$

2. 资产报酬率与销售净利率及总资产周转率之间的关系

$$资产报酬率 = 销售净利率 \times 总资产周转率$$

3. 销售净利率与净利润及销售收入之间的关系

$$销售净利率 = 净利润 \div 销售收入$$

4. 总资产周转率与销售收入及资产总额之间的关系

$$总资产周转率 = 销售收入 \div 资产总额$$

在上述公式中，"资产报酬率＝销售净利率×总资产周转率"这一等式被称为杜邦等式。杜邦分析是对企业财务状况进行的综合分析，它通过几种主要的财务指标之间的关系，直观、明了地反映出企业的财务状况。从杜邦分析系统可以了解到下面的财务信息：

1. 从杜邦分析图可以看出，股东权益报酬率是一个综合性强、具有代表性的财务比率，它是杜邦系统的核心。

企业财务管理的重要目标之一就是实现股东财富的最大化。股东权益报酬率正是反映了投入资金的获利能力，这一比率反映了企业筹资、投资和生产运营等各方面经营活动的效率。股东权益报酬率取决于企业资产报酬率和权益乘数。资产报酬率主要反映企业在运用资产进行生产经营活动的效率如何，而权益乘数则主要反映了企业的筹资情况，即企业资金来源结构如何。

2. 资产报酬率是反映企业获利能力的一个重要财务比率，它结合了企业生产经营活动的效率,综合性也很强。

企业的销售收入、成本费用、资产结构、资产周转速度以及资金占用量等各种因素,都直接影响到资产报酬率的高低。资产报酬率是销售净利率与总资产周转率的乘积,因此,可以从企业的销售活动与资产管理两个方面来进行分析。

3. 从企业的销售方面看,销售净利率反映了企业净利润与销售收入之间的关系。

一般来说,销售收入增加,企业的净利润也会随之增加。但是,要想提高销售净利率,必须一方面提高销售收入,另一方面降低各种成本费用,这样才能使净利润的增长高于销售收入的增长,从而使销售净利率得到提高。

4. 在企业资产方面,主要应该分析以下两个方面:

(1) 分析企业的资产结构是否合理,即流动资产与非流动资产的比例是否合理。资产结构实际上反映了企业资产的流动性,它不仅关系到企业的偿债能力,也会影响企业的获利能力。一般来说,如果企业流动资产中货币资金占的比重过大,就应当分析企业现金持有量是否合理,有无闲置现金现象,因为过量的现金会影响企业的获利能力;如果流动资产中的存货与应收账款过多,就会占用大量的资金,影响企业的资金周转。

(2) 结合销售收入,分析企业的资产周转情况。资产周转速度直接影响到企业的获利能力,如果企业资产周转较慢,就会占用大量资金,增加资金成本,减少企业的利润。资产周转情况的分析,不仅要分析企业总资产周转率,更要分析企业的存货周转率与应收账款周转率,并将其周转情况与资金占用情况结合起来分析。

5. 总之,从杜邦分析系统可以看出,企业的获利能力涉及生产经营活动的方方面面。

股东权益报酬率与企业的筹资结构、销售规模、成本水平、资产管理等因素密切相关,这些因素构成一个完整的系统,只有协调好系统内部各个因素之间的关系,才能使股东权益报酬率得到提高,从而实现股东财富最大化的理财目标。

第二篇

负债和所有者权益管理

第二篇

第四章 筹资管理概述

第一节 筹资的基本问题

一、筹集资金的意义

筹集资金简称筹资,是企业的主要财务活动之一。筹资是指企业针对自身生产经营现状及资金运用情况,根据企业总体经营战略和策略,充分考虑生产经营、对外投资和调整资本结构等方面的需要,经过科学的预测和决策,通过筹资渠道和资金(资本)市场,运用筹资方式,向企业的投资者和债权人有效筹措所需资金的一项理财活动。

在计划经济时期,企业的筹资活动基本由国家大包大揽,所需的生产经营资金都是由财政拨款或银行贷款。随着经济体制改革的不断深入,企业逐渐成为自主经营、自负盈亏的实体,有了资金支配权,但同时需要自己去筹集生产经营所需资金;金融市场的发展,又为企业自主筹资开辟了广阔的天地。研究企业筹资,就应充分认识到筹资是市场经济发展的客观要求,企业的创立和发展需要筹资,筹资的规模、结构、进度直接制约着资金的投入和运用,决定着企业的发展。

二、企业筹集资金的动因

1. 依法创立企业

企业要实现其设立的目标和承担相应的民事责任,需在创建时筹集有关法规规定的资本金。资本金需取得会计师事务所的验资证明,然后到工商管理部门办理注册登记并在税务机关进行税务登记,企业方可开展正常的生产经营活动。

2. 扩大经营规模

企业要发展、要提高,就必须按照战略规划扩大生产经营规模、更新设备、提高技术、开拓新的发展项目、增加职工人数和提高员工素质等,而这些均要进一步投入资金。为满足这部分追加投资的需要,必须筹集资金。

3. 偿还原有债务

现实经济生活中,负债经营普遍存在,其原因是为获得杠杆收益或满足经营周转的临时需要。债务到期必须偿还,若企业现有支付能力不足,或虽有一定支付能力但支付后将影响资本结构的合理性时,便产生了筹资需求,或被迫举新债还旧债。

4. 调整财务结构

由于在不同时期采用不同筹资方式或不同的筹资组合,形成了不同的财务结构,自有资本和债务资本、长期资金和短期资金。不同筹资方式所筹资金比重是企业的一个重要财务结构问题,它直接关系到所有者、债权人、国家及有关方面的利益。企业为使财务结构符合财务目标,需要通过主动选用不同的筹资方式筹集资金,使财务结构趋于合理。

5. 应付偶发事件

企业的经营中时有偶发事件,它们的出现会使原订的财务计划,特别是资金供应剧增,如临时接到大订单、供货方急需现款、金融危机导致某些计划筹资中止、被迫进行反收购等,迫切需要迅速筹资以化解偶发因素带来的不利,增强企业处理偶发事件的能力。

三、筹资原则

筹集资金是企业财务活动的起点,是决定企业生产经营规模和生产经营发展速度的重要环节。为使企业有效组织资金供应,实现财务目标,筹资时需遵循以下原则:

1. 合法性原则

企业采用何种筹资方式、通过何种渠道、按何种条件、筹集多少资金均必须符合资金筹集所在地政府对筹资的有关法规政策。如发行债券和股票筹资,均要得到发行所在地有关部门的批准,并按程序在规定的区域进行规定数额资金的筹集;债券和股票的发行均要符合相应的条件;债券的利率和股利政策均要符合政策法规要求。吸收投资和招商引资要遵循国家的政策法令,不能违反国家法令政策进行非法筹资,也不能为筹资而接受有辱国家和损害企业长远利益的各种不平等的附加条件。

2. 合理性原则

筹资的目的是确保生产经营所需。筹资不足,无法实现生产经营目标;筹资过多,则造成资金积压和使用中的大手大脚。因此,筹集资金需根据生产经营目的,合理确定资金的需要量。所确定的资金需要量应是为保证生产经营正常且高效运行的最低资金需要量和高效益投资项目必不可少的资金需要量。

3. 及时性原则

及时性是指企业筹集资金应根据资金的投放使用时间来合理安排,使筹资和用资在时间上相衔接,避免超前筹资造成闲置浪费或滞后筹资影响生产经营的正常运行。

4. 效益性原则

企业因筹资渠道和方式不同,其资金成本不同,筹资风险大小不一,取得资金的难易程度也不尽一致。因此,企业筹资时应综合考查各种筹资方式的资金成本和筹资风险等因素,力争以最小代价取得企业生产经营活动所需的资金。

5. 科学性原则

科学性原则就是要科学确定企业资金来源的结构,寻求筹资方式的最优组合。科学确定企业资金来源结构就是要合理安排好自有资本和负债资本的比例,适时、适度地负债经营,调配好长期资金来源与短期资金来源的比例,控制风险。寻求筹资方式的最优组合就是为达成最优的资金来源结构,需有选择地将各种筹资方式按要求进行组合。

四、企业筹集资金的要求

企业筹集资金总的要求是要分析评价影响筹资的各种因素,讲求筹资的综合效果,具体要求主要有:

1. 认真选择投资项目

为提高筹资效果,企业需认真研究投资项目在技术上的先进性和适用性,在经济上的效益性和合理性，在建设条件上的可靠性和可行性，进行反复调查、研究和论证，在此基础上确定最佳投资方案。

2. 合理确定筹资额度

企业展开筹资活动之前，应合理确定资金的需要量，并使筹资数量与需要达到平衡，防止筹资不足影响生产经营或筹资过剩降低筹资效果。对资金的投放，应结合实际情况，科学合理地安排好资金的投放时间，提高资金的利用效果。

3. 依法足额募集资本

为了保证生产经营持续进行和有利于自负盈亏，企业必须拥有一定数额供其长期占用自主支配的资金，为此，企业应按规定及时、足额筹集资本金。企业筹集的资本金是企业的法定的自有资金，依法享有经营权，在经营期间内不得以任何方式抽走。

4. 正确运用负债经营

在市场经济条件下，企业的发展不可能完全由自有资金满足，保持一定的负债可以迅速扩大规模和提高市场占有率，因此负债经营已成为当今世界上经济发展较快的国家和地区重要的经营形式。但负债经营是把双刃剑，把握不好不仅不能发挥其财务杠杆的作用，而且会导致债务风险，引发企业危机。因此，在遵守国家政策和法律以及平等互利的原则下，要正确运用负债经营。为此要把握借债时机、借债数量，控制债务结构，正确选择有利的筹资方案。

5. 科学掌握投资方向

筹资的目的是投资，没有筹资也就不能投资，筹资是投资的前提，投资是筹资的目的。企业筹资必须与投资结合考虑，如果资金投放方向错误，投放时间不当，尽管取得低成本的资金，也难以取得好的筹资效果。所以，企业筹资应综合研究资金投向、数量、时间，以确定总的筹资决策与筹资计划。

五、筹资的渠道和方式

（一）筹集资金的渠道

筹集资金的渠道是指企业取得资金的来源。企业的资金来源是由所有制和国家管理资金的政策和体制所决定的。企业的所有制不同，国家在不同时期管理资金的政策、体制不同，决定企业筹资的来源也不同。在经济体制改革以前，我国全民所有制企业的资金来源渠道主要有国家拨入资金、银行借入资金和企业自留资金，企业不必考虑筹资问题；一元化的资金供给制，企业对使用资金也不承担经济责任，因此筹资问题不为人们所重视。随着经济体制改革的深入发展，市场经济体制的建立和发展，企业资金来源的渠道日益多样化；随着现代企业制度的建立，企业将成为投资的主体，企业为了生存和发展，必须不断扩大投资规模，寻求新的更多的筹资渠道，以满足不断增长的资金需要。

当前，全民所有制企业的资金渠道主要有：

1. 国家资金

国家对企业的投资是全民所有制企业自有资金的重要来源。在经济体制改革以前，企业固定资金主要来源于财政预算拨款和主管部门及财政部门的专项拨款，流动资金应由财政供应的也未能如数拨足。改革后，国家将基本建设拨款改为基建贷款，流动资金实行由银行统一管理。从国家经济安全性角度考虑，国民经济命脉也由国家掌握，因此，对关系到国计民生的大中型企业，国家投资在企业各项资金来源中应占相当比例，但资金供给方式可以多种多样。

2. 银行信贷资金

银行对企业的贷款是企业重要的资金来源。现有的工商银行、农业银行、中国银行、建设银行等改组为商业性银行,并建立了国家开发银行、进出口信贷银行、中国农业发展银行等政策性银行,可分别向企业提供各种短期贷款和长期贷款,项目有基建贷款、各种流动资金贷款和各种专用贷款。由于企业自有资本偏低,银行信贷资金已是企业资金来源的主渠道。

3. 非银行金融机构资金

非银行金融机构是指由各级政府及其他经济组织主办的,在经营范围上受到一定限制的金融性企业,如保险公司、信托投资公司、信用合作社、经济发展投资公司、租赁公司、企业集团的财务公司等。这些机构资金力量虽然不及专业银行,融通资金范围受到一定限制,但它们的资金供应方式灵活方便,且可以为企业筹资提供相关服务,所以这种筹资渠道将被广泛运用。

4. 其他法人单位资金

其他法人单位包括企业法人单位和社会法人单位。其他法人单位在生产经营、经费管理过程中,常有一部分存放时间或长或短的闲置资金。随着企业经营机制的转变和资金管理要求的提高,企业法人和社会法人依法以其可支配的资产对其他企业投资或以其闲置资金与其他企业进行资金融通,由此形成企业可以利用的资金。

5. 民间资金

民间资金是企业职工和城乡居民手中暂时不用的节余货币,由于利率下调及银行网点不足以及临时备用等原因,每年都有大量现款沉淀在居民手中,企业可运用一定方式,如发行公司债券、股票等方式,吸收其闲置资金,这是公司筹资中不可缺少的渠道,并且随着市场经济的进一步发展,这个渠道的地位将越来越突出,其作用也越来越重要。

6. 企业内部形成的资金

企业内部形成的资金是企业根据现行法规制度规定的结算程序,在企业内部形成一部分经常性延期支付的款项,成为企业的一种固定负债,包括计提折旧、资本公积、盈余公积、未分配利润、应付职工薪酬、应付税金、应付福利费、应付股利等。与其他渠道筹资相比,不仅筹资成本相对较低,而且简便易行,不受太多来自政府方面的限制。

7. 境外资金

境外资金是一切资金短缺国家尤其是发展中国家弥补资金不足、促进本国企业壮大、推动经济发展的重要手段之一。包括境外投资者投入资金和借用外资,如外商资本金、进口物资延期付款、补偿贸易、国际租赁、国外贷款以及在国外发行企业债券等。

(二) 筹资方式

筹集资金渠道是指从哪里取得资金,即取得资金的途径。筹资方式是指取得资金的具体方法和形式,它体现着公司拟筹资本的性质。对于各种渠道的资金,公司可以采取不同的方式予以筹集。正确认识筹资方式的种类以及每种筹资方式的资本属性,有利于企业财务人员选择适宜的筹资方式,实现最佳的筹资组合。企业筹资方式主要有以下几种:

1. 吸收直接投资

吸收直接投资是企业以协议等形式吸收国家、其他法人单位、个人和外商等直接投入资金,形成企业资本金的一种筹资方式。吸收直接投资不以股票为媒介,是非股份制企业筹集自有资本的基本方式。

2. 发行股票

股票是股份制公司为筹集自有资本而发行的有价证券,是持股人拥有公司股份的入股凭证,它代表持股人在公司中拥有的所有权。通过发行股票建立股份公司,是西方企业的典型形态。在我国,1980年开始在部分企业试行,开始主要在职工中发行股票,继而向城乡居民和厂矿企业甚至海外投资者发行。发行股票是企业筹措自有资本的基本方式。

3. 银行借款

银行借款是指企业根据借款合同向国内外银行以及非银行金融机构借入的、按规定定期还本付息的款项,是企业筹集长、短期负债资本的主要方式。

4. 发行债券

债券是债务人为筹措长、短期借入资金而发行的、约定在一定期限内向债权人还本付息的有价证券。企业发行的债券总称公司债券,是企业为取得负债资本而发行的有价证券,是持券人拥有企业债权的债权证书,它代表持券人同企业之间的债权债务关系。发行企业债券是企业筹集资金的又一重要方式。

5. 租赁

租赁是出租人以吸取租金为条件,在契约或合同规定的期限内,将资产租借给承租人使用的一种信用业务。企业资产的租赁按其性质有经营性租赁和融资性租赁两种。现代租赁已成为解决企业资金来源的一种主要筹资方式。

筹集资金渠道和筹集资金方式之间有着密切的关系。不同的筹资渠道,除各种债务以外,都体现着一定的所有制成分,而不同的筹资方式则体现着不同的经济关系。一定的筹资方式可能只适用于某一特定的筹资渠道,但同一渠道的资金通常可以采用不同的方式取得,而同一筹资方式又往往可适用于不同的筹资渠道。因此,在筹资时,应认真考虑这些筹资方式的经济性质及相应的经济利益问题,合理地选择使用。

第二节 资金成本

一、资金成本的概念

企业从各种来源筹措的资金不能无偿使用,而要付出代价。为取得与使用资金而付出的代价即资金成本。其代价包括付给资金提供者的报酬(股利、利息等)和筹措资金过程中所发生的各种费用(如股票、债券的发行费等)。资金成本是一个重要的经济范畴,是在商品经济条件下由于资金所有权和资金使用权分离而形成的一种财务概念。资金成本具有如下性质:

1. 资金成本是按资分配的集中表现;
2. 资金成本具有一般产品成本的基本属性,又不同于一般产品成本的某些特征;
3. 资金成本同资金时间价值既有联系,又有区别,资金成本既包括资金的时间价值,又包括投资风险价值。

由于筹资方式较多,不同筹资方式的筹资成本高低不一,因此资金成本成了企业进行筹资决策时应考虑的基本因素之一。为了便于企业在选择筹资方式时对不同方式的资金成本进行准确的比较,资金成本一般用相对数来表示,即资金成本率,它是企业使用资金所负担的费用与筹资净额之间的比率。其计算公式为:

$$资金成本率 = \frac{资金占用费用}{筹集资金总额 - 资金筹集费用}$$

或

$$资金成本率 = \frac{资金占用费用}{筹资总额 \times (1 - 筹资费率)}$$

二、资金成本研究的作用

资金成本是财务管理中的一个重要概念,在财务管理及财务决策的各个领域都广泛运用,为此需加强对其的研究。

1. 资金成本是选择资金来源、拟定筹资方案、进行筹资决策的重要依据

这是因为不同筹资方式的资金成本是不相同的,企业要想获得较好收益,就必须在筹资结构上合理安排,使综合资金成本相对较低。

2. 资金成本是评价投资项目可行性的主要经济标准

企业进行投资决策,必须考虑包括项目可行性的各种因素。可行性主要是指财务可行性,是指企业投资项目的预期收益率要高于投资资金的成本率,即投资项目要有效益。因此资金成本率成为衡量企业投资是否可行的主要指标。

3. 资金成本是评价企业经营成果、管理水平的主要依据

企业的盈利额与盈利水平是企业经营的最终反映,资金成本与盈利成反比关系,企业要想增加盈利,从资金供应的角度必须科学筹划,使资金成本相对较低,资金成本水平反映筹资管理水平。此外,通过企业资金的获利水平与资金成本水平相对比,可以反映出企业经营管理水平是否高于社会一般水平,也可以借此发挥财务杠杆的作用。

三、个别资金成本的测算

1. 长期债券成本

企业发行债券通常事先规定债券票面利率,若代理发行需按规定的提取率计提发行费。债券的利息按制度规定可以计入成本费用,企业少缴部分所得税,因此企业实际负担的债券利息将更小。长期债券成本率的计算公式为:

$$债券成本率 = \frac{债券利息 \times (1 - 所得税税率)}{债券发行额 \times (1 - 筹资费率)} = \frac{I(1-T)}{Q(1-f)}$$

例 某企业发行长期债券 1 000 万元,筹资费率为 1%,债券利息率为 6%,所得税税率为 33%。则长期债券成本率为:

$$\frac{1\,000 \times 6\% \times (1 - 33\%)}{1\,000 \times (1 - 1\%)} = 4.06\%$$

2. 银行长期借款成本

对于银行长期借款亦可按长期债券计算资金成本率的公式计算,但有的银行要求企业在银行中经常保持一定的存款余额作为抵押,因此,计算企业所取得的资金总额,应从长期借款总额中扣除存款保留余额。银行长期借款成本率的计算公式为:

$$借款成本率 = \frac{借款利息(1 - 所得税税率)}{借款总额 - 存款保留余额 - 借款手续费}$$

3. 商业信用成本

分析商业信用的资金成本时有三点必须注意:第一,与前面所谈的两种筹资方式不同的是,商业信用是一种短期的筹资行为,一般情况下企业提供的商业信用最长不会超过半年,因

此在计算其成本时应换算为年资金成本率;第二,商业信用的成本产生于信用期限内,如提前付款可享受现金折扣,如果销货单位只提供信用期限而无折扣期限则无所谓商业信用成本;第三,如果购货企业选择了现金折扣,则购货方实际享受到的是信用优惠率,这里的信用成本是针对销货方而言。商业信用成本的计算公式是:

$$K_e = \frac{C}{1-C} \times \frac{360}{D} \times 100\%$$

式中:K_e——商业信用成本率;

C——现金折扣率;

D——丧失现金折扣后延期付款的天数。

例 在"3/20,n/60"的销货条件下,计算购货方未取得现金折扣的商业信用成本。

$$K_e = \frac{3\%}{1-3\%} \times \frac{360}{40} \times 100\% = 27.835\%$$

4. 优先股成本

同债券筹资一样,企业发行优先股筹资需要向优先股股东支付固定股息,同时筹资也需支付一定的手续费,但优先股股息只能在税后利润中支付,因此企业无法由此而享受到所得税的利益。优先股成本的计算方法是:

$$K_p = \frac{D_p}{P_p(1-f)}$$

式中:K_p——优先股成本率;

D_p——优先股每股股息;

P_p——优先股总额;

f——优先股筹资费用率。

例 某股份有限公司发行优先股500万股,筹资费用率为3%,公司每年需向优先股股东支付股息率为15%,计算优先股成本。

$$K_p = \frac{500 \times 15\%}{500 \times (1-3\%)} = 15.46\%$$

与债券相比,优先股成本高于债券,主要原因有两点:一是对持有者而言,优先股的风险高于债券,其收益自然要比债券高;二是优先股股息在税后利润中支付。由于通过优先股方式所筹的资金属公司的自有资金而无需偿还,且发放固定股利并不是公司法定的义务,故对股份有限公司来说它仍是一种较好的筹资方式。

5. 普通股成本

确定普通股成本率的方法,原则上与优先股相同,但是普通股的股利是不固定的,通常是逐年增长的。其计算公式为:

$$K_c = \frac{D_c}{P_c(1-f)} + G$$

式中:K_c——普通股成本率;

D_c——下一年发放的普通股总额的股利;

P_c——普通股股金总额;

G——普通股股利预计每年增长率。

例 某企业发行普通股正常市价为8 000万元,筹资费率为2%,下一年的股利率为10%,

以后每年增长4%，计算普通股成本率。

$$普通股成本率 = \frac{8\,000 \times 10\%}{8\,000 \times (1-2\%)} + 4\% = 14.20\%$$

6. 留用利润成本

留用利润也就是未分配利润，这部分利润虽未分配给股东，但其所有权仍属股东。对普通股东而言，既然放弃了享受现金红利的权利，意味着股东承受着机会成本，即期望用这笔利润能够带来高于红利的收益，因此股东期望留用利润能获得与普通股一样的报酬，故留用利润成本的计算方法与普通股一样，只是没有筹资费用。

$$K_n = \frac{D_c}{P_n} + G$$

式中：K_n——留用利润成本率；

P_n——留用利润总额。

例 某企业留用利润为100万元，下一年的股利率为12%，以后每年增长5%，计算留用利润成本率。

$$留用利润成本率 = \frac{100 \times 12\%}{100} + 5\% = 17\%$$

四、加权平均资金成本

各种不同资金具有不同的资金成本。在实际生活中，企业几乎不可能采用单一的筹资方式，而多数采用多项筹资方式。因此，某企业的总资金成本也不可能由单一的资金成本来确定，而是需要根据不同资金的资金成本及它们各自所占的比重确定。加权平均资金成本又称综合资金成本，是公司各类资金成本与该资金在企业全部资金中所占比重的乘积之和，其计算公式为：

$$加权平均资金成本 = \sum \begin{pmatrix} 某种资金来源 \\ 的资金成本率 \end{pmatrix} \times \begin{pmatrix} 该种资金占全 \\ 部资金的比重 \end{pmatrix}$$

$$K_w = \sum_{j=1}^{n} W_j K_j$$

式中：K_w——加权平均资金成本率；

W_j——第 j 种资金来源占全部资金的比重；

K_j——第 j 种资金来源的资金成本率；

n——筹资方式的种类。

例 某企业某年度的资金结构详见表4-1。

表4-1 某企业资金结构表　　　　　　　　　单位：万元

各种资金来源		金额
长期债券	年利率8%	500
优先股	年股息率6%	200
普通股	30 000 股	300
合　计		1 000

普通股股票每股票面额 100 元,今年期望股息为 10 元,预计以后每年股息增加 3%,该企业所得税假定为 30%,假设发行各种证券均无筹资费。要求计算该年度综合资金成本。

各种资金来源的比重和资金成本分别为:

$$W_d = \frac{500}{1\,000} = 50\% \qquad K_d = \frac{8\% \times (1-30\%)}{1-0} = 5.6\%$$

$$W_p = \frac{200}{1\,000} = 20\% \qquad K_p = \frac{6\%}{1-0} = 6\%$$

$$W_c = \frac{300}{1\,000} = 30\% \qquad K_c = \frac{10}{100} + 3\% = 13\%$$

该年度综合资金成本率 = 50%×5.6% + 20%×6% + 30%×13% = 7.9%。

第三节 资本结构

一、财务杠杆

(一) 营业风险与营业杠杆

1. 营业风险

营业风险是指企业息税前收益围绕其期望值变化而产生的不确定性。由于企业的销售收入和各项经营成本因政治经济形势、产品市场和要素市场等的变化,造成企业息税前收益具有不确定性,从而形成企业的营业风险。导致企业营业风险大小的因素有生产要素市场的稳定性、产品市场的供求变化、企业的应变能力和产品成本中固定成本的比例等。由于不同行业、不同企业受上述因素的影响程度不同,造成各行业之间、行业内各企业营业风险的差异较大。

2. 营业杠杆

营业杠杆是企业利用固定成本提高息税前收益(即营业利润)的手段。企业的成本按成本特性的不同分为固定成本和变动成本。固定成本是指在一定产量范围内,不随产品产量变化而变化,始终保持为一个常数价值的成本。对每一件产品来说,其所分摊的固定成本的多少是随着产量的变化而变化的。产品产量小,分摊到单位产品上的固定成本就高;产品产量大,分摊到单位产品上的固定成本就低。变动成本的数额随产品产量的变化而变化。对每一件产品来说,变动成本又是固定的,即每一件产品上所包含的变动成本是一个固定的量。产品产量越高,变动成本的总额越大;产品产量越低,变动成本的总额越小。因此,当产品的销售增加时,单位产品所分摊的固定成本相应减少,从而给企业带来额外的营业利润,即营业杠杆利益。营业杠杆作用程度通常用营业杠杆系数来表示,它是营业利润的变动率与销售额变动率之商,用公式表示如下:

$$营业杠杆系数 = \frac{息税前利润变动的百分比}{产销量变动的百分比}$$

即

$$DOL = \frac{\Delta EBIT/EBIT}{\Delta Q/Q}$$

式中:DOL——营业杠杆系数;

$EBIT$——息税前利润;

$\Delta EBIT$——息税前利润的变动数;

Q——变动前产销量;

ΔQ——产销量的变动数。

为了便于计算,可将上式作如下推导:

设:P 为单位销售价格;V 为单位变动成本;F 为期间固定成本。

因为
$$EBIT=Q(P-V)-F$$

且
$$\Delta EBIT=\Delta Q(P-V)$$

所以
$$DOL=\frac{Q(P-V)}{Q(P-V)-F}$$

如用文字表示则为:

$$营业杠杆系数=\frac{销售额-变动成本总额}{息税前利润总额}$$

从上可知,在固定成本能够承受的范围之内,销售额越大,营业杠杆系数越小,意味着企业资产利用率越高,效益越好,风险越小;反之,销售额越低,营业杠杆系数越大,经营风险也就越大。事实上,只有在影响经营风险的其他因素保持一定稳定性时,营业风险才会随营业杠杆的增大而增大。

(二) 财务杠杆与财务风险

1. 财务杠杆

财务杠杆是指企业利用债务成本的习性而带来的额外的营业利润。财务杠杆的基本原理是:在既定的长期资金总额情况下,企业从营业利润中支付的债务利息是固定的,当营业利润增加或减少时,每1元营业利润中所负担的债务利息就相应地减少或增加,从而增加或减少普通股的每股收益。与营业杠杆不同的是,财务杠杆影响的是税后利润,而营业杠杆影响的是息税前利润。财务杠杆作用的大小称为财务杠杆系数。财务杠杆系数是每股税后利润的变动率相当于息税前利润变动率的倍数。用公式表示如下:

$$财务杠杆系数=\frac{每股税后利润变动率}{息税前利润变动率}$$

$$DFL=\frac{\Delta EPS/EPS}{\Delta EBIT/EBIT}$$

式中:DFL——财务杠杆系数;

EPS——每股税后利润;

ΔEPS——每股税后利润变动数。

因为
$$EPS=(EBIT-I)(1-T)/N$$

所以
$$\Delta EPS=\Delta EBIT(1-T)/N$$

则
$$\frac{\Delta EPS}{EPS}=\frac{\Delta EBIT}{EBIT-I}$$

所以
$$DFL=\frac{\Delta EPS/EPS}{\Delta EBIT/EBIT}=$$

$$\frac{\Delta EBIT}{EBIT-I} \div \frac{\Delta EBIT}{EBIT} = \frac{EBIT}{EBIT-I}$$

式中：I——利息；

　　　T——所得税税率。

如用文字表示则为：

$$财务杠杆系数 = \frac{息税前利润}{息税前利润-利息}$$

2. 财务风险

财务风险就是企业运用负债融资及优先股筹资后，普通股股东所负担的额外风险。具体地说，它是指企业利用财务杠杆给普通股收益造成大幅波动的风险和企业破产的风险。当财务杠杆起作用造成息税前利润增长，每股收益就会增加很多，从而降低财务风险；反之，息税前利润减少，财务杠杆的作用使每股收益降幅更大，特别是负债利率高于资金利润率，就会给企业带来较大的财务风险。

影响财务风险的基本因素有债务成本和企业负债比率的高低，为此，企业要注意适度负债经营，努力降低债务成本，提高经营管理水平，促使资金利润率提高。

（三）复合杠杆

从上述分析可知，所谓杠杆的通俗解释就是同样资金拉动交易额的倍数。例如一套房子100万元，金额支付100万元，就是一倍杠杆。如果100万元资金，首付5成，可以买2套即2倍杠杆；如果首付2成，可以买5套，拉动交易额500万元，即5倍杠杆。营业杠杆可以增加销售收入对营业利润的影响，财务杠杆可以增大营业利润对股东收益的影响。如果企业同时使用营业杠杆和财务杠杆，就会产生复合作用，从而使销售收入的变动直接导致每股税后利润的变动，这种作用就是复合杠杆的作用，反映这种变动程度大小的称为复合杠杆系数。复合杠杆系数（DTL）是指每股收益的变动率相对于销售额变动率的倍数。用公式表示为：

$$DTL = DOL \cdot DFL$$
$$= \frac{\Delta EBIT/EBIT}{\Delta Q/Q} \cdot \frac{\Delta EPS/EPS}{\Delta EBIT/EBIT}$$
$$= \frac{\Delta EPS/EPS}{\Delta Q/Q}$$
$$= \frac{(P-V)Q}{(P-V)Q-F} \cdot \frac{(P-V)Q-F}{(P-V)Q-F-I}$$
$$= \frac{(P-V)Q}{(P-V)Q-F-I}$$
$$= \frac{EBIT+F}{EBIT-I}$$

对营业杠杆、财务杠杆和复合杠杆的分析及观察，使我们认识到：

1. 股东权益受营业风险和财务风险双重影响，而营业风险主要受企业产品的需求状况、生产要素的供给状况、企业固定成本与变动成本的比例关系及企业对市场的应变能力等因素的影响；财务风险则主要受企业资本结构（即负债比率）的影响。

2. 在营业利润率高于债务利息率时，负债经营可以提高股东的收益水平；在营业利润率低于债务利息率时，负债经营将降低股东的收益水平。股东收益水平变化幅度的增加，就是财务杠杆引起的财务风险。

3. 负债经营虽然提高股东收益水平,但要付出代价,即增大股东的财务风险。

二、资本结构

从上述分析得知,利用财务杠杆既可以提高股东的收益水平,又能使股东承受相应的财务风险。然而,财务杠杆引起的资本结构(又称筹资结构)变动是如何产生收益或风险的,企业应保持怎样的资本结构才合理等等问题值得讨论。

(一)资本结构的实质

资本结构是指企业资金中资本与负债的比例关系,又称负债权益比。在西方财务理论中,资本结构仅指长期负债和资本的比例关系。资本结构说明债权人所提供资金占企业全部资金的比重,表明债权人投入的资金受到自有资金保障的安全和风险程度,以及企业利用债权人资金进行生产经营活动,增加盈利的能力。资本结构决定企业偿债和再筹资能力,影响着企业未来的盈利能力。资本结构优化,企业偿债和抗风险能力就强,但财务杠杆的作用减弱;反之,资本结构不佳,企业偿债和抗风险能力就弱,但财务杠杆作用增强。因此,资本结构是企业筹资决策的核心问题,企业应从自身财务状况出发,采取科学的测算方法,综合分析与资本结构相关的因素,从而确定和选择企业最佳筹资结构,并使企业资本结构始终保持最适当的状态。

当然,仅将资本结构理解为负债权益比是不够的。资本结构作为一个重要的财务范畴,具有丰富的内涵,至少应包括如下内容:

(1) 权益与负债的比例关系;

(2) 长期资金来源与短期资金来源的关系;

(3) 各种筹资方式的比例关系;

(4) 不同投资者间的比例关系;

(5) 资金来源结构与投向结构的配比关系。

上述内容的安排综合考虑筹资成本、筹资风险、筹资效益等因素,有助于资本结构的科学安排。

(二)资本结构理论

资本结构理论由美国提出,在西方国家广泛传播和应用,构成了西方企业财务理论的主要内容。它经历了一个逐步形成、不断发展和完善的过程,近年来也引起我国财务界的重视,直接影响我国财务理论的发展和公司财务政策的制定。目前西方资本结构理论主要有:

1. 净收入理论(net income theory)

这是西方早期资本结构理论之一。该理论认为,公司加大财务杠杆程度,可以降低企业加权平均的资金成本,提高公司的市场价值。所以,企业利用债务资金总是有利的。按照该理论,公司应该可以最大限度地利用债务资金,不断地降低公司的资本成本以提高公司价值。当债务资本为100%,企业的价值最大,这显然是不可能的,也是荒谬的。

2. 净营业收入理论(net operating income theory)

净营业收入理论认为,不论财务杠杆如何变动,综合资金成本都是固定的,同时企业价值也是固定不变的。增加成本较低的负债资本同时会增加公司的风险,这会使主权资本的成本提高,一升一降,加权平均总成本仍保持不变;并认为公司的资金成本不受财务杠杆、资本结构的影响,彼此的效果没有区别。因此,公司不存在最佳资本结构问题。

3. 传统理论(traditional theory)

传统理论认为每家公司均有一最佳的资本结构。这是一种介于净收入理论和净营业收入理论之间的折中理论。这种理论认为,债务资本成本、自有资本成本和综合资本成本均非固定,它们会因资本结构的变化而变动。按照这种理论,企业在一定限度负债时,自有资本和负债的风险都不会显著增加,所以其成本在某个范围内是相对稳定的,一旦超过该范围就会上升。因此,负债低于100%的某种资本结构,可使企业资本成本最低、企业价值最大。可见,传统理论认定企业有最佳资本结构。

4. MM 理论

MM 理论是美国著名金融经济学家、财务学家莫迪里艾尼(Franco Modigliani,1985年诺贝尔经济学奖获得者)与米勒(Mertor H. Miller,1990年诺贝尔经济学奖获得者)共同提出的一整套资金结构理论。MM 理论可分为两个阶段:一是最初的 MM 理论;二是修正的 MM 理论。

(1) 最初的 MM 理论。最初的 MM 理论即无公司税 MM 理论,其基本思想是在不考虑对公司征收所得税的情况下,公司无法通过负债融资来增加公司的价值,也就是说,在不课税的情况下,资金结构的变动不会对公司价值产生任何影响。最初的 MM 理论具体包括三个命题:① 总价值命题:只要纳税付息前利润相等,那么处于同一风险等级的企业,无论是负债经营企业还是无负债经营企业,其总价值相等。企业的加权平均资金成本与企业的资金结构毫不相关。② 风险补偿命题:负债企业的股本成本与同一风险等级中无负债企业的股本成本之间有一差额,这一差额即为负债企业所要承担的风险,即所谓风险补偿。举债增加将导致股本成本增加,而且损益相等。③ 投资报酬率命题:内含报酬率大于综合资金成本及预期收益率是进行投资决策的前提。

(2) 修正的 MM 理论。即考虑了公司所得税以后的 MM 理论。该理论的基本思想是:公司可通过财务杠杆利益的不断增加而不断地降低其资金成本,负债越多,杠杆作用越明显,公司价值就越高。在有公司税的情况下,负债会因为利息是免税支出而增加企业价值。修正的 MM 理论也包括三个命题:① 赋税节余命题:负债企业的价值等于相同风险等级的无负债企业的价值加上赋税节余价值,而赋税节余价值等于公司税率乘以负债额。这就是说,负债企业会由于负债的存在而节约公司税支出,从而增加企业价值。② 风险报酬命题:负债企业的股本成本等于相同风险等级的无负债企业股本成本加上无负债企业股本成本与负债成本之差以及由负债额和公司税率决定的风险报酬。③ 投资报酬率命题:在投资项目中,内含报酬率只有等于或大于某个临界率才能接受。该临界率等于:

$$临界率 = 无风险企业股本成本 \times \left[(1-所得税率) \times \frac{负债额}{公司价值}\right]$$

1976 年,米勒在美国金融学会所作的报告中,又将个人所得税因素加进了 MM 理论中,从而形成了米勒模型。该模型认为,修正的 MM 理论高估了公司负债的减税好处,因为个人税在某种程度上抵消了公司负债利息的减税利益。基本表达式为:

$$V_L = V_u + \left[1 - \frac{(1-T_c)(1-T_s)}{(1-T_d)}\right]D$$

式中:V_L——负债企业的价值;

V_u——无负债企业的价值;

T_c——公司税率；

T_s——个人股票所得税率；

T_d——债券所得税率；

D——企业负债价值。

5. 权衡理论

该理论认为，MM理论忽略了现代社会中的两个因素：财务拮据成本和代理成本，而只要运用负债经营，就有发生财务拮据成本和代理成本的可能。经过修正来反映财务拮据成本和代理成本的 MM 公司税和米勒模型，是一种权衡模型。

$$V_L = V_u + T \cdot D - 预期财务拮据成本的现值 - 代理成本的现值$$

上式中财务拮据成本是指企业发生财务危机但未破产前所发生的处理财务危机产生的诸如律师费、清算费和资产贬值损失等直接成本，以及因财务危机而在经营管理方面遇到的困难和损失等间接成本。代理成本是指为减缓企业债权人和股东间矛盾冲突而对经营活动和其他行为作出限制和监督，由此而发生的监督成本和经营效率下降导致的企业价值降低。当减税利益与负债的财务拮据和代理成本相互平衡时，即利益和成本相抵消，此时就是最优资本结构。但实际上由于财务危机成本和代理成本很难进行准确的估算，故最佳资本结构并不能靠计算或纯理论分析得出，而需要由企业管理人员和有关决策人员根据各方面的情况进行判断和选择。

6. 不对称信息理论(asymmetric information theory)

所谓不对称信息就是管理者和投资者在信息获得方面是不平等的，管理者比投资者掌握更多、更准确的信息；而且，管理者会试图为现有的股东而不是新股东谋最大利益。由于这种信息的不对称，将直接影响企业的筹资顺序及最佳资金结构的确定。例如，股票筹资本应是容易被投资者所接受的方式，但在不对称的信息环境中，发行股票筹资往往被投资者认为是风险极大、代价很高的筹资方式。原投资者会认为，公司发行新股可能是因为股价被高估了，或者可能隐藏着异常的盈余，出于投资者自身的利益考虑，原投资者会抛售手中的股票，造成股价下跌。根据实证研究的结果，美国公司通常不会发行新股筹资，而是按照留存收益→发行债券→可调换证券→普通股票的筹资顺序。尽管这一顺序的规定没有严密的理论依据，但在不对称信息环境中，却被认为是合理的。

分析西方资本结构理论，可以发现其特点：

(1) 每种理论都有严格的、较多的假设条件。

(2) 最佳资本结构的判断标准是公司价值最大或者是使公司资金成本最低的结构。资本结构研究要综合考虑资本结构对企业价值和资金成本的双重影响。

(3) 公司是否存在最佳资本结构有不同主张，但更多的人偏向于存在最佳资本结构的观点。

(4) 资本结构的研究要注意理性分析，要考虑非量化的各种有关因素。

(三) 影响资本结构的因素

在现实经济活动中，影响企业资本结构的因素众多，这些因素是企业在确定资本结构时所必须考虑的，归纳起来，有以下几种因素：

(1) 体现行业特点、企业性质的资产结构；

(2) 财务风险的承受能力；

(3) 企业经营的稳健性和连续性；

(4) 企业经营管理人员所持的态度；

(5) 贷款人和信用评级机构的态度；

(6) 企业的发展目标和适应能力；

(7) 企业的获利目标和收益分配的方针；

(8) 企业所处环境和法律、政策的制约性。

(四) 最佳资本结构的确定

1. 最佳资本结构

所谓最佳资本结构，是指企业在一定时期使其综合资金成本最低，同时企业价值最大的资本结构。从资本结构的理论分析中可知，企业综合资金成本最低时的资本结构与企业价值最大时的资本结构是一致的。这是因为企业理财的目标是追求企业价值最大化，在市场经济社会，企业价值最大化表现为其股票价格的最大化。只有在风险不变的情况下，提高资产负债率，使每股收益增长才会直接导致股价的提高。如果提高资产负债率虽然使每股收益增加，但却使风险加大，那么每股收益的增加不足以补偿风险，股价就可能下跌。因此最佳资本结构应当是一个可使公司股票价格最高而且每股收益最大的负债权益比，而满足这个比例的条件就是加权平均成本的最低点，如图 4-1 所示。

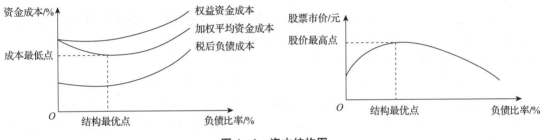

图 4-1 资本结构图

当然，这种理论上的最佳结构点只是理论推断，在实际中公司最佳资本结构应是一个区间范围。

2. 确定最佳资本结构的方法

(1) 加权平均资金成本比较法。在实际的经济活动中，企业筹资时总是有许多方案可供选择，不同的筹资方案也就形成了不同的资本结构。在分析具体采用哪种筹资方案时，只需将各方案的加权平均资金成本进行比较，其中最低综合资金成本的筹资方案所形成的资本结构就是最佳的资本结构。这种方法通常在原始筹资方案的选择上广泛运用。

(2) 无差别分析法。无差别分析法是用来分析不同筹资方式下的自有资金利润率，从中找出最佳资本结构的方法。比如，某股份有限公司有两种筹资方案可供选择，甲方案全部以普通股筹资，乙方案中普通股和债券筹资各一半。两方案在不同的税息前利润下它们的税后自有资金利润率关系如图 4-2 所示。

当企业息税前利润为 A 时，甲、乙两方案都能带来相同的税后自有资金利润率，各方案所形成的资本结构对税后资本利润率的影响没有差别。但如果息税前利润大于 A，则乙方案的税后资金利润率高于甲方案，这时选择乙方案合适；如果息税前利润小于 A，则选择甲方案更合适。

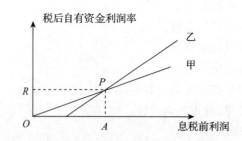

图 4-2 息税前利润和税后自有资金利润率关系

(五) 资本结构的调整

一般说来,经公司设立筹划确定的初始资本结构,在当时是合理的,但企业经营后,由于生产销售、贷款回笼、经营管理、市场变化等变动,可能导致资产负债比例过高或过低、流动负债比例失调,影响企业正常经营,必须对其进行调整,使其摆脱不利,回到适宜的资本结构状态中。要进行调整就需在公司资产、自有资本、长期负债和流动负债上进行存量调整和增量调整。

存量调整就是在企业现有资产规模下对现存的自有资本与负债进行结构转化、内部重组,以实现资本结构趋于合理。具体调整的方法有:

(1) 提前偿还旧债,适时举新债。当公司预感从顶峰走下来时,可提前还贷和收兑债券,来调整债务结构、改变负债过高形象,待到形势转好再适时筹措新债。

(2) 调整长、短期债务的结构,降低短期支付压力。

(3) 在不改变企业总资产规模的情况下,实施债转股,以降低负债比例。

增量调整是指通过追加或缩减资产数量来实现资本结构合理。调整的办法有:

(1) 在资产负债比例过高,但偿债压力正常,且又需追加资金供应的情况下,增发配售新股,增加自有资本。

(2) 在资产负债比例过低,且公司资金需求下降的情况下,经批准可以缩股减资或回购注销流通股份。

(六) 资本结构理论的几点启示

资本结构理论体系的论证是一个复杂的问题,而且诸多论证是建立在许多基本假设之上,缺少可操作性。但是资本结构理论所揭示的筹资方式和资本比例关系的实质对我国的企业和股份制公司分别有重要启示。

启示一:对股份公司来说,要认识到增加负债资本的比重能够给公司带来更高的资本收益,重视负债的财务杠杆作用。

股份公司筹集长期资本的方式主要有举债(发行公司债、银行长期借款)和增发股份(配股、盈余公积转股)两种。目前一些股份公司存在错误认识,认为举债筹资要支付利息,且到期必须偿还,而筹措权益性资本可以无息使用,因而过度扩大自有(权益)资本,热衷于配股或采用股票股利扩大股本,表面上看公司筹集权益资本似乎没有付出代价,实际上并不如此。从负债资本方面看,公司负债的利息是固定的,到期必须偿还本金,债券投资者的投资风险小,所获得的风险报酬率较低,同时负债利息在税前利润中已作扣除,可免交所得税,这样就大大提高了企业的每股收益率,至少在财务报表上可以看出。而筹集权益性资本则不然,由于股东在经营期间不得抽回投资额,存在较大投资风险,要求获得较高的风险报酬率,同时股息在税后利润支付,如以33%所得税率计算,需产生近150元的税前利润才能支付税后100元股息,权益资本成本比负债资本成本增加近50%。因此相同的财务成果,只有权益资本的公司每股收益率就较前者要低得多。在公开的财务信息中,将会降低企业的市场价值。因此可以认为股份公司单纯依赖扩股筹集资金,丧失了对负债所带动的财务杠杆机会,不仅会降低公司的盈利能力,造成财务成果劣化,影响了公司的筹资形象,也会给股份公司继续扩充资本造成很大的难度,造成财务环境劣化。股份公司应在筹资过程中注意克服单一追求自有资本扩张所引起的负面影响。

启示二:对中小型企业来说,要不断提高企业自有资本的比重,这样能够提高企业经营的安全性,要重视负债过度引起的财务风险。

就目前来看,中小型企业筹集长期资本时,在吸收投资者原始投资的基础上,有举债(发行企业债券和银行借款)和内部积累两种主要方式,而举债是最主要的方式之一。企业主观上由于扩张冲动需要,就过度利用财务杠杆,负债多多益善,使资本结构服从修正MM理论,忽视了企业因举债过度会导致偿债能力下降,增加了企业的经营风险和财务风险的可能性。在一般情况下,企业的经营成果必须支付与之相当的利息,它会引起企业流动资金的紧张。在资本收益低于负债资本成本情况下,企业则会发生债务危机,导致企业遭受破产、清算的局面。特别是国有中小型企业的畸形资本结构(资产负债率过高),就是缺少债务资本比例的约束,缺少积累自有资本的动力机制,依赖贷款过日子,在取得资金的同时,又被债务成本压得抬不起头,从而失去了自主调整合理资本结构的契机。从这个意义上说,在资本结构中,债务资本过重是国有中小型企业经营困境的主要原因之一。特别是企业在连续负债后,继续发行公司债券或长期借款,以负债方式筹资,企业必须承担必要的保证性条款,增加银行监督费用(即代理成本),这些保证性条款和监督措施约束了企业的自主经营,造成了负债资本收益低下。因此,中小型企业在筹资过程中要抑制负债资本扩张趋势,增加企业经营的安全性。

我国股份公司忽视资本收益性,在筹资过程中过分强调扩股、配股,形成自有资本扩张趋势;而在中小型企业中又忽视财务风险性,在筹资过程中过分依赖贷款方式筹集资金,形成债务资本扩张趋势。这两种极端的理财思路,都是非理性的,在财务实践中也是极不可取的。

第五章 所有者权益管理

第一节 资本金制度

为适应建立社会主义市场经济体制的要求,《企业财务通则》和《企业财务制度》规定,从1993年7月1日起,我国企业实行资本金制度。

一、资本金制度的概念及意义

企业资本金是指企业设立时必须向企业所有者筹集的、并在工商行政管理部门登记的注册资金。资本金是所有者权益的主要来源和表现形式,是投资者拥有的根本权益,它对企业的盈亏分配、净资产处置等方面权利有直接的影响。资本金制度是国家对资本金筹集、管理和核算以及所有者责权利等方面所作的法律规范。建立资本金制度是我国资金管理体制的重大变革,具有十分深远重大的意义。

1. 有利于保护企业所有者权益

随着我国经济体制改革的深入,企业资金来源多元化,这就客观上要求明确产权关系,体现资本保全原则,保护所有者权益,从而确保企业的生存和发展。因此,为适应形势发展需要,对我国企业实行资本金制度。

2. 有利于正确计算盈亏

实施资本金制度之前,企业固定资产盘盈、盘亏、毁损、报废、出售、折旧以及国家统一调价引起企业库存物资价差,对外投资时资产重估引起实物和无形资产的价差和收回对外投资时账面价值差额,都要相应地调整资金。因调增或调减资金,导致企业虚减或虚增盈利,企业当期损益不能如实反映企业生产经营成果。实行资本金制度后,充分体现资本保全原则,发生上述情况,不再调整资金,而且直接体现为企业损益。这样,不仅保证了资本金的保全和完整,保护了投资者权益,也为企业正确核算盈亏、如实反映经营成果创造了条件。

3. 有利于健全企业经营机制

企业的建立和发展必须有一定量的资本,资本可以是投入的,也可以是借入的,但总要有一定的自有资本。在市场经济条件下,企业能否借到款和能借到多少款,取决于企业的资本金规模和资信状况,因为债权人着眼于债权的安全,在放贷前,要研究债权企业的资本金规模和其经营状况,了解其偿债能力。当然,企业在市场经营、发展中,不可避免地存在着风险,这就要求企业具有承担经营风险的能力,为此要建立和实行资本金制度。资本金是企业实行自我约束和最终承担经营风险的最大限度,是企业实现自主经营和自负盈亏的前提条件。因此,实行资本金制度,有利于促进企业建立自主经营、自负盈亏、自我发展、自我约束的经营机制。

二、资本金制度的内容

1. 资本金的确定方法

根据《企业财务通则》第六条规定:"设立企业必须有法定的资本金。资本金是指企业在工商行政管理部门登记的注册资金。"一般来说,资本金就是注册资金,并且要求实收资本金与注册资本一致。但实际中采用不同资本制度,其具体确定方法有以下三种:

(1) 实收资本制。在公司成立时必须确定资本金总额,并一次认足,实收资本与注册资本一致,否则公司不得成立。

(2) 授权资本制。在企业设立时,虽然也要确定资本金总额,但不要求一次缴足。只要缴纳了第一期出资额,企业即可设立;剩余未缴部分资本金,可以在企业设立后进行筹集,即授权资本制允许实收资本同注册资本不一致。

(3) 折中资本制。要求公司成立时确定资本金总额,并规定首期出资的数额,接近于授权资本制,但对第一期出资数额或比例一般作出限制。

我国的经济法规一般强调实收资本与注册资本一致。《企业法人登记管理条例》规定,注册资金就是企业设立时填报的、经过工商行政管理部门核定的资金总额,即注册资本是按实收资本确定的;《股份有限公司规范意见》规定,公司注册资本金应为在工商行政管理机关登记的实收股本总额;《有限责任公司规范意见》规定,公司注册资本为股东缴纳的股本总额,即资本金就是注册资本金;对外商投资企业,按规定,实收资本与注册资本应该一致,但可以分期筹集。《企业财务通则》规定,资本金是企业在工商行政管理部门登记的注册资金。这就明确了我国企业资本金的确认原则,即要求实收资本与注册资本一致。

2. 法定资本金

法定资本金又叫法定最低资本金,是指国家规定的开办企业必须筹集的最低资本金数额。即企业设立时必须要有最低限额的本钱,否则企业不得批准设立。根据《中华人民共和国公司法》规定,有限责任公司的注册资本不得少于下列最低限额:(1) 以生产经营为主的公司人民币50万元;(2) 以商品批发为主的公司人民币50万元;(3) 以商业零售为主的公司人民币30万元;(4) 科技开发、咨询、服务性公司人民币10万元。

特定行业的有限责任公司注册资本最低限额需高于上述所定限额的,由法律、行政法规另行规定。股份有限公司注册资本的最低限额为人民币1 000万元。股份有限公司注册资本最低限额要高于上述所定限额的,由法律、行政法规另行规定。申请股票上市的,其发行后股本总额不少于人民币5 000万元。

《股份有限公司规范意见》规定,有外商投资的公司注册资本不低于人民币3 000万元。有外商投资的企业要求注册资本与生产经营的规模、范围相适应,其注册资本占投资总额的最低比例或最低限额也有明确规定。《关于中外合资经营企业注册资本与投资总额比例的暂行规定》规定,中外合资经营企业的注册资本与投资总额比例的标准为:

(1) 投资总额在300万美元以下(含300万美元)的,注册资本至少应占投资总额的7/10;

(2) 投资总额在300万美元以上至1 000万美元(含1 000万美元)的,注册资本至少应占投资总额的1/2;其中投资总额在420万美元以下的,注册资本不得低于210万美元;

(3) 投资总额在1 000万美元以上至3 000万美元(含3 000万美元)的,注册资本至少应占投资总额的2/5;投资总额在1 000万美元以下的,注册资本不得低于500万美元;

(4) 投资总额在3 000万美元以上的,注册资本至少应占投资总额的1/3;其中投资总额在

3 600万美元以下的,注册资本不得低于1 200万美元。中外合资经营企业如遇特殊情况不能执行此规定的,由对外经济贸易合作部会同国家工商行政管理局批准。《中华人民共和国中外合资经营企业法》还规定,在中外合资经营企业的注册资本中,外国合营者的投资比例一般不低于25%。

《有限责任公司规范意见》规定,民族区域、自治区和国务院确定的贫困地区,经批准,注册资本的最低限额可按上述规定限额降低50%。

3. 资本金的构成

根据《企业财务通则》规定,资本金按照投资主体分为国家资本金、法人资本金、个人资本金以及外商资本金等。国家资本金是指有权代表国家投资的政府部门或者机构以国有资产投入企业形成的资本金;法人资本金是指其他法人单位包括企业法人和社团法人以其依法可支配的资产投入企业形成的资本金;个人资本金是指社会个人或者本企业内部职工以个人合法财产投入企业形成的资本金;外商资本金是指外国投资者以及我国香港、澳门和台湾地区投资者投入企业形成的资本金。与之相应,股份制企业的股权划分为国家股、法人股、个人股和外资股。

4. 资本金的管理

资本金的管理主要包括资本金保全和投资者对其所拥有的权利及其承担的义务两个方面的内容。

资本金保全是资本金制度的重要内容之一。《企业财务通则》明确规定,企业筹集的资本金,企业依法享有经营权,在企业经营期内,投资者除依法转让外,不得以任何方式抽回。法律、行政法规另有规定的,从其规定。《中华人民共和国公司登记管理条例》规定,公司的发起人、股东在公司成立后,抽逃出资的,由公司登记机关责令改正,并处以所抽逃出资额10%以下的罚金。构成犯罪的,依法追究刑事责任。公司减少注册资本的,应当自减少注册资本决议或者决定作出之日起90日内申请变更登记,并应当提交公司在报纸上登载公司减少注册资本公告至少3次的有关证明和公司债务清偿或者债务担保情况的说明。

投资者对其出资所拥有的权利和承担的义务,是指投资者按照出资比例或者合同、章程的规定,分享企业利润和分担风险以及亏损。由于现代企业是以有限公司为其基本组织形式,投资者只以投入资本为限承担有限责任。

三、企业筹集资本金的方式和筹集期限

企业筹集资本金的方式可以多种多样。按照《企业财务通则》和财务制度的规定,企业既可以吸收货币资金的投资,也可以吸收实物、无形资产等形式的投资,还可以发行股票筹集资本金,也就是说,企业可以吸收投资者依法投资的任何财产来筹集资本金。但企业无论采取什么方式筹集资本金,必须符合国家法律、法规的规定,如通过发行股票筹集资本金,必须按照国家关于股份制企业的实施范围、审批程序等规定依法进行。对吸收无形资产投资也不得超过国家规定的比例限度,有关法律、法规对吸收的无形资产投资规定了比例限度。《中华人民共和国公司法》规定,以工业产权、非专利技术作价出资的金额不得超过有限责任公司注册资本的20%,国家对采用高新技术成果有特别规定的除外;发起人以工业产权、非专利技术作价出资的金额不得超过股份有限公司注册资本的20%。企业财务制度规定:如果情况特殊,企业吸收无形资产(不包括土地使用权)含有高新技术确需超过20%的,应当经有关部门审查批准,但是最高不得超过30%。对外商投资企业的规定是:外资企业外国投资者投入的工业产权、专有

技术,其作价应当与国际上通常的作价原则相一致,其作价金额不得超过注册资本的20%。

企业筹集资本金无论是一次筹集,还是分期筹集,应根据国家有关法律、法规以及合同、章程的规定来确定。有限责任公司的股本总额由股东一次认足;外商投资企业可以分期筹资。若采用一次性筹集,应当在营业执照签发之日起6个月内筹足。分期筹集的,最长期限不得超过3年,即最后一次出资应当在营业执照签发之日起3年内缴清,其中第一次筹集的投资者出资不得低于15%,并且第一次筹集部分应在营业执照签发之日起3个月内筹集。

企业筹集资本金的方式、投资者出资期限等均要在投资合同、协议中约定,并在公司章程中作出规定,以确保企业能够及时、足额筹集资本金。如果投资者未按合同、协议和公司章程的约定,按时、足额出资,即为投资者违约,企业和其他投资者可以依法追究其违约责任。投资者在出资中的违约责任主要分为两大类:一是投资一方违约,企业和投资者可以按照合同、协议和章程的规定,依据法律程序要求违约方支付迟延出资的利息,赔偿经济损失;二是投资各方均违约或外资企业不按规定出资,则由工商行政管理部门进行处罚。从现有法规看,投资者出资中违约,已有相应的处罚规定。如《有限责任公司规范意见》规定,股东未按规定缴纳出资的,公司有权向股东追缴,如追缴后仍不履行缴纳义务的,则可以根据诉讼程序请求人民法院追究股东的违约责任。

第二节 吸收直接投资

一、吸收直接投资的概念和种类

1. 吸收直接投资的概念

吸收直接投资是公司以协议等形式吸取国家、其他企业、个人和外商等直接投入资本,形成公司资本金的一种筹资方式。吸收直接投资不以股票为媒介,适用于非股份制企业,它是非股份制企业筹措权益资本的一种基本方式。

2. 吸收直接投资的种类

吸收直接投资的类型很多,公司可根据自身的需要和有关规定选择采用,以便顺利地筹措所需要的权益资本。

(1) 按其所形成公司资本金的构成要素分类,可以分为吸收国家直接投资(由此形成国家资本金)、吸收其他企事业单位等法人的直接投资(由此形成法人资本金)、吸收公司内部职工和城乡居民的直接投资(由此形成社会公众资本金)、吸收外国投资者和我国港澳台地区投资者的直接投资(由此形成外商资本金)。目前吸收直接投资对国有企业而言主要包括国家投资和其他企事业单位的联营投资。

(2) 按投资者的出资形式分类,可分为公司吸收现金投资和公司吸收非现金投资两大类。吸收现金投资是公司吸收直接投资最乐于采用的形式,因为公司吸收了一定的现金投资,就可以依据自身的生产经营规划购置资产、支付费用,运用灵活,支配方便,所以公司一般都力争投资者以现金方式出资。各国的法规也大多对现金出资比例作出了具体规定,或由筹融资各方协商确定适当的比例。吸收非现金投资主要是吸收实物资产投资和吸收无形资产投资。

3. 吸收直接投资的优点与缺点

吸收直接投资是我国企业筹资中最早采用的一种方式,也曾是我国国有企业、集体企业、合资或联营企业普遍采用的筹资方式。

采用吸收直接投资的筹资方式,能够给公司带来以下好处:

(1) 其所筹资本属于公司的权益资本,与借入资本相比较,它更能提高公司的资信和借款能力;

(2) 公司吸收直接投资不仅可以筹取现金,而且能够直接获得其所需要的先进设备与技术,这与仅筹集现金的筹资方式相比较,更能尽快地形成生产经营能力;

(3) 公司采用吸收直接投资的筹资方式,其财务风险较低。

但是,吸收直接投资也有其缺陷。其主要缺陷有:

(1) 筹资成本较高;

(2) 由于没有证券作为媒介,公司吸收了直接投资,往往其产权不够明晰,不利于公司产权的流动和重组;

(3) 国家对谋求吸收直接投资公司(企业)的诸多政策,不仅十分繁琐多变,而且很容易导致国家行政权力对公司(企业)生产经营方向、营销策略、筹资渠道和方式等产生消极作用,使这些公司(企业)不能与现代市场经济体制真正融为一体。

二、国家直接投资

(一) 国家直接投资的方式

吸收国家直接投资是国有企业获得自有资本的基本来源。无论是新开办的国有企业还是老国有企业新的投资项目,只要其基本建设计划报国家有关部门批准通过,那么国家就会对这些项目通过各种方式进行投资。国家对国有企业的投资在不同的时期采用不同的投资方式,主要有以下三种:

1. 无偿拨款(中华人民共和国成立至1978年)

对于纳入国家投资计划的国有企业投资项目,由国家财政采取无偿拨款的方式满足企业对投资资金的需求。这种投资方式对保证企业长期资金的需求有一定的积极作用,但助长了"大锅饭"的思想,导致各地方政府和国有企业盲目争项目、争投资,严重影响了财政投资资金的使用效益,造成国家财政资金的巨大浪费。因此从1979年开始,国家对企业的投资方式实行"拨改贷"试点,1984年全面推行"拨改贷",无偿拨款的投资方式基本不再采用。

2. 有偿贷款(1979年至今)

"拨改贷"的对象主要指项目列入国家计划且对企业而言具有还款能力的投资主体。这种贷款不同于银行的贷款,它们的区别主要表现在两个方面:一是贷款资金的来源不同;二是贷款的目的不同。这种投资性贷款的具体发放是通过中国人民建设银行来进行的。

3. 股权式投资(20世纪80年代中期至今)

1984年,我国出现了由集体企业进行股份制改造的股份有限公司,随后股份制改造开始推进到国有企业,到目前为止,由原国有企业改制而成的股份有限公司近万家。股权式投资主要是指国有企业进行股份制改造时,原国家投资经评估后折成国家股的一种投资形式。目前理论界不少学者主张,国家可以采用入股方式对新组建企业进行投资,由此形成国家投资方式多样化的趋势。这里主要介绍吸收国家以贷款方式对国有企业的投资,即国家财政贷款。

(二) 国家财政贷款

国家财政贷款是指国家通过银行以贷款方式为企业提供的资金,实质上是中央或地方财政资金贷款。财政资金"拨改贷"的范围包括:① 实行独立核算,有还款能力的企业,如工业、农林、交通、商业、服务、旅游等企业的改建、扩建和新建项目,铁道、交通、旅游等部门购置车、船等设备;② 不实行独立核算,但有还款能力的事业单位,如电站;③ 经营有盈利和有还款能力的事业单位。

1. 国家财政贷款的种类

国家财政贷款按管理权限要求,可分为中央预算贷款和地方预算贷款、预算内资金贷款和预算外资金贷款;按指定的用途,贷款主要分为以下几种:

(1) 基本建设贷款,指国家对于列入固定资产投资计划各建设项目提供的财政贷款,即"拨改贷"资金。它是企业固定资产投资的主要来源,通常用以满足有偿还能力的企业对各种生产性及非生产性固定资产新建与扩建工程的资金需要。

(2) 更新改造贷款,指国家通过银行贷放给企业用于挖潜、革新和设备更新与技术改造方面的贷款,也属于国家对国有企业固定资产投资的组成部分。

(3) 其他国家贷款,如"老、少、边、穷"地区贷款、科技开发贷款、支援农业贷款、支援地方经济开发贷款,以及能源、交通和原材料重点建设贷款等各种专项贷款。

2. 国家财政贷款的条件

企业向银行申请国家贷款必须符合以下条件:

(1) 产品有销路,工艺过关。

(2) 生产所需的资源、原材料、燃料动力、水资源及运输条件已落实。

(3) 能按期还本付息。

3. 国家财政贷款筹资的程序[①]

企业筹措国家财政贷款资金,是指根据国家产业政策和投资政策及投资项目的需要,向国家有关部门申请,获取国家财政贷款资金。国家对企业的贷款投资,是通过银行直接贷放或委托国家的投资公司(仍通过银行)贷放,投资公司或银行起监督和媒介作用,贷款的决定权主要掌握在国家有关部门手中。企业筹措国家财政贷款的程序为:

(1) 确定企业是否属于国家贷款的对象。

企业采用国家贷款筹资,无论是从指定的哪个银行取得国家贷款,都必须符合国家对贷款对象的要求。现行的贷款办法规定,贷款对象应当是实行独立核算、能承担经济责任、有偿还能力的经济单位;新建项目的贷款对象必须是新厂的筹建机构,投产后债务转移到生产企业;改建、扩建项目和购置设备的贷款对象必须是负责进行改建、扩建项目和购置设备的企业本身。

(2) 向国家计划部门提交项目建议书。

项目建议书是对拟建项目的总体设想。编制初步可行性研究与项目建议书并提交给国家有关计划部门审批,是获取国家贷款的第一步工作。项目建议书主要是从总体上说明建设项目的必要性、可能性和合理性。一般包括六方面内容:① 项目的必要性和依据;② 产品方案拟建规模和地点的初步设想;③ 所需资源情况、建设条件、协作关系,如需从国外引进技术或设备,则要提供外商的初步分析;④ 投资估算和资金筹措设想;⑤ 项目建设进度的设想;⑥ 经济效益和社会效益的初步估计。

项目建议书应按项目规模、类别报送相应的计划部门审批。一般大中型和重点项目由国

---

① 黎谷主编.企业筹资与投资.北京:中国人民大学出版社,1992

家计委审批；投资在 2 亿元以上的重大项目由国家计委审核后报国务院审批；小型项目按隶属关系由省级计委审批。项目建议书经批准后，由国家分别列入长期计划和年度建设前期工作计划，以便进行可行性研究。

(3) 进行可行性研究，提交研究报告。

项目建议书获批准后，企业可以委托有资格的工程咨询部门或设计单位进行项目可行性研究，主要是从市场、技术工艺和财务经济等方面对拟建项目做多方案的比较论证，推荐较好的项目建议方案。研究报告一般包括 10 个方面的内容：① 项目提出的背景和投资的必要性；② 需求预测和拟建规模；③ 资源、原材料、燃料及公用设施情况；④ 建厂条件和厂址方案；⑤ 设计方案；⑥ 环境保护；⑦ 企业组织、劳动定员和人员培训；⑧ 实施进度的建议；⑨ 投资估算和筹资安排；⑩ 社会、经济效果评价。

可行性研究报告根据国家规定，大中型项目按隶属关系由主管部门或省级计委预审后，上报国家计委。

(4) 向主管部门提交设计任务书。

可行性研究报告经审查后，即可据以编制设计任务书（需附可行性研究报告）。设计任务书（过去又称计划任务书）是建设项目的最终决策文件，也是编制设计文件的依据。它主要是为建设项目提出人、财、物方面的安排。设计任务书的审批权限与项目建议书相同。

(5) 进行初步设计。

初步设计的目的是确定建设项目在指定地点、期限和限定条件下的建设方案，一般项目的初步设计主要是把设计任务书的要求具体化。向国家上报初步设计时应提交贷款计划申请书。

(6) 项目列入计划并落实贷款。

在完成上述项目决策、立项工作后，申请把建设项目列入国家年度固定资产投资计划，以便落实投资资金，这是向银行贷款的必要条件。目前，上述有些审批工作，国家已委托相应的投资公司（或政策银行）进行，筹资企业需向投资公司报送有关材料。

(7) 向银行提交有关文件并申请贷款。

企业在完成以上工作后，可直接向银行提交有关文件，申请贷款。贷款申请书的主要内容有：项目设计任务书的批准时间文号，初步设计批准时间文号或附复印件，总投资概算总额、投产期、要求借款金额及期限，投产后预计每年的经济效益。

(8) 签订借款合同。

(9) 支取贷款与还本付息。

筹资企业若支用银行贷款，可根据核定的年度（或季度）借款指标，按照订货合同、工程进度和其他支出的需要，向经办银行支取贷款。年度终了时，借款单位的年度贷款指标当年未用完的可转入下年使用。在借款总额内，如果借款项目建设进度加速，企业可提出追加借款计划，由银行在核定的年度贷款总指标内的项目之间调剂解决。如果需要追加的贷款额超过借款合同规定的总额，应先报批准机关，经同意补签合同后，方能增加贷款。

筹资企业为了企业信誉及下次筹资方便，应按贷款银行要求在合同规定的期限内还本付息。借款期限指从签订借款合同之日起到全部还清本息止。贷款利息自贷款之日起按照实际支出数计算。

三、联营企业投资

所谓联营投资是指境内两个或两个以上的企业在组建联营企业时,以各种形式吸收的联营各方的投资。联营方既包括企业单位,也包括事业单位。联营企业在组建时按规定吸收参与联营的企事业单位各方的投资,形成联营企业的自有资本。

国内联营企业的具体组织形式可分为松散型和紧密型两类。前者通常由联营各方派员共同组成管理委员会作为协调机构,这种联营企业一般不是经济实体,不具有法人资格,也不吸收联营各方投资而形成自有资金;后者则相反,它吸收来自联营各方的投资,是一个独立的法人,进行统一的核算。

松散型联营企业通常有两种形式:一种是以主体厂为骨干,名优产品为主导,由生产经营上有密切联系的企业和单位组成的扩散式经济联合体,以发挥专业化分工协作的优势;另一种是由生产同类产品或生产工艺相似的企业组成的并列式的经济联合体,以充分实现企业的规模效益。

紧密型联营企业通常可采取三种形式:一是由若干生产经营企业和非企业单位进行联合,组成总厂或公司,以总厂或公司为统一核算单位;二是以一个企业为主吸收其他各方投资,组成联营企业,以主体企业为统一核算单位;三是由若干生产经营企业和非企业单位共同出资,兴办联营企业,以新组建的经济实体为统一核算单位。

紧密型联营在组建时以吸收联营各方投资来筹措自有资本,必须签订合同或协议。联营各方根据国家法律法规规定,可以货币资金、实物、无形资产向联营企业投资,但不得以国家专项储备的物资以及国家规定不得用于对外投资的其他财产进行联营投资。联营企业吸收联营各方的投资,应按国家有关规定确定其价值,如用现金、银行存款等货币资金投入的,应按照实际收取的金额计价;如用实物、无形资产投入的,应按照评估确认的价值计价。吸收联营投资的特点主要是:联营合同或协议一般规定税后分利办法,有的还规定还本方式与期限。

第三节 股票筹资

一、股票的概念及其分类

(一) 股票的概念与特征

股票是股份有限公司为筹集主权资本而发行的有价证券,是股东拥有公司股份的凭证。股票具有以下几个主要特征[①]:

1. 资产权利的享有性

从性质上看,股票表示的是对公司的所有权。股东手中拥有某公司一定比例的股票,便拥有了该公司相应比例的净资产所有权,股东就是该公司相应资产权利的享有者。其权利主要表现为:"通过参加股东大会,选举或罢免公司董事、监事等活动来参与公司的生产经营活动,

---

① 何志勇编著.公司理财.重庆:西南财经大学出版社,1998

并通过具有股利红利的要求权、剩余财产的索偿权等进一步享受入股者的权利。"

2. 价值的不可兑现性

股票作为持股人对公司的直接投资,一经购买,其股本就成为该公司的永久性资产,持股人不能直接要求公司退还股本金,也不能直接凭股票到金融部门去兑换现金。

3. 收益的波动性

股票的收益是股息或红利。一般来说,普通股享受红利,优先股享受股息,其收益高低取决于股份公司的经营状况。公司经营好,赢利大,其股息、红利就高;反之则低。若公司发生亏损或破产,股票投资者只能依法分得其相应残值,甚至连本金都无法收回。由于股票具有不可兑现的波动性特征,因此投资股票就具有相当大的风险。

4. 市场的流动性

股票虽然没有到期日,也不能到金融部门直接兑换现金,但却可在证券市场上随时转让,或者作为抵押品。在西方市场经济国家,股票交易市场十分发达与完善,已达到直接或间接左右其居民生活和国民经济活动的程度。在我国,随着改革开放的深入,股份制的大力推行,股票的市场交易也迅速发展起来,市场交易额呈快速增长趋势。上海证券交易所和深圳证券交易所的股票市场已成为我国国民经济生活中的一大热点。

5. 价格的起伏性

股票本身并无价值,它仅仅是用以证明股东具有公司的财产所有权的法律凭证,但作为交易对象,却有自己的价格——发行价格和交易价格。其中,市场自由成交价格是股票最重要的价格,它集中体现上市公司的生产经营状况,并直接决定股票投资者的收益多寡。由于受市场利率、公司经营状况——表现为股息红利政策、社会政治经济、各种偶然因素等的影响,股票价格总是处于波动、起伏状态之中。综观世界各国的证券市场,股票之所以具有如此大的吸引力,能够使众多投资者为之追来逐去,正是在于股票价格这种频繁变动,并据此买进卖出来获取差价收益。由于影响股票市场价格的因素众多,因此其变动趋势极难预料,迄今,股票价格的变动规律仍远未能被人们充分认识。

(二)股票的分类

股票的种类很多且各种股票有不同的特点。股份有限公司筹集资金可能有种种不同的需要和要求,而不同的投资者对风险的承受能力和对收益的要求也各不相同。股份有限公司可以根据公司的需要并考虑投资者的需求选择发行各种不同的股票筹集资金。股票通常可以按下列标准进行分类:

1. 按票面是否记名分为记名股票和无记名股票

记名股票是在股票票面上记载股东的姓名或者名称,并记入公司的股东名册,其财产所有权归股票上所记载姓名或名称的股东所有。记名股票一律用股东本名,并不能随意转让。转让、继承时,必须办理过户手续,并将受让人的姓名、住所记载于股东名册上,受让人的姓名记载于股票票面上。

无记名股票是在股票票面上不记载股东的姓名或名称,也不记入公司的股东名册,只记载其股票数量、编号及发行日期。谁持有股票谁就有股票所代表的财产权。无记名股票持有人可随时请求将无记名股票改为记名股票,无记名股票的转让、继承无需办理过户手续,只需要买卖双方认可,即实现股权的转移。

《中华人民共和国公司法》规定,公司向发起人、国家授权投资的机构、法人发行的股票,应当为记名股票;对社会公众发行的股票,可以为记名股票,也可以为无记名股票。

2. 按股东权利、义务分为普通股股票和优先股股票

普通股股票是股份有限公司发行的代表股东享有平等的权利与义务、不加特别限制、股利不固定的最基本的股票。通常情况下,股份有限公司只发行普通股股票。目前我国证券市场上流通的大部分都是普通股股票。持有普通股股票的股东(依据法定条件)具有参与公司经营管理权,还有股息请求权、剩余财产分配权、新股认购权、股票转让和有限制的检查公司账册权等多项权利。股东可以不征求公司和其他股东的同意,视市场行情随时转让股票。普通股股票的收益一般是红利,它是不固定的,随公司生产经营状况及当局股息红利分配政策的变化而变化。

优先股股票是公司发行的在取得股利和公司剩余财产时具有优先权的股票。优先股股东不享受公司经营管理的权利,也可能不具表决权(但若股份公司连续3年不支付优先股股利时,优先股股东即享有表决权)或表决权的行使受到限制。其收益有每年一次的、比较固定的、在普通股红利分派之前发放的股息;当公司解散时,优先股股东将先于普通股股东清偿公司剩余财产。一般认为,优先股股票虽属于公司的权益资本,但却兼有债券的性质。

多数国家的公司法规定,优先股股票可以在公司设立时发行,也可以在本公司增发新股时发行。但也有的国家规定,优先股股票只能在特殊情况下,如公司增发新股或清理债务时才准予发行。

3. 按票面是否标明金额分为有面额股票和无面额股票

有面额股票又称定额票面股票,是公司发行的票面标有一定的金额的股票。持有这种股票的股东,对公司享有的权利和承担义务的大小,以其所拥有的全部股票的票面金额之和占公司发行在外股票总面额的比例大小而定。我国公司法规定,股票应当标明票面金额。一般说来,这种股票的发行价格原则上不得低于股票票面价格。

无面额股票又称无定额票面股票,是指在股票票面上不标明票面金额,而只能载明其所占公司股本总额的比例或股份数,故又称"分权股份"或"比例股"。之所以采用无面额股票,是因为股票所表示的价值随公司财产的增减而变化不定,而股票有无票面价格并无本质差异,因此,发行无面额股票,有利于促使投资者在购买股票时,更加注重股票的交易价格及其市场变动。

4. 按投资主体不同分为国家股、法人股、个人股和外资股

国家股是有权代表国家投资的部门或机构以国有资产向公司投资而形成的股份。国家股由国务院授权的部门或机构持有,并向公司委派股权代表。

法人股是指企业法人依法以其可以支配的资产向公司投资而形成的股份,或是具有法人资格的事业单位和社会团体以国家允许用于经营的资产向公司投资而形成的股份。

个人股是社会个人或本公司职工以个人合法财产向公司投资而形成的股份。根据有关规定,党和国家机关一定级别的干部和现役军人不得购买股票,外国公民不得购买A股。

外资股是指外国投资者和我国港、澳、台地区投资者购买的人民币特种股票,目前主要有B种股票和H种股票。

5. 按发行的时间先后分为始发股和新股

始发股是股份公司设立时发行的股票。新股是股份公司增资时发行的股票。始发股和新股发行的具体条件、目的、发行价格不尽相同,但股东的权利、义务是一致的。

6. 按发行对象和上市地区分为A种股票、B种股票和H种股票

A种股票是供我国境内个人或法人买卖的,以人民币标明票面价值并以人民币认购和交

易的股票。

B种股票是在深圳、上海上市的,专供外国投资者和我国港、澳、台地区的投资者买卖的,以人民币标明面值但以外币认购和交易的股票。

H种股票是在香港上市的,专供外国投资者和我国港、澳、台地区的投资者买卖的,以人民币标明面值但以外币认购和交易的股票。

二、股票筹资的优缺点

股份有限公司运用股票筹集权益资本,与公司债券、长期借款等其他筹资方式相比,有优点也有缺点。由于股票有普通股和优先股之区分,其筹资的优点与缺点也不同。

(一) 利用普通股筹资的优点与缺点

相对于筹集自有资本的其他方式而言,发行普通股股票筹集资金的有利方面是:

1. 普通股所筹资金没有偿还期

发行普通股股票筹措的资金即普通股股本是公司的永久性资本,除非公司清算时予以偿还,否则无需偿还,这对保证公司对资本的最低需要、维持公司长期稳定发展具有十分重要的作用。

2. 普通股票筹资没有固定的股利负担

普通股的股利支付与否以及支付多少,由公司的盈亏状况、股利分配政策以及经营需要而定。公司有盈利,并认为适于分配股利,就可以给股东支付股利;公司没有盈利,或虽有盈利但由于资金短缺或有较好的投资机会,也可以少支付或不支付股利。这样,公司的财务压力就大大降低了。

3. 普通股筹资风险小

由于普通股股本没有固定的到期日,也不用支付固定的利息,实际上不存在还本付息的风险,而且分配股利可视公司经营情况、盈利状况以及企业发展情况,由董事会决定。这就可以避免因销售或盈余波动而给公司正常的生产经营秩序带来冲击。

4. 普通股筹资能增强公司的信誉

普通股股本以及由此产生的资本公积金和盈余公积金等,可以成为公司筹措债务的基础。有了较多的权益资本,有利于提高公司的信用价值,同时也为利用更多的债务筹资提供强有力的支持。

5. 普通股筹资容易吸收社会资金

由于普通股股票比优先股股票和债券能带来更高的预期收益,而且在通货膨胀时期,由于不动产升值时普通股股票也随之升值,从而可一定程度地抵消通货膨胀的影响,这就给普通股股东提供了比按固定的股利率领取股利的优先股股东和按固定的利息率获得利息的债券持有人以更好地消除通货膨胀影响的保值方法。因此,发行普通股股票筹资容易吸收资金,且筹资速度快,取得资本数额大,有利于公司快速成长。

当然,普通股筹资也有其缺点。主要有:

1. 筹资成本高

这是因为投资人投资于普通股的风险大,所要求的投资报酬率也较高,并且,股利应从税后利润中支付,无抵税作用。此外,普通股的发行成本也较高,一般来说,发行证券费用最高的是普通股,其次是优先股,再次是公司(企业)债券。

2. 可能分散公司的控制权

根据普通股股东的权利,普通股股东有经营管理权。以发行普通股股票筹资会增加新股东,从而可能分散公司的控制权。所以小型公司或新设立公司对增发股票往往特别慎重,以防止分散创始人对公司的控制权。

3. 可能导致股价的下跌

一方面,由于发行新的普通股股票筹资会增加新股东,新股东分享公司未发行新股前积累的盈余,会降低普通股的每股净收益,从而可能引发股价的下跌;另一方面,发行新的普通股股票筹资,可能被投资者视为消极的信号,从而可能导致股票价格的下跌。

(二) 优先股筹资的优缺点

发行优先股股票,实际上是一种介于发行普通股股票与发行公司债券之间的一种长期资金的筹资方式。发行优先股股票筹资,既有利又有弊。

优先股筹资的有利方面是:

1. 增强了公司的资金实力

发行优先股股票所筹资金是公司的主权资本,所以,发行优先股股票筹资可增强公司的资金实力,适当增强公司的信誉,提高公司的举债能力。

2. 优先股所筹资金没有偿还期

发行优先股股票筹措的资金即优先股股本,是公司的主权资本,没有固定的到期日,不用偿付本金。发行优先股股票筹集资金,实际上近乎得到一笔永续性借款,公司不承担还本义务。

3. 优先股筹资不会分散公司的控制权

由于优先股股东在一般情况下没有表决权,发行优先股股票筹资就不会分散公司的控制权。这是发行优先股股票这种筹资方式比发行普通股股票筹资的一大优点。如果公司既想筹措主权资本,又不愿分散公司的控制权,发行优先股股票筹资不失为一种理想的选择。

4. 优先股股利的支付有一定的灵活性

一般而言,优先股都采用固定股利,但对股利的支付并不构成公司的法律义务。如果公司财务状况不好,可以暂时不支付优先股股利,而即使如此,优先股股东也不能像债权人那样迫使公司破产。所以,相对于发行公司债券或取得长期借款等负债资本的筹资方式而言,这不能不说是一大优势,它减轻了公司的财务压力和筹资风险。

5. 可使普通股股东获得财务杠杆收益

由于优先股股东按股票面值和固定的股利率取得股利,所以当公司的资本收益率高于优先股股利率时,发行优先股股票筹资,就可以提高普通股股本收益率,普通股股东就可取得财务杠杆收益的好处。

当然,优先股筹资也有自身缺点。主要有:

1. 发行优先股较普通股限制较多。

2. 优先股的资本成本虽低于普通股,但比债券高。

3. 可能形成较重的财务负担。优先股要求支付固定股利,但又不能在税前扣除,当盈利下降时,优先股的股利可能会成为公司一项较重的财务负担,有时导致不得不延期支付,从而也影响公司的形象。

三、股票的发行

(一) 股票发行的条件

股票筹资优势明显,各公司都想利用股票筹资,但国家为保护投资者的合法权益,维护社会经济秩序,明确规定了股票发行人必须具备一定的发行条件,在取得发行资格,办理必要的手续,报送有关文件,经核准后方可发行股票。

根据《中华人民共和国公司法》和《股票发行与交易管理暂行条例》的规定,股票发行人必须是具有股票发行资格的股份有限公司,包括已经成立的股份有限公司和经过批准拟成立的股份有限公司。这一规定一方面指出了只有股份有限公司可以发行股票,另一方面也说明并非所有股份有限公司都有资格发行股票。比如,采用发起方式设立的股份有限公司,设立时便无资格发行股票。

股份有限公司发行股票,分设立发行和增资发行两种情况。设立发行,即经批准拟成立的股份有限公司通过发行股票筹集资本以设立公司。增资发行,即已成立的股份有限公司为扩充资本而发行股票。设立发行和增资发行,都必须符合法律规定的条件。

1. 设立股份有限公司申请公开发行股票的条件

《股票发行与交易管理暂行条例》规定,设立股份有限公司申请公开发行股票,应当符合下列条件:

(1) 其生产经营符合国家产业政策;

(2) 其发行的普通股限于一种,同股同权;

(3) 发起人认购的股本数额不少于公司拟发行的股本总额的35%;

(4) 在公司拟发行的股本总额中,发起人认购的部分不少于人民币3 000万元,但是国家另有规定的除外;

(5) 向社会公众发行的部分不少于拟发行的股本总额的25%,其中公司职工认购的股本数额不得超过拟向社会公众发行的股本总额的10%;公司拟发行的股本总额超过人民币4亿元的,证监会按照规定可以酌情降低向社会公众发行的部分的比例,但是最低不少于公司拟发行的股本总额的10%;

(6) 发起人在近三年内没有重大违法行为;

(7) 证券委规定的其他条件。

2. 原有企业改组设立股份有限公司申请公开发行股票的条件

原有企业改组设立股份有限公司申请公开发行股票,除应当符合上述条件外,还应当符合下列条件:

(1) 发行前一年末,净资产在总资产中所占比例不低于30%,无形资产在净资产中所占比例不高于20%,但是证券委另有规定的除外;

(2) 近三年连续盈利。国有企业改组设立股份有限公司公开发行股票的,国家拥有的股份在公司拟发行的股本总额中所占的比例由国务院或者国务院授权的部门规定。

3. 股份有限公司增资申请公开发行股票的条件

为扩大经营规模,增加资本,股份有限公司可以申请公开增资发行股票。根据《股票发行与交易管理暂行条例》规定,股份有限公司增资申请公开发行股票,除应当符合前述公司设立时发行股票的各项条件外,还应当符合下列条件:

(1) 前一次公开发行股票所得资金的使用与其招股说明书所述的用途相符,并且资金使用效益良好;

(2) 距前一次公开发行股票的时间不少于12个月;

(3) 从前一次公开发行股票到本次申请期间没有重大违法行为;

(4) 证券委规定的其他条件。

4. 定向募集公司申请公开发行股票的条件

定向募集公司申请公开发行股票,除应当符合前述公司设立时发行股票的各项条件外,还应当符合下列条件:

(1) 定向募集所得资金的使用与其招股说明书所述的用途相符,并且资金使用效益良好;
(2) 距最近一次定向募集股份的时间不少于12个月;
(3) 从最近一次定向募集到本次公开发行期间没有重大违法行为;
(4) 内部职工股权证按照规定范围发放,并且已交国家指定的证券机构集中托管;
(5) 证券委规定的其他条件。

(二) 股票发行的程序

股票发行的审查体制有两种。一种是注册制,也称形式审查制,是政府对股票发行事先不作实质性审查,股票发行人在向政府提供符合法律规定条件、形式的各项文件资料后,一定期间内未被政府审查否定,便可发行股票。另一种是核准制,又称实质审查制,是股票发行人向政府提交有关资料后,证券主管机关要根据法律规定的各项实质性条件,对其发行股票的资格、申请及其呈报文件资料进行实质性的审查,发行人经政府主管机关正式批准之后,方可发行股票。我国目前采用核准制。

申请公开发行股票,根据《股票发行与交易管理暂行条例》规定,按照下列程序办理:

1. 发起人议定公司注册资本,并认交发起人股份的股款,同时聘请会计师事务所、资产评估机构、律师事务所等专业性机构,对其资信、资产、财务状况进行审定、评估和就有关事项出具法律意见书后,按照隶属关系,分别向省、自治区、直辖市、计划单列市人民政府(以下简称"地方政府")或者中央企业主管部门提出公开募集股份的申请。

2. 在国家下达的发行规模内,地方政府对地方企业的发行申请进行审批,中央企业主管部门在与申请人所在地地方政府协商后对中央企业的发行申请进行审批;地方政府、中央企业主管部门应当自收到发行申请之日起30个工作日内作审批决定,并抄报证券委。

3. 被批准的发行申请,送证监会复审;证监会应当自收到复审申请之日起20个工作日内出具复审意见书,并将复审意见书抄报证券委;经证监会复审同意的,申请人应当向证券交易所上市委员会提出申请,经上市委员会同意接受上市,方可发行股票。

4. 公告招股说明书,制作认股书,签订承销协议和代收股款协议。募股申请获得批准后,发起人应在规定期限内向社会公告招股说明书。招股说明书应附有发起人制定的公司章程,并载明发起人认购的股份数,每股的票面金额和发行价格,以及股票的发行总数,认股人的权利和义务,本次募股的起止期限及逾期未募足时认股人可撤回所认股份的说明等事项。发起人在公告招股说明书的同时,还要制作认股书。认股书应载明招股说明书所列事项,还应由认股人填写所认股数、金额、认股人住所并签名、盖章。认股人将按照所认股数缴纳股款。发起人向社会公开募集股份,应当与依法设立的证券经营机构签订协议,由证券经营机构承销股票。承销协议应载明当事人的姓名、住所及法定代表人的姓名;承销方式;承销股票的种类、数量、金额及发行价格;承销期;承销付款的日期及方式;承销费用;违约责任,等等。发起人向社会募集股份,还应与银行签订代收股款协议,由银行代收认股人缴纳的股款。

5. 招募认股,缴纳股款。发起人或其承销机构通常以广告或书面通知的方式招募股份。认购人认股时,需填写认股书,便承担按认股书的约定缴纳股款的义务。在规定的期限内向代收股款的银行缴足股款,发行股份的股款缴足后,必须经法定的验资机构验资并出具证明。

6. 召开创立大会,选举董事会、监事会。发行股份的股款募足后,发起人应在规定的期限内(法定 30 天内)主持召开创立大会。创立大会由认股人参加,应有代表股份半数以上的认股人出席方可举行。创立大会对所列事项作出决议,必须经出席会议的认股人所持表决权的半数以上通过。

7. 办理设立登记,交割股票。经创立大会选举产生的董事会,应在规定的期限内办理公司设立的登记事项。股份公司登记成立后,即向股东正式交割股票。公司登记成立前不得向股东交割股票。

(三) 股票发行的方式

股票的发行、承销方式对于公司能否及时有效地筹集和筹足资金具有重要作用,尤其对那些知名度不高、社会公众不甚了解的公司更是如此。因此,发行公司应根据自身、证券市场和投资者等诸方面的实际情况,正确地选择适宜的股票发行方式和承销方式。

股票的发行方式是指通过何种途径发行股票。我国股票的发行方式可概括为两大类三种,两大类是根据股票发行是否公开分为公开间接发行和不公开直接发行,三种是根据实际发行情况分为定向募集发行、原股东优先配售和公开发行。定向募集发行、原股东优先配售属不公开直接发行,公开发行属公开间接发行。在公开间接发行中,因中介证券机构承销方式不同,又分为包销和代销两种。

1. 不公开直接发行

不公开直接发行是指股份有限公司不公开发行股票,不需中介机构承销,只向少数特定的对象直接发行,如定向募集、向原股东配售等。定向募集是指采取定向募集方式设立的公司发行的股份除了由发起人认购以外,其余不向社会公众公开发行,而是向其他法人发行部分股份,经批准亦可向公司内部职工发行部分股份。向原股东配售是发行公司对原有股东按一定比例让其优先认购,例如按原有股 1 股或若干股配 1 股新股。凡发行新股时在股东名册上记载的股东,均有优先认购新股的权利。

不公开直接发行方式有利于保持股权的相对集中,保障原有股东对企业的控制,同时发行成本较低,弹性较大,手续简单,因而在世界各国依然较为流行,但发行范围小,发行的风险较大,股票的变现性较差,且发行企业的社会影响较小,影响了企业快速扩张。

2. 公开间接发行

公开间接发行,是指股份有限公司通过中介机构,公开向社会公众发行股票。公开间接发行的发行范围广,发行对象多,易于足额募集资本;股票的变现能力强,流动性好;公开间接发行还有助于提高发行股票公司的知名度和扩大影响力。但这种发行方式也有不足之处,主要是手续繁杂,发行成本高。我国公司法规定股份有限公司向社会公开发行股票,必须与依法设立的证券经营机构签订承销协议,由证券经营机构承销。股票发行的承销方式,又分为包销和代销两种。

包销是由股票发行公司与证券经营机构签订承销协议,全权委托证券承销机构代理股票的发售业务。采用这种方式时,证券承销机构买进股票发行公司公开发行的全部股票,然后将所购股票转销给社会上的投资者。在规定的募股期限内,若实际招募股份数达不到预定发行股份数,剩余部分由证券承销机构全部承购下来。包销可及时筹足资本而又不承担发行风险,但由于以略低的价格售给承销商而损失部分溢价,提高了实际发行费用。

代销是由证券经营机构替股票发行公司代销股票,并由此获取一定佣金,但不承担股款未募足的风险。若实际募股份数达不到发行股份数,承销机构不负承购剩余股份的责任,而是将未售出的股份归还给股票发行公司。

根据我国有关股票发行法规的规定,公司拟公开发行股票的面值总额超过人民币3 000万元或者预期销售总金额超过人民币5 000万元的,应当由承销团承销。承销团由两个以上承销机构组成,一般包括总承销商、副总承销商、分销商。主承销商由发行人按照公开竞争的原则,通过竞标或协商办法确定。

(四) 股票发行价格

股票的发行价格是指股份有限公司在招募公司股份或增资发行新股时,公开将股票出售给特定或非特定投资者所采用的价格,也就是投资者购买股票时所支付的价格。股票发行价格通常由发行公司根据股票面值、股市行情和其他有关因素决定,在设立股份公司时由发起人决定,在公司成立后由董事会决定。不同种类的股票,如普通股和优先股,因股东权利、义务、股利分派顺序等的差别,其发行价格也不同。公司增发新股的发行价格由股东大会决定。最常见的股票发行价格有等价、时价和中间价。

1. 等价

等价是以股票的票面金额为发行价格,也称为平价发行。等价发行股票比较容易推销,但发行公司不能取得股票溢价收入。这种发行价格,一般在股票的初次发行或在股东内部分摊增资的情况下采用。

2. 时价

时价是以本公司股票在流通市场上买卖的实际价格为基准确定的股票发行价格。采用时价发行股票,考虑了股票的现在市场价格,但并非与时价完全一致,而是综合其他因素后,按低于时价的一定折扣确定,对投资者也有较大的吸引力。这种发行价格,一般在增发新股时采用,目前较为流行。

3. 中间价

中间价是以等价和时价的中间值确定的股票发行价格。中间价兼具等价和时价的特点。

时价发行和中间价发行的实际结果,可能属溢价发行,也可能属折价发行。溢价发行是指以超过股票面值的价格发行股票;折价发行是指按低于股票面值的价格发行。根据我国有关规定,股票的发行价格不得低于票面金额,即不允许折价发行。

四、股票上市

1. 股票上市的功效

股票上市是指股份有限公司公开发行的股票,符合规定条件,经申请批准后在证券交易所作为交易的对象。经批准在证券交易所上市交易的股票,称为上市(或挂牌)股票;其股份有限公司称为上市公司。申请股票上市,基本目的是为了增强本公司股票的吸引力,形成稳定的资本来源,并能在更大范围内筹措大量资本。

一般而言,股票上市对于上市公司来说,提高公司所发行股票的流动性和变现性,便于投资者认购和交易,有助于进一步增发新股,吸收社会资本以满足企业快速成长的需要;促进公司股权的社会化,防止股权过于集中;提高公司的知名度;便于确定公司的价值,以利于促进公司实现财富最大化目标。因此,大多数公司都愿意积极创造条件,争取其股票上市。

2. 股票上市的条件

股票上市有严格的条件限制。根据《股票发行与交易管理暂行条例》规定,股份有限公司申请其股票在证券交易所交易,应符合下列条件:

(1) 其股票已经公开发行；

(2) 发行后的股本总额不少于人民币 5 000 万元；

(3) 持有面值人民币 1 000 元以上的个人股东人数不少于 1 000 人，个人持有的股票面值总额不少于人民币 1 000 万元；

(4) 公司有最近三年连续盈利的记录；原企业有最近三年连续盈利的记录，但是新设立的股份有限公司除外；

(5) 证券委规定的其他条件。

股份有限公司在符合上述条件后，应向证券交易所的上市委员会递交有关文件，如上市申请书、公司登记注册文件、股票公开发行的批准文件、经审计的财务报告和审计报告、证券交易所会员的推荐书、最近一次的招股说明书和其他文件，经核准后方可安排上市。

3. 股票上市的暂停、恢复与终止

按照国际惯例，获得股票上市资格，并已实现股票上市的公司，必须保持其上市的条件。若发现已上市公司不再能满足规定的条件或其他有关规定，则将被暂停其股票上市。待暂停上市的原因消除后，可以恢复上市。若在规定的期限内，公司未能消除其被暂停上市的原因，将被终止其股票上市，取消其上市资格。各国法规对此均有规定，在我国由国务院证券管理部门视下列情况决定暂停交易，待符合上市条件后恢复。

(1) 公司股本总额、股权分布等发生变化，不再具备上市条件(限期内未能消除的，终止其股票上市)；

(2) 公司不按规定公开其财务状况，或者对财务报告作虚假记载(后果严重的，终止其股票上市)；

(3) 公司有重大违法行为(后果严重的，终止其股票上市)；

(4) 公司最近三年连续亏损(限期内未能消除的，终止其股票上市)。

另外，公司决定解散、被行政主管部门依法责令关闭或者宣告破产的，由国务院证券管理部门决定终止其股票上市。

第六章 负债管理

第一节 负债筹资概述

一、企业负债的由来

从会计角度看,企业负债是指企业承担的能够以货币计量、需要以资产或劳务偿付的债务。但从财务角度看,进入企业的资金,无论是自有资本还是负债,都是可供企业支配的资金,是企业可以用来获取收益的资本,因此从理财角度看,资本可以按来源和性质不同划分为自有资本和负债资本。在计划经济时期,财务强调的是资本金管理,而市场经济的确立和发展,负债经营为越来越多的企业所接受。为使负债更好地服务于企业,有必要提高对负债的认识,加强负债资本的管理。

负债与自有资本相比较,具有如下特征:

1. 负债是以往或目前已经完成的交易而形成的当前债务,凡不属以往或目前已经完成的交易,而是将来要发生的交易可能产生的债务,不能当作负债;
2. 负债是要在将来支付的经济责任;
3. 负债是可以确定和估计的金额;
4. 负债是需要用现金或其他资产支付的确实存在的债务;
5. 负债有确切的债权人和到期日。

二、企业负债的必要性

1. 负债筹资是解决企业资金不足的必不可少的方式

市场经济的建立和发展,为企业的发展壮大提供了良好的环境,企业要使生产经营规模扩大,必须增加更多的资金投入,但资本金的投入是有一定额度的,短期内靠企业自身盈利来完全满足也是不现实的,惟一的办法是通过负债筹资来满足需要。

2. 良好的社会环境有利于企业负债经营

经济体制改革的深化、法规体系的建立健全,使企业活力增加,能充分发挥自身的潜力,逐步树立并提高企业的商业信用,特别是一些较为成功的负债经营企业,使人们摆脱"无债一身轻"的旧观念,越来越讲究适度负债经营。

3. 负债筹资与自有资本招股筹资比较,更具有优势

首先,负债只需要向债权人偿付一定的报酬,债权人无权参与企业的经营管理活动,自有资本筹资则受股东控制和牵制;其次,负债对企业来说,所付出的经济代价也许比招股要小;第三,发行股票受一系列条件的约束。目前并非所有企业都能具备招股条件,而负债的方式很

多,很灵活,企业可以根据自身情况选择。

三、企业负债的种类

企业负债尽管形式较多,但根据财务制度规定,按偿付期的长短,总的分为流动负债和长期负债两类。

(一) 流动负债

流动负债是指将在一年或者超过一年的一个营业周期内偿付的各种债务,包括短期借款、应付票据、应付账款、预收账款、应付职工薪酬、应交税费、应付利润、其他应付款、其他应交款等。流动负债根据偿付金额是否可以确定又分为三种。

1. 应付金额可以肯定的流动负债

金额可以肯定的流动负债是指企业在偿付日期必须偿付的有肯定金额的流动负债。这类债务一般在有关经济业务发生时,按有关合同的规定确立并形成债务,一般有明确的债权人、偿付金额和偿付日期。如应付账款、预收账款、应付票据、短期借款等。

2. 应付金额要取决于经营成果的流动负债

金额要取决于经营成果的流动负债是指应偿付的金额要取决于企业在一定会计期间内的经营状况、经营成果,到期末经计算后才能确认应付金额的流动负债。如应交税费、应付利润、应付职工薪酬、其他应交款等。

3. 应付金额需要估计的流动负债

应付金额需要估计的流动负债是指由于过去的经济业务而产生,但应偿付的金额、偿付日期及受款人等具有很大的不确定性,企业应根据以往的经验及有关资料,事先估计入账的一种债务。例如企业因实行"三包"应付的修理费用等。

(二) 长期负债

长期负债,是指偿还期在一年或者超过一年的一个营业周期以上的债务。包括长期借款、应付债券、长期应付款项等。企业在扩充经营阶段,往往由于在增添设备、扩建厂房、扩大营业规模等方面需要大量资金,从而举借长期债务,取得短缺的长期资金。因为这些需要举债的长期资金决不是靠企业的正常营运资金所能满足的,也不是企业在短期内可以归还的。所以,长期负债的特点是借款期限长,借款金额大。

四、企业负债与所有者权益的关系

所有者权益,是企业投资人对企业净资产的所有权,包括所有者投入企业的自有资本以及企业存续过程中形成的资本公积、盈余公积和未分配利润。所有者权益在数量上等于企业的全部资产净额减去全部负债后的余额,即企业净资产数额。而负债是企业借入的资金。从财务角度看,所有者权益与负债都表现为企业的所有者和债权人对企业资产的要求权,都被视为企业经营资金的来源,但所有者权益与负债代表着不同投资者对企业资产不同的要求权。从所有者权益的内涵可以看出,所有者权益对资产的要求权与负债对资产的要求权是不同的,前者表明的是对企业净资产的要求权,后者表明的是对企业总资产的要求权。其主要区别有五个方面:

1. 从其性质来看,负债无论是长期负债还是短期负债,其偿还期限一般都能事先确定,体现了债权人对企业投资的暂时性,而所有者权益是投资人对企业一项永久性投资,在持续经营过程中尽管可能有增加投资、分配利润等权益变动,所有者权益因股票流通、资本转让而发生所有者变更，但就企业而言，所有者权益在企业存续期间内不能抽回，即其投资的永久性不会改变。

2. 从不同的投资者在企业所享有的权限看，债权人与企业只存在债权债务关系，一般无权参与企业管理，只有当他们自身的利益受到伤害，不能按期收回本息时，可以对抵押资产提出法律上的要求。而股权投资人则对企业资产有所有权，有着法定管理企业或委托他人管理企业的权利。

3. 从对企业资产所享有的要求权看，债权人对企业全部资产具有索偿权，在公司破产、清算情况下，公司要用全部资产来偿还负债。企业资产在偿还债务后，如有剩余，才在各股权投资人之间分配企业剩余资产，所以企业股权投资人只对企业的净资产有要求权。

4. 从投资收益的性质来看，支付给债权人的利息是一个预先确定的固定值，作为费用可从销售收入中扣减（企业长期负债利息属于资产性支出的部分，在固定资产尚未交付使用或者已投入使用但尚未办理竣工决算之前发生的，计入在建固定资产的造价，不能作为当期费用处理），其数额的多少不受企业经营状况的影响，而所有者权益（股权人投资）所获收益不能事先确定，支付股利的大小、分得利润的多少要视企业经营状况而定，支付的数额也不能作为企业费用从销售收入中扣减，而应作为利润分配的内容之一。

5. 从负债及所有者权益的计量属性来看，所有者权益不必像负债那样单独计价，因为它既不能按现行市价来计价，也不能按主观价值来计价，而只是根据一定方法计量特定资产和负债后所形成的结果，即企业资产总额减去负债总额之后的净资产。

第二节　流动负债管理

流动负债是指将在一年以内或者超过一年的一个营业周期内偿付的各种债务，包括商业信用、短期银行借款和短期融资券等，是企业短期内可以利用的资金，它具有成本低、期限短、速度快和风险大等特点，为此要做好短期资金的筹措工作，管好流动负债。

一、商业信用

（一）商业信用形式

商业信用是指商品交易中的延期付款或延期交货所形成的借贷关系，是企业之间的一种直接信用关系。商业信用是由商品交易中钱与货在时间上的分离而产生的。由于竞争的缘故，买方在购货时不需立即支付货款，卖方为了扩大销售，同意或允许买方延续一个短时期再付款或分期付款，在这期间，卖方给予买方信用，买方由此而获得一项临时性的资金来源。我国过去不允许企业间发生商业信用，随着改革开放和发展市场经济，经济成分、经营方式、流通渠道和信用形式都发生了很大变化，以银行信用为主、多种形式并存的信用制度已逐步形成。目前我国商业信用日益广泛，形式多样，范围广阔，将逐渐成为企业筹集短期资金的重要方式。商业信用有以下四种。

1. 应付账款

应付账款是由赊购商品形成的最典型、最常见的商业信用形式。当买卖双方发生商品交易，买方收到货物后，可以在双方允许的情况下，延至一定时期后付款。买方不签发正式欠款契约，卖方以订货单、发票、账单作为收款依据。在滞后付款期间，卖方向买方提供了商业信用。这种信用形式是建立在卖方对买方的信用和财务状况充分了解的基础上,只有买方信誉状况比较好时才能获得。

通常情况下,为了促使买方能按期付款或尽快付款,卖方往往规定了一些信用条件。例如,卖方规定的信用条件是"$2/10, n/30$",这就意味着买方如在购货发票日算起 10 天内付款,可以享受 2% 的现金折扣;如在 10 天后至 30 天内付款则无现金折扣,买方需全额付款;卖方给予买方的最长付款期限为 30 天。

2. 商业汇票(应付票据)

商业汇票是指单位之间根据购销合同进行延期付款的商品交易时,开具的反映债权债务关系的票据。根据承兑人不同,商业汇票分为商业承兑汇票和银行承兑汇票两种。商业承兑汇票,是指由销货单位或购货单位开出汇票,购货单位承兑的汇票。银行承兑汇票,是指由销货单位或购货单位开出,由购货单位请求其开户银行承兑的汇票。汇票承兑期限由交易双方商定,一般 1~6 个月,最长不超过 9 个月,遇有特殊情况可以适当延长。如属分期付款,应一次签发若干不同期限的汇票。汇票经承兑后,承兑人即付款人负有到期无条件交付票款的责任。商业汇票是一种期票,是反映应付账款或应收账款的书面凭证。对于购货单位来说应在财务上作应付票据,是一种短期筹资的方式。

3. 预收货款

预收货款是指销货单位按照合同和协议规定,在付出商品之前向购货单位预先收取部分或全部货物价款的信用行为。它等于向购买单位先借一笔款项,然后用商品归还,这是另一种典型的商业信用形式。通常购买单位对紧缺商品乐意用这种形式,以便取得期货。对于生产周期长、售价高的商品,如电梯、轮船等,生产者通常要向订货者分次预收货款,以缓和本企业资金占用过多的矛盾。

4. 应计费用

应计费用是企业生产经营活动过程中由非商品交易而形成的自然性融资。包括应付职工薪酬、应付税金、应付利润、其他未交未付款和预提费用等。它与应付账款不同之处在于:

(1) 这些应计费用大多是由于现行法令和结算制度等规定而形成的;

(2) 它们大多数是免费性质的;

(3) 这些应计费用使企业受益在前,费用支付在后,相当于享用了授款方的借款;

(4) 应计费用的期限具有强制性,不能由企业自由斟酌使用。

在企业的生产经营活动中,应计费用是经常发生的,虽然它们随着实际偿付而逐渐减少,但其中总有一部分应计费用能够经常被企业所利用,成为企业的一种固定负债,通常也称之为定额负债。

(二) 商业信用筹资的优缺点

商业信用之所以为广大企业所利用,主要是它具有下列优点:

1. 限制条件较少

商业信用不需经过谈判或协商即可获得,销售方很少提出其他授予信用的附加条件。而其他很多短期融资方式,都必须就贷款条件作正式的商议,如要求签发票据,以资产作抵押或提出某种付款条件等,从而确保贷款的安全性。

2. 筹资速度较快

相对其他筹资方式,商业信用发生在交易活动时,一般不需花太多精力与销售方作任何谈判与安排,即可自动取得商业信用,而且随着企业声誉的提高,此项金额会越来越大,因此,是一种自然性筹资。

3. 筹资成本较低

若购销业务中,销货方没有现金折扣,开具的是不带现金折扣的应付票据,则对购货企业而言,此项信用筹资没有筹资费用,因而与其他方式相比,筹资成本相对最低。

4. 筹资弹性较大

由于企业经营往往在部分流动资产项目表现为季节性或循环性波动的特征,为使资产规模弹性和资金供应弹性相配合,只有选择商业信用。因为出于供需双方各自利益考虑,对购买方而言,一般因生产经营扩大,进货增多,供货方提供的商业信用就越多,反之就越少,因此,购货企业可根据自身资金情况决定商业信用的取舍。

当然,这种筹资方式本身仍存在一些不足,主要是:

1. 资金利用时间较短

商业信用本身时间一般较短,使企业不可能将这部分资金运用于长期资产项目上,不利于企业长期稳定发展,况且若供货方有现金折扣,往往会为得到折扣而提前付款。

2. 筹资风险较大

商业信用的大量利用,在企业经营正常的情况下会促使自有资本收益率大大提高,但因外部环境的难以捉摸,企业经营管理的变动和人员的变动,会使企业资金周转失灵,当展期信用被拒,企业就面临相当大的支付短期债务的风险,在企业久拖不还的情况下,企业信用受到极大影响,一旦信用受损在行业内波及,企业将无法再筹到任何资金。

二、短期银行借款

短期银行借款是企业根据借款合同向银行以及非银行金融机构借入的期限在一年以内的借款,筹集短期银行借款,必须熟悉其种类、利率、程序及其优缺点。

(一) 短期银行借款的种类

1. 按有无担保分为信用借款和抵押借款

(1) 信用借款是指不需要抵押品的借款,具有能自动清偿的特点。这种借款一般只适用于信誉好、规模大的公司,满足其应收账款和存货占用资金的需要。信用借款形式有信用额度贷款、周转信贷协定和贸易贷款等。

① 信用额度是银行和企业之间商定在未来一段时间内银行向企业提供无担保贷款的最高限额。信用额度的期限通常为一年,信用额度的数量一般是银行对企业信用状况详细调查后确定。企业在商定的信用额度内可随时向银行申请贷款,但银行并不承担必须提供全部信用额度贷款的义务。如果企业信誉恶化,企业也可能得不到信用额度内的贷款,这时,银行不会承担法律责任。这种借款的最大优点是为企业提供了筹资弹性,借款只要不超过限额,借款和还款都比较灵活。

② 周转信贷协定也称限额循环周转证,是银行具有法律义务地承诺提供不超过某一最高限额的贷款协定。它是另一种形式的信用额度,由银行和企业共同确定借款的最高限额,在该限额范围内,借款可以或多或少周转使用。与一般信用额度不同,银行对周转信用额度负有法律义务,并因此向公司收取一定的(一般为未贷款额的 $0.5\% \sim 2\%$)承诺费。

③ 贸易贷款是指为满足某项特定贸易,企业向银行借入一次性贷款。银行在对借款人的信用状况、经营情况进行个别评价后,确定贷款的数量、期限和利率。企业也可以向银行签发票据的形式来获取短期资金。

(2) 抵押借款是指企业以提供抵押品为条件向银行取得的借款。银行在发放贷款时,为降低贷款风险,通常对那些信用不好、财务状况较差的借款企业,会要求企业用其符合规定的物品作抵押,抵押品价值的大小通常取决于借款企业的信用状况和抵押品的变现能力。作为短期借款的抵押品,通常有应收账款、应收票据、存货、证券、设备、不动产以及人寿保险单等。按抵押品的不同,短期抵押借款分为应收账款抵押借款、应收票据贴现借款、存货抵押借款、证券抵押借款、设备抵押借款、不动产抵押借款和人寿保险单抵押借款等。金融机构为企业提供的借款金额一般为抵押品价值的30%~90%。对此金融机构有具体规定。

2. 按借款参与企业资金周转时间的长短和用途分为流动基金借款、周转借款、临时借款、结算借款和卖方信贷

(1) 流动基金借款是企业在核定流动资金计划占用额的基础上,由于自有流动资金未达到规定的比例而向银行申请的借款。这种借款具有短期周转、长期占用的性质。企业申请流动基金借款的数量取决于上年定额流动资金平均占用额和自有流动资金的数额,可按下列公式计算:

$$流动基金借款额 = \frac{上年定额流动资金平均占用额} \times \frac{规定的自有}{流动资金比率} - 自有流动资金$$

(2) 营业周转借款是企业为满足生产经营周转的需要,在确定的流动资金计划占用额的范围内,弥补自有流动资金和流动基金借款不足部分而向银行取得的借款。核定的流动资金定额,扣除企业自有流动资金、流动基金借款和视同自有流动资金(定额负债)后的不足部分,通常为生产周转借款的数额。其计算公式如下:

$$营业周转借款 = \frac{定额流动资金}{计划占用额} - \frac{自有流}{动资金} - \frac{视同自有}{流动资金} - \frac{流动基}{金借款}$$

式中的定额流动资金计划占用额,根据计划年度销售收入和核定的销售收入资金率求得。核定的销售收入资金率通常按上年资金占用水平(或前3年平均的资金占用水平)调整计算求得。其计算公式如下:

$$\frac{定额流动资金}{计划占用额} = \frac{计划期的}{销售收入} \times \frac{核定的销售}{收入资金率}$$

$$\frac{核定的销售}{收入资金率} = \frac{上年实际销售}{收入资金率} \times \left(1 - \frac{销售收入资金率}{压缩的百分比}\right)$$

这项借款在银行批准的年度借款计划内申请,期限一般不应超过1年。

(3) 临时借款是企业在生产经营过程中由于临时性或季节性原因形成超定额物资储备,为解决资金周转困难而向银行取得的借款。临时借款主要解决以下几种情况出现的资金需求:① 由于客观原因不能及时销售产品;② 原材料的季节性储备;③ 进口物资集中到货;④ 企业为发展名优产品进行横向联合时所需要的资金;⑤ 其他在核定资金占用额时无法核定又确属银行支持的款项,如引进软件、购买外汇等款项。

(4) 结算借款是企业采用托收承付结算方式向异地发出商品,在委托银行收款期间为解决在途结算资金占用的需要,以托收承付结算凭证为保证向银行取得的借款。

(5) 卖方信贷是企业采用赊销方式销售商品时,为解决因延期收款或分期收款占用的资金而向银行取得的借款,待购货单位支付货款后归还借款的一种信用行为。这种借款方式实际

上是银行用流动资金借款支持制造先进设备的卖方,并用赊销方式支持使用设备的买方,鼓励企业用技术先进的设备更新陈旧设备。企业申请卖方信贷必须符合下列条件:① 产品必须纳入国家计划,性能好,技术先进,符合技术改造、设备更新的要求;② 只能是把产品销售给直接使用单位,不能赊销给物资供应等经营单位;③ 购买单位购买的设备必须是当年设备更新和技术改造计划之内需要的;④ 购货单位必须有首期付款,并尽可能提高首期付款的比例。

(二) 短期银行贷款的利率

贷款利率是由借款人和贷款人依据中国人民银行的利率政策经协商后决定的。银行希望在贷款安全的前提下获得利息收入,而贷款人从投资收益角度追求低利率,因此,作为借款企业在提高自身信用素质的情况下,要熟知银行的利率政策,了解利率种类,进而进行科学选择。目前利率有简单利率、优惠利率、贴现利率、附加利率和有效利率几种。简单利率又称固定利率,因贷款期限不同而不一样;又因为不同政策贷款执行不同利率档次,以及特殊规定使名义利率和实际有效利率不同,因此,作为财务人员要进行筹划,以便选择适用的利率水平。

(三) 短期借款的程序

银行借款不论是短期还是长期,其程序基本相同,只是在每一步骤上要求不同。现结合流动资金借款说明如下:

1. 企业提出申请

向银行借入流动资金借款时,必须在批准的资金计划占用额范围内,按生产经营的需要,逐笔向银行提出申请。在申请书上应写明借款种类、借款数额、借款用途、借款原因、还款日期。另外,还要详细写明流动资金的占用额、借款限额、预计销售额、销售收入资金率等有关指标。

2. 银行对企业申请的审查

银行接到企业提出的借款申请书后,应对申请书进行认真的审查。这主要包括以下几方面内容:

(1) 审查借款的用途和原因,作出是否贷款的决策。

(2) 审查企业的产品销售和物资保证情况,决定贷款的数额。

(3) 审查企业的资金周转和物资耗用状况,确定借款的期限。

3. 签订借款合同

为了维护借贷双方的合法权益,保证资金的合理使用,企业向银行借入流动资金时,双方应签订借款合同。

4. 企业取得借款

借款合同签订后,若无特殊原因,银行应按合同规定的时间向企业提供贷款,企业便可取得借款。

5. 企业归还借款

银行流动资金借款属于短期借款,企业在借款时就应充分做好还款准备,积极筹措资金,按时归还流动资金借款。如因故不能如期还款,可向银行申请展期一次。

(四) 短期银行借款的优缺点

与其他短期筹资方式和长期借款相比,短期借款具有一定的优点:

1. 借款的条件和手续相对较简便;

2. 筹资迅速,能在较短时间内满足企业急需;

3. 借款数额和借款期限弹性较大,便于企业灵活安排资金。

其主要缺点是：

1. 筹资成本较高，特别是抵押借款还需交纳管理和服务费用以及实行附加利率造成成本升高；

2. 因随时偿还大量短期借款，在支付不及时的情况下对企业冲击较大。

三、短期融资券

（一）短期融资券的产生和发展

短期融资券，又称为商业票据、短期借据或商业本票，它是一种由规模大、名声响、信誉卓著的企业在公开市场上发行的一种无担保本票，是一种新兴的筹集短期资金的方式。

短期融资券的产生与商业票据中的商业本票有着密切的关系。商业本票是随着商品和劳务的交易，由债务人签发的一种债务凭证，它由买方签发，约定在未来的某一个时期将购货款项支付给卖方，卖方持有票据直至买方按期支付货款，卖方若需要资金，可在持票期内将该商业本票背书转让或到金融机构进行贴现。后来有一些规模大、名声响、信誉好的大公司便利用商业本票的这一特点，开始脱离商品劳务的交易过程而单纯的签发商业本票来筹措短期资金。在美国，通过交易的短期融资券在1920年达到10亿美元，在此以后数量有所下降，1960年又重新超过10亿美元，1965年未偿付的融资券近20亿美元，而到了1973年则上升到100亿美元。1990年9月约有5 500亿美元商业本票发行在外，相当于同期银行贷款总额的1/4。在我国，公司发行短期融资券于1987年在上海开始试点，1989年在全国推行。按照政策规定，允许少数规模大、信誉高和效益好的企业发行短期融资券，每次发行限额在100万～3 000万元之间；期限分3、6、9个月三种；利率低于一年期定期储蓄存款利率，到期一次还本付息。

（二）短期融资券的种类

1. 按发行方式不同分为间接销售的融资券和直接销售的融资券

间接销售的融资券，指先由发行人卖给经纪人，然后由经纪人再卖给投资者的融资券。经纪人主要有银行、投资信托公司、证券公司等。委托经纪人发行融资券，需支付一定数额的手续费。

直接销售的融资券是指由发行人直接销售给最终投资者的融资券。直接发行融资券的公司通常是经营金融业务的公司或自己有附属金融机构的公司，他们有力量自己组织推销工作，从而节省了间接发行的手续费用。

2. 按发行人的不同分为金融企业的融资券和非金融企业的融资券

金融企业的融资券主要是指由各大公司所属的财务公司、各投资信托公司、银行控股公司等发行的融资券。这类融资券一般都采用直接发行方式，该融资券的期限一般为1～9个月。

非金融企业的融资券是指那些没有设立财务公司的工商企业所发行的融资券。这类企业一般规模不大，多数采用间接方式来发行融资券，该融资券的期限一般为4～6个月。

3. 按发行和流通范围不同分为国内融资券和国际融资券

国内融资券是一国发行者在其国内金融市场上发行的融资券。发行这种融资券一般只要遵循本国法规和金融市场惯例即可。

国际融资券是一国发行者在其本国以外的金融市场上发行的融资券。发行这种融资券，必须遵循有关国家的法律和国际金融市场上的惯例。

（三）融资券发行的程序

1. 公司作出发行短期融资券的筹资决策

公司财务人员对内、外部的各种因素进行综合调查与分析后，认为采用该方式筹资较为合适,就提出筹资申请,报公司执行机构作出决策。

2. 委托有关的信用评级机构进行信用评级

短期融资券是一种无任何担保的债务凭证,尽管由大公司发行,但也可能存在着不能偿付的风险,因此为了吸引投资者,发行融资券的公司需委托信用评级机构对公司的财务和信用状况进行资信评级。

3. 向有关审批机关提出发行融资券的申请

中国人民银行总行与各省、市、自治区分行是我国企业发行融资券的审批、管理机关。企业发行融资券,需向所在省市的人民银行的金融管理部门提出申请,在申请书及其附件中必须提供如下一些内容:

(1) 营业执照;
(2) 发行融资券的申请报告;
(3) 发行融资券的章程或办法;
(4) 融资的效益预测、偿还计划和其他相关资料;
(5) 主管部门和开户银行对发行融资券的意见;
(6) 经注册会计师签证的上两年度和上一季度的财务会计报表;
(7) 信用评估公司对企业发行融资券的信用评估报告;
(8) 审批机关要求提供的其他材料。

4. 审批机关对企业的申请进行审核与批准

中国人民银行的金融主管机关对企业的发行资格、筹资用途、会计报表、融资券的票面内容进行审核后,符合条件即可批准发行。

5. 正式发行融资券,取得资金

融资券经审查机关审查同意后,便可正式发行。发行前需公告发行的数量、价格、时间等,以便让投资者了解发行企业的基本情况。此后,投资人与发行人洽谈买卖条件,如果条件可以,则投资人买入融资券,发行人取得资金。

若采用间接发行还要与经纪人协商融资券的有关事项,并签订委托发行协议;经纪人按协议中的有关条件和承销方式,发布公告并进行其他宣传活动;投资者购买融资券,资金存入经纪人账户;经纪人将资金划转发行企业的账户中,并按协议规定处理未售完的融资券。

(四) 短期融资券筹资的优缺点

1. 短期融资券筹资的优点

(1) 短期融资券筹资的成本低。在西方国家,短期融资券的利率加上发行成本,通常要低于银行的同期贷款利率。但目前我国短期融资券的利率一般要比银行借款利率高,这主要是因为我国短期融资券市场刚刚建立,投资者对短期融资缺乏了解。随着短期融资券市场的不断完善,短期融资券的利率会逐渐接近银行贷款利率,直至略低于银行贷款利率。

(2) 短期融资券筹资能提高企业信誉。由于能在货币市场上发行短期融资券的公司都是著名的大公司,因而,一个公司如果能在货币市场上发行自己的短期融资券,就说明该公司的信誉很好,而且企业今后向银行借款就更容易。

(3) 短期融资券筹资可减轻企业财务工作量。企业发行融资券的规模一般较大,而同样规模的资金量若由银行提供,一般要找数家,且从各家银行借款均要按一定程序进行,手续麻烦、工作量大、费用重复开支,因此采用短期融资券筹资可使财务工作量大大减轻,还可以降低费用。

（4）经纪人有时能提供有价值的建议。发行短期融资券可委托经纪人代理发行，经纪人为顺利销售这些融资券并拿到手续费，往往对企业进行必要的包装宣传，其中也对企业经营管理提供改进意见，由于经纪人面对的是各行各业，且从业人员素质相对较高，许多建议确实有助于企业经营管理的改善，因此对他们的建议必须高度重视。

2. 短期融资券筹资的缺点

（1）发行短期融资券的条件比较严格。发行短期融资券的企业，必须是信誉好、实力强、效益高的企业，而一些小企业或信誉不太好的企业则不能利用短期融资券来筹集资金。

（2）在企业出现财务困难时，短期融资券可能难以完成发行任务。短期融资券从申请到批准发行最后收到款项，往往有一定时间，而市场经济条件下的企业因内外的环境变化和经营管理不当，可能暂时会出现财务困难，这是不可避免的，但对投资者而言，这种风险必须尽可能避免，这样，计划发行的融资券数量就因此大打折扣。

（3）到期不能偿还会带来相当严重的后果。短期融资券必须到期还本付息，既不能因企业有闲置资金而提前归还，更不准延期还本付息，否则要影响企业在公众中的良好声誉，当声誉受损，必然波及其业务，导致业绩下滑，造血功能下降，严重的导致企业受债务人起诉而破产。

第三节　长期负债管理

企业在生产经营过程中，需要增加长期资本，以扩大经营规模，其筹资途径不外乎两种：一是增加自有资本的投入，二是举借长期负债。长期负债是相对于流动负债而言的，是负债的一个组成部分。它是指偿还期在一年或者超过一年的一个营业周期以上的债务。

长期负债是企业的一项重要的资金来源，具有数额大、偿还期长的特点，是企业用来补充自有资本不足的重要手段。但长期负债作为获取资产的一种财源，与资本金有着质的区别。投资人通过长期债权方式投资，目的是通过还本付息方式获利，因此债权人对企业经营不承担风险，在企业财务状况稳定的情况下，一般不干涉企业的经营活动，不影响投资人对企业原有的控制权力。同时，为了保证债权人的利益，对企业筹措长期资金必须有严格的约束条件，如设置担保资产、企业必须在长期借款到期还本之前提存偿债基金、限制企业发放债券的最高限额等。另外，长期负债到期必须偿还，其利息费用成为企业必须承担的一种长期的固定性支出，从而加重企业的负担，因此，长期负债在企业的经营决策中具有重要地位。长期负债的筹资方式主要有长期借款、长期债券、融资租赁等。

一、长期借款

长期借款是指企业向银行等金融机构借入期限在一年以上的各种借款，主要用于固定资产投资和流动资金的长期占用。采用长期借款的方式筹资是企业经常采用的筹资方式之一。

（一）长期借款筹资的种类

长期借款种类较多，可按一定的标准分类。企业应根据自身情况和有关条件选择适当种类的长期借款进行筹资。

1. 按提供贷款的机构单位分为政策性银行贷款、商业性银行贷款和保险公司贷款等

（1）政策性银行贷款是指执行国家政策性贷款业务的银行提供的贷款，通常为长期贷款，一般贷给国有企业。

(2) 商业性银行贷款包括短期贷款和长期贷款。长期贷款的到期日长于一年。根据中国人民银行的有关规定,长期贷款根据不同用途分别按年或季归还,以单利计息,利随本清。

(3) 保险公司贷款是指保险公司贷放给企业的借款,一般较商业银行贷款的期限要长,要求的利率较高,对贷款企业的信用和担保品的选择也比较严格。

2. 按贷款有无抵押品分为抵押贷款和信用贷款

(1) 抵押贷款是指以特定的抵押品作为担保的贷款。作为贷款抵押品可以是不动产、机器设备等实物资产和股票、债券等有价证券,它们必须是能够在市场上出售的。如果贷款到期时借款企业不愿意或不能偿还,银行则可取消企业对抵押品的赎回权并有权处理抵押品。

(2) 信用贷款是指无抵押品作担保的贷款,即凭借款企业的信用或其保证人的信用而发放的贷款。信用贷款通常仅由借款企业出具签字的文书,一般是贷给那些资信良好的企业。对这种贷款,银行通常要收取较高的利息,并往往附加一定的条件。

3. 按贷款行业分为工业贷款、商业贷款和农业贷款等

(1) 工业贷款是指贷给工业企业的贷款,主要用于固定资产和流动资产投资。

(2) 商业贷款是指贷给商业企业的贷款,主要用于商品流转的资金的需要。

(3) 农业贷款是指贷给农业生产单位的贷款,主要用于改良土壤或水利设施以及造林等。

4. 按贷款用途分为基本建设投资贷款、专项贷款和出口信贷等

(1) 基建贷款是指为了新建企业或企业为了购置固定资产以实现扩大再生产的目的,解决长期资金来源不足问题而向银行取得的借款。一般情况下,大中型建设项目需经国家计委和建委的批准,小型项目可由中央各部门和省、市、自治区经委批准。

(2) 专项贷款是由企业向银行借入的各种具有专门用途的借款。这类借款一般期限较短,大多用于挖潜、革新、改造、填平补平项目。我国银行现在提供的专项借款有:小型技改借款、出口工业品生产专项借款、进口设备短期外汇借款等。

(3) 出口信贷是国家为了扩大本国商品的出口,提高本国产品在国际市场上的竞争能力,对本国出口商给以利息补贴并提供担保,鼓励本国银行对本国出口商或外国进口商提供利率较低的贷款,以满足买方支付货款的要求。出口信贷具体又分为买方信贷和卖方信贷两种。

买方信贷是由出口国银行贷款给进口商或进口方银行,满足进口商进口出口国商品时对资金的需求。这种贷款的总协议一般由进口国银行和出口国银行签订。

卖方信贷是由出口国银行向卖方(出口商)提供的信贷,出口商可据此向进口商提供中长期延期付款的便利。贷款协议由出口商和出口国银行签订。

(二) 长期借款的程序

1. 企业提出借款申请

企业申请借款必须符合规定原则和贷款条件。

我国银行的贷款原则是:计划性、物质保证性、偿还性和择优扶持。企业申请贷款应具备的条件包括:具有法人资格、借款用途符合有关规定,借款资金有担保,具有偿还能力,企业财务状况良好、效益不错、在银行开立账户等。

企业提出的借款申请,应说明借款原因和借款金额、使用时间和使用计划、归还期限和归还计划等。

2. 银行审核申请

按照贷款条件,对借款企业进行调查,依据审批权限,核定企业申请贷款金额和用款计划。

审核的内容包括:企业的财务状况、企业的信用情况、企业盈利的稳定性、企业的发展前景、借款用途和期限、借款的抵押品等。

3. 签订借款合同

经银行审核,借款申请获批准后,银行与借款企业双方可进一步协商贷款的具体条件,签订正式的借款合同。在合同中明确规定贷款的种类、用途、数额、利率、期限、还款资金来源及还款方式、保证条款、违约责任和一些限制性条款。

4. 企业取得借款

借款合同签订后,企业可在核定的贷款指标范围内,根据用款计划和实际需要,将贷款一次或分次转入企业的结算户存款账户以便使用。

5. 企业归还借款

贷款到期时,借款企业应依照贷款合同的规定按期偿还贷款本金与利息。归还贷款的方式主要有到期日一次归还、定期偿还相等份额的本金和分批偿还、每次金额不一定相等三种。贷款到期银行催收,借款企业如不归还贷款,银行可根据合同规定,从借款企业的存款户中扣还贷款本息及罚息。借款企业如因暂时财务困难,需要延期归还贷款时,应向银行提交延期还贷计划,经审查核实,续签合同。逾期归还时银行一般按逾期贷款计收利息。

(三) 长期借款筹资的优缺点

1. 长期借款筹资的优点

(1) 筹资速度快。与发行有价证券相比,长期借款所需时间短,因为发行有价证券需要做大量的准备工作,且有发行期,故筹资时间较长,而长期借款行为仅发生于企业与金融机构之间,企业申请得到批准后很快就能取得借款,故该方式筹资迅速。

(2) 借款成本较低。利用长期借款筹资,利息可在税前支付,故可减少企业实际负担的利息费用,因此比股票筹资的成本要低得多;与债券相比,借款利率一般低于债券利率;此外,由于借款是在借款企业与银行之间直接商定的,因而大大减少了交易成本。

(3) 借款弹性较大。借款前的各种借款条件由双方商定,借款期内如企业财务状况有所变化还可与银行商定变更其中的某些条款;借款到期时企业还可根据财务状况向银行提出延期或继续借款的申请,因此对企业而言,长期借款的灵活性较大。

(4) 具有财务杠杆作用。只要企业资金的投资报酬高于借款的资金成本,企业增加长期借款,能增加投资者收益。

2. 长期借款筹资的缺点

(1) 财务风险较大。

(2) 限制性条款较多。包括一般性限制条款、例行性限制条款和特殊性限制条款,在借款合同中的规定都可能会影响企业以后的筹资与投资活动。

(3) 筹资数量有限。为保证信贷资金的安全,银行往往要求企业有较高的信誉,且要有充足的担保,担保价值也往往大于贷款金额,故通过该方式一般不能像有价证券那样一次筹到大笔资金。

二、长期债券

债券是债务人为筹集资金而发行的,承诺按期向债权人支付利息和偿还本金的一种有价证券。根据发行主体的不同,债券主要有三种:国债、金融债券和公司债券(又称企业债券)。发行企业债券是企业筹集长期资金的重要方式。

(一) 债券的特征

1. 债券是一种债权债务的凭证

投资者购买债券后便成为企业的债务人,有权要求企业按约定的方式和时间还本付息;企业通过发行债券筹集资金,属借入资金,形成企业负债,需按时还本付息。

2. 债券利息固定

在发行企业债券时,就已明确规定利率、付息日期。不论企业将来经营状况和盈利水平如何,企业均要按预定的利率在规定的时间向债券持有人支付利息。

3. 债券偿还期明确

企业债券发行时就明确规定了债券还本的期限,债券发行人需按期还本付息。

4. 在分配和求偿上具有优先权

债券的利息先于股票付给投资者,且在税前扣除;当企业破产清算时,债券持有者的本金求偿先于股东。

5. 不影响企业的控制权

债券持有人只是企业的债权人,无权参与公司的经营管理,持有人对企业经营也不承担责任,因此,不会削弱企业的控制权。

(二) 企业债券的种类

1. 按发行方式分为记名债券和不记名债券

记名债券的持券人姓名登记在债券名册上,偿还本金或支付利息时,企业根据债券名册付款,债券转让要办理过户手续。不记名债券又叫有息债券,债券上附有息票,企业见票付息,流通比较方便。

2. 按有无抵押品分为抵押债券和信用债券

抵押债券以发行债券企业的特定财产为担保品,如债券到期不能偿还,持券人可以行使其抵押权,拍卖抵押品作为补偿。信用债券是单凭企业的信用、凭信托契约发行的债券,企业没有指定特定的抵押财产作为担保品,通常由财务信誉较好、获利能力较高的企业发行。

3. 按计息标准分为固定利率债券和浮动利率债券

固定利率债券是债券的利息率在债券的年限内保持固定。浮动利率债券则是利息率随基本利率和发行企业经营状况变动而变动(如保值贴补率)。

4. 按偿还方式分为定期偿还债券和随时偿还债券

定期偿还债券包括期满偿还和分期偿还两种,前者指到期全额偿还本金,后者指按规定时间分批偿还部分本金。随时偿还债券,包括抽签偿还和买入偿还两种,前者按抽签确定的债券号码偿还本金,后者是发行债券企业根据资金余缺情况通知持券人还本。

5. 按其弹性分为可转换公司债券和不可转换的公司债券

可转换公司债券是指根据公司债券募集办法的规定,债券持有人将其转换为发行公司的股票。发行可转换公司债券的公司,应规定转换方法,有义务按规定的办法向债券持有人核发股份,债券持有人有权选择是否将债券转为股票;而不可转换的公司债券则不可换成公司股票。

(三) 债券的发行

1. 发行债券的条件

债券筹资虽然是一种常见的企业筹资方式,但并不是任何企业都可通过发行债券的方式来筹资。根据我国《公司法》规定,发行债券筹资的企业必须符合下列条件:

（1）股份有限公司净资产额不得少于人民币3 000万元，有限责任公司的净资产额不得低于人民币6 000万元；

（2）累计债券总额不超过公司净资产的40%；

（3）最近三年平均可分配利润足以支付公司债券一年的利息；

（4）筹资的资金投向符合国家的产业政策；

（5）债券的利率不得超过国务院限定的利率（注：不高于同期银行定期储蓄利率的40%）；

（6）国务院规定的其他条件。

按照国家规定，企业发行债券所筹资金应当按照审批机关批准的用途，用于本企业的生产经营，不得用于房地产买卖、股票买卖和期货交易等与本企业生产经营无关的风险性投资。

2. 发行方式

债券的发行方式通常分为公募发行和私募发行两种。

公募发行是以不特定的多数人为募集对象而公开发行债券。公募发行，是世界各国通常使用的发行方式。我国企业经批准也可以公开发行债券。公募发行有直接募集与间接募集之分。债券发行人不通过中介机构直接向公众公开募集即为直接募集；经由中介机构公开募集则为间接募集。我国规定，企业发行企业债券，应当由证券机构承销，即间接募集。代理承销机构按发行面额收取一定比例的手续费。

私募发行是指向特定的少数投资者发行债券。这些投资者是与发行者有一定关系的企业、公司和个人，如发行企业的产品消费者或发行企业的职工、金融机构和与发行人有密切关系的企业单位。

3. 债券发行价格

一般地说，债券的面值即是债券的价格，但由于资金市场上的供求关系及利率的变化，有时债券的价格会与面值相背离，高于或低于面值，但差额通常不会很大。因此债券发行的价格有三种：一是按债券面值等价发行；二是低于债券的面值折价发行；三是高于债券的面值溢价发行。因此，在发行债券时要调整发行价格，以使投资者实际得到的利息率与市场利息率相等。

债券发行价格的计算公式为：

$$发行价格 = \sum_{t=1}^{n} \frac{年利息}{(1+市场利率)^t} + \frac{面值}{(1+市场利率)^n}$$

式中：n——债券期限；

t——支付利息的期数。

（四）债券筹资的优缺点

1. 债券筹资的优点

（1）资金成本较低。债券的资金成本要比股票低，主要是：一是公司债券的发行成本要比发行股票低；二是公司债券的利息较股息少；三是公司债券的利息可以作为费用抵减应税利润，因而可以少纳税。

（2）保障控制股权。由于债券持有人无权参与发行企业的管理决策，发行债券筹资一般不会影响股东对公司的控制权。

（3）财务杠杆作用明显。无论企业的盈利多少，债券持有人只收取固定的有限的利息收入，而更多的收益可用于分配给所有者或用作留存扩大企业经营。

2. 债券筹资的缺点

(1) 限制条件严格。发行债券的限制条件比借款、股票都要多而且严格,这可能会影响企业今后的经营活动。

(2) 筹资数量限制。利用债券筹资的数量,通常受到一定额度的限制。根据国家有关规定,企业发行企业债券的总面额不得大于该企业的自有资产净值。

(3) 财务风险高。债息要按期支付,本金也需如期偿还,一旦企业效益不佳,还本付息往往成为企业财务上的巨大压力,严重时还会导致企业破产。另外,企业提高负债比例,会增加企业风险,降低企业的信誉。

三、融资租赁

(一) 融资租赁的特征

租赁是出租人以收取租金为条件,在契约或合同规定的期限内,将资产租让给承租人使用。租赁活动由来已久,现代租赁则成为解决企业资金来源的一种筹资方式。企业资产的租赁按其性质有经营性租赁和融资性租赁两种。

经营性租赁是一种服务性租赁。它是由出租人在短期内按合同或契约规定,向承租人提供资产(主要是固定资产),承租人支付一定租金,并在租赁期满,将租赁的固定资产归还给出租人。经营性租赁的特征是:

1. 承租企业可随时向出租人提出租赁资产。
2. 租赁期短,不涉及长期而固定的义务。
3. 租赁合同比较灵活,在合理限制条件范围内,可以解除租赁契约。
4. 租赁期满,租赁的资产一般归还给出租者。
5. 出租人提供专门服务,如设备的保养、维修、保险等。

融资性租赁又称财务性租赁。它是由出租人按照承租人的需要在较长合同或契约时期内,提供给承租人使用固定资产的一种信用业务。融资性租赁是融资与融物相结合,其实质主要是出租人以实物资产为承租人提供信贷,因此也称资本租赁,是企业筹集长期资本的重要方式。其特征是:

1. 一般由承租人向出租人提出正式申请,由出租人融通资金引进用户所需设备,然后再租给用户使用。
2. 租期较长。融资租赁的租期一般为租赁财产寿命的一半以上。
3. 租赁合同比较稳定。在融资租赁期内,承租人必须连续支付租金,非经双方同意,中途不得退租。这样既能保证承租人长期使用资产,又能保证出租人在基本租期内收回投资并获得一定利润。
4. 租约期满后,可选择以下办法处理租赁财产:将设备作价转让给承租人;由出租人收回;延长租期续租。
5. 在租赁期间内,出租人一般不提供维修和保养设备方面的服务。

(二) 融资租赁的分类

融资租赁按其租赁的方式不同,分为售后租回、直接租赁和杠杆租赁三种。

1. 售后租回

售后租回是指一个企业将某项资产出售给另一企业(出租人),然后通过融资再将这项资产租回而成为承租人的方式。这种租赁方式使出售资产的企业可以以融资的方式租回得到相当于市价的一笔资金,同时仍可以在租赁期内取得使用这项资产的权利。当然在租赁期间,需要支付租金,而且也失去了资产的所有权,但在租赁期满,企业仍能取得资产所有权,享有资产残余价值;其出租人一般为租赁公司等金融机构。

2. 直接租赁

直接租赁是指承租人直接向出租人租入所需要的资产,并付出租金。直接租赁的出租人主要是制造厂商、租赁公司。除制造厂商外,其他出租人都是从制造厂商购买资产出租给承租人。

3. 杠杆租赁

杠杆租赁不同于售后租回和直接租赁只涉及出租者和承租者,还涉及贷款者作为第三方当事人。从承租人的角度来看,这种租赁与其他租赁形式并无区别,同样是按合同的规定,在基本租赁期内定期支付定额租金,取得资产的使用权;但对出租人却不同,出租人只出购买资产所需的部分资金作为自己的投资,同时以该资产作为担保向一个或若干个资金出借者借入其余资金。因此,它既是出租人又是借款人,同时拥有了对资产的所有权,据以既收取租金又要支付债务。如果出租人不能按期偿还借款,那么资产的所有权就要转归资金出借者。这种特殊租赁又称借款租赁。

(三)融资租赁的程序

1. 选择租赁公司

企业决定采用融资租赁取得某项设备时,应调查相关的租赁公司的经营范围、业务能力以及与其他金融机构的关系和资信情况,取得租赁公司的融资条件和租赁费率等资料,并加以比较,从而择优选定。

2. 办理租赁委托

企业选定租赁公司后,便可向其提出申请,办理委托,填写"租赁申请书",说明所需设备的具体要求,并提供企业的财务报表。

3. 签订购货协议

由承租企业与租赁公司的一方或双方合作组织选定设备制造厂商,并与其进行技术与商务谈判,签署购货协议。

4. 签订租赁合同

租赁合同由承租企业与租赁公司签订,它是租赁业务的重要法律文件。融资租赁合同的内容可分为一般条款和特殊条款两部分。

5. 办理验货投保

承租企业收到租赁设备后要进行验收。验收合格签发交货及验收证书并提交给租赁公司,租赁公司据以向厂商支付设备价款。同时,承租公司向保险公司办理投保事宜。

6. 按合同付租金

承租企业按租赁条件取得所需设备的使用权,承认租赁公司对设备的所有权,不对设备进行拆卸、改装等处理;在合同期间按规定支付租金。

7. 期满退租续租

融资租赁合同期满时,承租企业可根据设备是否对企业有利,决定退租、续租或留购。

(四)融资租赁的优缺点

1. 融资租赁的优点

(1)迅速获得所需资产。租赁一般要比借款后再购置设备来得更快,它集"融资"与"融物"

于一身,可使企业尽快形成生产能力。

(2) 保存企业举债能力。租赁筹资不列作承租企业负债的增加,不直接改变企业的资本结构,不会直接影响企业的借款举债能力。

(3) 租赁筹资限制较少。利用股票、债券、长期借款等筹资方式,都受到相当多的资格条件的限制,类似限制尽管在租赁中也有,但相比之下,一般比较少。

(4) 免遭设备淘汰的风险。科技的不断进步使功能更全、效率更高的设备大量出现,原有设备陈旧过时且使用不经济,而多数租赁协议规定由出租人承担这种风险,承租企业可免遭这种风险。

(5) 减低财务支付压力。按规定,租金在整个租期内按规定分摊,使企业获得所需设备而不需要支付大额设备款,以租金形式支付可降低财务付款压力,并且租金可在税前扣除,进一步减少现金流出量。

2. 融资租赁的缺点

(1) 租赁成本高。由于租赁公司要承担设备过时的风险,故长期租赁利率一般高于举债筹资的利率;另外,当市场利率下降时,企业可在借款到期之前提前偿还本息,而租赁则受合同制约,企业不能因市场利率下降而降低租金。

(2) 物价上涨,企业会失去资产增值的好处。当市场商品价格普遍上涨时,设备资产也随之增值,像土地、建筑物等残值较大的资产增值更快,企业如果租赁资产,则享受不到增值所带来的好处。

(3) 配套技改不易实施。合约明文规定,承租企业不得对设备进行拆卸、改装,不得中途解约,但受市场环境影响,企业经常调整生产经营结构而不得不对生产设备进行技改,这使设备技改难以实施。

第三篇

资产管理

第三篇

第七章 投资管理概述

第一节 企业投资的意义与原则

一、投资的意义

"投资"一词,早已被人们广泛使用,如智力投资、技术投资、资金投资等等。然而,财务上所研究的投资主要是指财力上的投资,又称资金投放,是指企业将所筹资金投放于某一客体,以期未来获益的经济行为。即:财务资金→投资对象→投资收益。企业投资具有如下特点:

1. 投资总是以取得一定的投资报酬或投资效益为前提条件,即效益性。
2. 任何投资活动的发生,都是在投资之前对多个投资方案比较的基础上再加以选择的结果,即可选择性。
3. 任何投资行为都是先支付后收益,先投入后产出,所以说,投资具有垫付性。

由于投资活动是企业财务管理的重要内容,它与企业筹资活动、损益分配活动组成一个完整的财务活动。企业利用各种筹资方式从不同渠道取得一定资金后,就必须做好投资工作。在激烈的市场竞争中,企业能否把筹集到的资金投放到能产生较大经济效益的项目上去,关系到企业的生存与发展,故做好企业投资管理工作具有深远的意义。

(一) 企业投资是保证再生产过程顺利进行的必要手段

企业无论是维持简单再生产还是进行扩大再生产,都必须具备一定的物质条件,而这一切都是完全通过投资活动来实现的。如进行固定资产投资、流动资产投资、无形资产投资、金融资产投资等等。如果从扩大再生产的角度考虑,企业还必须新建、扩建厂房,增加机器设备,增加职工人数,提高员工素质等等。总之,企业只有不断进行投资活动,才有可能保证简单再生产和扩大再生产过程的顺利进行。

(二) 企业投资是提高资金使用效果,增加企业盈利的基本前提

企业要想发展生产,扩大经营,增加盈利,就必须拥有一定数量的资金,并把资金投放到生产经营的各个环节,或者投放到其他单位、证券市场。只有把握投资的正确方向,合理有效地调度和使用资金,才有可能增加企业盈利。

(三) 企业投资是调整生产能力和生产结构的重要手段

企业把资金投向生产经营的薄弱环节或新产品开发领域,可以使企业各种生产经营能力配套、平衡,形成更大、更强的综合生产能力,以及保证企业产品的更新换代,提高企业的竞争能力。

二、企业投资原则

企业的投资活动是一项复杂的、多层次的经济活动,它涉及面较广。因此,为了能够有效协调、正确地统筹管理投资活动,保证投资目标的实现,企业在投资时,必须坚持下列原则:

(一)坚持投资项目的可行性分析

当一个企业决定对某项目进行投资时,必须坚持对该投资项目进行可行性分析。对投资项目的可行性分析是决定投资成败的第一步。为此,企业必须组织有关人员(包括财务人员)认真对投资项目进行可行性分析,以便正确确定不同项目的优劣程度,从而正确处理企业投资需要与可能的关系。

(二)投资组合与筹资组合相适应

企业筹资是为了投资,筹资与投资是财务管理的两个不同的主要环节,两者存在着相互制约、密切相关的内在联系。一般而言,是先有筹资再做投资,因为企业确定的投资项目所需要的资金数额需要通过各种筹资方式取得。其实两者关系并不一定是截然可分的先后关系。在实际中,企业可以先确定投资项目再确定筹资规模,为了保证资金的高效运作,企业在开展筹资工作之前,就需要进行投资决策,确定投资方案及所需要的投资额。企业在进行投资可行性分析时,就需对筹资方式和筹资数额一并考虑。企业在筹集资金时,应该考虑通过不同的筹资渠道和筹资方式取得资金,在其风险、成本、使用时间及使用方向方面达到最佳组合。因此,企业在筹集资金需要利用何种渠道与方式时,则应考虑投资组合对筹资提出的要求和条件,投资与筹资是互相作用的两个不可分割的方面。

(三)投资收益与投资风险均衡

由于市场经济的风云变幻,企业的投资都会面临一定的风险。一般而言,企业取得的投资收益越多,所承担的风险也就越大。也就是说,收益的增加是以风险的增大为代价的。而风险的增加将会引起企业价值的下降,不利于企业财务目标的实现。因此,在企业的投资管理中,既要追求较高的收益,又要避免太大的风险;既不能冒进,不顾风险地片面追求"最大"利益,也不能过于保守,不重视利益而片面强调财务安全,应使投资收益与投资风险相协调。如果说冒进会因风险过大而可能遭受重大损失,那么保守则会使企业裹足不前,坐失良机,无以发展。

三、投资的分类

为分清投资类型,加强投资管理,我们需对投资作以下分类:

(一)直接投资与间接投资

依据投资与生产经营的关系,投资可以分为直接投资和间接投资两类。直接投资是指把资金投放于本企业或外单位生产经营性资产,具有资产的所有权与物权,以便取得收益的投资。间接投资又称金融资产投资,是指把资金投放于债券、股票、外汇和期权等金融资产,以便取得股利、利息收入或资本利得。

(二)对内投资与对外投资

依据投资的方向,投资可以分为对内投资和对外投资两类。对内投资是指把资金投放到企业自身的生产经营过程,形成企业的固定资产、无形资产、流动资产等的投资,主要拥有资产的物权。对外投资是指企业以现金、实物、无形资产等向外单位的联营投资,主要形成对资产的所有权或者是购买股票、债券、外汇和期权的投资,使企业拥有货币、有价证券。对内投资都是直接投资,对外投资主要是间接投资,也可以是直接投资。

企业投资分类图示见图7-1。

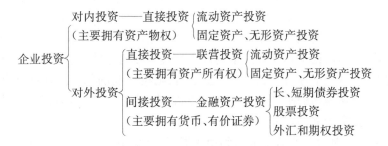

图7-1 企业投资分类示意图

第二节 西方财务投资理论概述

在现代财务投资理论长期发展的过程中,逐步形成了投资风险理论、有效市场理论、投资组合(资本资产定价)理论、期权定价理论,上述理论已成为现代财务理论的基石。鉴于投资风险理论已在本书的第二章给予专节介绍,所以本节仅对后面三个理论给予简单介绍。

一、有效市场理论

由尤金·法玛(Eugene Fama)提出的"有效市场理论",是西方财务理论框架中最重要的内容之一。

"有效市场理论"这一理论基本思想可以归纳为:在证券市场上交易者如果根据获得的一组信息而无法获得额外盈利(即经济利润),那么,就可以认为资本市场是有效的。换言之,也就是认为证券市场上的股票现行市场价格已经完全同步反映和消化了该股票的全部信息。罗伯茨(Roberts)根据股价反映信息程度的不同,将有效市场理论分为三种形态:弱式有效市场、中强式有效市场和强式有效市场。三种市场形态的主要特点分别在于:弱式有效市场的证券价格已经包含了历史价格和交易量的全部信息,任何一个证券投资者根据历史价格信息和交易量信息,将无法获得经济利润;中强式有效市场的证券价格已经包含现在的公开信息,任何证券投资者无法根据迄今为止的全部公开信息获得经济利润;强式有效市场的证券价格已经包含迄今为止的全部公开信息及非公开信息,证券交易者根据上述的信息交易无法获得经济利润。从有效市场理论所形成的思路及实证分析结果来看,市场理论的核心是在"有"和"效"二字。"有"字旨在表明上市公司披露的财务信息必须是真实的才"有价值";"效"字旨在表明证券市场的股价波动是及时地反映了其财务信息的结果,是"高效率"市场。因此说有效市场理论精粹是有价值(财务信息的真实性)和高效率(财务信息对股价影响的及时性)。

从资本市场的有效性看,证券市场中的证券价格发生的瞬时波动,集中反映了证券市场是一个高效市场,与商品市场相比,它显得更有效率。排除违规操纵证券市场这一前提,证券价格将体现该证券的基本信息(过去和现在,公开与未公开)。这一点对上市公司的经营管理者来说,将公司置于社会监督之下,公司经营活动的失误和不利信息,都可能会在证券市场放大并被定格在股价波动上,形成对经营管理者巨大的社会压力;另外,从投资者方面看,由于上市公司的财务信息可能被反映在证券价格的波动上,投资者将根据自己的理性判断进行投资,以减少投资的盲目性。这样说,高效的证券市场总体来说是随机的,它是由个别证券信息的综合反映及相互作用的结果。而个别证券的波动是其过去、现在的价格信息以及公开、非公开信息的内在规律的延续,因此说证券市场在总体上是随机的市场,但个别证券的价格则是理性的价格。在我国,由于证券市场发育规模小,运作欠完善,上市公司的不良财务信息被掩盖,投资者的技术分析失效,因而往往个别证券的市场价值与其实际财务状况相背离。几年来,深股和沪股几起几落的波动,既是上述背离的结果,也是股价随机运动的归宿。在证券市场今后的发展趋势中,随着上市公司规模的扩大,运作制度不断完善,建立一个高效的资本市场,无论对上市公司,还是对证券投资者来说,都是有利的。

有效市场理论还揭示财务信息披露和使用时,要注意到信息不对称的作用。所谓信息不对称,是指上市公司的董事长和管理者(经理)、管理者和投资者掌握信息的不均衡。上市公司披露的财务信息不真实、不及时或故意掩盖,会误导证券价格的暂时走向,但不会持久影响证券市场的价格。非公开信息终将被公开,掩盖的信息终将会揭露,使股票价格回归到它真实的市场价值中。我国股票市场上市公司原始股发行价,就是按照有效市场理论指导予以确定的。上市公司根据公开的财务信息,以每股收益与大致固定的市盈率(15 倍)确定其市场发行价。因此,公开披露的信息是否准确,无论对上市公司,还是对投资者来说,都是至关重要的。

有效市场理论所揭示的真实的财务信息"有价值",证券市场反映财务信息的"高效率",是值得我国大多数上市股份公司思考的。

二、投资组合理论

投资组合理论是西方财务理论体系中关于投资决策理论的重要内容之一。传统的投资决策分析舍去了风险存在这一前提,或做风险定性处理(风险固定不变),但客观实际却是有投资必有风险。由马克威茨提出的"投资组合选择"奠定了投资组合理论的基础,他认为经过投资组合后投资方案会在"风险—收益"中得到平衡,既能规避一定的投资风险,又能取得一定的投资收益,这是投资组合理论的中心思想。

马克威茨通过"预期报酬—方差分析"方法,提出在各种证券组合情况下的一般规则:在给定预期报酬下,期望证券组合后的风险最小;在给定的风险下,期望组合投资收益最大。投资组合理论还强调:

(1) 在证券投资中要重视个别证券的特性,要认真分析个别证券外在的和潜在的价值及风险性。

(2) 在投资组合中,要重视若干证券的相关性,尽可能把相关程度低的证券组合在一起,使高风险与低风险的证券风险抵消,以取得市场平均报酬率。如果把相关程度高的证券组合在一起,或者导致更大的风险,或者导致更低的收益。后来由夏普所创立的资本资产定价理论,简化了投资组合理论中关于相关系数与协方差计算,增进了组合投资方法的实用性,进一步完善了投资组合理论。

夏普在资本资产定价理论中提出投资总风险由系统性风险和非系统性风险两种风险构成。系统性风险对所有证券都有影响,但企业无法控制,而非系统性风险则存在于每个具体的证券品种上,且风险程度大小不等无法消除,因此可以计算出其风险系数,并对其预期收益率进行估算,以确定个别证券包括风险在内的市场价值。资本资产定价理论还揭示了在证券市场上所有的证券都是等价的(按其市场利率折现),每个证券的净现值都等于零,因而各种证券可以互相替代,它在研究如何进行投资组合方面,比投资组合理论又前进了一步。

投资组合理论固然讲的是证券组合投资,但其理论意义同样可以延伸到其他重大投资决策上,它告诉我们:

(1) 公司(或企业),尤其是企业集团,在进行任何投资(项目投资、固定资产投资)都会存在一定风险,在投资过程中,要避免过度集中在某一个项目或某个领域(产业),以减少投资风险。

(2) 进行组合后的投资项目,在减少风险之时,也促进了市场均衡,提高了资本市场的运作效率和投资收益。

(3) 投资者在冒较大风险投资以获取高收益时,应当有低风险、稳收益的投资项目为基本保证,以获得市场平均收益率。

投资组合理论正被我国大型企业集团或股份公司所认识,企业集团把不同行业、不同产品的企业组合、股份公司对不相关公司的收购兼并、个别游资通过基金组合进行投资,这些都是投资组合理论的实际应用。从我国现有的投资决策过程看,有以下两点值得我们注意:

(1) 在投资组合中要注意投资决策过程的科学性,避免决策的随意性,要对投资决策的主体明确其责权范围,即权的分配。

(2) 要注意在经过科学决策基础上的投资额以及组合的比例关系,明确其量的分配。

我国的不少股份公司由于投资决策体制科学,资本投向合理,公司经营业绩显著,对于促进公司的发展起了促进作用。但也有些股份公司,由于股东大会、董事会、总经理三套班子之间在投资决策机制上的不完善,有关公司全局和长期发展的重大投资项目往往是经营班子擅自决策,未经股东大会决议而改变资本的投向,缺乏可行性论证,对有利方面和好的方面看得过多,对不利因素和预期风险又看得太少,更缺少组合投资观念,致使投资效益低下,甚至影响到公司的生死存亡。因此,进一步明确投资决策权的归属是非常必要的。

从组合投资的金额数量方面看,股份公司虽然认识到投资组合的重要性,但由于缺少投资金额数量上的配比,没有实现预期的投资收益。例如投入多少金额可成为控股公司,再例如虽成为控股公司但通过产权纽带施加的影响力度有多大,或者对投资多少增量资产能带动存量资产的调整,由于没有达到相应的投资金额数量,而使组合投资功亏一篑。

组合投资的技巧在个人投资上也可应用和发挥。如"三分投资法"、"股票与债券投资组合"、"股市、集邮、收藏、房产多元投资组合"等等都是组合投资的常用形式。随着资本市场的发育,我国大中型企业会有更多的投资组合创新形式诞生。

三、期权定价理论

由布莱克(Fisher Black)和舒尔斯(Myron Scholes)1973年发表的期权定价模型(简称B-S模型),极大地推动了衍生金融工具市场的发展,是现代财务理论中具有里程碑意义的创新成果,该项成果获得了1997年度诺贝尔经济学奖。

期权是指对未来特定对象物的选择权。这种权利只能在将来的某一天或某一天以前行使,而不必承担义务。也即对期权的拥有者来说,在未来可以选择行使或不行使这项权利。

按期权拥有者的选择行为来划分,可分为择购权(看涨期权)和择售权(看跌期权)。而从期权的"对象物"来看,则包括股票、股票指数、债券、利率、商品期货等许多品种,并且把"事先约定好的价格"称为执行价格,"将来的某天"称为执行日或到期日。期权按执行日的不同分为欧式期权和美式期权。美式期权可以在执行日或该日以前任何一天行使,欧式期权只能在执行日当天行使,两者的共同点就是过了执行日期权就作废。

由于所有金融工具的定价是根据无套利均衡关系给出的,期权当然如此。期权定价理论的核心原理是动态无套利均衡分析。

现举一简单例题说明期权交易和期权定价的原理。假定A先生2009年5月10日在某期权市场上购得S公司股票择购权1手,1手为100 A股股票,执行日为9月10日,执行价格为210元,择购权每股5元,A先生共支付了500元。如果到9月18日执行日,该股票若价格为218元,A先生就决定执行择购权,以每股210元买进,以218元抛出,实得:

$$(218-210)\times 100 = 800(元)$$

扣除择购权支付,净得:

$$800-500 = 300(元)$$

如果执行日价格为213元,那么A先生也会决定执行择购权,以减少损失,那么有:

$$(213-210)\times 100 = 300(元)$$

扣除择购权支付,净得(即损失):

$$300-500 = -200(元)$$

如果执行日价格小于执行价格,即当日价格为207元,那么A先生就会放弃择购权,不会以210元买入,以207元卖出,而继续损失300元,共损失800元。

可见,利用期权进行交易时,对择购期权或择售期权的购买者来说,它放弃选择权时,其损失的风险是有限的,如上例至多是期权费500元。但是执行选择权时,获利的空间则是无限的,如果执行日的价格是300元,那么期权购买方套利为:

$$(300-210-5)\times 100 = 8\,500(元)$$

期权定价的理论的关键是解决期权的定价为多少才是合理的,如上例,为什么每股期权价要定在5元的价位上,而不是其他价格。这样由B-S定价模型和二叉树定价模型给出一些基本的定价原则。

1. 买权的(执行价格)从不高于标的物本身的价值(执行日的实际价格);卖权的标的物价值(执行日实际价格)不高于执行价格。

2. 期权价值(期权费)决不为负。

3. 美式期权价值不低于欧式期权。

4. 距失效日时间长的美式期权价值绝不低于距失效日时间短的美式期权价值。

由于布莱克-舒尔斯(B-S)模型是用随机微分方程来刻画的,这里就不再给以具体描述。但是其模型的推广运用是极其广泛的,这对我国的财务实践也具有一定启示。

例如我国"认股证"形式,就是企业在发行股票时,先以一定的价格出售认股证,实际上就是出售股票认购的选择权,以解决股票供需之间不平衡的矛盾;再例如财产保险,也可以认为发生财产损失时,你有提出求偿权的要求,你也可以放弃这种求偿权,执行价格是承保金额;再如可转换债券,当你购买了可转换债券,在规定的时间内可转换为股票,也就是说你已经有了购买股票的择购权。

随着人们对期权定价理论的认识进一步深化,它将派生出许多新的工具和手段来调整经济活动。例如国企改革中用期股形式激励经理和劳动者的积极性,保证企业经营活动持续稳定发展,这也是期权定价理论的延续。

第八章 流动资产投资管理

第一节 货币资金管理

一、货币资金概述

(一) 货币资金概念

货币资金是指企业在生产经营活动中停留于货币形态的那部分资金,包括硬币、纸币、活期银行存款以及其他单位和个人出具的、由本企业要求银行付给现款的即期或到期票据(如本票、汇票、支票等)。货币资金同固定资产以及流动资产中其他存在形态的资产相比,具有以下主要特点:

1. 流动性最强,具有普遍的可接受性

货币资金具有双重性:既是资金,又是货币。作为货币,它在流通中充当流通手段和支付手段,可以随时演变为其他形态的资产和直接支付各种费用,因而它具有普遍的可接受性。根据这个特点,在货币资金管理中,企业应保持相应数量的现金,以维持较强的偿债能力和支付能力。同时,企业要加强对现金的内部控制,防止贪污、盗窃和挪用现金及银行存款。

2. 收益性最低

与企业的其他资产相比,企业持有库存现金和活期银行存款能给企业带来的收益是极其有限的。库存现金根本没有收益,活期银行存款的利息率也远远低于企业的资金利润率。货币资金只有转变为存货等形态的资产,通过资金的循环,才能给企业带来较大收益。可见,货币资金的变现性与收益性是一对矛盾。根据现金的这一特点,财务管理学要研究如何保持企业合理的货币资金持有量,以便既保证企业有正常的支付能力,同时,又尽可能降低企业货币资金的持有数额,提高企业资产的整体收益。

(二) 企业持有货币资金的动机

1. 交易性动机

交易性动机是指企业为了应付日常经营活动的需要,应该保持的货币资金,它包括购买原材料、支付工资、交纳税金等。尽管企业能经常取得业务收入,但这种货币收入与企业的货币支出在数量上和时间上往往不相一致。因此,保持一定量的货币资金余额是完全必要的,它可保证企业在货币资金出现收支暂时不平衡的情况下,不至于中断经营。

2. 预防性动机

预防性动机是指为了预防意外事件的发生必须保持的货币资金。企业为控制货币资金数额,通常要根据正常经营状况编制财务收支计划,但安排好的计划往往又会被一些意料不到的事件(诸如自然灾害、工作失误、重要客户未能按时付款等意外情况)所破坏,出现货币资金收支不平衡。这样,企业就经常需要保持一个比日常经营所需的更大的货币资金余额。

企业预防性货币资金置存量的大小取决于以下三个因素:

(1) 企业愿冒缺少货币资金风险的程度。如果企业希望尽可能减少这种风险,则将置存较多的货币资金以防不测;反之,如果企业为了获取更大的利益愿意承担一定的风险,则倾向于将其财力尽可能投资于盈利资产,而置存较少的货币资金。

(2) 企业预测货币资金收支的可靠程度。如果企业根据有关信息对货币资金收支预测得较为准确,企业掌握的货币资金数额可适当少些;反之,就要多些。

(3) 企业应付紧急情况的借款能力。若企业的信用状况良好,与银行等金融机构维持良好的关系,可以比较容易取得资金短缺的贷款,企业手头置存的货币资金可少些;反之,亦然。

3. 投机性动机

投机性动机是指企业保持货币资金以备用于不寻常的购买机会,从而获得意外利润。如购买股票和其他有价证券,或购买一次性降价的商品等。当然,保持一定的投机性货币资金余额会使企业承担更大的风险,所以除了投机性企业如金融机构和投资公司外,一般企业很少为投机而保持货币资金,通常只考虑交易性动机和预防性动机。

(三) 货币资金管理的目的和要求

企业因为上述动机必须持有一定的货币资金,货币资金缺乏将影响企业的支付能力和清偿能力,给企业带来风险,甚至导致生产经营中断。但由于货币资金是企业流动性最强、获利能力最弱的资产,企业拥有过多的货币资金又会使企业的整体收益水平降低。因此,货币资金管理的目的就是要在风险和收益之间作出恰当的选择,既要保证企业正常交易对货币资金的需求,降低风险,又要避免企业置存过多的货币资金,以增加企业的整体收益。同时,由于货币资金的流动性强,易被不法分子盗窃和挪用,企业还应采取严密措施保证其安全。

为此,企业在加强货币资金管理时要求做到如下几点:

1. 严格遵守现金管理的有关规定

按照现行财务制度,国家有关部门对企业使用现金制定了有关管理规定。其主要内容是:

(1) 库存现金使用范围。现金的使用范围是:支付职工工资津贴;支付个人劳动报酬;支付根据国家规定颁发给个人的各种科学技术、文化艺术、体育等各种奖金;各种劳保、福利费用,以及国家规定的对个人的其他现金支出;向个人收购农副产品和其他物资支付的价款;出差人员必须携带的差旅费;支付银行转账结算起点(1 000元)以下的零星支出;中国人民银行确定需要支付现金的其他支出。

(2) 库存现金限额。企业库存现金,由其开户银行根据企业的实际需要核定限额,一般以3～5天的零星开支额为限。对于边远地区和交通不发达地区的企业库存现金限额可适当放宽,但最多不得超过15天的日常零星开支。一个独立核算的企业,原则上只核定一个库存现金限额,企业在当地的附属机构和内部各部门必须设置的备用金,应包括在企业限额之内。

(3) 不得坐支现金。即企业不得从本单位的现金收入中直接支付交易款。现金收入应当日终了时送存开户银行。

(4) 其他规定。即不准单位之间相互借用现金;不准谎报用途套取现金;不准出租、出借企业的银行账户;不准将单位收入的现金以个人名义存入银行;不准保留账外公款;禁止发行变相货币;不准以任何票券代替人民币在市场上流通;不准签发空头支票和远期支票。

2. 加强企业货币资金收支的内部控制

企业货币资金收支,要保证其不出差错,财产安全完整,就必须加强和完善企业货币资金收支的内部控制。

（1）建立货币资金收支业务处理的会计程序,明确责任分工,这样,除非合伙作弊,任何错误都会自动暴露。

（2）将掌握货币资金与记录货币资金的工作分开,做到会计、出纳分开,钱、账分管,使两者互相结合,互相牵制。

（3）建立货币资金查库制度,对库存现金和银行存款由内部稽核人员实施经常性和突击性检查,确保账存额与实存额一致,防止挪用。

（4）强化货币资金收支凭证管理。建立收据与发票的领用制度,空白凭证和使用过凭证的保签制度。在签发支票前,要对款项支出的合理性及金额的正确性进行审核。

（5）严格遵守库存现金使用范围和库存现金限额,减少现金不必要的占用。

（四）运用货币资金日常管理的策略

加强货币资金日常管理,提高货币资金使用效率,可运用下列策略：

1. 力争货币资金流入流出同步

企业在安排货币资金支出时,宜尽量使之与货币资金流入时间趋于一致,这样既可保证货币资金的及时供应,又可避免企业持有过多的闲置资金。

2. 使用货币资金浮游量

从企业开出支票,收款人收到支票并存入银行,到银行将款项划出本企业账户,中间存在一个时间差,在这个时间差上占用的货币资金称为货币资金浮游量。虽然现在银行结算速度加快,但企业在严格遵守银行结算纪律的前提下仍可抓紧时机,灵活运用这一不需支付利息的浮游量。

3. 加速收款

适当缩短应收账款的时间,及时收款,加速货币资金的流入。

4. 推迟应付款的支付

在不影响企业财务形象的前提下,尽可能地推迟应付款的支付期。如企业采购材料,其付款条件是"$2/10, n/30$",则企业应安排在发票日期后的第 10 天付款,这样可最大限度地利用货币资金又不会丧失现金折扣。有时遇到急需现金的情况,企业甚至可以放弃现金折扣优惠,在信用期的最后一天付款。

二、货币资金需求量预测

（一）现金收支法

现金收支法是使用最广泛的货币资金需要量预测方法,其主要步骤如下：

1. 预测企业的现金流入量。为此需要搞好销售量和价格预测,并在此基础上根据赊销政策估计各期可能收到的现金流入。另外,还要对可能发生的固定资产变价收入等非营业现金流入作出适当估计。

2. 预测企业的现金流出量。为此需要估计为实现销售目标购进固定资产和存货的付款时间和数额,并且预计工资支付、税收支出和其他支出所需的现金。

3. 确定各计划期现金不足或多余。不足时设法筹集资金补充,多余时归还借款或进行短期投资。各期现金余缺数计算公式如下：

$$\text{现金余缺数} = \left（\text{期初现金余额} + \text{本期预计现金流入总额} - \text{本期预计现金流出总额}\right） - \text{最佳现金持有量}$$

例 某企业 10~12 月份现金收支情况预计详见表 8-1,要求测算货币资金需要量。

表 8-1 现金收支情况预计表　　　　　　　　　　　　单位:元

项　目	10 月	11 月	12 月
预计现金收入总额	51 560	76 000	92 000
其中:产品销售收入	51 400	66 000	92 000
其他收入	160	10 000	—
预计现金支出总额	54 260	66 496	111 080
其中:营业支出	54 260	42 496	68 680
其他支出	—	24 000	42 400
各月现金收入净额	-2 700	9 504	-19 080
加:期初现金余额	51 500	48 800	58 304
减:最佳现金持有量	40 000	40 000	40 000
现金余缺数	8 800	18 304	-776

(二) 调整净损益法

调整净损益法是以权责发生制确定的计划期损益为基础,通过逐笔处理影响损益和现金余额的会计事项,把本期净收益调整为现金基础,并预测出计划期现金余缺数。调整净损益法编制现金预算的步骤如下:

1. 先将权责发生制基础计算出来的税前净收益调整为现金收付基础的税前净收益,然后再调整为税后净收益。

2. 现金收付基础的税后净收益,加上与损益计算无关的现金收入,减去与损益计算无关的现金支出,调整为预算期内现金余额的增加额。

3. 预算期内现金余额增加额,加上期初现金余额,减去最佳现金持有量,再扣除发放现金股利的支出,得出可供用来扩大投资的现金余额或是需设法筹集的不足现金部分。

调整净损益法可以展示净收益和现金流量之间的关系,使权责发生制基础的净收益和现金收付制基础的现金净流入统一起来,反映企业盈利时可能现金不足,亏损时可能现金有余,从而弥补了现金收支法的不足。但是,这种方法的预算不能显示营业现金收入和支出的数额,如销售收入现金、购买材料支出现金等。

例 某企业货币资金需要量情况详见表 8-2。

表 8-2 货币资金需要量情况表　　　　　　　　　　　　单位:元

项　目	10 月	11 月	12 月
税前净收益	6 400	7 600	9 000
加:折旧	1 600	1 600	2 000
提取坏账准备	100	104	120
账款收回超过销售额数	11 200	1 000	—
预提费用	200	200	200
减:销售额超过账款收回数	—	—	32 000
现金收付基础税前净收益	19 500	10 504	-20 680

续表

项目	10月	11月	12月
减:所得税支付额	—	—	10 400
现金收付基础税后净收益	19 500	10 504	−31 080
加:与损益无关的现金收入	—	23 000	44 000
其中:存货减少额	—	10 000	40 000
出售有价证券	—	10 000	—
出售固定资产	—	—	—
应付账款增加数	—	3 000	4 000
减:与损益无关的现金支出	22 200	24 000	32 000
其中:存货增加数	20 000	—	—
购进有价证券	2 200	—	—
购进固定资产	—	24 000	—
偿还长期债务	—	—	32 000
现金余额增加数	−2 700	9 504	−19 080
加:期初现金余额	51 500	48 800	58 304
减:最佳现金持有量	40 000	40 000	40 000
现金余缺数	8 800	18 304	−776

(三) 销售比例法

销售比例法是根据企业一定时期内的商品销售收入总额与货币资金平均余额之间的比例关系来预测的货币资金需要量的方法。其计算公式为:

$$\text{货币资金需要量} = \text{预测商品销售收入总额} \times \frac{\text{基期货币资金平均余额}}{\text{基期商品销售收入总额}}$$

例 某企业预测商品销售收入总额计划为 2 000 万元,基期商品销售收入总额为 1 600 万元,基期货币资金平均余额为 10 万元,则该企业预测的货币资金需要量为:

$$2\,000 \times \frac{10}{1\,600} = 12.5(\text{万元})$$

(四) 成本费用比例法

成本费用比例法是根据企业在一定时期内的成本费用总额与货币资金平均余额之间的比例关系来预测货币资金需要量的方法。其计算公式为:

$$\text{货币资金需要量} = \text{预测成本费用总额} \times \frac{\text{基期货币资金平均余额}}{\text{基期成本费用总额}}$$

例 某企业预测成本费用总额为 1 500 万元,基期成本费用总额为 1 200 万元,基期货币资金平均余额为 10 万元。则该企业预测的货币资金需要量为:

$$1\,500 \times \frac{10}{1\,200} = 12.5(\text{万元})$$

三、货币资金需求量控制

为保证企业日常经营以及临时性意外事件对货币资金的需求,企业必须保持一定数量的货币资金。企业持有的货币资金过多,会降低企业的资产报酬率;但货币资金持有量过少,又可能丧失支付能力,增加企业的财务风险。因此,企业必须在收益和风险的权衡下,确定最佳的货币资金持有量。

(一) 成本分析模式

成本分析模式这种方法是将企业持有货币资金的成本分解为占用成本、管理成本和短缺成本,然后在几个持有货币资金的方案中确定上述三种成本之和(即总成本)最低的那个方案的货币资金持有量为最佳持有量。

占用成本是指将货币资金作为企业的一项资产占用所付的代价,这种代价是一种机会成本,其量可用企业的资金利润率与年均货币资金持有量估算。货币资金持有量越大,其占用成本越高。

管理成本是指一定期间内(如1年)保存货币资金而发生的费用,如管理人员的工资、安全措施费等等。管理费用在一定的货币资金持有量范围内属固定费用,与货币资金持有量的多少无明显的相关性。

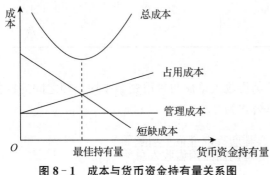

图 8-1 成本与货币资金持有量关系图

短缺成本是指企业在一定期间(如1年)因缺乏必要的货币资金,不能支付业务费用而蒙受的损失或为此付出的代价,其数量可根据以往经验估算。显然,短缺成本随货币资金持有量增加而下降,随持有量减少而上升。

以上三种成本与货币资金持有量的关系如图8-1所示。而总成本便是一条曲线,在曲线的顶点货币资金持有总成本最低,其对应的货币资金持有量为最佳持有量。

例 某企业面临三种货币资金持有方案,有关占用成本、管理成本和短缺成本资料详见表8-3,试确定最佳持有方案。(设企业的资金收益率为10%)

表 8-3 各种成本资料表　　　　　　　　　单位:元

项目＼方案	甲	乙	丙
货币资金持有量	150 000	200 000	250 000
占用成本	15 000	20 000	25 000
管理成本	30 000	30 000	30 000
短缺成本	20 000	10 000	8 000
总成本	65 000	60 000	63 000

经过计算,乙方案总成本最低。故宜选择200 000元作为最佳货币持有量。

(二) 存货模式

这是一种利用存货控制的经济批量模型确定货币资金最佳持有量的方法。使用存货模型时以下列假设为前提条件：

1. 企业一定时期内的货币资金需求量是已知的；
2. 货币资金支出在一定时间内均衡发生；
3. 货币资金收入是每隔一定时期发生，并且是通过出售有价证券获得（补充）的。

如果企业期初货币资金余额为 M，在以后一定的时间内被均匀消耗掉，使企业货币资金余额为零，这时，企业通过出售有价证券 M 元来补充货币资金。然后这 M 元又在

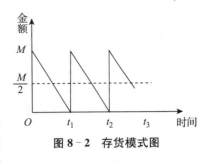

图 8-2 存货模式图

以后同样的间隔内被均匀消耗掉，又出售 M 元有价证券补充货币资金，如此反复，如图 8-2 所示。

货币资金持有量 M 为多少时为最佳？这个最佳值应该是货币资金持有总成本最低的货币资金余额。这里货币资金持有总成本主要包括两个方面：

1. 交易成本

交易成本是将有价证券转化为货币资金的费用，如经纪人费用等。这种成本一般只与交易的次数有关，而与每次交易的金额无关。若持有的货币资金余额大，证券转化为货币资金的次数就减少，交易成本就随之降低；反之，亦然。

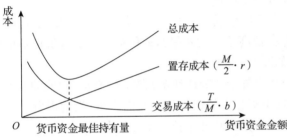

图 8-3 置存成本、交易成本与总成本的关系示意图

2. 置存成本

置存成本是指置存货币资金而丧失将这些资金投资有价证券可得的利息。这是一种机会成本，它与持有货币资金余额成正比例变化。

上述两种成本及总成本的关系可用下式体现，亦可如图 8-3 所示。

$$C = \frac{M}{2} \cdot r + \frac{T}{M} \cdot b$$

式中：C——总成本；

M——货币资金余额；

$\frac{M}{2}$——期间内平均货币资金余额；

T——期间内货币资金需求总额；

$\frac{T}{M}$——有价证券转化为货币资金的次数；

b——有价证券的每次交易成本；

r——有价证券年利率。

从图中可以看到，最佳货币持有量为总成本最低点对应的持有量。若对上述公式中 M 求一阶导数，并令其为零，可得最佳货币资金持有量公式：

$$C' = \left(\frac{M}{2} \cdot r + \frac{T}{M} \cdot b \right)' = \frac{1}{2} r + \left(-\frac{T}{M^2} b \right) = 0$$

$$\frac{r}{2} = \frac{T}{M^2} b$$

则最佳持有量

$$M^* = \sqrt{\frac{2Tb}{r}}$$

例 某公司预计全年货币资金需求量为 500 000 元,每次买卖证券的费用为 80 元,证券年利率为 10%,则最佳货币资金持有量为:

$$M^* = \sqrt{\frac{2 \times 500\,000 \times 80}{10\%}} = 28\,284(元)$$

(三) 随机模式

随机模式假定货币资金支出是随机的,货币资金需求量事先无法预知。在这种情况下,企业可以设置一个兼有上限和下限的控制区域,当货币资金余额达到上限时,即将货币资金转换成有价证券;当货币资金余额达到下限时,就将有价证券转换成货币资金;若货币资金余额介于两极限之间,则无需买卖有价证券。

显然,应用随机模式的关键在于如何确定控制区域的上下限。财务上常运用米勒—欧尔模式(Miller - Orr Model)加以确定。

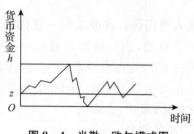

图 8-4 米勒—欧尔模式图

米勒—欧尔模式,以 h 为上限,零为下限(也可以将下限定在稍高于零的水平),z 和 h 为买卖有价证券的转换点,如图 8-4 所示。

当货币资金余额达到 h 元时,买进 $(h-z)$ 元的有价证券,使货币资金余额恢复到 z 元的水平;当货币资金余额减少到零时,则卖出 z 元的有价证券,使货币资金余额仍然维持在 z 元的水平。

h 和 z 的最佳值求解,除了取决于现金的交易成本和置存成本外,还取决于货币资金余额可能波动的程度。米勒—欧尔模式中 z 的最佳值可由如下公式确定:

$$z = \sqrt[3]{\frac{3\delta^2 b}{4i}}$$

式中:z——下限为零时证券买卖转换点;

b——买卖有价证券的交易成本(属于固定成本);

i——有价证券日利率;

δ^2——每日净货币资金流量的方差。

最佳上限:

$$h = 3z$$

企业平均货币资金余额大致为:

$$\frac{z+h}{3}$$

根据以上模式确定的控制极限,可使货币资金持有的总成本最低。若下限不是零而是 k,则转换点为 z',则

$$h' = k + 3z = k + 3\sqrt[3]{\frac{3\delta^2 b}{4i}}$$

$$z' = k + z$$

例 某企业每日货币资金收支方差为 640 000 元,有价证券年利率为 10%,每次买卖证券的交易成本 80 元,若该企业所需货币资金余额的下限为零或者 500 元,试按两种情况分别确定最佳转换点和最佳上限。

若 $k=0$ 时:

$$z = \sqrt[3]{\frac{3 \times 80 \times 640\,000}{4 \times 10\% \div 360}} = 5\,171(元)$$

$$h = 3z = 3 \times 5\,171 = 15\,513(元)$$

若 $k=500$ 时:

$$z' = 500 + 5\,171 = 5\,671(元)$$

$$h' = 500 + 3 \times 5\,171 = 16\,013(元)$$

第二节 应收账款管理

一、债权资产管理的意义

(一) 债权资产存在的必要性

债权资产是指企业采用赊销方式对外销售产品或提供劳务而形成的性质上属于企业债权的应收账款和应收票据。一般而言,债权资产的主要形式是应收账款。因此,债权资产的管理主要是对应收账款的管理。企业之所以将应收账款作为一项流动资产来对待,并在资产负债表中作为流动资产的一项来反映,是因为相信它的客户会按赊购时的约定条件及时向本企业支付货款。然而,应收账款作为商业信用的产物,同现金销售相比,总存在一些风险:如果部分客户不守信用,不能及时完整地付款,一部分应收账款就会因收不回而形成呆账。在赊销方式下,企业出现坏账损失几乎是不可避免的,那么为什么大多数企业仍偏爱赊销方式,情愿保持相当大的应收账款余额呢?

1. 迫于商业竞争的需要

在现代社会中市场竞争十分激烈,企业采用赊销方式对外销售,允许客户延期付款是为了扩大销售,以便获取更多的利润。许多企业除了依靠产品质量、价格、售后服务、广告等手段外,纷纷将赊销也作为一项重要的促销政策,在其他条件相似的情况下,实行赊销的商品销售额要大于现金销售的商品销售额。以美国为例,战后美国经济迅速发展的一个重要原因就是大量采用赊销方式提供商品和劳务。汽车行业长期以来就被认为是由于采用赊销政策而使销售额大增的典范。赊销政策之所以能起这样大的促销作用,是由于这种销售方式允许客户延迟付款,实际上相当于供货方向买方提供了一笔无息贷款,使客户有利可图。而这笔"贷款"无疑就成了企业的应收账款。可见,企业为了增强市场竞争能力,扩大销售收入,将一部分流动资金投放在应收账款上是十分必要的。

2. 为了减少存货积压

销售具有明显季节性的企业,在销售淡季往往有产成品存货积压,需要为此支付大量的管理费用和保险费用。这时,大多数企业都会以比较优惠的信用条件,将存货转换为应收账款,以降低保管费用。

(二) 债权资产管理的目的

一方面，企业持有应收账款是出于商业竞争和扩大销售的需要，在应收账款方面的信用政策较松，就可以刺激销售，从而导致利润的增加；另一方面，应收账款的信用政策总是与一定的成本相联系的。与应收账款信用政策相关的成本费用包括如下三项：因应收账款占用资金而损失的机会成本，即财务成本；应收账款的管理费用，如顾客信用状况调查费、收账费用等；应收账款不能收回而形成的坏账损失等。应收账款政策越松，成本就越高。若采取紧缩的应收账款政策，虽然会因减少了应收账款的资金占用而减少了这种政策成本，但却要损失一部分客户而使市场占有率下降，销售额减少，从而导致利润的下降。故应收账款管理的目的，就是要在应收账款信用政策所增加的利润与成本之间作出正确的权衡，以求企业利润最大。

二、应收账款的信用政策

企业应收账款数量的多少，通常与市场的经济状况和企业的商业信用政策有关。市场的经济状况是企业主观上无法控制的，如在经济衰退、银根抽紧的条件下，客户往往会因资金周转困难而推迟付款，从而使企业的应收账款急剧增加。但是在市场经济状况既定的前提下，企业管理部门可以通过制定不同的信用政策来调节应收账款数量的多少。

这里的信用政策，是指企业关于应收账款管理或控制方面的原则性规定，它包括信用标准和信用条件两个方面。

(一) 信用标准

1. 信用标准的含义

信用标准是指企业愿意向客户提供商业信用所要求的关于客户信用状况方面的最低标准，即客户获得企业商业信用所应具备的起码条件。例如，企业对客户的品德、能力、资本、各种财务比率指标以及呆账率等等方面制定最低的标准。如果某一客户符合信用标准，企业则给予其信用；反之，若某一客户达不到信用标准，便不能享受企业的信用或只能享受较低的信用优惠。当然，企业在制定信用标准时，应进行"成本—效益"分析。如果企业制定的信用标准很严格，只有信用良好的客户才能享受企业的信用优惠，那么该企业遭受的坏账损失可能很小，应收账款的机会成本也较低。但是，这种严格的信用标准将导致企业丧失一部分信用较差的客户及其销售收入和利润。如果丧失利润的损失大于企业希望避免的坏账损失和应收账款的机会成本，那么该企业就应该在放松信用标准以增加销售利润与放松信用标准而增加的成本之间作出抉择，考虑是否应该修改信用标准。

2. 客户信用状况分析评估

企业对于不同信用状况的客户所采取的信用标准和信用条件的严格程度有所不同。因此，企业在给客户赊销前，首先要对其信用状况作出评估，以便采取恰当的信用标准。评估的方法一般有如下几种：

(1) 5C 评估法。

所谓"5C"是指客户信用品质的五个方面，这五个方面皆以英文字母 C 开头，即品德(Character)、能力(Capacity)、资本(Capital)、抵押品(Collateral)和条件(Condition)。5C 评估法从这五个方面对客户进行评估。

第一，品德。品德是指客户的信誉，即其履行偿债义务的可能性。这个因素是最重要的，企业必须设法了解客户过去的付款记录，只有弄清客户一贯按期如数付清债款的历史，才可考虑是否向其提供商业信用。

第二,能力。能力是指客户的偿债能力,即其流动资产的数量和质量与流动比率。一般而言,客户的流动资产越多,其转换成现金支付债款的能力越强。同时,企业还应注意客户流动资产的结构,若现金等速动资产的比重较大,偿债能力就较强;若存货所占比重过大,则其流动性和变现性就很差,影响其偿债能力。

第三,资本。资本是指客户的财务状况。财务状况好坏与偿债能力直接相关。一个财务状况良好、资本雄厚的客户,其信用状况通常较好。表明财务状况的指标有负债比率、流动比率、速动比率及已获利息倍数等。

第四,抵押品。抵押品是指客户为获得商业信用可能提供的担保资产,若客户拒付款项或无力支付款项,该担保品将被抵还债务。企业对于不知底细或信用状况有争议的客户往往要求其提供抵押品。抵押品越充分,商业信用的风险就越小。

第五,条件。条件是指可能出现的影响客户偿债能力的社会经济环境。企业应分析,万一市场疲软,银根抽紧,客户的付款能力将有什么变化。

(2) 信用等级评价法。

该方法是将客户的信用资料转化为信用等级,然后再针对不同的信用等级给予相应的信用条件。通常根据客户的应收账款可能发生的呆账率划分等级。例如:

呆账率/%	0	0~1/2	1/2~1	1~2	2~5	5~10	10~20	20 以上
信用等级	1	2	3	4	5	6	7	8

如果某企业的边际贡献率为20%,并有剩余生产能力,那么该企业能采取这种信用政策:对1~5级的客户给予常规的信用条件;对6~7级的客户给予较严格的信用条件;对8级的客户则不予赊销,甚至要预付一部分货款,只要呆账率低于20%,为争取扩大销售而冒一定的坏账风险也是值得的,再说7级、8级客户也不至于每笔债务都失信。

(3) 信用评分法。

该方法选择客户一些财务比率(如流动比率、速动比率、权益负债率、应收账款周转率等)和信用情况(如还款的及时性)分别进行评分,然后求其加权平均数作为客户的信用评分。用公式表示如下:

$$r = \sum_{i=1}^{n} a_i x_i$$

式中:r——客户信用评分;

x_i——对第 i 种财务比率或信用情况评分;

a_i——第 i 种财务比率或信用情况的权数($\sum a_i = 1$),由本企业根据重要程度确定。

一般地,信用评分在80分以上,说明客户信用状况良好;信用评分在60~80分,信用状况一般;低于60分,信用状况较差,不能给予信用赊欠货款。

(4) 信用风险量化评价法。

该方法运用信用风险指标对客户可能的拒付风险进行量化分析,以确定客户的信用风险程度,并据此给予不同的信用政策。

运用该方法时,通常选择10个具有代表性、能说明付款能力和财务状况的指标(如流动比率、速动比率、净流动资产、权益债务率、总资产、应收账款周转率、存货周转率、总销售收入、获取利息倍数、赊购支付情况)作为信用风险指标,并根据各个客户过去若干年的信用资料,计算出最坏年景内信用好和信用差两种客户10项指标的平均值,以此作为比较各客户信用指标的标准值。

例 某企业信用好和信用差情况下各项信用风险指标平均值见表8-4。

表8-4 信用风险指标平均值表

指 标	标准值	
	信用好	信用差
流动比率	2.1∶1	1.4∶1
速动比率	1∶1	0.7∶1
净流动资产/元	1 200 000	280 000
权益债务率(债务/权益)	1.9∶1	3.8∶1
总资产/元	14 000 000	2 200 000
应收账款周转率/次	13	8.9
存货周转率/次	5.2	4
总销售收入/元	53 200 000	19 000 000
获取利息倍数	5	1
赊购支付情况	及时	拖欠

然后,计算各个客户(或潜在客户)的这些指标值,并与上表标准值作比较,确定风险系数。方法是:若客户的某项指标值等于或低于差的标准值,则拒付的风险系数增加10%;若某项指标值介于好差标准之间,则风险系数增加5%;若某项指标值等于或高于好的标准值,则该指标的风险系数为零;最后累计该客户的风险系数。

例 某客户10项指标值及风险系数详见表8-5。

表8-5 某企业信用风险系数

指 标	指标值	累计风险系数/%
流动比率	2.0∶1	5
速动比率	0.9∶1	10
净流动资产/元	900 000	15
权益债务率	1.9∶1	15
总资产/元	14 300 000	15
应收账款周转率/次	14	15
存货周转率/次	6	15
总销售收入/元	56 000 000	15
获取利息倍数	3	20
赊购支付情况	及时	20

从表中可见,该客户的流动比率为2.0∶1,处于信用好与信用差之间,其风险系数为5%;速动比率为0.9∶1,也处于信用好与信用差之间,其风险系数为5%,累计风险系数为10%;净

流动资产900 000元,仍处于好差之间,风险系数为5%,累计风险系数为15%;权益债务率为1.9∶1,等于信用好的标准值,其风险系数为0,累计风险系数仍为15%,其余依此类推。该客户的累计风险系数为20%,即该客户拒付款项的可能性为20%。

将计算出的各个客户的累计风险系数从小到大排队,这样,就可按客户拒付风险程度的好差,给予相应的信用政策。

3. 信用额度

当企业通过信用状况分析并决定给予哪些客户商业信用后,还应规定一个信用额度。信用额度即该客户在任何时候可以赊欠的最大限额,只要这个客户的未付款保持在最大限度内,就可由具体经办人按规定办理;如果超过这个信用额度,就必须经有关负责人批准方能办理。信用额度实际上代表企业对该客户愿意承担的最高风险。由于风险可以变化,现在可以接受的风险,将来可能成为不可接受的风险。因此,对信用额度必须建立定期检查制度,定期重新评估,以作必要的变动。

4. 信用资料的来源

对客户信用状况的分析评价,需建立在可靠的资料基础之上。企业必须及时、充分地掌握客户的有关资料。资料的来源有以下渠道:

(1) 企业间的证明

客户除与本企业有业务关系外,还可能存在其他供应单位。因此,企业可以要求客户提供其他供应单位的名称,并通过这些单位开出证明客户信用状况的材料。这些证明材料的可信赖程度,取决于证明人的声望和证明材料的详细程度。一般而言,声望高的企业作伪证的可能性不大,而不为人知的企业,很可能不负责任地出具证明。证明材料内容详细,说明证明工作认真,可以给予一定的信赖;粗糙笼统的证明材料,说明证明的随意性大,因而可信赖的程度较低。同时,企业要防止客户将对他不利的材料不提供给本企业,企业要设法直接与客户的其他供应单位交换有关信用资料。

(2) 银行的证明

客户的开户银行可根据客户的要求提供一些证明材料,以说明客户的信用状况。在西方国家,银行对此有标准格式的证明信函。企业在利用这种证明材料时应该注意下面两点:一是银行的证明材料往往过分简单——格式化,比如只有客户的存款额等,故而有用性有限;二是银行一般不会提供不利于其存款户的信用证明,故对这种证明的可信赖程度不能过高。

(3) 客户的财务报表

客户的财务报表是通过审计验证的,所以,查阅财务报表能够了解其财务状况和偿债能力。但是,由于财务报表提供的是客户过去的情况,并且不直接表明其信用状况,因此,它在证明信用状况时也有局限性。

(4) 信用评审机构的证明。

在西方国家有专门的信用评审机构,如美国的邓恩·布雷斯特里特公司。我国目前有三种形式的信用评估机构:一是独立的;二是由中央银行组织的;三是由专业银行组织的。这些机构通过收集企业的信用资料,给企业评定信用等级,提供信用报告。我国的评估现在采用三类九级制和三级制两种,前者为AAA、AA、A、BBB、BB、B、CCC、CC、C,后者为AAA、AA、A。信用评估的结果可信度很高。

(5) 其他渠道的证明

企业负责客户信用评价的人员,通过个别访问,征求财税部门、证券交易部门、工商部门,甚至推销员的意见,或与其他企业广泛交流,这样可以收集到许多活的信用评价资料。

(二) 信用条件

信用条件是销货人对付款时间和现金折扣所作的具体规定,它包括折扣率、折扣期限和信用期限三要素。信用条件的表示方法通常为"$2/10,n/30$",意思是:如果客户在 10 天内付款可享受 2% 的折扣,即只要按发票金额的 98% 付款;如果超过 10 天则无折扣,并且最迟必须在 30 天内付款。上述信用条件中,2% 为折扣率,10 天为折扣期限,30 天为信用期限。这三个要素对企业的销售量、应收账款余额和现金折扣的数量都会产生影响。企业应该结合具体情况,通过"成本—效益"分析,制订出本企业的信用条件。

1. 信用期限

信用期限是企业允许客户最迟的付款期限。信用期限的长短直接影响企业的销售量。若信用期限太短,由于不能吸引客户,在市场竞争中会使销售额下降;若延长信用期限,固然会增加对客户的吸引力,可以促使老客户增加购货和招揽新的客户,最终使企业销售收入以及毛利增加。但是,由于延长信用期限,就等于延长了应收账款的平均收账期,这样会带来三种消极后果:一是占用在应收账款上的资金增加了,也即增加了机会成本(财务成本);二是增加了收账费用;三是增加了坏账损失的可能。因此,企业不可只顾销售增长而盲目放宽信用期限,否则,增加销售所得的利益可能会被同时增长的费用所抵消,甚至造成利润的减少。故企业在确定信用期限时应掌握的原则是:给予或延长信用期限要能使企业取得最大利益,至少其收益要等于因此而增加的机会成本、坏账损失及收账费用等。

例 某企业过去销售产品采用的是现金交易,每年可以销售 60 000 件,每件售价为 50 元,该产品的单位变动成本为 30 元,固定成本总额为 500 000 元。该企业尚有剩余生产能力。该厂拟采用信用政策扩大产品销售,并对信用期限为 30 天和 60 天两种方案下的销售作了预测,有关资料详见表 8-6。

表 8-6 某企业销售情况资料表 单位:元

项 目	现金交易	30 天	60 天
年销售量/件	60 000	100 000	120 000
年销售额(单价 50 元)	3 000 000	5 000 000	6 000 000
销售成本	2 300 000	3 500 000	4 100 000
变动成本	1 800 000	3 000 000	3 600 000
固定成本	500 000	500 000	500 000
毛利	700 000	1 500 000	1 900 000
收账费用	—	30 000	50 000
坏账损失	—	50 000	60 000
财务成本	—	87 500	205 000
利润	700 000	1 332 500	1 585 000

表中财务成本是企业采用信用销售时应收账款所占用资金的资金成本。若该企业的资金是从银行借来的,其资金成本为支付给银行的利息;若占用的是自有资金,则资金成本为机会成本。假定该企业的资金利润率为 30%,则财务成本(机会成本)的计算公式如下:

$$\frac{财务}{成本} = \frac{应收账款}{平均占用额} \times \frac{资\ 金}{利润率} = \frac{销售}{成本} \times \frac{信用期限}{360 \text{天}} \times \frac{资\ 金}{利润率}$$

信用期为 30 天的财务成本：

$$3\,500\,000 \times \frac{30}{360} \times 30\% = 87\,500(元)$$

信用期为 60 天的财务成本：

$$4\,100\,000 \times \frac{60}{360} \times 30\% = 205\,000(元)$$

从上面的计算可知：该企业扩大信用的两个方案都是可行的，但 1 332 500－700 000＝632 500(元)小于 1 585 000－700 000＝885 000(元)，按利益最大化原则，企业应选择信用期限为 60 天的赊销方案，这样对企业更有利。

2. 现金折扣

企业在给予一定的信用期限后，还会给出一定的现金折扣。企业这样做的目的在于刺激客户早日付款，以加速本企业的资金周转和减少坏账损失。企业提供现金折扣的条件，各个行业并不一样，现金折扣率一般在 1%～3% 之间，折扣期限多为 10～20 天。

企业向客户提供现金折扣，从表面上看要损失一部分销售收入（折扣金额），但同时可以兼收三利：一是可以加速应收账款的周转，减少应收账款占用资金的财务成本；二是可以减少收账费用；三是可以减少坏账损失。企业愿意提供什么样的现金折扣，就要看提供某一现金折扣后所获的利益是否比所放弃的利益更大。

例 假定上例中，企业规定在信用期限为 1 个月的方案中，若客户在 10 天内付清价款可享受 1.5% 的现金折扣，并估计所有客户都会在折扣期内付款，企业的收账费用将减少 1/3，坏账损失将不再发生。那么，企业因采用现金折扣的损失是：

$$5\,000\,000 \times 1.5\% = 75\,000(元)$$

由于应收账款提前 20 天收回，使应收账款资金占用减少而应减少的机会成本是：

$$3\,500\,000 \times \frac{20}{360} \times 30\% \approx 58\,333(元)$$

减少的收账费用和坏账损失合计为：

$$30\,000 \times \frac{1}{3} + 50\,000 = 60\,000(元)$$

上述计算的两项获益 58 333＋60 000＝118 333(元)，大于现金折扣的损失 75 000 元，即提供现金折扣后所获利益大于放弃的利益，按照成本—效益原则，此方案是可行的。

现金折扣不仅对销货企业有利，对购货企业来说可以节省部分货款，因此，购货企业只要有可能都愿意提前付款以取得现金折扣。如果购货企业放弃现金折扣，它将付出很高的商业信用成本。另外，如果一个企业不能取得信用折扣，说明其财务状况不佳，这对它的信用会产生很不利的影响，今后想再从供货企业取得商业信用就比较困难了。

三、收账政策

收账政策是指企业向客户催讨已过期限的应收账款所采取的措施。包括规定允许客户拖欠账款的期限和为催收准备付出的代价等。

企业制定收账政策应十分谨慎，宽严适度。对于短期拖欠户，可采用书信方式去催讨账

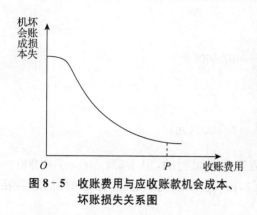

图 8-5 收账费用与应收账款机会成本、坏账损失关系图

款;对较长期的拖欠户,可采用措辞严厉的信件或电话甚至于上门催讨;对于那些长期拖欠、硬性不付的客户则只能求助于法律加以解决。对于销货企业来说,无论采用何种收款方式,都会因此导致一项成本费用。一方面,如果催讨不力或不及时,虽然收账费用较少,但其结果就会使收款期过分延长,从而增加应收账款的机会成本和坏账损失的可能;另一方面,催讨手段过分强硬,甚至经常诉诸法律,就有可能减少应收账款机会成本和坏账损失,但却会增加收账费用。虽然收账费用与应收账款的机会成本、坏账损失成反比关系,但这一关系并非线性关系。它们的关系一般可描述为:刚开始发生一些收账费用时,应收账款机会成本和坏账损失有一小部分降低;随着收账费用继续增加,应收账款机会成本和坏账损失将会明显下降;收账费用一旦超过某个限度,则追加的收账费用对进一步减少应收账款机会成本和坏账损失便呈减弱的趋势,这个限度称为饱和点;达到饱和点以后,企业再增加应收账款收账费用可能对进一步降低应收账款机会成本和坏账损失已无作用,以上关系见图 8-5,其中 P 即为饱和点。

上述分析告诉我们:制定收账政策时,要在收账费用和所减少的坏账损失、机会成本之间作出权衡。即当减少的机会成本、坏账损失之和大于增加的收账费用时,制定的收账政策才是恰当有效的。

例 某企业准备变更收账政策,其当前收账方案和新方案的有关资料详见表 8-7。

表 8-7 某企业收账方案资料表

项　目	当前方案	新方案
收账费用/元	21 500	33 200
应收账款的平均回收天数/天	90	60
呆账率/%	5	3

设该企业年销售额稳定在 1 500 000 元,销售成本占销售额的 85%,资金利润率为 20%,则各方案的坏账损失、机会成本可见表 8-8。

表 8-8 有关应收账款坏账损失、机会成本资料表

项　目	当前方案	新方案	差　额
① 年销售额	1 500 000	1 500 000	0
② 应收账款周转次数	4	6	+2
③ 平均应收账款(③=①÷②)	375 000	250 000	-125 000
④ 应收账款平均占用资金(④=③×85%)	318 750	212 500	-106 250
⑤ 机会成本(⑤=④×20%)	63 750	42 500	-21 250
⑥ 坏账损失(⑥=①×呆账率)	75 000	45 000	-30 000
⑦ 机会成本和坏账损失合计	138 750	87 500	-51 250
⑧ 收账费用	21 500	33 200	+11 700

经计算,新方案虽然收账费用比原方案增加 11 700 元,但坏账损失和机会成本预计将节省 51 250 元,远远超过增加的收账费用,故采用新方案是较为有利的。

四、现阶段的运作

目前,我国有很多企业因应收账款过多而深受"三角债"之害,造成企业流动资金周转严重失灵,企业的生产经营举步维艰。因此,对应收账款有增无减、管理混乱的原因及治理的方法的探讨,应是我们每个企业财务管理议事日程上的事了。

(一) 应收账款有增无减、管理混乱的原因

1. 宏观上,主要是银行银根紧缩,财政投资不到位,财政又欠拨款多,造成很多企业自有资金不足而挪用货款垫背。

企业的自有流动资金与贷款之比,粮食企业一般为 1∶19,食品企业一般为 1∶4,供销社大约是 1∶3,有些企业自有流动资金更少。一旦银行宏观调控,企业由于自有流动资金严重缺乏,只有以拖欠货款来填补这一不足了。

2. 微观上,主要是企业自身原因造成的。

(1) 由于企业经营者管理不善造成的。主要表现在:不按照会计科目的核算范围将应收票据、应收账款、其他应收款、预付账款、长短期投资、待摊费用和递延资产等严格分开核算,而是张冠李戴,随意处理;将上当受骗的资金损失和当期费用长期挂在应收账款内不处理,造成虚盈实亏;一笔经济业务先后发生的款项,在债权和债务两边挂账,不作账务调整,造成该收的款项未收回,不该付的款项却付了。

(2) 由于企业内部管理不善,结算纪律不严明造成的。主要表现在:企业推销人员只管推销产品,不管货款收回;企业信誉意识差,随意拒付货款;企业对债权资产长期不清理、不核对、不催收,而且记账简化,造成很多应收款项的内容、发生时间、经办人、债务单位不详或张冠李戴,形成错账、乱账和呆账。

(3) 由于企业结算方式选用不当,结算工具落后形成的。若企业选择了委托收款结算方式,由于它是一种侧重于服务的结算方式,银行既不审查拒付理由,又不代收款单位扣款,付款单如果无款支付,银行只将有关单据凭证退还收款单位,由收付双方协商解决。

(二) 对应收账款清理与防欠的方法

对于有增无减的应收账款"三角债",我们现在被动地等待国家财政、银行注入资金清理不是办法,只有主动地一手抓清理清收,一手抓规范化建设,防止继续发生混乱和拖欠的产生才是良策。

1. 企业对所有的债权资产要定期清理并建立催收责任制

严格奖惩、加大清理催收的工作力度,对不能按期收回的账款应追究直接责任人和有关领导的责任;对已经破产的企业,确实收不回的账款,应经过报批按规定调账,将暗亏转为明亏。

2. 约期清偿

当债务方难以筹足欠款时,债权方应通过协商,约定债务方一次或分次付款的期限、付款方式等,经公证后,再按约定的时间收取欠款。

3. 实物清偿

当债务方无法用资金支付所欠款项,而债权方又需要债务方的某种物资时,可以通过协商,用实物清偿欠款。

4. 委托清收

企业自己难收的货款,可委托专门的收款公司、银行的咨询服务公司等部门清收。

5. 依法催收

无法收回的货款如属于经济合同方面的问题,可请经济合同仲裁部门仲裁催收;属于执行结算制度方面的问题,可请开户银行协助催收;属于交易纠纷方面的问题,可请人民法院依法进行催收。

6. 信用咨询

委托开户银行、信用评级机构对与本企业有经济往来,或首次建立业务关系的对方企业的经营状况、管理水平、资信程度等方面的情况进行专门的咨询调查,避免新的货款拖欠。

7. 法规监督

购销双方在业务往来中,必须按照《经济合同法》规定的内容签订经济合同,对数量多、金额大的经济业务,除签订经济合同外,最好通过工商行政管理部门、公证机关进行鉴证或公证,将经济业务置于国家法律和法规的直接监督之下。

8. 选好结算方式,减少货款拖欠

在企业无法选择钱货两清的结算方式时,企业只有按对方企业的资信程度、结算金额大小、用款急缓、交易双方距离等,选用其他不同的结算方式,选择时要突出时间快、效果好,以期达到减少货款拖欠的目的。

第三节 存货管理

一、存货管理的目的和内容

(一) 存货的概念

存货是企业在生产经营过程中为销售或耗用而储备的物资,它是流动资产中所占比例最大的项目。存货必须包括以下三个基本特征:一是必须是企业所拥有的,即所有权属于企业;二是储存存货的最终目的是为了销售或用于销售,它将在生产经营过程中被出售掉或消耗掉;三是存货必须是流动资产,三方面缺一不可。如果是所有权不属于企业的商品就不属于企业存货;或者购买时本不是以销售为目的的物品,如生产设备和其他资产,它们在不需要之后用于销售,仅仅是为了获得变价收入,也不属于存货范围。商品企业的存货是企业拥有的并准备销售的各种商品。工业企业的存货有三种形式:原材料类、在产品类和产成品类。具体包括原材料、燃料、包装物、低值易耗品、在产品、外购商品、协作件、自制半成品以及产成品等。本节主要涉及工业企业的存货管理。

(二) 存货的意义

存货作为一项资金占用,在企业资产中占有较大比重,工业企业中约占企业资金总额的20%~50%。企业为什么要将这么多资金投向存货呢?这是因为:

1. 储存和及时提供原材料,是企业生产得以正常进行的物质前提

为了保证生产的顺利进行,企业必须储备一定量的原材料,它能够在生产不均衡以及市场供求发生较大波动时,起到缓冲的作用。

2. 储备必要的产成品,有利于销售

企业生产出的产品往往要组织成批才能发运销售,客户为了节约采购成本和其他费用,也要求成批采购;此外,市场上对某种商品的需求突然增大时,储备的产成品可适时地投放市场。

3. 储备必要的在产品、半成品,有利于均衡生产

在产品是从原材料到产成品的生产过程中的中介部分,不管是装配式的生产类型,还是连续式的生产类型,总有一部分在产品或半成品存在于企业的生产过程中,并且受生产均衡性的影响,企业还需设立半成品库,储备一定量的在产品、半成品。

4. 留有保险储备,以防不测

在采购、运输、生产以及销售的各个环节中,都可能发生意外事件,因此,保持存货必要的保险储备,就可避免或减少可能因存货短缺而造成的损失。

(三) 存货管理的目的

尽管企业保持存货具有以上的意义,但不可片面强调其中必要性而无节制的储备存货。因为储备存货有一定的代价,即存货也有成本。增加存货便会增加存货的占用资金,从而使企业失去在其他方面利用这项资金获取收益的机会,即会增加存货的机会成本;另外,增加存货会使得仓储费用、不合理损耗、保险费等增加。因此,存货管理的目的,就是要在充分发挥存货功能、存货效益和所增加的存货成本之间作出权衡。既要保证生产经营的连续性,同时,又要保证尽可能地减少资金占用,使两者之间达到最佳结合。

(四) 存货管理的内容

根据存货管理目的,企业存货管理工作的主要内容应有以下几点:

1. 要合理确定存货储备的数量和占用资金的数额,保证存货占用资金尽可能少。需要提出的是,企业内部各部门对存货管理的要求经常是冲突的,如采购部门希望能大批量采购物资,以便节约运输费用和取得价格上的优惠,防止供应中断;生产部门希望能保持较高的在产品存货,以避免生产延误;销售部门希望有大量的产成品存货,避免因缺货造成销售损失;而财务部门则希望存货占用的资金最少,因此最关心存货是否积压。显然,财务部门不能只照顾某一部门的要求而忽视企业的整体效益,应对各方面妥善处理,使之相互和谐,其方法是实行存货资金的归口分级管理。

2. 加强存货的日常管理和控制,包括建立与健全合理的存货管理组织形式,编制采购、生产、销售计划,控制库存限额,掌握库存状态,积极处理超储积压物资。

3. 做好对企业存货管理状况的考核和评价,总结管理成功、失败正反两方面的经验与教训,不断改进存货管理工作。

二、存货资金最低占用量的确定

(一) 存货资金的形态

存货资金属于流动资金。按各项流动资金在企业再生产过程中的作用不同,企业的流动资金可划分为生产领域的流动资金和流通领域的流动资金。处于生产领域的流动资金包括储备资金和生产资金,处于流通领域的流动资金包括成品资金、货币资金和结算资金。其中储备资金、生产资金和成品资金构成企业的存货资金。储备资金是指占用在供应储备过程中的流动资金,包括原材料、燃料、辅助材料、修理用备件、包装物、低值易耗品和外购半成品等;生产资金是指占用于生产过程的资金,包括在产品、自制半成品和待摊费用;成品资金是指占用在产品验收入库待销售阶段的资金,包括产成品、发出商品和外购商品。

存货资金具有并存性和继起性两个特点。所谓并存性,是指在任何时候,企业的存货资金总是按一定规律分布在储备、生产和成品诸种形式上,分别执行各自的职能。所谓继起性,就是指各种形态的存货资金要沿着供、产、销的线路依次相继由一种形态转变为另一种形态(成品资金在转变为结算资金和货币资金后再转为储备资金)。

(二) 存货资金最低占用量确定的意义

存货资金最低占用量,就是企业在正常生产条件下,为完成生产经营任务所必需的、经常占用的、最低限度的存货资金需要量。存货资金的最低占用量实际上就是计划经济体制下的定额流动资金部分。由于这部分资金与货币资金、结算资金不同,它们在占用数量上比较稳定,具有一定的规律性,对它实行定额管理即制定合理的存货资金最低占用量,能使企业在对流动资金实行计划管理和控制时,有一个合适的标准,有利于企业筹集适当的资金,有利于企业合理地运用资金。总之一句话,制定存货资金最低占用量,是减少资金占用、合理安排流动资金需要量的一个行之有效的方法。因此,尽管新的财务制度为扩大企业自主理财的权利已不再对企业实行流动资金的定额管理,但制定存货资金最低占用量,仍不失为当今企业加强流动资金管理的行之有效的方法。

(三) 确定存货资金最低占用量的基本方法

确定存货资金最低占用量的基本方法有:周转期法、因素法、比例推算法和余额计算法。

1. 周转期法

周转期法是根据存货资金的周转额和周转期来确定存货资金最低占用量的一种方法,其计算公式如下:

$$存货资金最低占用量 = 平均每天周转额 \times 周转期$$

公式中平均每天周转额是指某项资金每天需要的数额,反映了企业生产的规模,它是由计划期的周转总额除以该计划期的日历天数求得。为简化计算,计划期若是年,按 360 天计算;若是季,按 90 天计算;若是月,按 30 天计算。

公式中的周转期也叫定额日数,是指资金从投入周转起到完成一次周转止所需的日数,它反映了资金周转的速度。不同阶段的流动资金其周转期的构成和计算有所不同。

显然,平均每天周转额越大,或者周转期越长,所需要的资金就越多;反之,亦然。

周转期法是核定存货资金最低占用量的最基本、也是最重要的一个方法,因此,原材料、在产品和产成品都应该采用该法核定资金最低占用量。该方法的优点是核定的结果比较精确;缺点是比较复杂、费时。该方法的具体运用我们将在后面陆续介绍。

2. 因素法

因素法又叫分析计算法,是以上年存货资金的实际占用额为基础,剔除其中不合理占用部分,结合考虑计划年度企业的产销任务和加速流动资金周转速度的要求等因素,计算存货资金最低占用量的一种方法。其计算公式如下:

$$\begin{array}{l}存货资金\\最低占用量\end{array} = \left(\begin{array}{l}上年度存货资金\\实际平均占用额\end{array} - \begin{array}{l}不合理\\占用额\end{array}\right) \times \left(1 \pm \begin{array}{l}计划年度生产\\任务增减率\end{array}\right) \times \left(1 - \begin{array}{l}计划年度流动\\资金周转加速率\end{array}\right)$$

公式中的不合理占用额是指呆滞积压物资、超储积压的在产品和产成品等,剔除了这部分以后,可使得上年度存货资金占用额更加符合正常生产所需的合理生产水平。

因素法适用于确定品种多、用量少的物资,如辅助材料、修理用备件、低值易耗品的资金最低占用量。

例 某企业上年度辅助材料资金平均余额为 900 000 元,其中不合理占用额为 50 000 元,计划年度生产增长 10%,预计流动资金周转加速 5%,则

$$\text{辅助材料资金最低占用量} = (900\,000 - 50\,000) \times (1+10\%)(1-5\%) = 888\,250(元)$$

3. 比例推算法

比例推算法是根据存货资金占用额和有关因素之间的比例关系来推算存货资金最低占用额的一种方法。与存货资金有关的比例有:产值资金率、销售收入资金率、成本费用资金率和利润资金率等。存货资金最低占用量的计算公式如下:

$$\text{存货资金最低占用量} = \text{计划年度总产值(商品销售收入、成本费用总额、利润总额)} \times \text{预计产值(销售收入、成本费用、利润)资金率} \times \left(1 - \text{计划年度流动资金周转加速率}\right)$$

其中:

$$\text{预计产值(销售收入、成本、利润)资金率} = \frac{\text{上年存货资金平均占用额} - \text{不合理占用额}}{\text{上年实际总产值(销售收入、成本费用总额、利润总额)}}$$

例 某企业上年实际产品销售收入总额为 2 000 000 元,上年存货资金平均占用额为 900 000 元,其中不合理占用额为 150 000 元,计划年度产品销售收入总额为 3 000 000 元,流动资金周转计划加速 10%,则

$$\text{预计销售收入资金率} = \frac{900\,000 - 150\,000}{2\,000\,000} \times 100\% = 37.5\%$$

$$\text{存货资金最低占用量} = 3\,000\,000 \times 37.5\% \times (1-10\%) = 1\,012\,500(元)$$

应用比例推算法比较简便,适用范围比较广,它既可以测算企业全部存货资金最低占用量,也可以测算企业某项存货资金最低占用量,但该方法易受价格等因素的影响而使计算结果不恰当,因此使用此方法有一定的局限性。

4. 余额计算法

余额计算法是一种根据上年期末余额、计划年度发生额和摊销额来计算存货资金最低占用量的一种方法。其计算公式如下:

$$\text{存货资金最低占用量} = \text{计划期初余额} + \text{计划期发生额} - \text{计划期摊销额}$$

该方法适用于待摊费用、低值易耗品等资金项目的核定。

例 某企业上年期末待摊费用余额 8 000 元,计划年度预计发生 10 000 元,摊销额为 9 000 元,则:

$$\text{待摊费用资金最低占用量} = 8\,000 + 10\,000 - 9\,000 = 9\,000(元)$$

(四)储备资金最低占用量的确定

储备资金最低占用量,是指企业从用货币资金购买各种材料物资开始,直到把它投入生

产为止这一过程中所占用的合理而又最低的流动资金数额。由于各种材料物资的价值、品种及用量变化较大,对生产影响程度以及在资金中所占的比重各不相同。因此,在确定资金最低占用量的方法上有粗有细。一般来说,对于用量大、价值高的主要材料,可按品种或规格采用周转期法核定;对于用量小、品种多的辅助材料则可按照类别采用因素法或比例推算法核定。

1. 原材料资金最低占用量的计算

原材料是构成产品实体的物品,它们在生产过程中耗用量大、占用资金多。因此,其资金最低占用量的确定应从严从细,对于主要原材料应按品种和规格核定。而对那些品种繁多、规格复杂、价值较小的原材料,则可按类别计算。

核定原材料及主要材料资金最低占用量一般采用周转期法。计算公式如下:

$$原材料资金最低占用量 = \frac{计划期原材料日平均耗用额}{} \times 原材料资金周转期$$

(1) 计划期原材料日平均耗用额。其计算公式为

$$计划期原材料日平均耗用额 = \frac{计划期原材料耗用总额}{计划期日数} = \frac{计划期原材料耗用总量}{计划期日数} \times 原材料计划价格$$

(2) 原材料资金周转期。它是指企业从支付原材料价款起,经过原材料验收入库直到出库投入生产为止,这一供应过程所占用的日数,包括在途日数、验收日数、整理准备日数、应计供应间隔日数和保险日数。即

$$原材料资金周转期 = 在途日数 + 整理准备日数 + 应计供应间隔日数 + 保险日数$$

其一,在途日数。它是指企业向外地采购原材料从支付货款之日起,到原材料运达企业并验收入库为止的天数。实际工作中,在途日数包括验收日数。在途日数的长短与原材料的结算方式、采购地点和运输条件有关,为了减少资金占用,企业应尽量就近采购,以便节省采购费用,缩短在途日数。在采用托收承付结算方式下,在途日数的计算公式如下:

$$在途日数 = 材料运输日数 - (供货单位办理托收日数 + 双方开户银行办理凭证手续日数 + 结算凭证邮寄日数 + 承付日数)$$

例 某企业从外地采购生铁,采用托收承付结算方式结算。货运时间为 16 天,供货单位取得运输凭证后办理托收的天数为 1 天,开户银行办理凭证手续天数为 3 天,凭证邮寄日数为 3 天,货款承付日数为 2 天,在途日数则为:

$$16 - (1 + 3 + 3 + 2) = 7(天)$$

在实际工作中,一种原材料往往是由不同地区的几个单位供应,出现若干个不同的在途日数,这时,可以各单位年供应量作权数,计算平均在途日数:

$$平均在途日数 = \frac{\sum(某单位全年供应量 \times 在途日数)}{各供应单位的供应量之和}$$

例 某铸造厂的生铁分别由甲、乙、丙三个单位供应,它们的全年供应量分别是:甲 500 吨、乙 400 吨、丙 400 吨;在途日数分别是甲 7 天、乙 11 天、丙 6 天,则

$$平均在途日数 = \frac{500 \times 7 + 400 \times 11 + 400 \times 6}{500 + 400 + 400} = 7.9(天)$$

其二,整理准备日数。它是指原材料验收入库后在投产之前进行整理和技术处理工作所需要的天数。如整理、粉碎、干燥等。整理准备日数的计算分两种情况:若整理准备工作由本厂进行,则按实际工作时间确定,凡逐日整理连续投产的,整理准备日数定为 1 天;若整理准备工作在外单位进行,则整理准备日数应根据外加工和往返运输时间确定。

其三,应计供应间隔日数。它是原材料的供应间隔日数与供应间隔系数的乘积。

供应间隔日数是指原材料先后两次供应之间间隔天数,它是原材料资金周转期的基本部分。在企业某种材料的耗用总量不变的情况下,一定时期内的供应次数越多,供应间隔日数越短,每次的供应量就越少,即该材料的库存周转储备量越少,从而占用的资金也越少;反之,占用的资金就越多。显然,供应间隔日数的长短对材料资金占用高低影响最大。

供应间隔日数的长短一般与供货单位的发货周期、供货限额、本企业的采购周期以及运输条件等因素有关。企业在具体确定某种原材料的供应间隔日数时分两种情况考虑:若签有供货合同,则供应间隔日数应由供购双方在签订时协商确定,并以此为根据计算原材料资金最低占用量;若没有签订供货合同,或者合同中没有规定具体的供货日期,则只能根据上年度资料计算供应间隔日数。

当同一种材料由几个单位分别供应时,应采取加权平均法,计算平均供应间隔日数。

如果事先签订的供货合同上规定有供货间隔期,则以供货单位的全年供货量作为权数来计算平均间隔日数。即

$$平均供应间隔日数 = \frac{\sum(某供应单位全年供应量 \times 供应间隔日数)}{各供应单位全年供应量之和}$$

例 某企业的 W 种材料分别由甲、乙、丙三个单位供应,各单位全年供应量和供应间隔日数详见表 8-9。

表 8-9 W 材料供应情况表

供货单位	全年供应量/吨	供应间隔日数
甲	70	30
乙	65	35
丙	100	40

$$平均供应间隔日数 = \frac{70 \times 30 + 65 \times 35 + 100 \times 40}{70 + 65 + 100} = \frac{8\,375}{235} = 35.64 \approx 36(天)$$

如果事先未签订供货合同,或者合同中未具体规定交货日期,这时应以上年度的各单位每次进货量为权数,计算加权平均供应间隔日数。其计算公式如下:

$$平均供应间隔日数 = \frac{\sum(每次进货数量 \times 供应间隔日数)}{各次进货数量之和}$$

例 某企业 H 种材料进货情况详见表 8-10。

表8-10 H材料进货情况表

进货顺序	进货日期	供货单位	供应间隔日数	进货量/吨	供应间隔日数×进货量
上次进货	1998年12月31日				
第1次	1999年2月10日	甲	40	1 000	40 000
第2次	1999年4月16日	乙	65	1 200	78 000
第3次	1999年6月20日	丙	64	2 200	140 800
第4次	1999年8月19日	甲	60	1 500	90 000
第5次	1999年10月15日	丙	57	1 800	102 600
第6次	1999年12月20日	丙	66	2 000	132 000
		合计	—	9 700	583 400

$$\text{平均供应间隔日数} = \frac{583\ 400}{9\ 700} \approx 60(\text{天})$$

供应间隔系数是库存原材料资金的平均占用额与最高占用额的比例。原材料从入库到投入生产,其储备量是起伏变化的:购进入库时储备量达到最高峰,随着生产的不断耗费,储备量逐渐下降,到下次进货前夕储备量最低,这种情况如图8-6所示。

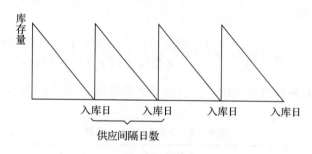

图8-6 原材料储备量变化图

显然,按上述供应间隔日数计算的原材料储备量是库存周转储备的最高量,只有在一批材料刚入库时才能达到这个水平,这时,占用的资金也就最多。但由于在整个供应间隔期原材料的储备量和占用资金都低于这一"最高点"呈变化状况,因此,若用这个最高占用水平作为原材料的资金最低占用额,不符合节约资金的原则。另外,由于原材料品种很多,进货日期不同,平均每日耗用量也不尽相同,于是出现以下情形:当一种原材料刚进货,占用资金最多时,另外一种原材料占用资金不一定最多,甚至可能正好处于下次进货之前,占用资金最少。这样,它们之间虽然由于使用价值不同在实物上不可相互替代,但在资金运用上却完全可以调剂使用,以多补少,从而形成一个低于最高占用水平的平均占用额。因此,在确定原材料资金最低占用量时,应在供应间隔日数基础上,根据资金可能调剂使用的情况打一折扣,这一折扣就称为供应间隔系数。其计算公式如下:

$$\text{供应间隔系数} = \frac{\text{各种材料平均每日库存额}}{\text{各种材料最高库存额之和}} \times 100\%$$

$$= \frac{\sum \frac{\text{各种库存材料}}{\text{每日占用额}} \div \text{计算期}}{\text{库存材料最高库存额之和}} \times 100\%$$

例 某企业使用 A、B 两种材料,供应间隔日数分别为 6 天和 3 天,每日耗用额均为 100 元,则材料资金占用情况详见表 8-11。

表 8-11 　A,B 材料资金占用情况表　　　　　　　　　　单位:元

日期 材料	1	2	3	4	5	6	7	…	28	29	30	合计	最高储备额
A	600	500	400	300	200	100	600	…	300	200	100	10 500	600
B	300	200	300	300	200	100	300	…	300	200	100	6 000	300
库存余额	900	700	700	600	400	200	900	…	600	400	200	16 500	900

$$\text{供应间隔系数} = \frac{16\ 500 \div 30}{900} \times 100\% = \frac{550}{900} \times 100\% \approx 61\%$$

在实际工作中,由于工业企业使用的原材料种类很多,它们的供货日期、金额以及投料时间、日耗量各不相同,很难计算出各种材料平均库存额,因而供应间隔系数也难以通过计算确定。通常由企业的主管部门或财政部门根据行业的特点加以规定,一般系数在 50%～80% 之间。

计算原材料资金最低占用量时,资金周转期中采用应计供应间隔日数。即

$$\text{应计供应间隔日数} = \text{供应间隔日数} \times \text{供应间隔系数}$$

其四,保险日数。它是为了防止意外原因造成原材料供应突然中断而建立的保险储备所占用的资金日数,也就是在原材料周转储备量为零时,保险储备所能维持生产的天数。在正常情况下,保险储备是不动的,因而,它长期占用一定的资金。保险储备和周转储备的关系如图 8-7 所示。

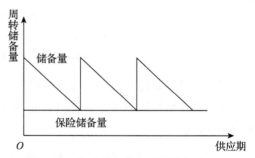

图 8-7　保险储备量和周转储备关系图

保险日数主要根据企业原材料供应脱期的历史资料和计划期的供应情况确定,具体确定时要注意以下两点:一是保险储备量要压缩到最低限度;二是供应正常的、就地采购的、可以代用的,以及不经常耗用的原材料,都不应计算保险日数。

同样,上述原材料资金周转期中的各种日数,也不是所有原材料都需要的,如有的不需要在途日数,还有一些不需要整理准备日数等。总而言之,应根据某种原材料的具体情况加以确定。

下面举例说明原材料资金最低占用量的确定。

例 假设某企业使用 A、B 两种主要材料,有关耗用和周转期资料详见表 8-12,试确定该厂原材料资金最低占用量。

表 8-12 原材料资金最低占用量计算表

材料名称	计划耗用量		储备资金周转期/天						资金最低占用量
	全年耗用额	日平均耗用额	在途日数	供应间隔日数	系数	应计供应间隔日数	保险日数	小计/天	
	(1)	(2)=(1)÷360	(3)	(4)	(5)	(6)=(4)×(5)	(7)	(8)=(3)+(6)+(7)	(9)=(2)×(8)
A	25 000	69.4	7	15	60%	9	3	19	1 318.6
B	37 050	102.9	6	10	60%	6	—	12	1 234.8
合计									2 553.4

2. 辅助材料、燃料和低值易耗品资金最低占用量的核定

对于价值高、消耗大又有消耗定额的主要辅助材料和燃料可按品种或类别，采用周转期法核定其资金最低占用量，对于其他辅助材料和燃料，则可按因素法核定资金最低占用量。

低值易耗品中的生产工具和防护用品，一般采用因素法核定资金最低占用量；管理用具则通常按余额法计算其资金最低占用量。

3. 修理用备件资金最低占用量的核定

修理用备件有大型备件和一般备件两种。

(1) 对于大型备件，其资金最低占用量按周转期法核定。其计算公式如下：

$$\text{某修理用备件资金最低占用量} = \text{计划期该项修理用备件平均日耗量} \times \text{计划单价} \times \text{周转期}$$

$$\text{修理用备件平均日耗量} = \frac{\text{使用修理用备件的设备台数} \times \text{每台设备使用的备件数量}}{\text{该修理用备件的使用期限}}$$

修理用备件周转期的计算与原材料资金周转期相同。

例 某大型机器 10 台，每台用 A 备件 3 件，每件价格 300 元，备件的周转期为 80 天，使用期为半年，则

$$\text{A 备件资金最低占用量} = \frac{10 \times 3}{180} \times 300 \times 80 = 4\,000(\text{元})$$

(2) 对于种类多、价格低的一般备件，可按备件的类别，采用因素法，结合设备价值的增减变化进行调整，得到资金最低占用量，计算公式如下：

$$\text{修理用备件资金最低占用量} = \left(\text{上年实际占用} - \text{不合理占用额}\right) \times \frac{\text{计划期设备原值}}{\text{上期设备原值}} \times \left(1 - \text{计划期流动资金周转加速率}\right)$$

4. 包装物资金最低占用量的核定

包装物主要用于保护产品的使用价值和增加产品的美观价值。企业使用的包装物分自制和外购两种，对于自制包装物应视同产品并分别核定储备、生产和产成品资金最低占用量；对于外购部分，则根据是一次性包装物还是周转性包装物，核定的方法略有不同。

(1) 随同产品出售的一次性包装物，其资金最低占用量计算公式如下：

$$包装物资金最低占用量 = \frac{计划期包装物耗用量 \times 计划单价}{计划期日数} \times 周转日数$$

公式中周转日数是指采购储备日数、商品包装日数、随同产品储存日数以及办理结算的日数。

(2) 不随产品出售,多次使用的周转性包装物,其资金最低占用量计算公式如下:

$$包装物资金最低占用量 = \frac{计划期包装物耗用量 \times 计划单价}{计划期日数} \times 包装物周转一次所需日数$$

公式中,包装物周转一次所需日数,是指从领用包装物包装产品开始,到发送出去,购买单位退回以及检查、修理、储存为止的日数。

将以上原材料、辅助材料、燃料、低值易耗品、修理用备件和包装物资金最低占用量加总起来,就得到储备资金最低占用量。

(五) 生产资金最低占用量的确定

生产资金最低占用量,是指从原材料投入生产开始,直到产品制成验收入库为止的整个过程中所占用的合理的、最低数额的流动资金,它包括在产品、自制半成品和待摊费用等三个资金项目。由于在产品与自制半成品同属需进行加工的未完工产品,故在确定资金最低占用量时,可将它们合并为在产品资金项目进行计算。

1. 在产品资金最低占用量的计算

在产品资金最低占用量通常按产品品种采用周转期法核定。如果在产品品种规格复杂,可将产品归类,并按类别核定。计算公式如下:

$$在产品资金最低占用量 = 计划期产成品平均每日产量 \times \left(产成品单位计划成本 \times 在产品成本系数\right) \times 生产周期$$

(1) 计划期产成品平均每日产量。它指该产品的计划期产量除以计划期日数。
(2) 产成品单位计划成本。它可直接由成本计划提供。
(3) 在产品成本系数。它是指在产品的平均成本占产成品成本的比例。计算公式如下:

$$在产品成本系数 = \frac{在产品平均单位成本}{产成品单位计划成本} \times 100\%$$

产成品单位计划成本乘以在产品成本系数就是在产品平均单位成本。可见在产品平均单位成本是在产成品计划单位成本的基础上打了一个折扣,这个折扣就是在产品成本系数。在核定在产品资金定额时,之所以要考虑这个"折扣",是因为产成品成本不是在生产过程开始时就全部形成的。制造产品的生产费用是随着生产过程中所需要的直接材料、直接人工、制造费用等陆续投入而逐步发生和递增的。直到产品制成时,才形成产成品成本这个数,故在产品成本总是要低于产成品成本,而且不同完工程度的在产品其成本也是不一样的。因此,确定在产品资金最低占用量时不能按产成品单位成本计算,而必须打个"折扣",即乘上在产品的成本系数。

在产品成本系数大小与生产过程中的费用发生情况有关,其具体计算方法如下:

其一,对生产周期较短,能明确每天生产费用发生额的产品,可按下列公式计算在产品成本系数:

$$在产品成本系数 = \frac{生产周期中每日累计发生的生产费用之和 \div 生产周期}{单位产品计划成本} \times 100\%$$

例 某产品生产周期为 4 天,单位产品计划成本 1 000 元,生产费用的发生情况详见表 8-13。

$$在产品生产系数 = \frac{3\,000 \div 4}{1\,000} \times 100\% = 75\%$$

表 8-13 某产品生产费用发生情况表　　　　　　　　　　　　　　　单位:元

生产周期日数	当日费用发生额	累计生产费用
第 1 天	500	500
第 2 天	100	600
第 3 天	300	900
第 4 天	100	1 000
合　计	1 000	3 000

其二,对于原材料在开始时一次全部投入,工资及其他费用在生产过程中均衡投入的产品可按下列公式计算在产品成本系数:

$$在产品成本系数 = \frac{单位产品中原材料费用 + 工资及其他费用 \times 50\%}{单位产品计划成本} \times 100\%$$

上式还可推导为:

$$在产品成本系数 = \frac{1 + 原材料费用占单位产品计划成本的百分比}{2}$$

例 某产品计划单位成本 1 000 元,原材料一次投入 500 元,工资与其他费用计 500 元,在生产过程中均衡发生,则

$$在产品成本系数 = \frac{500 + 500 \times 50\%}{1\,000} \times 100\% = 75\%$$

或

$$在产品成本系数 = \frac{1 + \frac{500}{1\,000}}{2} = 75\%$$

其三,对于原材料在生产过程中分批投入,其他费用在生产过程中均衡发生的产品,原材料费用应乘以一个折扣率,再计算在产品成本系数。计算公式如下:

$$原材料折扣率 = \frac{\sum(每批投料金额 \times 占用天数) \div 生产周期}{单位产品原材料费用} \times 100\%$$

$$在产品成本系数 = \frac{\left(单位产品原材料费用 \times 原材料折扣率\right) + 工资及其他费用 \times 50\%}{单位产品计划成本} \times 100\%$$

上式也可写成:

$$在产品成本系数 = \frac{\sum(每批投料金额 \times 占用天数) \div 生产周期 + 工资及其他费用 \times 50\%}{单位产品计划成本} \times 100\%$$

例 某产品生产周期为4天,原材料成本500元,其中第一天投料400元,第三天投料100元,工资及其他费用500元在4天中均衡发生,单位产品计划成本为1000元,则

$$原材料折扣率 = \frac{(400 \times 4 + 100 \times 2) \div 4}{500} = 90\%$$

$$在产品成本系数 = \frac{500 \times 90\% + 500 \times 50\%}{1000} = 70\%$$

其四,对于生产过程复杂,需要分阶段投入原材料和其他费用进行生产的产品,应先按生产阶段分别计算在产品的成本系数,然后再计算综合在产品成本系数。各阶段的在产品成本系数,应视具体情况选用以上三种公式,综合在产品成本系数可按下式计算:

$$在产品成本系数 = \frac{\sum \left(\begin{array}{c}某阶段在产\\品成本系数\end{array} \times \begin{array}{c}该阶段在产\\品单位成本\end{array} \times \begin{array}{c}该阶段\\生产周期\end{array} \div \begin{array}{c}产成品\\生产周期\end{array}\right)}{产成品计划单位成本} \times 100\%$$

例 某厂生产A产品,各阶段的费用发生额及生产周期详见表8-14。

表8-14 A产品费用发生额和生产周期情况表 单位:元

生产阶段	阶段费用金额					阶段生产周期/天
	上阶段转来	本阶段发生		小计	合计	
		原材料	工资及其他费用			
铸造车间	—	100	50	150	150	5
毛坯库	150	—	—	—	150	1
金工车间	150	50	30	80	230	4
合计	—	150	80	230	—	10

该产品所需原材料在各阶段开始时一次投入,工资及其他费用均衡投入,则

$$铸造车间在产品成本系数 = \frac{100 + 50 \times 50\%}{150} \times 100\% = 83\%$$

毛坯库在产品成本系数 = 100%

$$金工车间在产品成本系数 = \frac{(150 + 50) + 30 \times 50\%}{230} \times 100\% \approx 93\%$$

$$A产品在产品成本系数 = \frac{[(83\% \times 150 \times 5) + (100\% \times 150 \times 1) + (230 \times 93\% \times 4)] \div 10}{230} = 71\%$$

(4) 生产周期。它是指某项产品从原材料投入生产开始,直到产品制成验收入库为止所经历的天数,中间包括工艺加工时间、上下工序之间必要的停留时间以及产品入库前的检验时间等。工业企业的生产周期可采用技术定额查定法测算确定或利用以下公式确定:

$$生产周期 = \frac{上年在产品平均结存量(约当产量)}{上年平均日产量}$$

或

$$生产周期 = \frac{上年在产品资金平均占用额}{上年平均每日生产费用}$$

以上计划期产品平均日产量、单位计划成本、在产品成本系数和生产周期四因素确定后就

可计算在产品的资金最低占用额。在产品资金最低占用量的计算详见表8-15。

表8-15 生产资金最低占用量计算表

×年×月 单位：元

产品名称	计量单位	全年计划产量	日产量	计划单位成本	在产品成本系数	生产周期	生产资金定额
		(1)	(2)=(1)÷360	(3)	(4)	(5)	(6)=(2)×(3)×(4)×(5)
A产品 ⋮	台 ⋮	720 ⋮	2 ⋮	100 ⋮	70% ⋮	10 ⋮	1 400 ⋮
小计							44 000
待摊费用							1 200
总计							45 200

（六）成品资金最低占用量的确定

成品资金包括产成品和外购商品两个项目。

1. 产成品资金最低占用量的计算

产成品资金最低占用量是指从产品制成入库到发出销售取得货币收入为止这一阶段所占用的合理的、最低的资金数额。

产成品资金最低占用量的确定，一般是按产品品种分别确定。若企业产品品种较多，可以就其主要产品分品种确定。其他次要产品可适当归类，分类确定。确定产成品资金最低占用量通常采用周转期法。其计算公式如下：

$$\text{产成品资金最低占用量} = \frac{\text{计划期某产品产量}}{\text{计划期天数}} \times \text{单位产品计划成本} \times \text{产成品资金周转期}$$

公式中的产成品资金周转期包括产成品的库存日数、发运日数和结算日数。

（1）库存日数。它是指产成品验收入库后在库储存的天数。若是组织成批发货，这时库存日数包括积累成批日数、选配日数和包装日数。积累成批日数又称发货间隔日数，是指按销售合同规定，组织一批发出商品数量所需要的时间。选配日数是指把不同品种、规格的产品选配成套所需要的日数。包装日数是指发运前对产品进行包装的日数。必须指出的是，在确定库存日数时，不应将上述三部分时间简单加总，因为各项工作是可以交叉进行的，具体应视情况而定。

（2）发运日数。它是指将产品运达机场、车站、码头、办理托运手续和取得运输凭证所需要的日数。

（3）结算日数。它是指从取得运输凭证开始，直到取得货款为止所需要的日数。若收到货款在先，发货在后，则不需要计算结算日数。

2. 外购商品资金最低占用量计算

外购商品是指从外面购入不需要在本厂进行任何加工，随同产品销售的配件。外购商品占用的资金是成品资金的一部分，也应确定资金最低占用量，确定方法可采用周转期法。其计算公式如下：

$$\frac{\text{外购商品资金}}{\text{最低占用量}} = \frac{\text{计划期外购商品进货量} \times \text{计划单价}}{\text{计划期日数}} \times \frac{\text{外购商品}}{\text{资金周转期}}$$

公式中,外购商品资金周转期包括在途、库存、发运和结算所需日数。在途日数的确定与确定原材料资金最低占用量时相同;库存、发运、结算日数与产成品资金最低占用量确定方法相同。

企业将各种产成品资金最低占用量汇总后,再加上外购商品资金最低占用量,就可得到企业的成品资金最低占用量。成品资金最低占用量的计算确定详见表8-16。

表 8-16 成品资金最低占用量计算表

××年度 单位:元

产品名称	计量单位	年产量/件	单位计划成本	平均每日产量	平均每日成本	定额日数				资金定额
						库存日数	发运日数	结算日数	小计	
		(1)	(2)	(3)=(1)÷360	(4)=(3)×(2)	(5)	(6)	(7)	(8)=(5)+(6)+(7)	(9)=(4)×(8)
A ⋮	件 ⋮	2 000 ⋮	20 ⋮	5.56 ⋮	111 ⋮	10 ⋮	2 ⋮	3 ⋮	15 ⋮	1 667 ⋮
小计										140 000
外购商品										10 000
合计										150 000

当储备资金、生产资金和产成品资金的最低占用量分别确定后,只要将三者合计,即可得到企业整个存货资金最低占用量。

三、存货决策

存货决策的主要内容是确定最佳的存货批量,使得存货的总成本最低,这个批量称为经济批量。

(一) 最佳采购批量

最佳采购批量在这里可称为经济订货量,它是通过建立数学模型来确定的。经济订货量模型涉及存货的成本。存货成本是指持有一定的存货所发生的支出,与采购、储存原材料有关的存货成本可分为取得成本、储存成本和缺货成本三类。

1. 取得成本

是指为取得某种存货而支出的成本,它又可分为采购成本和订货成本两种。

(1) 采购成本。是指由存货买价和运杂费构成的成本。这部分成本与采购量一般成正比例变化。

(2) 订货成本。是指为订购材料、商品而发生的成本,如专设采购机构的办公费、折旧费、差旅费、邮费、电报电话费等。订货成本一般与订货的数量无关,而与订货的次数有关。

2. 储存成本

是指为保存存货而发生的成本,包括储存过程中发生的仓储费、搬运费、保险费、占用资金应计利息以及存货破损和变质损失等。一般来说,单位产品在一定时期内的储存成本是一定的,那么储存成本总额就取决于这一时期内的平均储存量。

3. 缺货成本

是指由于存货供应中断而造成的损失,比如原材料供应中断造成的停工损失、临时高价采购而发生的额外支出等等。

上述各项成本中,有些成本在确定经济批量时可以不考虑。如采购成本等于购货量与单位购货成本(主要是单价)的乘积,而对于单位购货成本,企业是无法控制的,因此在存货决策中采购成本被视为无关成本。再如,缺货成本难以计量,并且在存货决策中不允许出现缺货现象,故此项成本也不予考虑。那么与采购批量决策有关的存货成本就剩下订货成本和储存成本了。

假定企业某一特定存货的全年需要量(以 D 表示)已经确定不变,并且这种存货每批用完后能随时得到补充,那么该种存货一定期内的平均储存量为 $\frac{Q}{2}$(Q代表每次订货量),存货的储存成本为每单位的存货储存成本(C)与平均储存量的积,即 $\frac{Q}{2}C$;该期间订货次数为存货全年需要量(D)与每次订货量(Q)的商,即 $\frac{D}{Q}$,故订货成本等于该期订货次数与每次订货成本(K)的乘积,即 $\frac{D}{Q}K$。这样,存货总成本(以 T_C 表示)公式为:

$$T_C = \frac{Q}{2}C + \frac{D}{Q}K$$

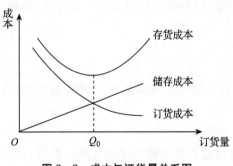

图 8-8 成本与订货量关系图

上式表明,储存成本与每次订货量成正比例变化,即每次订货量越多,平均储备量也就越多,故而储存成本亦越高;但是,每次订货量越多,订货次数就越少,订货成本也就越低。存货决策就是要兼顾储存成本和订货成本降低的要求,找出能使存货总成本最低的订货量(Q_0),即要找出一个最佳采购批量。上面分析的情况如图8-8。

下面根据存货总成本公式建立经济批量模型。对存货总成本求 Q 的一阶导数,并令其结果等于零,即:

$$\frac{dT_C}{dQ} = \frac{C}{2} + \left(-\frac{D}{Q^2}\right)K = 0$$

则

$$Q = \sqrt{\frac{2DK}{C}} = Q_0$$

上式称为经济订货量或经济批量模型,Q_0 即为最佳采购批量。

例 某厂 A 种外购材料全年需要量为 10 000 千克,预计每次订货费用为 100 元,单位储存费为 1.60 元。试确定该厂最佳采购批量。

将上述数据代入经济批量公式,得

$$Q_0 = \sqrt{\frac{2 \times 10\,000 \times 100}{1.60}} \approx 1\,118(千克)$$

经济批量除了利用数学模型求解,还可以通过"逐批测试法"求得。

例 假定某厂拟定每次订货量分别为 2 500、2 000、1 000、500 千克 4 个方案,各方案的经济批量详见表 8-17。

表 8-17 经济订货量计算表

代号	项目	甲方案	乙方案	丙方案	丁方案
Q	订货量/千克	2 500	2 000	1 000	500
$\frac{Q}{2}$	平均储存量/千克	1 250	1 000	500	250
C	单位储存费用/元	1.60	1.60	1.60	1.60
$\frac{Q}{2}C$	储存费用总额/元	2 000	1 600	800	400
D	全年耗用量/千克	10 000	10 000	10 000	10 000
$\frac{D}{Q}$	订货次数/次	4	5	10	20
K	每次订货费用/元	100	100	100	100
$\frac{D}{Q}K$	订货费用总额/元	400	500	1 000	2 000
$\frac{Q}{2}C+\frac{D}{Q}K$	费用总额/元	2 400	2 100	1 800	2 400

根据计算,丙方案即每次订货批量为 1 000 千克时,存货总成本最小,故该厂应选 1 000 千克作为最佳订货量。

(二) 最佳生产批量

经济批量模型也可用于确定最佳生产批量,即每批生产多少数量最为经济。不过,这时模式中的有些因素要作相应变化。

首先,与自制产品(如零部件)有关的成本包括调整准备成本和储存成本,而没有订货成本。这里的储存成本是指自制产品入库储存过程中所发生的费用,费用的内容(项目)与储存外购原材料的费用相似。而调整准备成本是指每批产品投产前需要进行一些调整工作(如调整机器、领取原材料、准备工卡模具等)所发生的成本,它与每批数量没有直接关系,但与生产的批数成正比。

其次,这里的储存成本确定方法与原材料储存成本也有所不同。采购材料都是一次进货,逐步耗用。而生产的零部件或产品是逐日生产并验收入库,同时又逐日耗用(出售)。设每批产量为 Q,而每日入库产品为 P,则 $\frac{Q}{P}$ 为该批产量全部入库所需日数;又设 d 为每日领(耗)用量,D 为全年需要量,C 为单位产品的全年储存成本,则

$$每批生产终了时的最高储存量 = Q - \frac{Q}{P} \cdot d = Q \cdot \left(1 - \frac{d}{P}\right)$$

$$平均储存量 = \frac{1}{2}Q \cdot \left(1 - \frac{d}{P}\right)$$

$$全年储存成本 = \frac{C}{2} \cdot Q \cdot \left(1 - \frac{d}{P}\right)$$

又设 S 为每批产品的调整准备成本,则

$$全年调整准备成本 = S \cdot \frac{D}{Q}$$

故与生产批量有关的总成本:

$$T_C = S \cdot \frac{D}{Q} + \frac{C}{2} \cdot Q \cdot \left(1 - \frac{d}{P}\right)$$

根据上式,对 Q 求一阶导数并令其为零,得:

$$Q = \sqrt{\frac{2DS}{C\left(1 - \frac{d}{P}\right)}}$$

Q 为最佳生产批量,又叫经济生产批量,能够使总成本最低。

例 某企业每年需要生产某种零件 36 000 个,生产设备每天能生产 400 个,每日领用 100 个。每批调整准备成本为 200 元,每个零件每年的储存成本为 1 元。试求最优生产批量和最优生产批数。

$$经济生产批量 Q = \sqrt{\frac{2 \times 36\,000 \times 200}{1 \times \left(1 - \frac{100}{400}\right)}} = 4\,382(个)$$

$$最优生产批数 = \frac{D}{Q} = \frac{36\,000}{4\,382} = 8(批)$$

必须指出的是,虽然经济批量是一个很有用的方法,但由于使用该法时有一些假定条件,比如,存货每天耗用量相同,存货单位成本不变等等,使得该法在实际应用中受到一定限制。

四、存货控制

(一) 存货资金的归口分级控制

存货资金归口分级控制是一种责任制,它是在厂长(经理)统一领导下,以财务部门为主,集中管理和控制企业的存货资金;与此同时,根据使用和管理、物资管理和资金管理相结合的原则,把有关资金的使用指标和管理要求落实到各个职能部门,再由它们按存货资金的用途将指标进行分解,具体落实到所属车间、工段、班组和仓库直到个人,做到层层负责,形成一个横向和纵向的存货资金控制网络。

实行存货资金归口分级管理,有利于明确经济责任,调动各有关方面参加资金管理的积极性;同时,由于各职能部门和人员直接从事供、产、销活动,最熟悉和掌握各种存货的运用情况,因而发动他们参与控制能充分挖掘节约资金的潜力。

存货资金归口分级控制的具体内容是:

1. 原材料、辅助材料、燃料、包装物等资金占用指标由供应部门负责控制。
2. 各项专用工具和一般修理工具资金占用指标由工具部门负责控制。

3. 各项修理用备件资金占用指标由设备部门负责控制。
4. 各种劳动保护用品资金占用指标由劳动工资部门负责控制。
5. 各种在产品及自制半成品资金占用指标由生产部门负责控制。
6. 各种产成品资金占用指标由销售部门负责控制。
7. 待摊费用资金占用指标由财务部门负责控制。

在存货资金占用指标分解归口后，各职能部门将进一步把分管控制指标再行分解，层层落实。

（二）ABC 控制法

ABC 控制法又称 ABC 重点管理法，该法根据经济现象中普遍存在的"关键少数"和"次要多数"，按照突出重点照顾一般的原则，把经济现象的全体按某种标志划分为 A、B、C 三类，采取有区别、有主次地管理和控制。

企业的存货种类很多，它们的价值量、使用量、采购补充的难易程度等等各不相同，因此，对它们的管理应有所区别。运用 ABC 控制法，一般根据存货的品种及其资金占用额，将全部存货划分为 A、B、C 三类：

A 类存货。其品种数量约占全部存货品种的 5%～10%，但资金占用数额约占全部存货资金的 60%～80%。

B 类存货。其品种数量约占全部存货品种的 20%～30%，但资金占用数额约占全部存货资金的 15%～30%。

C 类存货。其品种数量约占全部存货品种的 60%～70%，但其资金占用数额却只占全部存货资金的 5%～15%。

显然，A 类存货品种少但所占资金多，属"关键少数"，其损坏、变质会大大增加存货成本，故宜从严控制；B 类存货品种、资金占用皆不大，可作一般控制；C 类存货品种多但价值低，属"次要多数"，只需作简单控制，不必花费过多的精力。

ABC 控制法的一般步骤如下：

1. 将每一种具体存货按其在一定期间（如 1 年）占用资金数额的大小依次排列。

2. 计算各种存货占用资金占全部存货资金的百分比（金额比重），并累计此百分比。

以上两步可通过编制"累计表"进行。

3. 按 A 类金额比重 70%，B 类金额比重 20% 和 C 类金额比重 10% 的标准，把全部存货大体上划分为 A、B、C 三类。

4. 计算各类存货品种占全部存货品种的比重及累计百分比。

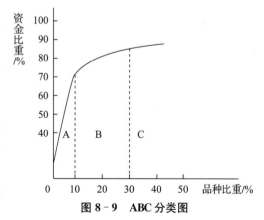

图 8-9 ABC 分类图

5. 绘制 ABC 分类图。如图 8-9 所示。

（三）库存存货动态控制

库存存货（原材料）动态可通过最高储备量、最低储备量、保险储备量和采购时点储备量这四个指标来反映和控制。

1. 最高储备量

最高储备量是库存物资即将超储的极限。正常情况下库存达到最高储备量即应暂停进货。

$$最高储备量=平均每日耗用量×(供应间隔日数+整理日数+保险日数)$$

2. 最低储备量

最低储备量是库存物资即将不足的极限。库存量达到最低储备量时应及时进货。

$$最低储备量=平均每日耗用量×(整理日数+保险日数)$$

3. 保险储备量

保险储备量是为了防止意外情况发生使供应中断造成停产损失而储备的物资数量。

$$保险储备量=平均每日耗用量×保险日数$$

4. 采购时点储备量

采购时点储备量是开始采购的讯号。当库存达到采购时点储备量时，应及时组织进货，以保证必要的库存量。

$$采购时点储备量=平均每日耗用量×(整理日数+保险日数+采购和入库间隔日数)$$

上述四种控制指标如图8-10所示。

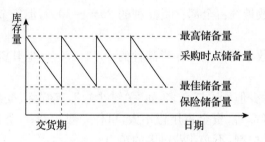

图8-10 库存动态控制图

第九章　固定资产和无形资产管理

第一节　固定资产投资概述

一、固定资产投资的概念及特点

固定资产是指使用年限在一年以上,单位价值在规定标准以上,并且在使用过程中保持原来物质形态的那部分资产。固定资产投资,就是指将货币资金、实物资金等投放在固定资产上,以增加企业固定资产净额或保持企业固定资产正常运转的行为或事项。固定资产按其经济用途分类,可分为生产用固定资产、非生产用固定资产;按其使用情况分类,可分为使用中固定资产、未使用固定资产及不需用固定资产;按其所属关系分类,可分为自有固定资产和融资租入的固定资产。

固定资产投资具有以下特点:

(一) 投资金额大,回收期长

固定资产一般单位价值较大,使用期限较长,一旦实施投资决策,将对企业今后长期的经济效益,乃至对企业的整个命运都起着决定性影响。因此企业在进行固定资产投资决策及其实施过程中,要注意投资的回收期,优先考虑那些投资少、见效快、回收期短的项目;企业在使用固定资产过程中,必须注意通过充分发挥固定资产效能增产增收,从而加快固定资产投资的回收速度;在确定固定资产折旧年限时,不仅要考虑其有形损耗,而且要考虑其无形损耗,合理缩短折旧年限。

(二) 投资的一次性和收回的分次性

企业购置和建造固定资产时,需要一次垫支相当数额的资金,而这种垫支只能由今后各期折旧分期收回才能得到补偿。因此,企业进行固定资产投资决策时,必须充分考虑和评价投资项目的必要性和可行性。

(三) 使用效益的逐年递减性

固定资产使用效益的逐年递减性,不仅起因于固定资产的有形损耗,更取决于日益加重的固定资产的无形损耗。

(四) 较差的变现性与流动性

固定资产投资的实物形态主要是厂房、机器、设备、器具等固定资产,这些资产不易改变用途,也难以出售,因此其变现能力及流动性在企业资产中是最差的。因此,固定资产一旦投资以后再想改变用途,不是无法实现,就是代价太大。企业在进行固定资产投资决策时,应充分考虑到这一特点。

(五) 资金占用数量相对稳定性

固定资产投资一旦实现,在资金占用数量上便保持相对稳定,而不像企业流动资产那样经常波动。当企业的业务量在相关范围内增加时,往往不需要增加固定资产投资,只要通过挖掘潜力、提高效率就可以完成增加的业务量。即使业务量在一定范围内减少,企业为维持一定的生产能力,亦不必大量出售固定资产。

二、固定资产投资的种类

对固定资产投资进行适当的分类,是进行固定资产投资决策的前提条件,也是避免重复投资及财力分散或浪费的有效措施。

(一) 按投资的范围分类

1. 对内固定资产投资

即企业本身的固定资产投资。

2. 对外固定资产投资

即对本企业以外的其他单位的固定资产投资。

(二) 根据各固定资产投资项目之间的关系分类

1. 独立投资

独立投资是指那种投资成本与投资收益不会因为其他方案的采纳与实施与否受到影响的固定资产投资,除非其后来的投资是专门为改变这项投资的生产营运特点的。

2. 互不相容投资

互不相容投资是指那种在一系列的投资方案中,因选用其中一个,而其他投资的收益将因此而丧失殆尽的投资。

3. 先决投资

先决投资是指那种只有其决策实施后,才能使其后续或同时的其他一个或多个投资项目实现投资收益的投资。

4. 重置投资

重置投资是一种旨在用能够更多地或更有效地生产同一产品或发挥同样作用的资产,取代现有的资产的投资。一般地,重置投资,同时也属于独立投资或互不相容投资。

第二节 固定资产投资决策方法

一、贴现现金流量法

(一) 现金流量

1. 现金流量的概念及其重要性

企业进行固定资产投资时,现金流量是一个非常重要的概念。现金流量是指与固定资产投资决策有关的现金流入和现金流出的数量,它是评价投资方案是否可行时必须事先计算的一个基础性指标。一定时期内现金流入量减去现金流出量的差额,称为现金净流量(net cash flow)。

现代财务管理学以现金流量作为衡量一项投资方案或各方案投资报酬大小的一条重要标

准,而不以净利润来衡量各方案的获利能力及其优劣,主要是由于:

(1) 强调现金流量即强调货币资金的流动性以显示出企业货币资金在经营中的增减变化情况以及资金循环平衡状况。财务管理的重要任务之一便是要积极地维持企业资金循环的平衡状态。

(2) 采用现金流量才能在投资决策中考虑货币的时间价值。科学的投资决策需要考虑货币的时间价值,由于每笔款项收入与付出的时间不同,会具有不同的价值,因此投资决策应根据项目寿命周期内各种实际付出和实际收入的现金数量,并考虑时间价值因素,来衡量投资项目的优劣程度。

而与此不同的是利润要遵守权责发生制,因而不考虑实际收入现金和实际付出现金的时间。如用利润额大小衡量投资项目优劣会存在以下缺陷:第一,购置固定资产时付出的大量现金不能得到充分考虑;第二,将固定资产价值以折旧或损耗的形式逐期计入成本时,却又并不要付出现金;第三,计算利润时不考虑垫支流动资金的数量或时间;第四,只要销售行为已经确定,就计算为当期的销售收入,尽管其中一部分并未于当期收到现金,只是形成了应收账款;第五,项目寿命终了时,以现金的形式收回的固定资产残值和垫支的流动资金,在计算利润时也得不到反映。

(3) 利润计算主观随意性很大。各期利润的多寡,在一定程度上受到所采用的存货估价、费用摊配和折旧等方法的影响。由于这些方法具有可选择性,往往因人而异,这就使利润作为企业投资决策的依据显得有些含糊不清,不太可靠了。

2. 现金流量的构成

投资决策中的现金流量,可由以下几个部分构成:

(1) 初始现金流量。是指开始投资时发生的现金流量。一般包括下列几项:① 固定资产上的原始投资。即购入固定资产的买价或建造成本、运输成本和安装成本等。② 与固定资产相配套的流动资产投资支出。包括对材料、现金等流动资产的投资。③ 其他投资费用。指与固定资产投资有关的又不属于上述两项的其他投资费用,如筹建小组费用、职工培训费用、聘请专家费用、注册费用等等。④ 原有固定资产的变价收入。这主要是指在固定资产的更新改造时,对原有固定资产变卖所得的现金收入。

(2) 营业现金流量。是指项目投资完成后,就整个寿命周期内由于正常生产营业所带来的现金流量。此类现金流量可按年计算。其净现金流量等于营业现金收入减去付现的营运成本(营业现金支出和税金)的差额。为了弄清权责发生制下净收益和营业上实际发生的净现金流量之间的关系,我们可用下列等式来表达:

$$\text{每年净现金流量}(NCF) = \text{营业现金收入} - \text{付现的营运成本}$$
$$= (\text{净利润} + \text{折旧} + \text{付现的营运成本}) - \text{付现的营运成本}$$
$$= \text{净利润} + \text{折旧}$$

(3) 终结现金流量。是指项目经济寿命终结时发生的现金流量。主要包括:① 固定资产的变价收入或残值收入。② 原垫支在各种流动资产上的资金收回等现金流入量。③ 清理固定资产而发生的清理费用等现金支出。

它们之间的差额为终结净现金流量,一般为正值。

例 某厂拟购进一新设备,其有关资料如下:

(1) 该设备购价 24 000 元,运杂费 1 000 元,安装费 600 元,追加流动资金投资 5 000 元。

(2) 该设备投产后每年上交销售税金 1 250 元,每年付现的生产成本 10 000 元,每年销售费用 800 元,每年管理费用 800 元,每年所得税 2 000 元,每年销售收入(不含折旧)23 000 元。

(3) 预计净残值 1 800 元;预计使用 5 年。

根据以上资料,可求得年折旧额及年净利润:

年折旧额 = (25 600 − 1 800)/5 = 4 760(元)

年净利润 = 23 000 − 1 250 − 10 000 − 800 − 800 − 2 000 = 8 150(元)

现金流量估算详见表 9-1。

表 9-1 现金流量估算表　　　　　　　　　　　　　　单位:元

年份	现金流出	现金流入
0	25 600 + 5 000 = 30 600	0
1	1 250 + 10 000 + 800 + 800 + 2 000 = 14 850	23 000 + 4 760 = 27 760
2	1 250 + 10 000 + 800 + 800 + 2 000 = 14 850	23 000 + 4 760 = 27 760
3	1 250 + 10 000 + 800 + 800 + 2 000 = 14 850	23 000 + 4 760 = 27 760
4	1 250 + 10 000 + 800 + 800 + 2 000 = 14 850	23 000 + 4 760 = 27 760
5	1 250 + 10 000 + 800 + 800 + 2 000 = 14 850	23 000 + 4 760 + 1 800 + 5 000 = 34 560

净现金流量估算详见表 9-2。

表 9-2 净现金流量估算表　　　　　　　　　　　　　　单位:元

年份	现金流出量	现金流入量	净现金流量
0	30 600	0	−30 600
1	14 850	27 760	12 910
2	14 850	27 760	12 910
3	14 850	27 760	12 910
4	14 850	27 760	12 910
5	14 850	34 560	19 710

表 9-2 中每年的净现金流量 12 910 元,很明显可以由每年的折旧额 4 760 元和每年的净利润 8 150 元加总求得。最后一年的净现金流量 19 710 元,除包括提取的折旧和净利润外,还包括收回的固定资产残值 1 800 元和流动资金回收额 5 000 元。

(二) 净现值法

这是一种通过判别投资方案的净现值来确定方案优劣的方法。所谓净现值(NPV)是指一项投资方案的未来报酬总现值与原投资额现值的差额。对于任何一项长期投资方案,决策者总是希望未来报酬的总金额比原来投资额大一些,这就需要将两者进行比较。但是,由货币时间价值概念可知,不同时期的等量货币额其价值是不相等的,只有将两者统一到同一时点上才好对比。因此,我们必须分别将未来的报酬和原来的投资额按相同的贴现率(通常为资本成本或预定的最低报酬率)折算成现值,再进行比较。若未来报酬的总现值大于原投资额现值,即净现值大于零,说明未来报酬抵补投资额后还有余额,也就是该方案的投资报酬率大于资本成本或预定的最低报酬率,这时方案可行;反之,净现值小于零,方案不可行。若几个方案的净现值大于零,则净现值大者为优。计算净现值的公式如下:

$$净现值(NPV) = 未来报酬总现值 - 原投资额现值$$

未来报酬的总现值包括每年净现金流量的现值和期末资产可变现价值的现值两部分。其中,若各年净现金流量相等,可按年金折成现值;若不等,则按普通复利(或单利)折成现值。固定资产的期末残值或中途变现价值按普通复利(或单利)折成现值。

原投资额现值,若是一次性投资,就是原投资额,若是分期投资,则需将它们分别折成现值后再加总,从而求得原投资额现值。

例 某企业拟引进一套设备,通过银行贷款一次性投资18万元,投产后每年获净利1.5万元,使用期为6年,期末净残值预计为6万元,银行利息按年息7.2%单利计算,试问该投资方案是否可行?

$$每年净现金流量 = 1.5 + (18-6)/6 = 3.5(万元)$$

因为每年净现金流量 R 相等,故按年金计算现值:

$$R\left(\frac{1}{1+i} + \frac{1}{1+2i} + \frac{1}{1+3i} + \frac{1}{1+4i} + \frac{1}{1+5i} + \frac{1}{1+6i}\right)$$

$$= 3.5 \times \left(\frac{1}{1+7.2\%} + \frac{1}{1+2\times 7.2\%} + \frac{1}{1+3\times 7.2\%} + \frac{1}{1+4\times 7.2\%} + \frac{1}{1+5\times 7.2\%} + \frac{1}{1+6\times 7.2\%}\right)$$

$$= 3.5 \times 4.8397 = 16.94(万元)$$

因为 期末残值的现值 $= \dfrac{6}{1+6i} = 4.19(万元)$

所以 未来报酬的总现值 $= 16.94 + 4.19 = 21.13(万元)$

净现值 $= 21.13 - 18 = 3.13(万元) > 0$

净现值大于零,说明该方案的投资报酬率超过银行贷款利率7.2%,故该方案可行。

例 新亚电扇厂有甲、乙两种固定资产投资方案备选。甲方案所需一次性投资25 600元,使用年限为4年,预计期末残值8 000元;乙方案一次投资额为20 000元,使用年限为4年,期末无残值。设资本成本为14%,两个方案各年净现金流量详见表9-3。试根据以上资料,计算两方案的净现值。

表9-3 甲、乙方案净现金流量 单位:元

年份	甲方案			乙方案		
	净利	折旧	净现金流量	净利	折旧	净现金流量
1	6 000	4 400	10 400	5 000	5 000	10 000
2	6 000	4 400	10 400	6 000	5 000	11 000
3	6 000	4 400	10 400	7 000	5 000	12 000
4	6 000	4 400	10 400	8 000	5 000	13 000
合计	24 000	17 600	41 600	26 000	20 000	46 000

甲方案每年净现金流量相等,故按年金折现。查"年金现值表",n 为4年、i 为14%的年金现值系数为2.914。

各年净现金流量现值 = 10 400×2.914 = 30 305.6(元)

期末残值应按普通复利折现,即

$$8\,000 \times \frac{1}{(1+14\%)^4} = 8\,000 \times 0.592 = 4\,736(元)$$

甲方案未来报酬总现值 = 30 305.6 + 4 736 = 35 041.6(元)

甲方案净现值 = 35 041.6 − 25 600 = 9 441.6(元)

乙方案每年净现金流量不等,故应分别按普通复利折成现值再加总,计算如下:

乙方案未来报酬总现值 = $10\,000 \times \frac{1}{1+14\%} + 11\,000 \times \frac{1}{(1+14\%)^2} + 12\,000 \times \frac{1}{(1+14\%)^3} + 13\,000 \times \frac{1}{(1+14\%)^4}$ = 33 025(元)

乙方案净现值 = 33 025 − 20 000 = 13 025(元)

甲、乙两方案的净现值都大于零,表明它们均可接受。但若它们是互斥的,考虑到两者的原投资额不一样,在决定选择哪一个时,就不能单凭比较净现值的大小来取舍,需要结合其他方法进一步分析。假定两个投资方案的原投资额相等,并且其净现值皆为正时,就应该选择净现值最大的方案。

例 若有 A、B 两个互斥方案,各年现金流量详见表 9-4,设资本成本为 8%,试作出选择。

表 9-4 A、B 方案现金流量表   单位:元

方案\年份	0	1	2	3
A	−10 000	7 000	7 000	—
B	−10 000	5 000	5 000	5 000

本例中的两个方案,虽然原投资额相等,但与上例不同,各方案的使用年限不一样,我们不能直接利用两方案的净现值来判别优劣。因为一般来说,固定资产使用年限长,其净现值要多些;相反,其净现值要少些。这时应该将各个方案的净现值分别换算成以每年年末为时点的平均净现值,即平均净收益,并据以比较优劣。

$$年均净收益 = \frac{净现值}{年金现值系数} = \frac{NPV}{(P/A,i,n)}$$

本例具体计算如下:

A 方案的净现值 = 7 000×(P/A,8%,2) − 10 000
              = 7 000×1.783 − 10 000 = 2 481(元)

B 方案的净现值 = 5 000×(P/A,8%,3) − 10 000
              = 5 000×2.577 − 10 000
              = 2 885(元)

A 方案年均净收益 = $\frac{2\,481}{1.783}$ = 1 391(元)

B 方案年均净收益 = $\frac{2\,885}{2.577}$ = 1 120(元)

计算表明,虽然 B 方案的净现值比 A 方案的多,但 B 方案的年均净收益却小于 A 方案,故应选择 A 方案。

净现值法在理论上比较完善,在投资决策中具有广泛的适用性,但该法也有一定的缺陷:第一,它不能揭示出各投资方案本身可能达到的实际报酬率究竟是多少;第二,当几个方案的原投资额不相同时,仅凭净现值绝对数的大小,是不能作出各方案投资获利水平高低的正确评价的,必须结合其他方法综合分析;第三,用来进行贴现计算的资本成本不易确定,特别是在经济动荡时期,金融市场的利率每天波动,计算资本成本更加困难,从而限制了净现值的使用范围。

(三) 现值指数法

现值指数(PI)法是通过判别现值指数来确定投资方案优劣的一种方法。

现值指数,又叫收益成本率或获利能力指数,是指未来报酬的总现值与原投资额现值的比率,即

$$现值指数(PI) = \frac{未来报酬总现值}{原投资额现值}$$

式中,分子、分母的含义与计算净现时相同。

若某方案的现值指数大于1,表明该方案的未来报酬总现值大于原投资额现值,方案可行。两方案比较时,以现值指数较大为优。

若某方案的现值指数等于1,说明未来报酬刚好抵补原投资额,方案无经济效益。

若某方案的现值指数小于1,说明未来报酬总现值小于原投资额现值,故方案不可行。

例 仍利用本节前面新亚电扇厂的例题资料计算如下:

甲方案的现值指数=35 041.6/25 600≈1.37

乙方案的现值指数=33 025/20 000≈1.65

甲、乙方案的现值指数皆大于1,但乙方案的更大些,若两方案是互斥的,则应选乙。

上例表明,现值指数与净现值不同,它是以相对数形式出现的,利用它可以正确评价几个不同原投资额方案的可行性,这一点正好弥补了净现值法的不足。现值指数反映投资的效率;净现值反映投资的效益,两者各有所长。实践中应将两者结合使用,以全面评价投资方案的优劣。

(四) 内含报酬率法

内含报酬率(IRR),又称内部报酬率或内在收益率,它是能使一项投资方案的净现值等于零的投资报酬率。也即,若用内含报酬率作为贴现率,对投资方案的每年净现金流量进行折现,能使未来报酬的总现值恰好等于该投资方案的原投资额现值。由此可见,内含报酬率的意义在于它是一个项目所能接受的最高折现率,如果再提高折现率,那么,项目的净现值将是负值,这个项目就不能被接受了,同时也能看出,这个内含报酬率其实就是项目所能得到的最高收益率。利用内含报酬率与该企业的资本成本相比较,若前者大于后者,则投资方案可行,否则不可行,这种决策方法就是内含报酬率法。

如前所述,净现值法和现值指数法虽然可以说明投资方案高于或低于某一特定的投资报酬率,但不能揭示方案本身可以达到的实际报酬率到底是多少,而内含报酬率可以。故目前西方银行在对投资项目进行评价时大都倾向于采用内含报酬率法。

内含报酬率的计算方法,因投资方案的每期净现金流量是否相等而有所不同。

1. 若每期净现金流量相等时,求内含报酬率

首先,求年金现值系数:

$$年金现值系数(P/A,i,n)=\frac{原投资额现值}{每期净现金流量}$$

其次,根据投资项目的寿命期(n)和年金现值系数($P/A,i,n$),查"年金现值表",查得相应的折现率(i),即内含报酬率。若不能恰巧查得相应的i,可在相同期数内找与求出的年金现值系数相邻近的两个较大和较小的折现率($i_1 < i_2$)。

最后,根据上述相邻的折现率(i_1、i_2)和已求得的年金现值系数,采用插值法计算出该投资方案的内含报酬率。

例 某企业拟利用银行贷款引进一套设备。设备一次性投资需 120 000 元,使用期为 10 年,期末无残值,投产后每年可提供税后净利和折旧 22 000 元。设资本成本为 13.5%(按复利计算),试作出是否应实施该项投资的决策。

第一步:计算年金现值系数。
$$年金现值系数 = 120\,000/22\,000 = 5.454$$

第二步:查"年金现值表"。
$$(P/A, i, 10) = 5.650,相应的 i = 12\%$$
$$(P/A, i, 10) = 5.216,相应的 i = 14\%$$

第三步:用插值法求值。

折现率			年金现值系数		
12%			5.650		
?%	$x\%$	2%	5.454	-0.196	-0.434
14%			5.216		

$$\frac{x\%}{2\%} = \frac{-0.196}{-0.434}$$

$$x\% = \frac{2\% \times (-0.196)}{-0.434} = 0.9\%$$

内含报酬率 $= 12\% + 0.9\% = 12.9\%$

因为资本成本是 13.5%,大于该方案的内部收益率,故此方案不可行。

2. 若每期净现金流量不等时,求内含报酬率

这种情况下,可以先凭直觉估计一个折现率,并按此折现率计算方案的净现值。若净现值为正数,则表明估计的折现率小于该方案的实际投资报酬率,应稍稍提高折现率的估计值;若净现值为负数,则表明该估计折现率大于方案实际的投资报酬率,应稍稍降低些。如此经过逐次测试逼近,最终找到净现值由正到负的两个相邻的折现率,然后采用插值法在找出的两个相邻折现率中间确定内含报酬率。插值法公式如下:

$$内含报酬率 = 偏低的折现率 + 两个折现率的差额 \times \frac{偏低折现率计算出的净现值}{两个折现率计算出的净现值绝对值之和}$$

例 某企业拟建一座装置,一次投资需 98 万元,使用年限为 5 年,期末无残值。设备所需资金全部借入,银行利率为 10%(按复利计)。当年投产,有关各年净现金流量资料详见表 9-5。试评价方案的可行性。

表 9-5　净现金流量表　　　　　　　　　　　　　　　　　　单位:万元

年份	1	2	3	4	5
净现金流量	15	30	30	35	35

该例中每年的净现金流量不等,故应估计一个折现率。根据经验,设该折现率为12%,经过第一次测算,净现值大于零;再设折现率为14%,经测算,净现值小于零。故可知内含报酬率应在12%~14%之间。以上计算过程详见表9-6。

表 9-6　内含报酬率计算表　　　　　　　　　　　　　　　　单位:万元

年份	每年净现金流量	按 12%贴现		按 14%贴现	
		现值系数	现值	现值系数	现值
1	15	0.893	13.395	0.877	13.155
2	30	0.797	23.910	0.769	23.070
3	30	0.712	21.360	0.675	20.250
4	35	0.636	22.260	0.592	20.720
5	35	0.567	19.845	0.519	18.165
未来报酬总现值			100.77		95.36
原投资额现值			98		98
净现值			2.77		−2.64

所求内含报酬率 $=12\%+(14\%-12\%)\times\dfrac{2.77}{|2.77|+|-2.64|}=13.2\%$

因该方案内含报酬率大于银行贷款利率10%,故方案可行。

二、非贴现现金流量法

(一) 投资回收期法

投资回收期是指某项投资额全部收回所需的时间。投资回收期越短越好,这是因为早收回的资金又可再投资,获得更多的经济效益。投资回收期法,就是通过对各投资方案的回收期进行比较来作出选择的方法。应用此法时,企业一般可先规定一个要求的回收期(约为投资项目经济寿命的一半),若某方案的投资回收期短于要求的回收期,该投资方案可行;否则,就不可行。若有几个方案,它们的回收期皆短于要求的回收期,并且只能选择其中之一,应选择回收期最短的那个。回收期计算公式为:

$$投资回收期 = \dfrac{原投资总额}{每年净现金流量}$$

回收期的具体计算因每年净现金流量是否相等而有所不同。

例　某企业拟增加一条流水线,有甲、乙两个投资方案可以考虑。每个方案所需投资额均为20万元,甲、乙两个方案的营业净现金流量如表9-7,试计算两者投资回收期并比较优劣,作出决策。

表9-7 甲、乙两方案净现金流量　　　　　　　　　　　　　　　　　　单位:万元

项目＼年份	0	1	2	3	4	5
甲方案净现金流量	−20	6	6	6	6	6
乙方案净现金流量	−20	2	4	8	12	2

甲方案每年净现金流量相等,可直接按上述公式计算:

$$甲方案投资回收期 = \frac{20}{6} = 3\frac{1}{3}(年)$$

由于乙方案每年净现金流量不相等,所以应先计算其各年尚未回收的投资额,其计算过程见表9-8。

表9-8 乙方案回收期计算　　　　　　　　　　　　　　　　　　　　　单位:万元

年份	每年净现金流量	年末尚未收回的投资
1	2	18
2	4	14
3	8	6
4	12	
5	2	

$$乙方案投资回收期 = 3 + \frac{6}{12} = 3\frac{1}{2}(年)$$

如果该公司要求回收期为4年,计算结果表明,甲方案和乙方案都是可行方案。若甲方案和乙方案是两个互斥方案,由于甲方案的回收期短于乙方案,则甲方案为最优方案。

回收期的优点在于它简便易行。主要缺点是它没有考虑到回收期以后的现金流量,因此,它不能说明该项投资究竟能获得多少收益;另外,它也没有考虑到回收期流入现金的时间性。

(二) 平均收益率法

这种计算方法是一种会计计算法,它是某个投资项目的各年平均税后利润与该项目的平均投资额的比率。平均投资额等于建设期投资支出减去流动资产支出加上残值收入除以2。其计算公式为:

$$平均收益率 = \frac{平均每年税后利润}{\frac{建设期投资支出 - 流动资产 + 残值}{2}} \times 100\%$$

例 某项目的经济年限为6年,平均每年税后利润为50 000元,建设期固定资产投资(已扣除流动资产)200 000元,残值收入约为7 000元,则

$$该项目平均收益率 = \frac{50\,000}{\frac{200\,000 + 7\,000}{2}} \times 100\% = 48.31\%$$

一般地,如果平均收益率大于或等于资本成本,投资项目具有可行性;反之,如果平均收益率小于资本成本,则投资项目不可行。从该例计算结果可以判断,倘若资本成本低于或等于

48.31%,投资项目具有可行性。

平均收益率法的主要优点是简单易算,利用了很容易得到的会计数据。一个投资方案的平均收益率计算出来以后,就可以把它同投资者要求的收益率进行比较,来确定是否采纳。这种方法的主要缺点在于:它所依据的是会计数据,而不是现金流量;它没有考虑到现金流入和流出的时间性;它忽视了货币的时间价值,把最后一年投资效益的价值视同第一年投资效益的价值。

第三节 固定资产折旧方案管理

一、固定资产折旧方法

(一) 固定资产折旧的概念、意义及范围

固定资产折旧是指固定资产在使用过程中由于不断损耗(包括有形磨损和无形磨损)而转移到产品成本中去的那部分价值。在一定时期内转移到产品成本中去的那部分价值的货币表现就是折旧费。当产品销售后,企业就从销售收入中把这部分价值收回。

正确计算固定资产折旧,有以下两点意义:一是为正确计算产品成本提供可靠的数据,因为折旧费是构成产品制造成本的重要项目。二是为固定资产的更新提供资金来源。当固定资产报废需要更新时,由于平时逐期通过销售收入回收了相当于固定资产转移到产品成本中的价值,这就使得固定资产的更新有了资金保障。

计提折旧的固定资产范围,现行财务制度规定,企业在用的固定资产(包括经营用固定资产、非经营用固定资产、租出固定资产等)一般均应计提折旧。具体范围包括:房屋和建筑物;在用的机器设备、仪器仪表、运输工具;季节性停用、大修理停用的设备;融资租入的固定资产和以经营租赁方式租出的固定资产。此外,制度还规定:生产任务不足、处于半停产企业的设备要全额计提折旧;通过局部轮番大修实现整体更新的固定资产,如企业的道路、露天地坪等,也要计提折旧。不提折旧的固定资产包括:未使用、不需用的机器设备;以经营租赁方式租入的固定资产;在建工程项目交付使用以前的固定资产;已提足折旧继续使用的固定资产;未提足折旧提前报废的固定资产;国家规定不提折旧的其他固定资产(如土地等)。

(二) 平均折旧法

平均折旧法是根据固定资产的折旧额(固定资产原值减预计净残值)按预计使用年限、预计工作时数或预计产量平均计算固定资产转移价值的方法。采用平均折旧法计提折旧,可以均衡地将固定资产的价值转移到产品中去,有利于保持不同时期产品成本的可比性,计算方法也简便易行。但按此方法计提的折旧额不能如实地反映固定资产价值在不同时期的磨损程度。

平均折旧法所计算出来的各期或单位工作时间或单位产量的折旧额是相等的,其累计折旧额在直角坐标系中呈直线分布,故通常将平均折旧法称为直线法。

1. 使用年限法

该方法是按使用年限来计算各期应计固定资产折旧。其计算公式如下:

$$固定资产年折旧额 = \frac{原始价值-(预计残值-预计清理费)}{预计使用年限}$$

$$\text{固定资产月折旧额} = \frac{\text{年折旧额}}{12}$$

实际工作中,固定资产折旧额通常是利用折旧率来计算的。折旧率是指折旧额占原始价值的比率,反映固定资产的磨损程度。其计算公式如下:

$$\text{固定资产年折旧率} = \frac{\text{年折旧额}}{\text{原始价值}} \times 100\%$$

或

$$\text{固定资产年折旧率} = \frac{1 - \text{预计净残值率}}{\text{折旧年限}}$$

公式中预计净残值率是指预计净残值占固定资产原值的比率,一般为3%~5%。

$$\text{固定资产月折旧额} = \frac{\text{年折旧率}}{12}$$

$$\text{固定资产月折旧额} = \text{固定资产原值} \times \text{月折旧率}$$

例 某设备按使用年限法计算折旧,原值80 000元,预计使用5年,预计残值为3 000元,清理费用为1 000元,则

$$\text{年折旧额} = \frac{80\,000 - (3\,000 - 1\,000)}{5} = 15\,600(\text{元})$$

$$\text{年折旧率} = \frac{15\,600}{80\,000} \times 100\% = 19.5\%$$

$$\text{月折旧率} = 19.5\% \div 12 = 1.6\%$$

$$\text{月折旧额} = 80\,000 \times 1.6\% = 1\,280(\text{元})$$

2. 工作时间法

这种方法是以固定资产应计折旧总额除以预计使用期内工作小时数求得单位工作小时折旧额。计算公式如下:

$$\text{单位工作小时折旧额} = \frac{\text{固定资产原值} - (\text{预计残值} - \text{清理费用})}{\text{预计使用期内工作小时总数}}$$

$$= \frac{\text{固定资产原值} \times (1 - \text{预计净残值率})}{\text{预计工作小时总数}}$$

或

$$\text{某年(月)折旧额} = \text{固定资产全年(月)工作时间} \times \text{单位工作小时折旧额}$$

例 某大型设备原价为76 000元,预计可使用4年,总工作时间预计为6 000小时,各年工作时间预计分别为1 500、3 000、1 000和500小时,预计残值为11 000元,清理费用为1 000元,则

$$\text{单位工作小时折旧额} = \frac{76\,000 - (11\,000 - 1\,000)}{6\,000} = 11(\text{元})$$

第一年折旧额:1 500×11=16 500(元)

第二年折旧额:3 000×11=33 000(元)

第三年折旧额:1 000×11=11 000(元)

第四年折旧额:500×11=5 500(元)

3. 工作量法

这种方法是以固定资产折旧总额除以预计使用期内可以完成的工作量,求得单位工作量折旧额,再据以计算各期折旧额。计算公式如下:

$$\frac{\text{单位工作量}}{\text{折 旧 额}} = \frac{\text{原始价值} - (\text{预计残值} - \text{清理费})}{\text{使用期内可以完成的总工作量}}$$

或

$$\frac{\text{单位工作量}}{\text{折 旧 额}} = \frac{\text{原始价值} \times (1 - \text{预计净残值率})}{\text{总工作量}}$$

$$\frac{\text{某年(月)}}{\text{折旧额}} = \frac{\text{单位工作量}}{\text{折 旧 额}} \times \frac{\text{某年(月)}}{\text{工作量}}$$

公式中的工作量可以某机器设备的行驶里程、工作台班数等表示。

例 某厂一辆载重汽车原值 80 000 元,预计使用期内能行驶 180 000 千米,净残值为 8 000 元。本年行驶 50 000 千米,则

$$\text{每千米折旧额} = \frac{80\,000 - 8\,000}{180\,000} = 0.4(\text{元})$$

本年折旧额 = 0.4 × 50 000 = 20 000(元)

工作小时法和工作量法是把固定资产的全部损耗价值在其全部工作小时或全部工作量上平均分配。这种方法既能较准确地反映生产设备的实际损耗,又能为计算产品成本提供准确的资料,符合费用与收益配比的原则。一般适用于损耗程度与工作小时或工作量的多少联系比较密切的固定资产,如精密仪表、运输汽车、冶炼设备、建筑机械、大型专用设备等。

(三) 加速折旧法

加速折旧法是加速和提前计提折旧的方法。采用加速折旧法计提的固定资产折旧额,在固定资产使用的早期提取的折旧较多,而在最后几年提取的折旧较少,在整个折旧期间内,折旧费用呈逐年递减的趋势,从而使固定资产的原始成本在有效使用年限内尽早摊入成本费用。

加速折旧法主要有双倍余额递减法、年数总和法、余额递减法等。采用加速折旧法的原因有四个:第一,可以更好地贯彻收入与成本费用相配比的原则。一般地,固定资产在全新状态下使用效益最高、创造价值最多,在投入使用的最初几年内能为企业带来较多的经营收入,为了使成本费用与收入相配比,固定资产在使用初期应该多提折旧,后期则应相对少提折旧。第二,在固定资产使用期限内可以均衡各期固定资产的使用成本,有利于产品参与市场竞争。固定资产在投入使用的最初几年一般发生的修理费用较少,随着使用期限的增加,固定资产逐渐变旧,所需的修理费用也逐渐加大。因此,虽然在最初几年提取的折旧较多,以后各期折旧逐渐减少,但在固定资产的整个使用期内,每年折旧与修理费用的总和基本趋于一致,从而可以均衡各期的使用成本,以利于企业产品参与市场竞争,保持企业的盈利水平。第三,可以加速固定资产的更新改造。随着科学技术的发展,固定资产的更新也相应加快,为了促进企业提前采用新的科技成果,加速设备更新,应充分重视固定资产无形损耗的因素。采用加速折旧法,可以加快固定资产成本的收回,以尽早实现固定资产的更新换代。第四,可以减轻企业前几年的税负。加速折旧法与直线法相比,在固定资产投入使用的最初几年由于成本费用中计入了较多的折旧费,因而使最初几年应税收入减少,减轻了企业前几年的税负,从而提前取得部分现金净收入,实际上等于取得了一笔无息贷款。

鉴于加速折旧法的特点,为了体现国家的产业政策,现行财务制度规定了加速折旧法的适用范围,即只适用于在国民经济中具有重要地位、技术进步较快的电子生产企业、船舶工业企业、生产"母机"的机械企业、飞机制造企业、汽车制造企业、化工生产企业和医药生产企业以及其他财政部批准的某些行业的企业。双倍余额递减法和年数总和法是现行财务制度规定可以采用的方法。企业有权选择财务制度规定的一种具体方法,并在开始实行年度前报主管财政机关备案。企业折旧方法一经选择,不得随意变更。如果需要变更,必须在变更年度以前,由企业提出申请,报主管财政机关批准。

1. 余额递减法

该法以固定资产年初折余价值为计提折旧的基础,乘上一个事前规定的固定不变的折旧率来确定年折旧额。随着各年提取折旧,固定资产折余价值在逐年递减,而折旧率是固定的,各年折旧额则逐年减少,故该方法叫余额递减法或者定率递减法。余额递减法的折旧率计算公式如下:

$$r = 1 - \sqrt[n]{\frac{S}{C}}$$

式中:r——折旧率;
C——固定资产原值;
S——固定资产预计净残值;
n——固定资产预计使用年限。

各年折旧额=各年年初折余价值×折旧率

余额递减法各年折旧额在直角坐标系中呈递减曲线,如图 9-1 所示。

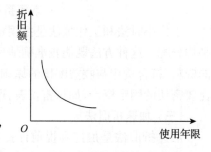

图 9-1 余额递减法示意图

例 某设备原值 80 000 元,预计使用年限 4 年,预计净残值 8 000 元,试按余额递减法确定各年折旧额。

$$r = 1 - \sqrt[4]{\frac{8\ 000}{80\ 000}} = 43.77\%$$

各年折旧额计算详见表 9-9。

表 9-9 固定资产折旧情况表　　　　　　　　　　　　　　　　　单位:元

年份	折余价值(年末数)	折旧率/%	各年折旧额	累计折旧额
0	80 000(原值)			
1	44 984	43.77	35 016	35 016
2	25 295	43.77	19 689	54 705
3	14 224	43.77	11 071	65 776
4	8 000(净残值)	43.77	6 224	72 000

2. 年数总和法

该法是以固定资产原值减预计净残值后的余额为计提折旧的基础,与一个逐年递减的折旧率相乘而计算出折旧的方法,也叫变率递减法。这个递减折旧率的分子是折旧年数各个数字的相反顺序,即年初时的余存使用年数;分母是折旧年限的总和。由于与固定资产账面原值

扣除净残值后的余额相乘的折旧率是递减的,所以,每年计算出的折旧额也是递减的。其计算公式如下:

$$年折旧率 = \frac{折旧年限 - 已使用年数}{折旧年限 \times (1 + 折旧年限) \div 2} \times 100\%$$

$$年折旧额 = (固定资产原值 - 预计净残值) \times 年折旧率$$

$$月折旧率 = \frac{年折旧率}{12}$$

$$月折旧额 = (固定资产原值 - 预计净残值) \times 月折旧率$$

例 某设备原值 90 000 元,预计净残值 500 元,预计使用年限 4 年,则:

第一年:折旧率 $= \dfrac{4-0}{4 \times (4+1) \div 2} = \dfrac{4}{10} = 40\%$

折旧额 $= (90\,000 - 500) \times 40\% = 35\,800(元)$

第二年:折旧率 $= \dfrac{4-1}{4 \times (4+1) \div 2} = \dfrac{3}{10} = 30\%$

折旧额 $= (90\,000 - 500) \times 30\% = 26\,850(元)$

第三年:折旧率 $= \dfrac{4-2}{4 \times (4+1) \div 2} = \dfrac{2}{10} = 20\%$

折旧额 $= (90\,000 - 500) \times 20\% = 17\,900(元)$

第四年:折旧率 $= \dfrac{4-3}{4 \times (4+1) \div 2} = \dfrac{1}{10} = 10\%$

折旧额 $= (90\,000 - 500) \times 10\% = 8\,950(元)$

3. 双倍余额递减法

该法是在不考虑固定资产残值的情况下,用直线法折旧率的双倍乘以固定资产期初净值,作为各期折旧额。计算公式如下:

$$年折旧率 = \frac{2}{预计使用年限} \times 100\%$$

$$年折旧额 = 期初固定资产净值 \times 年折旧率$$

应用双倍余额递减法时必须注意,不能把固定资产的账面净值降低到它的预计残值下。如果下述条件成立,则应转换为直线法计提折旧,这一条件是:

$$某年按双倍余额递减法计算的折旧额 < 某年用直线法计算的折旧额$$

上式中:

$$某年用直线法计算的折旧额 = \frac{账面净值 - 预计残值}{剩余使用年限}$$

现行财务制度规定,实行双倍余额递减法的固定资产,应当在其折旧年限到期前两年内,将固定资产净值扣除预计残值后的净额平均摊销。这样,固定资产最末年的净值与预计残值相等。

例 一台压缩机的原值为 40 000 元,预计残值 1 000 元,预计使用年限为 5 年,采用双倍余额递减法计算的各年折旧额详见表9-10。

表9-10 折旧额计算表   单位:元

年份	期初账面净值	折旧率/%	折旧额	累计折旧额	期末账面净额
1	40 000	40	16 000	16 000	24 000
2	24 000	40	9 600	25 600	14 400
3	14 400	40	5 760	31 360	8 640
4	8 640	—	3 820	35 180	4 820
5	4 820	—	3 820	39 000	1 000

表中:折旧率$=\frac{2}{5}\times 100\%=40\%$

又由于第四年用直线法计算的折旧额大于双倍余额递减法的折旧额,即:

$$\frac{8\,640-1\,000}{2}>8\,640\times 40\%$$

$$3\,820>3\,456$$

故从第四年起改用直线法。

第四年、第五年折旧额均为:

$$\frac{8\,640-1\,000}{2}=3\,820(元)$$

二、最佳更新期的确定

一项固定资产从投入使用到丧失其应有功能而在技术上报废为止,一般要经历相当长的期限,这个期限称为固定资产的自然寿命或物质寿命。基于物质耐久性观点,我们总希望固定资产在技术上能够被使用的时期越长越好。然而,从经济合理性观点来看,就不是这样了。因为在固定资产的使用过程中,一方面由于折旧的原因,固定资产的持有成本(指固定资产折旧及其占用资本的应计利息)逐年下降;另一方面,由于固定资产逐渐陈旧、性能不断降低,从而引起了维持费、能源消耗等运行成本的逐年上升。两者变化的结果必然形成一个固定资产的年平均成本,其值随着使用年限的延长而逐年减少,当减至一个最低水平后就转而逐年增加,如图9-2所示。固定资产从开始启用到其年平均成本最低时的期限,我们称之为固定资产的经济寿命。在固定资产达到经济寿命后若继续维持使用,其年平均成本将大幅度上升,企业将得不偿失。由此可见,从经济观点来看,固定资产达到其经济寿命时期就不宜继续使用,而应考虑更新。固定资产的年平均成本达到最低值时的那个时点就是最佳更新期。

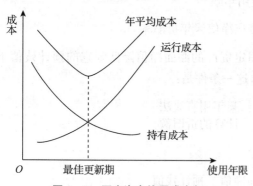

图9-2 固定资产使用成本与使用年限关系示意图

最小年平均成本和最佳更新期的确定按是否考虑货币的时间价值而有所不同。

(一) 不考虑货币时间价值时年平均成本的计算和最佳更新期的确定

这种情况下,年平均成本是使用固定资产每年的平均持有成本与运行成本之和。在不考虑资本成本因素时,持有成本就是折旧,运行成本是指逐年增加的材料费、人工费、能源消耗、废品损失以及维护费用等项目。

最小年平均成本和最佳更新期,可以用列表法确定,在表中先计算各年的年平均成本,然后通过观察找到最小值。这种方法虽然简单,但由于要逐年试算,故比较麻烦。最简便的方法是应用数学模型求得极小值来确定。公式为

$$C_t = \frac{D}{n} + Q + \frac{(n-1)q}{2} \tag{9-1}$$

式中:C_t——年平均成本;

D——使用期内的折旧总额,即固定资产原值减去净残值;

n——固定资产使用年限;

q——运行成本的每年增加额,每年增加额不一定相等,但为便于分析按线性处理;

Q——第1年的运行成本(主要是维修成本)。

将式(9-1)对 n 求一阶导数,并令其结果为零,得

$$C_t' = -\frac{D}{n^2} + \frac{q}{2} = 0$$

解出 n,即得固定资产的经济寿命(第 n 期即最佳更新期),见式(9-2)。

$$n = \sqrt{\frac{2D}{q}} \tag{9-2}$$

将式(9-2)代入式(9-1)即得最小年平均成本:

$$C_t = \frac{D}{\sqrt{\frac{2D}{q}}} + \frac{\left(\sqrt{\frac{2D}{q}} - 1\right)q}{2} + Q = \sqrt{2Dq} - \frac{q}{2} + Q$$

(注:设第1年的运行成本为零。若不为零,因其不受使用年限长短的影响,故也不影响最佳更新期的确定)

例 某设备原价 2 860 元,估计净残值为 220 元,使用年限为 6 年,运行成本每年增加 330 元。若不考虑货币时间价值,试确定最小年平均成本和最佳更新期。

$$D = 2\,860 - 220 = 2\,640(元)$$

最小年平均成本 $C_t = \sqrt{2 \times 2\,640 \times 330} - \frac{330}{2} = 1\,155(元)$

经济寿命 $n = \sqrt{\frac{2 \times 2\,640}{330}} = 4(年)$

即该设备最佳更新期在第 4 年。

上述结论详见表 9-11。

表 9-11 最佳更新期确定表　　　　　　　　　　　　　　　　　　　　　　单位:元

使用年数 n	1	2	3	4	5	6
各年运行成本 $(n-1)q$	0	330	660	990	1 320	1 650
年均运行成本 $(n-1)q/2$	0	165	330	495	660	825
年均持有成本 D/n	2 640	1 320	880	660	528	440
年平均成本 C_t	2 640	1 485	1 210	1 155	1 188	1 265

通过表 9-11 计算可知,该设备在第 4 年平均成本最低,故这时为最佳更新期。

（二）考虑货币时间价值时年平均成本的计算和最佳更新期的确定

这种情况下的年平均成本可由下式确定：

$$U_AC_n = \left[I - \frac{R_n}{(1+i)^n} + \sum_{t=1}^{n}\frac{F_t}{(1+i)^t}\right] \div (P/A, i, n)$$

式中：U_AC_n——固定资产的年平均成本；

I——固定资产原始价值；

R_n——固定资产使用 n 年以后的余值；

i——贴现率（或资本成本，或最低投资报酬率）；

F_t——t 期运行成本。

以上公式中原值（I）减去余值（R_n）的现值，即为到 n 年时的累计折旧现值，再加上至 n 年时的运行成本（F_t）的现值的累计数，就是至 n 年时累计总成本现值，以其除以年金现值系数，即为该年的平均成本现值（U_AC_n）。U_AC_n 最低的时期即该固定资产的最佳更新期。

例 某设备原始价值为 200 000 元,预计使用年限为 10 年,净残值为 15 000 元。设第一年运行成本为 25 000 元,以后每年以 15% 递增。又知银行贴现率为 5%,折旧按年数总和法计算。试确定该设备的最佳更新期。

各年成本数据计算详见表 9-12。观察此表可知,在考虑货币时间价值的情况下,该设备在第 4 年的年平均成本最低,为 67 472 元,故该设备的经济寿命是 4 年,使用 4 年后更新最佳。

表 9-12 成本数据计算表　　　　　　　　　　　　　　　　　　　　　　单位:元

n	I	D_i	R_n	$\frac{1}{(1+i)^n}$	$\frac{R_n}{(1+i)^n}$	F_t
	(1)	(2)	(3)	(4)	(5)	(6)
1	200 000	33 636	166 364	0.952	158 379	25 000
2	200 000	30 273	136 091	0.907	123 435	28 750
3	200 000	26 909	109 182	0.864	94 333	33 063
4	200 000	23 545	85 637	0.823	70 479	38 022
5	200 000	20 182	65 455	0.784	51 317	43 725
6	200 000	16 818	48 637	0.746	36 283	50 284
7	200 000	13 455	35 182	0.711	25 014	57 827
8	200 000	10 091	25 091	0.677	16 987	66 500
9	200 000	6 727	18 364	0.645	11 845	76 475
10	200 000	3 364	15 000	0.614	9 210	87 946

续表

n	$\dfrac{F_t}{(1+i)^n}$	$\sum \dfrac{F_t}{(1+i)^n}$	(1)−(5)+(8)	$(P/A,i,n)$	$U_A C_n$
	(7)=(6)×(4)	(8)	(9)	(10)	(11)=(9)÷(10)
1	23 800	23 800	65 421	0.952	68 720
2	26 076	49 876	126 441	1.859	68 016
3	28 566	78 442	184 109	2.723	67 613
4	31 292	109 734	239 255	3.546	67 472
5	34 280	144 014	292 697	4.330	67 597
6	37 512	181 526	345 243	5.075	68 015
7	41 115	222 641	397 627	5.786	68 722
8	45 021	267 662	450 675	6.463	69 332
9	49 326	316 988	505 143	7.107	71 067
10	53 999	370 987	561 777	7.721	72 750

第四节　无形资产管理概述

一、无形资产管理的意义

(一) 无形资产的概念及管理意义

无形资产是企业长期使用而没有实物形态的那部分资产。无形资产不具有实物形态，但能够为企业提供某种特权或权利。

无形资产作为企业的一项重要长期资产，虽然没有实物形态，但它与企业继续经营有关，并完全作用于企业的生产经营活动。把无形资产运用到生产经营中可以转化为生产力，提高劳动生产率，节约能源，降低消耗，改善产品结构，加速产品更新换代，同时它也可能给企业带来很大的风险。因此，加强无形资产的投资管理，对企业来说已具有现实的和深远的意义。

(二) 无形资产的特征

1. 无实物形态

无形资产不同于有形固定资产，没有特定的物质实体，通常只表现为企业所拥有的一种特殊权利，主要以知识形态存在。又由于它流动性差，有别于流动资产，而属固定资产之列，构成了企业的一项特殊长期资产。

2. 占有和使用权的垄断性

有形固定资产可以大批量生产制造，但无形资产的产生是单一的，仅与特定的主体有关，在法律、制度的保护下，禁止非所有权人无偿地取得和占有。由于这一特征，导致了无形资产价格背离价值的必然性和价格确定的困难性。

3. 所能提供的未来经济效益及其有效期限有很大的不确定性

无形资产在一般情况下能给企业带来高于一般水平的收益，但也有一些无形资产，不能给企业带来收益，如某种专有技术在开发过程中花费很多，但使用后效果并不理想。无形资产能产生效益的有效期限也不一定，如有的专利技术随着新技术的出现而丧失进一步使用的价值。

(三) 无形资产的内容

无形资产主要由知识产权和专有技术构成,也包括一些为提供运用条件的特种权利(如场地使用权)。知识产权是指法律赋予知识产权人对其智力创作和脑力劳动而产生的某种特有权利和技术知识所享有的在一定时间或一定区域内的垄断权或独占权。它主要包括工业产权和著作权。工业产权一般是指专利权和商标权的统称。具体地讲,无形资产的主要内容包括专利权、专有技术、专营权、商标权、版权、商誉、土地使用权、计算机软件等等。

二、无形资产的计价

(一) 无形资产计价方法

无形资产计价较复杂,一方面,各种无形资产均有其特殊性;另一方面,取得无形资产的途径是多样的,有的无形资产还有极大的不可确定性。鉴于无形资产的特殊性,现行制度规定无形资产取得时均应按实际成本计价,各种来源的无形资产具体计价方法如下:

1. 外部购入的无形资产,按实际支付的价款计价;
2. 投资者投入的无形资产,按评估确认或合同、协议约定的金额计价;
3. 自行开发研制的无形资产,按照开发过程中的实际支出计价;
4. 接受捐赠的无形资产,按照发票账单所列金额或者同类无形资产的市价计价。

无形资产计价时,有如下几点需注意:

(1) 专利权如果是外购的,其实际支付的价款除了买价外,还包括为创造该项专利的试验费、申请专利登记费及聘请律师费用等。但企业创造某项专利时,往往不能保证一定能够成功。为了稳重起见,处于试验阶段而无十分把握成功的情况下所发生的费用一般可计入当期费用,待成功后,再把所发生的费用资本化,作为无形资产管理。

(2) 尽管商标常常与企业广告宣传和客户的信赖等密切相关,但广告费一般不作为商标权的计价成本,而直接作为销售费用计入当期损益。

(3) 尽管商誉可以是自己建立的,也可以是向外购入的,但只有向外购入的,才能作为商誉计价。也就是说,除了企业合并,如兼并或购买另一个企业外,商誉不得作价入账,并且商誉的计价和非专利技术的计价一样,应当经法定评估机构确认。

(二) 无形资产的摊销

如同固定资产的折旧一样,无形资产的原始价值也要从无形资产开始使用之日起,在有效期限内平均摊入管理费用。无形资产摊销应考虑以下几个问题:

1. 无形资产的有效使用年限

无形资产的有效使用年限,现行财务制度有如下规定:

(1) 法律和合同或者企业申请书分别规定有效期限和受益年限的,按照法定有效期限与合同或者企业申请书规定的受益年限孰短的原则确定。

(2) 法律没有规定有效期限,企业合同或者申请书中规定有受益年限的,按照合同或者企业申请书规定的受益年限确定摊销期限。

(3) 法律和合同或者企业申请书均未规定有效期限或者受益年限的,按照不少于10年的期限确定。

2. 无形资产摊销额的计算

无形资产摊销采用直线法,可按下列公式计算:

$$\text{无形资产年摊销额} = \frac{\text{无形资产原值}}{\text{有效年限}}$$

$$\text{无形资产月摊销额} = \frac{\text{年摊销额}}{12}$$

$$\text{无形资产年摊销率} = \frac{\text{年摊销额}}{\text{无形资产原值}} \times 100\%$$

例 A 企业从 B 企业购入一项专有技术,实际支付价款为 18 万元,法律规定的有效期限为 12 年,则该项无形资产的摊销计算如下:

$$\text{无形资产年摊销额} = \frac{18}{12} = 1.5（\text{万元}）$$

$$\text{无形资产月摊销额} = \frac{1.5}{12} = 0.125（\text{万元}）$$

$$\text{无形资产年摊销率} = \frac{1.5}{18} \times 100\% = 8.33\%$$

三、无形资产的日常管理

(一) 无形资产投资管理

无形资产投资管理,关键是无形资产投资方向的选择。无形资产的投资方向,就是企业将某一特定数额的资金投资在哪种无形资产的取得途径上。企业无形资产投资方向的选择是一个极其复杂的决策过程,它直接关系到企业的兴衰存亡。因此,企业在进行无形资产投资方向的决策时,应着重考虑下列因素:

1. 投资成本和效益因素

一般地,企业在选择无形资产投资方向时,首先要考虑的就是无形资产投资成本的多少,以及投资后所带来的超额收益的大小。总的原则是:无形资产投资效益要最大化,投资成本要最小化,且投资效益必须大于投资成本。

无形资产投资收益,主要有两方面:

一是优质优价收益,即:

$$\text{优质优价收益} = \left(\text{运用无形资产后单价提高额} + \text{运用无形资产后单位变动成本降低额}\right) \times \text{该产品实际销售数量}$$

二是优质广销收益,即:

$$\text{优质广销收益} = \left(\text{单位售价} - \text{单位变动成本}\right) \times \text{因运用无形资产而扩大的销量} - \text{因销量扩大而增加的固定费用}$$

无形资产投资成本一般应包括:
(1) 用来进行无形资产投资的资金的资金成本;
(2) 获取无形资产本身的代价。

比如,自创无形资产时,无形资产本身的代价就包括研制与开发时的资本性支出、研制与开发过程中的生产性支出和必要的注册登记费用等;外购无形资产的本身的代价就是为获取该无形资产时所需的全部费用;投资者投入的无形资产的本身的代价就是该无形资产经双方确认或经评估机构评估确认的入账价值;与其他单位合作开发的无形资产的本身的代价包括自创无形资产时的全部投资成本,还包括支付给合作方的有关费用支出。

2. 未来收益的风险因素

无形资产投资后能给企业带来多少超额收益存在很大的不确定性。某些技术性的无形资产会因受到科技进步的冲击,而使未来效益不确定,且未来实际收益与现时收益之间也存在着较大的差异。对于无形资产的这种未来收益的风险性,企业应做好更新无形资产的充分准备。

(二) 无形资产使用的管理

对于无形资产使用的管理,我们应注意以下几点:

1. 加强无形资产的核算,正确反映无形资产的价值变动及产生的效应

无形资产的特殊性决定了企业必须对它进行单独核算和管理,通过单独计价,分别核算,分期摊销,以正确反映它的价值变动与补偿,为无形资产管理及时提供信息与依据,充分发挥无形资产在企业生产经营活动中的重要作用。

2. 区别对待,全面管理

对具有不同特点的无形资产应采取不同的管理方法。如对专利权的管理,必须严格关注其法定有效年限,并防止在法定年限内被窃。商标应及时登记注册,并注意其有效期内可能发生的变化,发现假冒后及时追究法律责任。对专有技术,应严守秘密,防止被窃,以免造成损失。

3. 讲究效益,提高无形资产的利用率

无形资产具有极强时效性的特点,决定了企业应在其有效期内充分利用它的独占权和特权,充分发挥其效用。具体可通过以下方式进行:积极开拓市场,努力扩大企业的产销数量,组织满负荷运行,使无形资产得到充分利用;组织无形资产的对外出售或转让,以提高无形资产的利用率,增加企业效益。

4. 建立健全无形资产各种使用管理制度

企业无形资产使用管理制度的建立,应在财务部门实施综合性和指导性管理的基础上,由企业内部有关部门按照各种管理制度实行责任管理。如专利权、专有技术应归口技术部门管理;专营权、土地使用权、租赁权应归口生产、销售部门管理等等。各个归口管理部门,又应按照经济责任制的原则,实行分级管理,以明确经济责任,提高无形资产利用效果。

(三) 无形资产的转让

企业的无形资产可以转让出去,转让的方式有无形资产所有权转让和使用权转让两种。无论以哪种方式转让,所得到的收入均作为企业的其他业务收入处理。转让时,要注意下列两个问题:

1. 转让无形资产所有权与转让无形资产使用权的成本确定方法不一致

如转让其所有权,转让成本应按转让无形资产的摊余价值计算,其转让收入列为其他业务收入。如转让无形资产使用权,则应将为履行出让合同所规定的义务时所发生的费用(如派出技术人员的费用等)作为转让无形资产使用权的转让成本,转让收入作其他业务收入处理。

2. 土地使用权转让收入处理的特殊性

按照国务院(1992)62号《关于发展房地产业若干问题的通知》的规定,国有企业的建设用地继续采用划拨方式。因此,凡通过划拨方式取得的土地使用权,政府不收取地价补偿费,也不得自行转让、出租和抵押;需要对土地使用权进行转让的,其转让收入,包括土地出让金(或土地增值费),企业应全部上缴给财政部门,由财政部门分别解缴中央政府和地方政府,而不作其他业务收入处理。

(四) 无形资产利用效果考核

无形资产投资及利用效果的考核可运用下列指标进行：

1. 无形资产占全部有形资产的比率。其计算公式如下：

$$\text{无形资产占全部有形资产的比率} = \frac{\text{无形资产}}{\text{固定资产} + \text{流动资产}} \times 100\%$$

企业无形资产占全部有形资产的比率应是适当的。如果这项比率太低，说明企业忽视无形资产，而有形资产如不与无形资产相结合，也不会充分发挥它的应有作用。

2. 无形资产利润率。其计算公式如下：

$$\text{无形资产利润率} = \frac{\text{利润额}}{\text{无形资产}} \times 100\%$$

这项指标用以反映和考核企业无形资产的获利情况。比率过低，说明企业没有重视无形资产投资与加强管理，从而影响了利润的提高。

第十章 金融资产管理

第一节 购买短期有价证券

一、短期有价证券的特点及企业持有的原因

（一）短期有价证券的特点

1. 短期有价证券的变现性强

短期有价证券通常在有组织的货币市场上买卖，流动性非常强，企业可根据需要随时买进卖出，因此，其变现性仅次于现金。

2. 有价证券有一定的风险性

这种风险因证券种类而异。证券投资的风险是指投资人持有某种有价证券在规定期内实际收益小于预期收益或者到期不能收回本金和利息的不确定性。证券投资风险有多种，包括利率风险、拒付风险、购买力风险和政策风险。

利率风险是市场利率变动使投资者亏损的可能性。

拒付风险是证券发行者由于财务的原因无法到期足额支付证券投资者本金和利息（或股利）的可能性。

购买力风险是指由于商品价格上涨、通货膨胀而使投资者所获报酬的购买力下降的风险。

政策风险是由于政府政策变动而导致经济高涨或紧缩从而影响证券价格的风险。

总的来说，短期有价证券持有时间短，风险较小，但不同的有价证券，其风险程度有所不同。一般来说，债券的风险很小，安全性强。政府债券几乎没有风险；公司债券只要发行公司不倒闭，风险也较小，即使破产，债权人也能优先分配剩余资产。债券的风险虽小，但收益也较低，仅高于银行储蓄存款利率。股票，特别是用作短期投资对象的普通股，其风险较大。股票的价格即使是在很短的时间内变化也十分莫测，又不能退股，故持有人的风险较大，但收益可能会较高。

3. 有价证券价格有一定的波动性

股票的价格经常波动，这是众所周知的。债券，包括国库券，其收益是固定的，但其价格也会随市场利率波动而变化。当市场利率上升时，它们的价格便会下跌；反之，则会上升。当企业投资短期有价证券是为了获取溢价收益时，证券价格的波动性即形成风险。

（二）企业持有短期有价证券的原因

1. 以有价证券作为现金的替代品

由于短期有价证券变现能力十分强，可以随时兑换成现金，企业往往将多余现金兑换成有价证券，待到企业现金流出量大于流入量，需要补充现金不足时，再出售有价证券，重新换回现金。这时，有价证券就成了现金的替代品。持有短期有价证券可以达到置存现金原有的预防

性目的,并不失交易性目的。将短期有价证券与现金相比,前者更具有便于管理和保存的特点。西方企业利用持有短期有价证券来预防现金紧急需求是常有的事。如20世纪70年代末,美国著名的IBM公司曾持有高达60亿美元的各种有价证券。有价证券收益远低于公司其他营运资产的收益,那公司为何要持有如此之多的有价证券呢？原来,当时IBM公司正卷入一场尚未最后判决的反垄断官司,它持有这笔变现性极强的资产是为了在公司败诉时可以立即将之转变成现金支付巨额赔偿费用,后来当该公司确知不会败诉时就卖掉大部分有价证券,用所得现金添置其他资产并趁机购买兼并了一些其他公司。

2. 以有价证券作为短期投资的对象

企业将资金投资于短期有价证券的主要原因有三个:一是为了获利。这是因为有价证券的利率高于同期银行存款的利率,企业将生产经营周转过程中闲置现金暂时投资于有价证券,可以获得更多的利益。二是出于投机性动机。企业以较低的价格买进债券或股票,再抓住机遇以较高的价格卖出,从而可以在短期内赚取较高的溢价收益。三是为了进一步扩大生产经营规模积累基金。当企业手中有较多现金而一下子又找不到适宜的投资机会时,或在进行某一投资项目之前,可将其用于债券投资,既能提高这笔资金的利用效果,又为企业今后的发展积累了一笔准备基金。

二、短期有价证券投资的选择标准

企业可以选择投资的有价证券的种类非常多,由于各种有价证券在违约风险、利率风险、市场流通性和到期日的长短等方面都各不相同,这就需要企业在投资时注意下列几项基本标准以作出合理的决策。

1. 安全性和收益性之间的关系

短期有价证券的投资要根据证券评估机构的结构来判断违约风险的大小,一般地,短期有价证券的投资应选择风险最小的证券,当然风险越小,可能提供的报酬率则越低。所以,如果企业为追求短期投资安全的情况,则可能有必要放弃较高收益的期望。

2. 利率和购买力变动因素

由于利率风险和购买力风险对企业证券投资的影响是很大的,尤其当利率和通货膨胀预期在短期内变化很大的情况下,会直接影响证券投资的实际价值。企业进行短期投资时,必须要审慎行事,以免遭遇此类风险。当然,如果企业预测在短期内市场利率和物价不会有很大波动,那么在进行短期投资决策时,可以不必考虑这种风险。

3. 市场变现能力

企业持有短期有价证券的目的,不只是为了获取收益,通常也为了提供流动性准备,以便应付特殊或不测的现金需要。前面已叙述了短期有价证券具有相当强的变现能力,所以才被企业财务人员广泛运用。如企业将变现能力差的投资项目,作为企业的短期投资,则会引起决策失误,导致企业陷入财务困境之中。

4. 到期日

是指短期投资的有价证券的期限。对大部分持有有价证券的企业来讲,一般希望把可能的风险限制在一个确定的范围,因此对证券到期日较近的短期证券情有独钟。另外,较短的到期日也可避免证券投资中的利率变动风险和通货膨胀风险。但究竟以多长到期最为合适,则应由企业财务人员根据具体情况来选择决定。

三、短期有价证券投资形式

我国企业短期有价证券投资的主要形式有以下几种：

（一）国库券

国库券是由国家财政部门发售的短期、中期和长期债券。国库券一般是由财政部门定期销售、由国家财政担保的有价证券，故信誉最高。国际上一些国家的国库券的利率一般都高于同期银行存款利率，也可以低于同期银行存款利率，甚至没有利息，但在发售时给予较大折扣，以期吸引投资者。我国规定其他各种债券和有价证券的利率不得高于国库券。企业购入国库券后如急需现金可在二级市场转手出售，若在市价较低而又不愿抛出受损时，可与证券公司订立回购协议，取得所需现金。因此国库券信誉高、风险很小，不失为企业短期投资的好方式。

（二）地方政府机构证券

地方政府机构证券是各地方政府或地方各金融机构发行的有价证券，一般由地方政府和金融机构出面担保，如建房债券、公共事业债券和一些金融债券等等。这些有价证券也有短期、中期和长期之分。虽然这些债券的利率并不一定很高，但它同样得到政府的支持，所以其投资风险很小。另外，这些债券与国库券相同，在许多国家中，其收益免交所得税，故在一定程度上对投资者具有一定的吸引力。由于政府机构证券一般均有发达的二级市场，所以对投资者来说，购入或转让均十分方便。

（三）企业证券

企业证券是企业为筹措资金经国家证券委员会批准公开发行的股票或债券。目前我国企业股票、债券市场是资金市场的核心，它有一级市场的发行认购，也有二级市场的转手买卖，是企业进行短期投资的重要内容，但要注意风险和收益之间的均衡。

第二节 购买长期债券

一、我国债券及其发行特点

随着我国资金市场的不断完善，债券市场上债券的种类、品种在不断扩大，企业财务人员要做好债券投资工作，就必须首先了解和熟悉我国债券及其发行特点。

1. 政府债券占有绝对比重。从 1981 年起，我国开始发行国库券，以后又陆续发行国家重点建设债券、财政债券、特种国家保值公债等。每年发行的债券中，国家债券（政府债券）占有相当大的比重。因此，企业财务人员应对每年国家发行的各种债券充分了解，做到心中有数。

2. 债券多为一次还本付息，单利计算，平价发行与折扣发行并行，短期与长期并行。国家债券和国家代理机构发行的债券多数均是如此，企业债券只有一部分附有息票，每年支付一次利息，其余均是利随本清的存单式债券。

3. 有的企业债券虽然利率很低，但带有企业的产品配额，实际上是以平价能源、原材料等产品来还本或付息。

二、债券投资收益评价

企业要进行债券投资，就必须评价其收益和风险，企业的目标应是高收益、低风险。关于债券投资的风险问题前面已讨论过,这里将讨论收益问题。评价债券收益水平的指标是债券的投资价值和投资收益率。

(一) 债券投资价值的估算

投资债券的现金流出是其购买价格,而利息和归还的本金或者出售时得到的现金则是投资债券的现金流入。债券未来现金流入的现值称为债券的投资价值或债券的内在价值。只有债券的投资价值大于购买价格时,才值得购买。因此,债券投资价值是进行债券投资决策的主要指标之一。下面就几种常见的债券投资价值的估价模式进行介绍。

1. 一般情况下的债券估价模式

这是指按复利方式计算的债券投资价值,其一般计算公式为:

$$P = \sum_{t=1}^{n} \frac{I}{(1+R)^t} + \frac{P_0}{(1+R)^n}$$

式中:P——债券的价格;

P_0——债券面值;

I——每年利息;

R——市场利率或投资者要求的必要报酬率;

n——付息总期数。

例 某种债券面值为1 000元,票面利率为15%,期限5年。A企业要对这种债券进行投资,要求必须获得16%的报酬率,问债券价格为多少时才能购买?

根据上述公式,得:

$$P = \sum_{t=1}^{5} \frac{1\,000 \times 15\%}{(1+16\%)^t} + \frac{1\,000}{(1+16\%)^5}$$
$$= 150 \times (P/A, 16\%, 5) + 1\,000 \times (P/F, 16\%, 5)$$
$$= 150 \times 3.274 + 1\,000 \times 0.476$$
$$= 491.1 + 476 = 967.1(元)$$

即这种债券的价格必须低于967.1元时,A企业才能购买,否则达不到16%的投资报酬率。

2. 一次还本付息且不计复利的债券估价模型

其计算公式如下:

$$P = \frac{P_0 + P_0 \cdot i \cdot n}{(1+R)^n}$$

式中:i——债券票面利率;

其余符号同前。

例 A公司拟购兴达公司发行的利随本清的5年期企业债券,该债券面值为1 000元,票面利率为15%,不计复利,当前市场利率为12%,该债券的价格为多少时,企业才能购买?

根据上述公式,得

$$P = \frac{1\,000 + 1\,000 \times 15\% \times 5}{(1+12\%)^5}$$
$$= 1\,750 \times (P/F, 12\%, 5)$$
$$= 1\,750 \times 0.567 = 992.25(元)$$

即该债券价格必须低于992.25元时,企业才能购买。

3. 贴现债券的估价模型

这种债券以贴现方式发行,没有票面利率,到期按面值偿还,其计算公式为:

$$P=\frac{P_0}{(1+R)^n}$$

式中的符号含义同前。

例 某种债券面值为 100 元,期限 3 年,以贴现方式发行,期内不计利息,到期按面值偿还,当时市场利率为 10%,问价格为多少时,企业才能购买?

根据上述公式,得

$$P=\frac{100}{(1+10\%)^3}$$
$$=100\times(P/F,10\%,3)=100\times0.751=75.1(元)$$

即该债券的价格只有低于 75.1 元时,企业才能购买。

(二) 债券投资收益率的计算

1. 直接收益率计算法

这种方法主要用于债券在发行时购入,并持有到期情况下的债券投资收益率的计算。其计算公式如下:

$$直接收益率=\frac{票面价格\times票面利率}{发行价格}\times100\%$$

例 某投资者以 1 100 元的价格购入 3 年后到期的债券,票面利率为 15%,其面值为 1 000 元。则其投资收益率为:

$$\frac{1\,000\times15\%}{1\,100}\times100\%\approx13.6\%$$

2. 最终收益率计算法

此法主要用于中途购进已上市债券,并持有到期情况下的债券投资收益率。其计算公式为:

$$最终收益率=\frac{票面价格\times票面利率+\left(\dfrac{票面价格-买入价格-手续费}{残存年限}\right)}{买入价格+手续费}\times100\%$$

例 某投资者以 1 200 元的价格购入 3 年期面值为 1 000 元的债券,票面利率为 15%,债券还有两年到期,购买时向证券交易所支付手续费 10 元。则其投资收益率为:

$$\frac{1\,000\times15\%+(1\,000-1\,200-10)\div2}{1\,200+10}\times100\%=3.7\%$$

3. 持有期间收益率计算法

此法主要适用于中途购进已上市债券,持有一定期间,在到期日前售出情况下的债券投资收益率的计算。其计算公式为:

$$\frac{持有期间}{收\ 益\ 率}=\frac{\dfrac{票面}{价格}\times\dfrac{票面}{利率}+\left(\dfrac{卖出价格-买入价格-手续费}{持有期}\right)}{买入价格+手续费}\times100\%$$

例 某种债券票面利率为 10%,票面价格为 1 000 元,发行时的价格为 990 元,期限为 10 年。两年后这种债券的价格为 980 元。某企业从二级市场购进一批,并在持有 1 年后卖出,卖出时的

价格为1 020元,手续费为20元。这笔债券买卖所获收益率为:

$$\frac{1\,000\times10\%+(\frac{1\,020-980-20}{1})}{980+20}\times100\%=12\%$$

4. 贴现债券收益率计算法

贴现债券也称贴水债券,其收益率的计算是考虑了复利因素的,其计算公式为:

$$\frac{贴现债券}{收\ 益\ 率}=\left(\sqrt[n]{\frac{票面价格(或卖出价格)}{买入价格}}-1\right)\times100\%$$

式中:n为距债券到期时所余年限。

例 某种债券票面金额为100元,发行价格为88元,期限2年,期满按票面金额兑付。

如果不考虑复利因素,这种债券的直接收益率为:

$$\frac{(100-88)\div2}{88}=6.82\%$$

但如果考虑复利因素,这种债券的收益率就变为:

$$\left(\sqrt{\frac{100}{88}}-1\right)\times100\%=6.6\%$$

由于复利计算方法是把第一年的利息计入第二年的本金,第二年取得的利息又计入第三年的本金,所以如果收益率一致,用复利方法计算出的收益就更大一些;而如果收益一致,用复利方法计算出来的收益率就低一些。在现实经济生活中,采用复利方法计算收益率更合理一些。

5. 非贴现债券用复利计算的收益率

除上述贴现债券外,其他每年支付一次利息,到期还本及期满一次付息的债券也都可用复利方式计算出更合理的到期收益率。显然,这个收益率是指按复利计算的,能使未来现金流入现值等于债券买入价格的贴现率。计算这种到期收益率的方法是求解含有贴现率的方程,即

$$现金流出=现金流入$$

$$购进价格=\frac{每年}{利息}\times\frac{年金现}{值系数}+面值\times\frac{复利现}{值系数}$$

例 某公司于某年5月1日购进一张平价发行面值为1 000元的债券,其票面利率为8%,每年5月1日计算并支付一次利息,并于5年后的4月30日到期。假定该公司持有该债券至到期日,要求计算其到期收益率。

根据上述方法,有方程:

$$1\,000=80\times(P/A,i,5)+1\,000\times(P/F,i,5)$$

解此方程需用"试误法"。

先用$i=8\%$试算:

$$80\times(P/A,8\%,5)+1\,000\times(P/F,8\%,5)$$
$$=80\times3.993+1\,000\times0.681$$
$$=319.44+681=1\,000$$

可见,平价发行的每年计付利息一次的债券,其到期收益率与票面利率相等。

但若债券的价格高于面值,那情况将有所变化。

如上例,该债券买价为1 105元,则

$$1\,105=80\times(P/A,i,5)+1\,000\times(P/F,i,5)$$

用 $i=6\%$ 试算：
$$80\times(P/A,6\%,5)+1\,000(P/F,6\%,5)$$
$$=80\times4.212+1\,000\times0.747$$
$$=336.96+747=1\,083.96$$

由于其结果小于 1 105,因此应降低贴现率。

用 $i=4\%$ 试算：
$$80\times(P/A,4\%,5)+1\,000\times(P/F,4\%,5)$$
$$=80\times4.452+1\,000\times0.822$$
$$=356.16+822=1\,178.16$$

其贴现结果高于 1 105,可以判断,收益率在 6% 与 4% 之间。用插值法计算出近似值：
$$i=4\%+\frac{1\,178.16-1\,105}{1\,178.16-1\,083.96}\times(6\%-4\%)=5.55\%$$

试误法较麻烦,亦可用简便方法求得近似结果：

$$\text{收益率}=\frac{\text{每年利息}+\left(\text{到期偿还的本金}-\text{买价}\right)\div\text{债券到期年数}}{\left(\text{到期偿还的本金}+\text{买价}\right)\div2}$$

式中的分母是平均资金占用,分子是每年平均收益。将以上有关数据代入：
$$\text{收益率}=\frac{80+(1\,000-1\,105)\div5}{(1\,000+1\,105)\div2}=5.6\%$$

可见,如果买价和面值不等,则收益率和票面利率是不相同的。

如果该债券为到期一次还本付息或用其他方式付息,那么即使平价发行,到期收益率也与票面利率不同。

例 某企业于某年 5 月 1 日购买一张平价发行面值为 1 000 元的债券,其票面利率为 8%,按单利计息,5 年后的 4 月 30 日到期,一次还本付息。该公司将持有该债券至到期日,试计算其到期收益率。

$$1\,000=1\,000\times(1+5\times8\%)\times(P/F,i,5)$$
$$(P/F,i,5)=\frac{1\,000}{1\,400}=0.714$$

查复利现值表：5 年期的现值系数 0.714 介于 6% 与 8% 之间,用"插值法"计算得 $i=7\%$。

债券到期收益率是指导企业选择债券的标准,它可以反映债券投资按复利计算的真实收益率。如果高于投资者要求的报酬率,则可进行该债券的投资,否则就应放弃。

三、债券投资优缺点

（一）债券投资的优点

1. 债券投资风险较小

这主要是与股票投资比较而言的。投资国债时,其本金的安全性非常高,因为国债有国家财力作后盾,因此,通常视国债为无风险证券。投资企业债券时,由于持有者拥有优先求偿权,因此,其本金损失的可能性较小。

2. 收益较稳定

债券一般都有固定利息,发行者有按时支付利息的法定义务,因此,在一般情况下,投资债券都能获得比较稳定的收益。

3. 变现性较好

由于许多债券都具有较好的流动性,因此,投资债券一般都可在市场上迅速出售,及时变现。

(二) 债券投资的缺点

1. 购买力风险较大
2. 没有参与债券发行单位的经营管理权

第三节　购买股票

一、股票投资的类型

企业投资股票的类型主要有两种:参股与控股。

1. 参股

主要有以下两种情况:

(1) 以追求股票升值为目的(即获取股票的买卖差价)的股票投资类型。在这种情况下,企业仅将某种股票作为其证券组合的一个组成部分,不应冒险将大量资金投资于被控企业的股票上。

(2) 以追求股票红利收入为主要目的的股票投资类型。这种类型的投资策略与前一种基本相同。

2. 控股

是以被投资单位实际控制权为主要目的的股票投资类型。在这种情况下,投资企业应集中资金投资于被控企业的股票上,这时考虑更多的不是目前利益(股票投资报酬的高低),而应是长远利益(占有多少股权才能达到控制的目的)。

二、股票价值和收益估计

(一) 股票价值的估计

1. 短期持有,未来准备出售的股票估价模式

这种估价模式主要用于投资者投资于股票,不仅希望获得股利收入,而且还希望在未来股票上涨时出售股票而获取差价。其模式可以用公式表示为:

$$P_0 = \sum_{t=1}^{n} \frac{D_t}{(1+R)^t} + \frac{P_n}{(1+R)^n}$$

式中:P_0——股票现在价格;

P_n——未来出售时预计的股票价格;

D_t——第 t 期的预计股利;

n——预计持有股票的期数;

R——投资者要求的必要报酬率。

例　假定一投资者欲以 10% 的投资报酬率购入一股票 5 年,估计每年可获股利 100 元,

5年后该股票的出售价约为1 000元。试问该投资者现应以一个什么价格购入此股票较合算？

根据以上公式：

$$P_0 = \sum_{t=1}^{n} \frac{100}{(1+10\%)^5} + \frac{1\,000}{(1+10\%)^5}$$
$$= 100 \times 3.791 + 1\,000 \times 0.621$$
$$= 1\,000(元)$$

经计算，该投资者应以1 000元或1 000元以下的价格购进该股票较为合算。

2. 长期持有，股利稳定不变的股票估价模式

如果投资者投资股票，持有时间很长（不打算近期出售），所得股利每年基本不变，此时股票的估价模式为：

$$P_0 = \frac{D}{R}$$

式中：D——每年固定股利；

其余符号同前。

此模式由第一种模式推导而来：

$$P_0 = \sum_{t=1}^{n} \frac{D}{(1+R)^t} + \frac{P_n}{(1+R)^n}$$

当n趋向于无穷大时，上式中的$\frac{P_n}{(1+R)^n}$则趋向于零，而$\sum_{t=1}^{n} \frac{D}{(1+R)^t}$则可近似地看作是永续年金，由永续年金现值的计算公式可得：

$$P_0 = \frac{D}{R}$$

例 某公司发行的优先股票面值为100元，规定每股股利12元，市场平均资金成本率（或投资报酬率）为10%，问其股票的市价如何？

根据以上公式可得：

$$P_0 = \frac{12}{10\%} = 120(元)$$

3. 长期持有，股利固定增长的股票估价模式

这种模式只能较为适用于计算投资者所投资的股票股利不断增长，而投资者的投资期限又非常长，股票估价较为困难情况下的股票价值近似值。其估价模式为：

$$P_0 = \frac{D_0(1+q)}{R-q} = \frac{D_1}{R-q}$$

推导如下：

设上年股利为D_0，每年股利比上年的增长率为q，则

$$P_0 = \frac{D_0(1+q)}{(1+R)} + \frac{D_0(1+q)^2}{(1+R)^2} + \cdots + \frac{D_0(1+q)^n}{(1+R)^n}$$

假定$R>q$，把上式两边同乘以$\frac{(1+R)}{(1+q)}$后再减去上式，得

$$\frac{P_0(1+R)}{(1+q)} - P_0 = D_0 - \frac{D_0(1+q)^n}{(1+R)^n}$$

由于 $R>q$,当 $n\to\infty$ 时,则

$$\frac{D_0(1+q)}{(1+R)^n}\to 0$$

所以

$$\frac{P_0(1+R)}{(1+q)}-P_0=D_0$$

即

$$\frac{P_0(R-q)}{1+q}=D_0$$

即

$$P_0=\frac{D_0(1+q)}{R-q}=\frac{D_1}{R-q}$$

例 兴达公司准备投资购买某公司股票,该股票去年每股股利为 0.58 元,预计以后每年以 5% 的增长率增长,兴达公司经过分析决策,认为必须得到 10% 的报酬率,才能购买此股票,则该种股票的大致价格为:

$$P_0=\frac{0.58(1+5\%)}{10\%-5\%}=12.18(元)$$

即兴达公司购买此股票的价格应在 12.18 元以下。

值得注意的是:我们这儿讨论的股票估价模式,其前提条件是把税款和佣金等都予以省略了,因此所介绍的是简化了的模式。另外,我们所用的未来出售股票的价格和投资者必要的报酬率,往往与后来的实际发展有很大的差距性,因为我们使用的数据都是预计的,有一定的误差。不仅如此,而且影响股市价格的其他因素,如未来的利率变化、整个股市的兴衰等,在计算时都忽略了,但并不能因此否定预测和分析的必要性和有用性。我们是根据股票价值的差别来进行决策的,预测的误差影响绝对值,但不影响其优先顺序。被忽略的不可预见的因素通常影响所有股票,而不是个别股票,对选择决策的正确性往往影响很小。

(二) 股票收益率估计

股票的收益由期望每年可得股利与出售股票时的价格增值额两部分组成。因此,股票期望的投资收益率即由期望股利收益率和期望资本增值率两部分构成。其计算公式为:

$$r=\frac{D}{P_0}+\frac{P_1-P_0}{P_0}$$

式中: r ——投资者预期股票收益率;

　　　D ——年股利收益;

　　　P_0 ——股票购入价;

　　　P_1 ——股票出售价;

　　　$\frac{D}{P_0}$ ——股利收益率;

　　　$\frac{P_1-P_0}{P_0}$ ——资本增值率。

对于从事股票投机的企业,买入股票后可能在短期内又卖出,这时:

$$r=\frac{P_1-P_0}{P_0}$$

若在证券交易所买卖股票要支付一定的手续费,其费用应从 (P_1-P_0) 中扣抵。

例 某企业拟用 100 元购入某种股票,每年将获得 5 元股利,预计未来卖出股票可得

115元,则该企业预期股票收益率为:

$$r=\frac{5}{100}+\frac{115-100}{100}=20\%$$

三、股票投资的风险及其防范

(一) 股票投资风险

众所周知,股票投资的潜在报酬率比其他投资高,但其投资风险则是最大的。一般而言,股票投资风险主要有以下几种:

1. 利率风险;
2. 物价风险;
3. 企业风险;
4. 市场风险;
5. 政策风险。

股票投资者实际还可能承担着其他更多的风险。股票投资者之所以乐意承担这些风险,其直接的目的便是为了获得较高的投资收益。一般情况下,高风险的证券都比安全性证券能提供更高的利润,在经济发展波动较大的时期,这种现象表现得更突出。

股票投资风险的客观性,使得股票投资者必须认识风险、正视风险、防范风险。

(二) 股票投资风险的防范

防范股票投资风险最重要的就是如何设法分散风险。

首先,可以分散投资。具体包括:

1. 分散投资于不同企业单位的股票。股票投资者不要将全部资金集中于购买一家公司的股票,而应将资金分散投资于几个企业单位的股票。

2. 分散投资于不同类型、不同行业的企业单位的股票。

3. 分散投资时间。投资股票的时机选择也是十分重要的。依靠领取股息的投资,必须了解各公司的派息日期,在不同国家、不同地区、不同公司派息日期是各不相同的。在不同时间分别购买,有利于分散风险或取得较高的利润。对于依靠股票买卖以取得价差收入的投资者,则更应注意股市的淡季和旺季,在投资时间上进行分散,以尽可能减少损失。

其次,及时转换投资。具体包括让售持有股票、买进新的股票,让售持有股票、购买新的债券或其他有价证券。股票投资者不可贪恋于一种股票,即使这种股票曾带来较理想的收益,因为任何一种股票都有其生命周期,不可能总是生机盎然,一直上扬的,股票投资者对于手中股票到了一定时期便应考虑易手转换。

再次,可进行多目标投资。投资可根据自身情况,进行不同目的的投资,这样可进一步减少股票投资的风险。

以上我们可以看到,股票投资的风险不是一个孤立的概念,作为股票投资者的企业而言,股票投资风险与企业内外各种风险总是相互联系、相互影响的。因此,对股票投资风险的认识与防范需要从更广、更高的角度予以综合考虑。

四、股票投资的优缺点

(一) 股票投资的优点

1. 拥有被投资公司的一定的经营控制权

当股票投资者将资金投资于一家股份公司后,就理所当然成了这家公司的股东,就拥有了股东的一切权利和义务,也就有权监督和控制企业(根据股份的多少)的生产经营情况。如果股票投资者想控制这家公司,就可以收购这家公司的股票,以达到控制的目的。

2. 能取得较高的投资收益

虽然进行股票投资风险较大,但从长远来看,绩优股的价格总是上涨的居多。因此,只要注意选择股票种类和选择投资时机,一般是可以获得较高收益的。

3. 能适当降低购买力风险

当遇到通货膨胀,物价普遍上涨时,股票投资与其他国家收益证券相比,能适当地降低购买力风险。

(二) 股票投资的缺点

股票投资的缺点,主要表现在投资风险比其他证券大,这主要是由股票的特性决定的。一是因为股票的市场价格受诸多因素影响,很不稳定,这使股票投资具有较大风险;二是因为普通股对企业资产的求偿权和盈利的分配权均居后位,当企业一旦破产,股东受到的损失可能较大;三是因为投资股票的收入亦不稳定,股份公司分配股利的多少,是要根据企业的经营状况和经营战略及企业的财务状况而定的,因此,投资股票收入的风险也比其他固定收益证券大。

企业在进行股票投资时,一定要弄清股票投资的利弊,根据自身投资的战略要求,采取投资组合的方法分散股票投资风险,力争股票投资取得最大效益。

第四节 外汇和期权投资

一、外汇投资

(一) 企业外汇业务的产生

企业的外汇业务是指以记账本位币以外的货币进行各类款项的收入、支付、结算及计价的业务。境内企业之所以会出现各种各样的外汇业务,其根本原因在于经济活动的国际化发展和企业境外经济活动的拓展。具体说来,企业外汇业务主要由以下四方面的经济活动而产生:

1. 对外商品贸易

随着商品市场的国际化发展,企业对外贸易活动也越来越频繁。专业的商品进出口公司从事各种商品的进口业务活动与出口业务活动,越来越多的企业拥有了进出口自主权,可直接将本企业的商品出口到国际市场,同时从国际市场进口自己所需要的设备、技术、原材料及产成品等。企业对外贸易活动一经产生,便不可避免地涉及外币的收、支、结算、汇兑等业务。

2. 对外劳务输出输入

与对外商品流通相适应,企业还面临着劳动力、雇员的输出输入问题。如专业的劳务输出输入公司,其主要业务活动就是输出或输入各类劳动力,其他各类企业在从事各种跨国经营活动时也不可避免地要引进国外的专家、技术人员或向外派员,因此外汇业务同样伴随着劳务的流动而产生。

3. 短期资本流动

短期资本流动是指期限在一年或一年以下的资金融通。短期资本流动的主要形式有以下几种:

(1) 短期证券投资与贷款。这种资本流动主要是由于各国货币之间的利率差别而引起的,各国金融市场的利差使追逐高利的短期资本从低利地流向高利地。

(2) 保值性短期资本流动。这是一种由于金融资产的持有者为了资金的安全和保持价值不降低而进行的短期资金转移所形成的资本流动。一般来说,如果一国的经济状况不佳,国际收支恶化或政局不稳,会使该国货币贬值而导致资本外逃;如果一国宣布实行外汇管制或增税,也会引起突发性的资本外逃。

(3) 投机性的资本流动。这是指投机者在汇率、金融资产及商品价格频繁波动的情况下,以牟取高利为目的的买卖,进而形成国际的短期资本流动。

4. 长期资本流动

长期资本流动是指期限在一年以上的资本流动。长期资本流动的主要方式有以下几种:

(1) 直接投资。它是指一国的资本所有者以盈利为目的对另一国的公司机构进行的投资。直接投资的具体方式有创办新企业(如在国外成立子公司、附属企业、合资公司等)、收购国外公司的股票并达到一定的比例和利润再投资。

(2) 证券投资。即通过证券市场购买外国的股票和债券以达到投资的目的。它是一种间接投资方式,这种投资与直接投资的主要区别在于:前者无需取得公司的控制权与管理权,而后者需拥有足够的股权来管理企业。至于证券投资中的股票投资为多大比例可算为直接投资,各国无统一规定,但一般不低于10%,如美国规定购买外国公司的股票达到股本的10%时可算为直接投资。

(3) 国际贷款。这是一种以借款形式出现的国际资本流动。它包括政府贷款、国际金融机构贷款、国际银行贷款及出口信贷4种个体形式。

(二) 外汇投资风险及其防范

1. 外汇投资风险类型

外汇风险是指企业在从事各种对外经济活动中,在持有或动用外汇时,因汇率变动而蒙受损失的可能性。不管是由于何种原因(外贸、劳务输出与输入、资本流动等)而引起的外币业务,都会涉及按合同规定时间的汇率进行本币与外汇(币)的汇兑,因此可能会因汇率变动而导致汇兑损益。企业从事汇兑业务所必须承受的外汇风险,主要来自于浮动汇率制度和外汇管制两个方面。企业从事国际经济活动所面临的外汇风险,总起来看有三种类型:

(1) 转换风险。又称记账风险,它是指企业在编制资产负债表时,将以外币表示功能货币转换成本国货币记账,因汇率变动而呈现账面损失的可能性。如本国货币对外国货币升值,将一定数量的外币转换成本币记账时会使本币的数量减少。

(2) 交易风险。交易风险是指运用外币进行计划收付的交易中,企业因汇率的变动而造成损失的可能性。如企业进口原材料,从业务发生到付款这段时间里,本币对外币贬值,且结算货币为外币,这样企业必须支付更多的本币。交易风险主要存在于商品、劳务交易、资本交易以及外汇市场的套利套汇之中。

(3) 经济风险。又称经营风险,它是指未预计到的汇率变动,通过影响公司生产销售的数量、价格和成本,引起企业未来收益或现金净流量减少的潜在损失。这里的收益是指税后利润,现金净流量是收益加折旧。也可以说经济风险就是长期现金净流量的实际国内货币面值对汇率变动的风险。对于企业来说,经济风险是最主要的,因为公司和理性的投资者并不担心会计如何记录国际交易(转换风险)的价值,而注重的是长期收益现金流量的现值购买力,它决定着企业的实际价值。因为企业的价值是按未来现金净流量的现值来衡量的。

2. 外汇风险的防范

外汇风险防范是指企业面对外汇汇率变动所做出的相应对策,以避免因汇率变动而造成的损失。不同类型的外汇风险防范对策也不同。

(1) 转换风险的防范。企业对外汇转换风险的防范,一般是实行资产负债的保值。这种方法要求在资产负债表上各种功能货币表示的受险资产与受险负债的数额相等,只有使受险资产与受险负债的差额为零,汇率变动才不至于带来任何由于转换风险导致的损失。实行资产负债表保值,应注意以下两点:第一,弄清资产负债表中各账户、科目上的各种外币的规律并计算出综合转换风险头寸(即受险资产与受险负债之差额)的数量;第二,根据风险头寸的性质,确定资产或负债要减少受险资产或增加受险负债之后,需进一步确定调整哪些账户和科目。但在实践中这种调整往往是非常困难的,有些账户、科目的调整可能会造成其他性质的风险,转换风险的消除可能要以经济效益损失为代价,故实践中需综合权衡得失。

(2) 交易风险的防范。企业对于交易风险的防范,可根据交易风险的具体内容,采取不同的对策,以避免或减少风险损失。一般来说,对于交易风险的防范措施可分为三类:签订合同中的防范方法、金融市场操作的防范方法、其他防范方法。签订合同中的防范方法具体包括:选择合同货币、加列货币保值条款、调整价格或利率。选择合同货币是指在对外贸易和资本借贷等交易中,选择哪种货币签订合同。在选择合同币种时应遵循的一般原则是:争取使用本国货币,出口和资本输出争取使用硬货币,进口和资本输入争取使用软货币。加列货币保值条款是指选择稳定的货币作为保值参照,即将合同金额转换为所选择的稳定货币来表示,结算或清偿时,以稳定货币的表示量兑换成合同货币来完成收付。调整价格或利率是指当企业选择前述两种方法防范外汇风险时,交易双方相持不下,一方可以使用调整价格或利率的方法达到抵消风险的目的。金融市场操作的防范方法是指企业在交易合同签订后,利用外汇市场和货币市场来消除外汇风险。其主要的具体方法有:现汇交易、外币期货交易、期权交易、借款与投资、借款—现汇交易—投资等。其他防范方法主要有:提前或错后、配对、保险等。

(3) 经济风险的防范。经济风险的防范就是预测汇率变动对未来收益现金流量的影响,并采取必要措施。通常的做法有两种:第一,经营活动多样化。它是指在国际范围内分散企业销售、生产地址以及分散原材料来源地。其作用在于可减少或相互抵消外汇风险。第二,财务活动多样化。它是指企业在多个金融市场上和以多种货币寻求资金来源和安排资金运用,即筹资投资多样化,在筹资投资多样化的情况下,通过资产和债务的不同组合,使大部分外汇风险相互抵消。

二、期权投资

(一) 期权交易的概念及期权交易合约的种类

期权交易是一种合约买卖,该合约赋予买方在到期日或之前的任何时候以合约规定的价格向卖方购入或出售一定数量的某种商品的权利。既然是一种权利,当然买方可以选择履行也可以选择放弃。为此,期权也称为选择权。

期权合约的种类包括以下两方面:

1. 择购期权

它也被称为买入期权或看涨期权。该期权赋予买方在到期日或之前的任何时候以合约规定的价格向卖方购入一定数量的某种商品的权利。就是说买方向卖方购得的是"买入选择权"。

2. 择售期权

它也被称为卖出期权或看跌期权。该期权赋予买方在到期日或之前的任何时候以合约规定的价格向卖方出售一定数量的某种商品的权利。就是说买方向卖方购得的是"卖出选择权"。

(二) 期权合约的基本要素

1. 标定资产

它是期权合约上指定的买卖对象。标定资产可以是现货商品、金融工具（如股票、外汇等），也可以是某种期货合约。因而期权又分为现货期权和期货期权。

2. 到期日

它是期权合约中规定的履行权利期间的最后一天。

3. 履约价格

履约价格也称协定价格，指期权在履约时，其标定资产的买卖价格。

4. 保险费

它也称为权费、权金，指期权的成交价格，即期权的买方为取得期权的权利而支付给期权卖方的费用。保险费是期权合约中的惟一变动量，它是经期权买卖双方的经纪人在市场上通过公开竞价后形成的。

(三) 期权价值

期权价值是由两部分组成的，即内涵价值和时间价值。

1. 内涵价值也称履约价值，是指在权利期间的任何时点将期权履约所能获得的利益

设 EV_t 是期权在时点 t 的内涵价值，S_t 是标定资产在时点 t 的市场价格，K 是履行价格（协定价格），m 为标定资产的数量，则择购期权合约在时点 t 的履约价值见图 10-1。

$$EV_t = \begin{cases} (S_t - K) \cdot m, & \text{当 } S_t > K \text{ 时} \\ 0, & \text{当 } S_t \leqslant K \text{ 时} \end{cases}$$

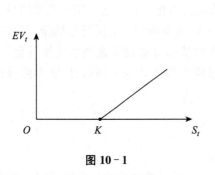
图 10-1

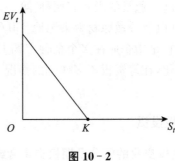
图 10-2

当 $S_t > K$ 时，择购期权买方会选择履行期权以获利 $EV_t = (S_t - K) \cdot m$，此时的期权我们称为实值期权；当 $S_t < K$ 时，买方若履行期权就会受损失，数额为 $(K - S_t) \cdot m$，此时的期权称为虚值期权；当 $S_t = K$ 时，买方若履行期权则不盈不亏，此时的期权称为两平期权。实际上，当 $S_t \leqslant K$ 时，买方都会放弃履行期权，此时 $EV_t = 0$。

下面再看择售期权的情况，其在时点 t 的内涵价值见图 10-2。

$$EV_t = \begin{cases} 0, & \text{当 } S_t \geqslant K \text{ 时} \\ (K - S_t) \cdot m, & \text{当 } S_t < K \text{ 时} \end{cases}$$

择售期权的情况与择购期权正好相反,当 $S_t<K$ 时,履行期权能获利 $EV_t=(K-S_t)\cdot m$,称实值期权;当 $S_t>K$ 时,若履行期权将损失 $(S_t-K)\cdot m$,称虚值期权;当 $S_t=K$ 时,若履行期权则不盈不亏,称两平期权。同样的,只要 $S_t\geqslant K$,买方就会放弃履行期权,此时 $EV_t=0$。

2. 时间价值

它是指由期权合约到期日的远近即期权有效期的长短等时间因素所决定的期货价格波动风险的估计值。时间价值可以看作是保险费减去内涵价值后的余值。一般来说,期权的时间价值与其剩余的有效时间长短是正相关关系。因为对买方来说,期权有效期越长,标的资产价格波动的可能性就越大,买方选择的余地也就越大,期权内涵价值增值的可能性就大。为此,买方也愿意在支付内涵价值之上再支付较大一部分金额给卖方,这就形成了时间价值;反之,如期权有效期越短,其时间价值就越小。

(四) 保证金

期权交易中的保证金制度是这样规定的:期权的买方只需向卖方支付金额保险费,不需交纳保证金,但期权的卖方在收到保险费后,必须交纳保证金。各交易所对保证金数额有不同的规定。

第四篇

收入、费用、利润管理

第四篇

古人、古史、古器物考

第十一章　收入和费用管理

在企业财务管理中,筹资是为了投资,投资是要取得收入,在收入形成的过程中,也会发生成本、费用,将收入与成本、费用配比则是企业的利润,体现为企业的最终成果。

第一节　收入管理

一、收入的概念

(一) 收入的含义及特征

1. 收入的含义

收入是指企业在销售商品、提供劳务及他人使用本企业的资产等日常活动所形成经济利益的总流入,包括商品销售收入、劳务收入、利息收入、使用费收入、股利收入等。收入是企业在正常经营活动中所产生的收益,所以经常将收入和经营收入看为同一语。

收入可以按业务收入所占比重的大小及其发生的经常性程度分为主营业务收入和其他业务收入。主营业务收入又称基本业务收入,是企业主要经营的收入;其他业务收入是企业主营业务以外的业务收入,其特点是每笔业务金额较少,收入不太稳定。

2. 收入的特征

(1) 收入从企业的日常活动中产生,而不是从偶然的交易或事项中产生。如工商企业的商品销售、提供劳务的收入等。有些交易或事项也能为企业带来经济利益,但不属于企业的日常活动,其流入的经济利益是利得,而不是收入。例如出售固定资产,因固定资产是为了使用而不是为出售而购入的,将固定资产出售并不是企业的目标,也不属于企业的日常活动,出售固定资产取得的收益不作为收入。

(2) 收入可能表现为企业资产的增加,也可能表现为企业负债的减少,或者两者兼而有之。

(3) 收入能导致企业的所有者权益增加。但收入扣除相关的成本费用后的净额,则可能增加所有者权益,也可能减少所有者权益。

(4) 收入只包括本企业经济利益的流入,不包括为第三方或客户代收的款项。

(二) 收入的确认与计量

由于收入十分重要,因此必须认真研究收入的确认和计量。

1. 收入的确认

(1) 商品销售收入的确认。企业销售商品时,如果同时符合以下四个条件,即确认为收入:

① 企业已将商品所有权上的主要风险和报酬转移给买方。风险主要是指商品由于贬值、损坏、报废等造成的损失。报酬是指商品中包含的未来经济利益,包括商品因升值等给企业带来的经济利益。如果一项商品发生的任何损失均不需要本企业承担,带来的经济利益也不归

本企业所有,则意味着该商品所有权上的风险和报酬已移出该企业。

② 企业既没有保留通常与所有权相联系的继续管理权,也没有对已出售的商品实施控制。企业将商品所有权上的主要风险和报酬转移给买方后,如仍然保留通常与所有权相联系的继续管理权,或仍然对售出的商品实施控制,则此项销售不能成立,不能确认相应的销售收入。

③ 与交易相关的经济利益能够流入企业。经济利益是指直接或间接流入企业的现金或现金等价物。在销售商品的交易中,与交易相关的经济利益即为商品销售的价款。销售商品的价款能否有把握收回,是收入确认的一个重要条件。企业在销售商品时,如估计价款收回的可能性不大,即使收入确认的其他条件均已满足,也不应当确认收入。

④ 相关的收入和成本能够可靠地计量。收入能否可靠地计量,是确认收入的基本前提,收入不能可靠地计量,则无法确认收入。企业在销售商品时,销售通常已经确定。但销售过程中由于某种不确定因素,也有可能出现售价变动的情况,则新的售价未确定前不应确认收入。根据收入和费用配比的原则,与同一项销售有关的收入和成本应在同一会计期间予以确认。因此,成本不能可靠计量,相关的收入也不能计量。

(2) 劳务收入的确认。劳务收入应分下列情况进行确认:

① 在同一会计年度内开始并完成的劳务,应在劳务完成时确认为收入。

② 如劳务的开始和完成分属不同的会计年度,且在资产负债日对该项交易的结果作出可靠的估计,应按完工百分比法确认收入。

③ 如果资产负债表日不能对交易的结果作出可靠估计,应按已经发生并预计能够补偿的劳务成本确认收入,并按相同金额结转成本;如预计已经发生的劳务成本不能得到补偿,则不应确认收入,但应将已经发生的成本确认为当期费用。

2. 收入的计量

商品销售收入的金额应根据企业与购货方签订的合同或协议金额确定,无合同或协议的,应按购货双方都同意或都能接受的价格确定。企业在销售过程中,有时会代第三方或客户收取一些款项,这些代收款只能作为代收款,不作为企业的收入处理。企业在确定商品销售收入金额时不考虑各种预计可能发生的现金折扣、销售折让。现金折扣在实际发生时计入发生当期财务费用,销售折让在实际发生时冲减发生当期销售收入。

提供一项劳务所得的总收入,一般按照企业与接受劳务方签订的合同或协议的金额确定。如有现金折扣的,应在实际发生时作为财务费用。

(三) 收入的作用

收入是企业的重要财务指标,加强收入的管理,对企业具有重要作用。

1. 保证企业获取利润

企业的基本目标是赢利,这就要靠取得收入为基本手段。企业只有获得高额收入,才能向国家多交税金,为股东创造高额利润,达到设立企业的目的。企业收入的多少直接关系到国家的财政收入,关系到企业的积累,是企业增强自我发展能力、提高职工物质生活水平的必要前提。

2. 保证企业持续经营

收入形成利润的前提是保证企业持续经营,企业要想长期获利也必须持续经营。为了持续经营,必须保证两个方面:一是生产经营中的耗费必须补偿,垫支的流动资金必须收回以便再次投入;二是流动资金投入需要扩大,固定资产还要更新、增加。这两种资金需要,除向外筹资以外,也需要收入的保证。

二、收入的预测和计划

企业财务计划是建立在收入计划之上的,而收入计划的基础又是对收入的预测。

(一) 收入的预测

收入的预测是指对未来期间企业日常活动所得收入的预先估计,应按照必要的步骤和一定的方法进行。

1. 收入预测的步骤

为了使收入预测的工作顺利进行,必须按预测工作的正常程序组织工作,使各环节相互协调。收入预测大致包括以下步骤:

(1) 收集资料。进行收入预测,必须占有充分的资料。收集并整理有关资料,是收入预测的第一步。收集资料工作应遵循如下原则:

① 相关性。即所收集的资料必须和本企业经营项目相关。

② 广泛性。即收集的资料要广泛。现实资料要收集,历史资料也要收集;本企业资料要收集,其他企业的资料更要收集;国内市场的资料要收集,国际市场的资料也要收集;经济的资料要收集,政治的、社会的、宗教的资料也要收集。

③ 时效性。无论收集的历史资料还是现实资料,要和预测期在时间上有一定的关联。时间太久远的历史资料,对预测结果并无实际意义。不同时期的资料,也无法进行纵向比较。

④ 系统性。即收集的资料应该全面、完整、条理分明,否则不便利用。

⑤ 客观性。即收集资料的工作应该按客观规律办事,对本企业有利的资料要收集,对本企业不利的资料更要收集。进行资料收集工作,不可带有主观偏见,否则,就会影响预测结果的客观性。

(2) 分析判断。分析判断是预测工作的关键阶段,收入预测的结果,基本上是在分析判断过程中形成的。分析判断的内容主要包括客观经济形势、市场竞争状况和顾客消费心理等。

① 分析判断客观经济形势变化对本行业的影响。主要包括:国民经济增长幅度对本行业商品需求量的影响;居民收入增长和生活水平提高对本行业商品需求的影响;国家进出口政策变化导致的本行业商品进出口的增减情况;市场利率和汇率变动对本行业的促进或制约程度。

② 分析判断市场竞争状况对本企业的影响。主要包括:市场供应量的增加对本企业的冲击程度;消费者的品牌偏好变化对本企业的影响状况;上游原材料供应对本企业经营的制约程度;相近的替代品对本企业商品的冲击程度;本企业商品的质量、花色、成本等基本情况在同行业中的位置;本企业包括广告宣传在内的营销努力与同行业其他企业的差距程度等。

③ 分析判断顾客消费心理的变化对企业经营的影响,以及企业顺应形势采取对策的效果。

通过上述分析判断,应该得出下列结论:第一,本企业涉足的行业在未来某一时期,在预测地区内的市场空间有多大,其增长情况怎样;第二,本企业经营的商品社会供需矛盾有多大;第三,本企业在市场竞争中的地位如何,正在采取的改进经营管理的措施的未来效果怎样。

(3) 进行预测。在分析判断的基础上,采用一定的技术方法进行预计和测算,得出预测的结果。这一阶段的工作主要包括:

① 选择预测方法。预测方法很多,要选择适合本企业具体情况的预测方法。

② 制定预测模型。如果采用定量预测方法,要根据收集的有关资料建立数学模型,并通过计算求得模型中的参数,对模型的参数要进行符合性测试,有问题的需进行修正。

③ 确定预测值。将有关的数据代入模型，求得预测结果。

2. 专家意见法

专家意见法又称德尔斐法，是指聘请有关专家，包括本企业、本行业以及外界的销售预测专家，向他们提供一定的背景资料，用表格问卷的方式，背靠背地不记名答卷，答卷后汇总整理，然后再问卷、再答卷，多次反复后逐渐集中出一定结果的预测方法。

例 某公司生产某种电器产品，确定出产品价格为每台 5 000 元，用专家意见法预测某年在某城市的销售情况。聘请专家包括产品开发工程师 2 人，修理技师 3 人，销售经理 4 人，顾客 3 人，共 12 人，反馈意见如表 11-1，试确定预测结果。

表 11-1　　　　　　　　　　　　　　　　　　　　　　　　单位：万台

预测项目权数 \ 专家预测数量	工程师		修理技师			销售经理				顾客			合计
	A	B	C	D	E	F	G	H	I	J	K	L	
最低销售量(0.2)	8	12	4	15	10	12	7	9	8	8	13	5	111
可能销售量(0.6)	14	17	12	25	16	16	15	17	10	16	15	7	180
最高销售量(0.2)	25	25	14	30	20	26	20	22	12	20	18	10	242

最低销售量预测值＝111/12＝9.25(万台)
最可能销售量预测值＝180/12＝15.00(万台)
最高销售量预测值＝242/12＝20.17(万台)
销售量预测值＝9.25×0.2＋15.00×0.6＋20.17×0.2＝14.88(万台)
销售额预测值＝5 000×14.88＝74 400(万元)

3. 时间序列法

时间序列法是指以历史的时间序列数据为基础，运用一定的数学方法向后延伸以计算未来预测结果的预测方法。此类方法中比较常用的有算术平均法、加权平均法、移动平均法、移动平均趋势法、指数平滑法等。

(1) 算术平均法。算术平均法又称简单平均法，是以若干历史数据之和除以数据个数得出平均数作为预测值的预测方法。

(2) 加权平均法。加权平均法是将若干历史数据乘上各自的权数后再加总得出的结果作为预测值的预测方法。

(3) 移动平均法。移动平均法是先根据若干期的历史数据，按其距离预测值的远近分别进行加权，然后计算其加权平均数，并以此作为预测值的预测方法。

(4) 移动平均趋势法。是在移动平均法预测的基础上，再加上变动趋势值，作为预测值的一种方法。

(5) 指数平滑法。指数平滑法是指在综合考虑有关前期预测销售量和实际销售量信息的基础上，利用事先确定的平滑指数预测未来的销售收入的一种方法。其计算公式为：

$$\text{预测销售量} = \text{平滑指数} \times \text{前期实际销售量} + (1-\text{平滑指数}) \times \text{前期预测销售量}$$

例 假定南海公司今年下半年 6 个月的销售收入资料如表 11-2，试预测明年 1 月份的销售收入。

表 11-2　　　　　　　　　　　　　　　　　　　　　单位：万元

月　份	7	8	9	10	11	12
销售收入	138	136	142	134	146	144

(1) 算术平均法：

$$明年1月份的销售收入 = \frac{各期销售收入}{期数}$$

$$= \frac{(138+136+142+134+146+144)}{6}$$

$$= 140(万元)$$

(2) 移动平均趋势法：

根据 10、11、12 3 个月的观测值，取权数 0.2、0.3、0.5。

先求销售变动趋势：

$$三季度月平均销售收入 = \frac{138+136+142}{3} = 138.67(万元)$$

$$四季度月平均销售收入 = \frac{134+146+144}{3} = 141.33(万元)$$

$$销售变动趋势 = \frac{141.33-138.67}{3} = 0.89(万元)$$

再确定明年 1 月份的销售收入：

$$明年1月份的销售收入 = (134 \times 0.2)+(146 \times 0.3)+(144 \times 0.5)+0.89$$

$$= 143.49(万元)$$

(3) 指数平滑法：

假定 12 月份的实际销售收入为 144 万元，原来预测 12 月份的销售收入为 148 万元，平滑指数若采用 0.7，则

$$明年1月份销售收入 = (0.7 \times 144)+(1-0.7) \times 148 = 145.2(万元)$$

4. 因果分析法

企业的营业状况总会与社会经济生活中的有些因素具有一定的因果关系，有些因果甚至对收入产生非常直接和明显的影响。在收入的预测工作中，如果能有效揭示与收入有直接联系的有关因果的变化情况，就能较为方便和准确地预测出收入的未来变化趋势。因果分析法就是分析收入变化的原因，找出收入这一结果同这些原因的依存关系，并依此预测收入的方法。

采用因果分析法的关键是建立数学模型，即找到收入与有关因素之间的数学联系。因果分析法又称回归分析法。只考虑一个因素对收入的影响的关系，是一元关系，寻找这种关系的分析称为一元回归分析。如果影响收入的自变量较多，可通过多元回归分析建立多元回归方程。

一元回归分析法，可以分为直线回归分析法和曲线回归分析法。

(1) 直线回归分析法

直线回归分析法是指当销售变量随某种自变量的变动趋势近似呈直线关系时，可以运用

最小二乘法建立直线方程,以此计算未来销售水平的方法。

设直线方程为:

$$y = a + bx$$

式中：y——销售水平函数；

x——某种自变量因素；

a、b——待定常数。

假设 n 项历史数据满足这个直线方程:

$$y_1 = a + bx_1$$
$$y_2 = a + bx_2$$
$$\vdots$$
$$y_n = a + bx_n$$

将这 n 个方程相加,并以 x 乘这 n 个方程后再相加,可以得出两个关于待定系数 a 和 b 的二元一次联立方程组：

$$\begin{cases} \sum y = na + b\sum x \\ \sum xy = a\sum x + b\sum x^2 \end{cases}$$

求解得:

$$a = \frac{\sum x^2 \sum y - \sum xy \sum x}{n\sum x^2 - (\sum x)^2}$$

$$b = \frac{n\sum xy - \sum x \sum y}{n\sum x^2 - (\sum x)^2}$$

当 $\sum x = 0$ 时,可简化为

$$a = \frac{\sum y}{n}, b = \frac{\sum xy}{\sum x^2}$$

例 某公司 2001~2005 年产品销售量与广告费支出有线性关系,如表 11-3 所示,试用直线回归分析法预测 2006 年广告费为 36.5 万元时的销售量。

表 11-3

年度	广告费/万元	销售量/万件
2001	14.0	436
2002	15.6	521
2003	20.0	589
2004	23.8	648
2005	26.6	706

为使 $\sum x = 0$ 以图计算方便,$x = 0$ 取在：

$$\sum 广告费/5=(14.0+15.6+20.0+23.8+26.6)/5=20(万元)$$

列出 x、y 及有关的计算见表 11-4,其中 y 是销售量。

表 11-4

年度	x	y	xy	x^2
2001	−6.0	436	−2 616.0	36.00
2002	−4.4	521	−2 292.4	19.36
2003	0.0	589	0.0	0.00
2004	3.8	648	2 462.4	14.44
2005	6.6	706	4 659.6	43.56
$n=5$	$\sum x=0$	$\sum y=2\,900$	$\sum xy=2\,213.6$	$\sum x^2=113.36$

由此可计算出:

$$a=2\,900/5=580$$
$$b=2\,213.6/113.36=19.527$$

得到直线方程:

$$y=580+19.527x$$

下年度广告费 36.5 万元相当于

$$x_6=36.5-20.0=16.5$$

相应的销售量为:

$$y_6=580+19.527\times16.5=902.20(万件)$$

预测 2006 年销售量为 902.20 万件。

(2) 曲线回归分析法

当销售变量随某种因素自变量呈明显的曲线趋势变动时,应采用曲线回归分析法。

通常,采用二次曲线抛物线方程回归即可。

设历史数据满足:

$$y=a+bx+cx^2$$

将 n 个历史数据代入方程:

$$y_1=a+bx_1+cx_1^2$$
$$y_2=a+bx_2+cx_2^2$$
$$\vdots$$
$$y_n=a+bx_n+cx_n^2$$

相加,并以 x、x^2 乘后相加,得到三个关于 a、b 和 c 的三元一次联立方程组:

$$\begin{cases} \sum y=na+b\sum x+c\sum x^2 \\ \sum xy=a\sum x+b\sum x^2+c\sum x^3 \\ \sum x^2y=a\sum x^2+b\sum x^3+c\sum x^4 \end{cases}$$

为简化,将自变量 x 的原点取在：$\sum$自变量$/n$。这样,就会有：

$$\sum x = 0, \sum x^3 = 0$$

于是联立方程组为：

$$\begin{cases} \sum y = na + c\sum x^2 \\ \sum xy = b\sum x^2 \\ \sum x^2 y = a\sum x^2 + c\sum x^4 \end{cases}$$

求解得：

$$a = \frac{\sum y - c\sum x^2}{n}$$

$$b = \frac{\sum xy}{\sum x^2}$$

$$c = \frac{n\sum x^2 y - \sum x^2 \sum y}{n\sum x^4 - (\sum x^2)^2}$$

例 某公司最近 5 年销售额与技术开发费支出有明显的曲线关系,资料见表 11-5,试用二次曲线回归分析预测下年度技术开发费支出 35 万元时的销售额。

表 11-5

项目	2001	2002	2003	2004	2005
技术开发费/万元	10.2	14.9	20.0	25.3	31.1
销售额/亿元	129	258	450	675	954

以销售额为 y,以技术开发为 x,但 x 原点取在：

$$(10.2 + 14.9 + 20.0 + 25.3 + 31.1)/5 = 20.3(万元)$$

于是,可以列表计算。

表 11-6

年份	y	x	xy	x^2	$x^2 y$	x^4
2001	129	−10.1	−1 302.9	102.01	13 159.29	10 406.040 1
2002	258	−5.4	−1 393.2	29.16	7 523.28	850.305 6
2003	450	−0.3	−135.0	0.09	40.50	0.008 1
2004	675	5.0	3 375.0	25.00	16 875.00	625.000 0
2005	954	10.8	10 303.2	116.64	111 274.56	3 604.889 6
$n=5$	2 466	0	10 847.1	272.90	148 872.63	25 486.243 4

由此可计算出：

$$c=\frac{(5\times 148\,872.63-272.90\times 2\,466)}{(5\times 25\,486.243\,4-272.90^2)}=1.348$$

$$b=\frac{10\,847.1}{272.90}=39.75$$

$$a=\frac{2\,466-1.348\times 272.90}{5}=419.63$$

得到曲线方程：

$$y=419.63+39.75x+1.348x^2$$

下年度技术开发费支出为35万元，相当于

$$x_6=35-20.3=14.7$$

相应的销售额为：

$$y_6=419.63+39.75\times 14.7+1.348\times 14.7^2=1\,295(亿元)$$

(二) 收入的计划

收入计划是企业根据收入的预测情况，对未来某一时期内的收入进行的规划。企业的收入预测是按产品或按项目进行的，收入的计划也可以按产品或项目编制。销售收入是企业在一定时期内销售数量和销售价格的乘积，在编制收入计划时，也要列明销售数量和销售价格。其中销售数量可按预测销售数量确定，销售价格可采用企业根据一定方法所确定的价格。

收入计划包括主营业务收入和其他业务收入，如表11-7所示。

表11-7

项 目	营业数量	平均单价/元	收入/元	备 注
产品销售收入			7 700 000	
其中：甲产品	220 件	5 600	1 232 000	10%折扣
乙产品	310 件	12 000	3 348 000	
丙产品	40 件	78 000	3 120 000	
其他业务收入			2 538 400	
其中：材料销售	2 000 千克	5.2	10 400	
出租包装物	1 400 件次	20	28 000	
运输劳务	100 万千米	20 000	2 000 000	
技术转让	5 项	100 000	500 000	
营业收入总额			10 238 400	

三、收入的控制

(一) 销售合同的管理

销售合同是买方与卖方之间进行货物或劳务购销活动之间签订的、双方在购销过程中必须遵循的、具有法律效力的书面文件。

销售合同是保证企业合法取得营业收入的有效手段。有了销售合同以后，企业方可按合同内容组织采购、生产产品或劳务的供应，并按合同所约定的履约条件向对方提供货物或劳务。当对方不履行合同所规定的义务时，企业有权用法律或其他合法手段要求对方履行合同；如果因对方不履行合同而遭受损失，企业有权向对方或其保证人索赔。

销售合同应当在企业与对方平等互利、协商一致的基础上签订,任何国家法律规定以外的外力强制或者明显有损于本企业经济利益的合同,企业都不应该接受。企业在签订合同时,应遵守国家有关法律的规定,合同内容不得损害国家或社会公众利益。企业对外签订的销售合同应当具备下列主要条款:① 标的。即本企业提供的货物或劳务的具体项目。② 数量和质量。数量的计量方法如有国家规定,可执行国家规定,没有国家规定的,应和对方协商一致后确定;货物或劳务的质量标准及其检验方法也要在合同中订明。③ 价款或者酬金。即企业在提供了货物或劳务以后,应当向对方收取多少费用,对方的支付期限、方法、币种等都要作出规定。④ 履行的期限、地点、方式。在合同中规定的双方的义务在何时、何地,以何种方式履行。⑤ 违约责任。即本企业及对方全部或部分不履行合同规定的义务时,应承担何种责任、如何承担等。

为了保证合同的顺利进行,企业财务人员应掌握合同的签订情况,有条件的要参与合同的签订工作。对企业财务状况影响较大的销售合同的签订,财务部门和经营部门要事先取得协商一致的意见。财务部门和财务人员在销售合同的签订和履行中要做好以下几项工作:

1. 审查对方的资信状况

合同签约对方的资信状况是否良好,对合同的签约和履约有很大影响,财务部门负责售后的收款工作,必须掌握有关企业资信状况的第一手资料。如果签约对方是企业的老客户,财务部门要检查该客户在过去的交易中是否按期履约付款,有无恶化先兆;如果签约对方是新客户,财务部门要注意收集该公司公布的已经注册会计师审计的财务报告,或者设法调查了解该企业是否涉及重大诉讼等情况,财务部门一旦发现客户的资信状况有可疑之处,应立即提醒经营部门选择采取下列措施:

(1) 要求钱货两清,向对方及时结清货款;

(2) 收取一定数量或比例的定金;

(3) 要求客户提供抵押担保物品;

(4) 要求客户提供履约保证人,并出具该保证人具有保证能力的有关证明文件。

2. 检查合同价格,控制商业折扣

经营部门有时为了追求经营业绩,会在合同签订过程中对客户作不适当的让步。对于经营部门在其职权范围内的必要妥协,财务部门应当予以支持。但如果在价格方面减让过多或者给予的商业折扣比例过大,就会影响企业既定的商业定价策略的实施,减少企业的营业收入,甚至会导致市场价格秩序的混乱,影响市场的平衡和企业的社会信誉。因此,财务部门如果发现经营部门降价过多或者商业折扣比例过大时,应及时与经营部门联系,提请更正,必要时可要求企业行政负责人出面协调。

3. 控制信用规模和信用期限

为了促进销售,大部分企业都对客户提供一定的商业信用,如赊销、分期收款、接受商业汇票等。但商业信用本身会在一定程度上占压企业资金,影响企业现金的周转,导致企业利息费用增加,而且还加大企业的财务风险。因而,企业对外提供的商业信用规模不宜过大,期限不可太长。为此,企业财务部门应同经营部门协商一致,对信用销售有一个总体安排。财务部门一旦发现经营部门对外提供的信用量过大或信用期限过长,或者对不适宜的客户提供了信用,应立即提请更正。

4. 监督结算方式

不同的结算方式,收款的安全性也会不同。现金销售,钱货两清,安全性最高。但除商业零售外,多数情况都不可能做到。银行本票和银行汇票的安全性是没有问题的,甚至优于现款。其中银行本票由中国人民银行发行或由商业银行代中国人民银行签发,是绝对可靠的。支票只有在开户银行收妥款项后才没有问题,否则,就有可能因对方账户空头而遭对方银行拒付。商业汇票结算方式也相对比较安全,其中由付款单位银行担保的银行承兑汇票更为可靠。委托银行收款结算方式在安全性上稍差。国际贸易中常用的信用证结算方式,要视信用证签发银行的资信状况而定,一般而言,国际著名的大银行,在我国设有分行或办事处的银行,资信状况较好,签发的信用证比较安全可靠。

5. 及时收回价款

在向对方提交货物或提供劳务以后,财务部门要按合同规定的期限、结算方式向对方如数收取款项。对于未能按期收回的价款,应尽快查明原因。如果对方款项已经付出,属于银行方面的原因,应通过开户银行追款;如果对方拒付,应立即反馈给经营部门,查找原因。属于本企业负责的,要责成有关部门或人员及时处理;属于对方无理拒付的,要采取措施组织催收。

企业销售货物如果执行国家定价,在合同规定期限内遇国家价格调整时,按交付时的价款向对方收款。逾期交货的,遇价格上涨时,只能按原价格收款;遇价格下降时,只能按新价格收款。如果客户逾期提货或逾期交款,遇价格上涨时,按新价格收款;遇价格下降时,按原价格收款。所以,企业销售货物时,一定要遵守合同,按期交货,同时要注意对方是否履约。谁违反了合同,谁就应当承担价格变动风险。

6. 监督解除合同的善后处理

销售合同订立以后,由于某方面的原因而使合同无法履行时,要解除合同。如果是本企业的原因,应赔偿对方损失,但要以合同规定的违约责任为限;如果是对方的原因,应没收定金并追偿造成的损失。财务部门应监督解除合同的善后处理工作,保证本企业合法利益不受侵害。

(二) 销售市场的开拓

企业为了保证稳定的收入,并力争不断增加,必须不断开拓市场。市场竞争如逆水行舟,不进则退。企业必须千方百计地采取各种措施,稳住现有市场,开拓新的市场。开拓市场的措施主要有:

1. 进行市场细分,选定商品目标市场

市场细分是企业在市场调查的基础上,根据客户的需要、购买行为、购买习惯等,将本企业的商品的整体市场划分为具有明显区别标准的若干"小市场"。对市场进行细分,有助于企业选定目标市场,开拓新的领域,使企业以较少的营业费用支出获取较多的营业收入。

市场细分可以有许多不同的标准,例如可以按客户分布的地区划分、按消费者的年龄划分、按客户的购买偏好划分等。通过细分,分析寻找哪些"小市场"还是空白或比较薄弱,可以大规模开拓市场,从而能正确地确定目标市场,采取对路的措施。

2. 进行广告宣传,注意宣传效果

广告是企业利用宣传媒体向社会公众宣传企业及产品的营销手段。企业应当广泛利用报纸、杂志、电视、文体集会、街道广告牌等各种媒体提高企业及产品的知名度,诱导客户购买本企业的产品。但是广告宣传费用一般较高,因此必须精打细算,讲究宣传效果。

3. 搞好售后服务,塑造企业良好形象

销售实现以后,企业成本费用的开支并没有停止,售后服务还要花费很大一笔费用。售后服务包括:送货、安装、调试、退换、修理等许多方面,是企业的一项重要业务。完善的售后服务能塑造良好的企业形象,不仅可以巩固原有的市场,而且能够招来更多的顾客。

第二节　成本费用管理

一、成本费用管理概述

(一) 成本费用的概念

成本费用是指企业在生产经营过程中的各项耗费。可以从以下几个方面来理解：

1. 成本费用是企业生产经营过程中的劳动耗费

企业在生产经营过程中，要发生两种耗费，即物化劳动耗费和活劳动耗费。物化劳动耗费是指生产过程中消耗的劳动对象和劳动手段，即生产资料；活劳动耗费是指生产过程中消耗的职工的劳动时间。企业在生产经营中的一切劳动消耗，都要通过货币形式表现出来。生产资料的耗费表现为固定资产折旧费、燃料、动力费用等，职工的劳动报酬表现为工资等费用，生产经营中的其他耗费表现为其他费用。因此，成本费用是以货币形式表现的劳动耗费。

2. 成本费用是企业生产经营过程中发生的资产耗费

企业的固定资产由于使用或自然力的磨损，会发生价值损耗，这部分损耗是以折旧费来补偿的，它实际是一种资产的耗费。同样，企业发生的原材料费用、工资等费用，也要伴随着生产经营活动的支出而发生，它们也是企业资产的耗费。

3. 成本费用是以产品价值为基础的，同时它又是产品价值独立的货币表现

成本费用就其现象形态来说，它反映企业资金耗费的数量，就其经济实质来说，它是产品价值的一个组成部分。产品价值取决于生产该产品的社会必要劳动量，它由三部分组成：① 生产中已消耗的劳动资料的转移；② 劳动者必要劳动创造的价值；③ 劳动者剩余劳动创造的价值。由于企业在生产过程中，发生的耗费基本上只是产品价值的前两部分，而价值的第三部分基本上形成企业的纯收入。因此，从理论上说，产品价值的前两部分是形成企业成本费用的基础，成本费用是这两部分价值的货币表现。

但在实际工作中，企业成本费用除了包括产品价值的前两部分外，还包括一些剩余劳动创造的价值所形成的纯收入分配性支出，如利息支出、汇兑净损失、保险费和价值的损失等，又如废品损失、停工损失和坏账损失等。由此可见，企业的成本费用与产品价值既有密切联系，又有明显的区别。

(二) 成本费用的内容

按照企业理财的要求，一切与企业生产、经营有关的耗费，都应计入企业的成本费用。但企业的生产经营活动是复杂的，生产经营要素是多方面的，因此，成本费用所包括的范围很广，内容很多。为了划清企业成本费用与投资性支出的界限，划清成本费用与收益分配的界限，划清成本费用与偿还债务的界限，以保证成本费用的真实性，国家统一规定了成本费用的开支范围。其具体内容可归纳为直接费用、间接费用和期间费用。

1. 直接费用

直接费用是指直接为生产商品和提供劳务等发生的各项费用。工业企业的直接费用包括企业生产过程中实际消耗的直接材料、直接人工和其他直接支出；商品流通企业的直接费用是指商品进价成本。

(1) 直接材料。直接材料包括企业生产经营过程中实际消耗的原材料、辅助材料、备品备

件、外购半成品、燃料、动力、包装物以及其他直接材料。

（2）直接工资。直接工资包括企业从事产品生产人员的工资、奖金、津贴和补贴。

（3）其他直接支出。其他直接支出包括直接从事产品生产人员的职工福利费等。

（4）商品进价成本。指商品流通企业的商品进价成本，分为国内购进商品进价成本和国外购进商品进价成本。国内购进商品进价成本是指支付给供货方的商品的原始进价；国外购进商品的进价成本是指进口商品在到达目的港口以前发生的各种支出，包括进价、进口关税、购进外汇价差及支付给受托代理进口单位的有关费用。

2. 间接费用

间接费用是应由产品成本负担，但不能直接计入各产品的有关费用，即工业企业生产过程中发生的制造费用。其内容包括企业各个生产单位为组织和管理生产所发生的生产单位管理人员工资、职工福利费、生产单位房屋建筑物和机器设备等的折旧费、修理费、机物料消耗、低值易耗品摊销、水电费、办公费、保险费、设计制图检验费、劳动保护费、季节性和修理期间的停工损失以及其他制造费用。

3. 期间费用

期间费用只与企业当期实现的收入有关，必须从当期营业收入中得到补偿。工业企业的期间费用包括管理费用、财务费用和产品销售费用；商品流通企业的期间费用包括管理费用、财务费用和经营费用。这些费用虽不计入产品成本，但必须全部计入当期损益，从当期收入中得到补偿。

（1）管理费用。它是指企业行政管理部门为管理和组织经营活动所发生的各项费用。包括公司经费、工会经费、职工教育经费、劳动保险费、待业保险费、董事会费、咨询费、审计费、诉讼费、排污费、绿化费、税金、土地转让费、技术开发费、无形资产摊销、开办费摊销、业务招待费、坏账损失、存货盘亏、毁损和报废以及其他管理费用。

（2）财务费用。它是指企业为筹集资金而发生的各项费用，包括企业生产经营期间发生的利息支出、汇兑净损益、金融机构手续费以及筹资发生的其他财务费用。

（3）销售费用。它是指企业在销售产品、自制半成品和提供劳务等过程中发生的各项费用以及专设销售机构的各项经费，包括应由企业负担的运输费、装卸费、包装费、保险费、委托代销手续费、广告费、展览费和销售服务费、销售部门人员工资、职工福利费、差旅费、办公费、折旧费、修理费用、物料消耗、低值易耗品摊销以及其他经费。

（4）经营费用。它是指商品流通企业在整个经营环节所发生的各项费用，包括由企业负担的运输费、装卸费、整理费、包装费、保险费、差旅费、展览费、保管费、商品耗损、进出口商品累计佣金、经营人员的工资及福利费等。

（三）成本费用的作用

成本费用是企业的一项重要的经济指标，在企业生产经营活动和整个国民经济发展中起着重要作用。

1. 成本费用是制定产品价格的重要依据

产品价格是产品价值的货币表现，产品价格应大体符合产品的价值。但在现在，产品的价值还不能直接计算出来，只能通过企业生产经营中发生的耗费，间接地反映产品的价值。因而，成本费用就成为制定产品价格的一项重要依据。在制定产品价格时，必须考虑到产品费用的高低，要使成本费用能够得到补偿。

2. 成本费用是补偿生产经营耗费的标准

企业的生产经营活动是一个连续不断的再生产过程,为了保证企业再生产的实现,就必须对生产经营中的耗费进行补偿。成本费用是企业在生产经营活动中的耗费,因此,它就是对生产经营耗费进行补偿的客观标准。当取得营业收入后,企业要把相当于营业成本和营业费用的数额划分出来,准备用于再生产活动。如果企业不能按成本费用补偿生产经营活动中的耗费,那么,企业就不能在原有生产经营规模的基础上进行,再生产经营活动就不能继续下去。

3. 成本费用是加强生产经营管理的重要杠杆

为了提高经济效益,企业必须加强生产经营管理。要加强生产经营管理,就要认真地搞好经营决策,有效地控制生产经营耗费,科学地考查企业经济效益。在这些方面,企业必须借助于成本费用这项重要的财务指标。

在一定的物价水平条件下,成本费用的高低直接影响到企业利润的多少和商品在市场上竞争能力的大小。可见,成本费用在企业生产经营管理中,与销售数量、质量、品种一样,是决定企业发展的一项重要因素。企业对生产经营活动的重大问题进行决策时,必须以经济效益为标准,选择那些产品质量好、产销数量大、成本费用低的方案。为了提高企业的经济效益,必须对企业生产经营活动中的各项耗费进行控制。为此,企业要采取有效的措施,其中包括对各项耗费进行预测、对成本费用计划的执行情况进行检查等。这些措施有利于控制企业生产经营耗费,提高企业经济效益。提高企业经济效益的一项重要指标是获得更多的利润,而利润的多少取决于营业收入补偿营业成本、营业费用和营业税金后余额的大小。余额越大,利润就越多;反之,则越小。可见,成本费用在企业的生产经营管理中起着重要的经济杠杆作用。

(四)成本费用管理的基本要求

成本费用管理是企业财务管理的重要内容,为了搞好成本费用管理,企业必须做到以下几点要求:

1. 严格执行成本费用开支范围和标准

企业执行成本开支范围和标准,可以保证成本费用指标的真实性,有利于发挥成本费用在经营管理中的积极作用;可以保证成本费用指标的可比性,使不同企业或同一企业不同时期的成本费用指标口径一致,具有比较的基础;还可以保证不挤占国家财政收入,使财政收入得以稳定实现。企业执行成本费用开支范围和标准,应划清以下几个界限:

(1)划清收益性支出和资本性支出的界限;

(2)划清成本费用和营业外支出的界限;

(3)划清成本费用和收益分配等支出的界限。

2. 正确核算成本费用

成本费用核算是成本费用管理的基本环节。成本费用核算正确与否,直接关系着企业的生产经营成果;成本费用核算对于加强企业经营管理、降低成本费用也有着重要作用。要正确核算成本费用,必须分清以下几个界限:

(1)分清本期成本费用与下期成本费用的界限;

(2)分清企业内部各部门成本费用支出界限;

(3)分清各种产品成本的界限;

(4)分清完工产品和在产品成本的界限。

3. 实现全面成本费用管理

成本费用管理是一项综合性管理,它涉及企业生产经营活动的全过程和各个方面。要把企业成本费用管理搞好,就必须发挥企业各个方面的积极性,实现全面的成本费用管理。为此,要广泛动员职工参加成本费用管理工作,要求从各方面讲求经济效益,力争做到优质、高产、低耗。

二、成本费用控制的程序与原则

(一) 成本费用控制的含义与程序

1. 成本费用控制的含义

按照控制论的观点,控制是指系统主体采取某种强制性措施,促使系统内某项要素自身或要素之间的联系方式,按照一定的目标进行。系统可控的条件有两个:一是系统存在多种发展的可能性;二是系统能够在主体的调节下按既定的目标发展。

企业的产品成本是生产该种产品的物化劳动及必要的活劳动耗费。同种产品由不同企业生产,其个别劳动耗费会有所不同,即使在同一企业内不同时期产品成本也会产生一定的波动,可见,成本具有多种发展的可能性。不同企业或同一企业不同时期产品成本的变动,取决于成本管理系统内各生产要素的联系方式及其发展规律。掌握这种变动规律以成本耗费为最低目标,在一定的时间和空间范围内,通过成本管理人员对资金耗费的动态调节,成本管理系统是可以调节的。

在企业成本管理系统内,控制的主体是各级管理人员,控制的对象是生产经营过程中的劳动耗费,目的是针对成本管理系统中影响失控的各种因素,采取监督、限制、引导和协调等管理手段,保证企业成本计划的全面实现。通过成本控制使产品成本按照人们事先预测确定的成本水平进行,防止与克服生产过程中损失和浪费现象的产生,从而使企业的人力、物力、财力得到合理利用,达到节约生产耗费、降低成本、提高经济效益的目的。因此,成本控制是根据预定的成本目标,对生产经营活动中发生的全部耗费进行指导、限制和监督,并及时发现偏差,加以纠正,以确保成本目标的实现。

成本控制是一项系统工程,按照成本发生的时间先后顺序,成本控制可分为事前控制、事中控制和事后控制三个阶段。成本的事前控制是指在成本形成前的决策和计划阶段,以及产品的开发和设计阶段所进行的成本预测、决策、计划;技术经济论证和价值分析,属于成本的前馈控制。成本的事中控制又称过程控制,是在成本形成过程中对生产耗费进行的日常控制,这是一种实时即地的控制。所谓实时,是成本发生时即进行,是一种经常性的监督和约束;所谓即地,是指在发生现场进行的控制,又叫现场控制。成本的事后控制又称反馈控制,是指通过监督成本实际发生值与成本目标的偏差,分析原因,采取措施,以保证预定目标的实现。

2. 成本控制的基本程序

(1) 确定控制目标。制定成本控制的目标,规定在一定的生产条件下,必要劳动和物化劳动耗费应遵守的数量界限。成本控制的标准一般采用一定形式的计划成本,如定额成本、标准成本、目标成本等。

(2) 监督成本的形成过程。这一环节是成本控制的执行阶段,即成本的事中控制阶段。它主要通过严格执行企业内部设置的控制制度,对实际费用的发生进行监督和限制,使其不超过预定的标准。一旦发生偏差,就立即采取措施加以纠正。

(3) 成本差异的核算、分析和考核。通过实际成本和标准成本的比较,确定成本的有利差异和不利差异,并进一步按差异发生的场所、原因和责任进行分析,并弄清成本超支或节约的原因,确定责任的归属,最后对成本责任部门进行相应的考核和奖惩。

（4）采取纠正措施，修正成本控制标准。针对差异分析发现的问题，进一步采取纠正措施，使同类型的不利差异不再发生。同时，有些差异是由于标准陈旧或不合理引起的，那就要相应地修改成本控制标准，使今后的成本控制能更有效地进行。

（二）成本费用控制的原则

虽然各个企业的成本控制系统是不一样的，但是有效的成本控制系统仍有一些共同特征，它们是任何企业实施成本控制都应遵守的原则，也是有效控制的必要条件。根据成本控制的长期经验和体会，以及人们对成本形成过程的研究，许多学者提出过有效控制成本的基本原则，看法并不统一。成本控制的基本原则可概括为以下三条：

1. 经济原则

经济原则是指因推行成本控制而发生的成本不应超过因缺少控制而丧失的收益。

和销售、生产、财务活动一样，任何管理工作都要讲求经济效益。为建立某项控制，要花费一定的人力和物力，付出一定的代价。这种代价不能太大，不应超过建立这项控制所能节约的成本。通常增加控制环节发生的成本比较容易计量，而控制的收益则较难确定，但并不能因此否定这条原则。在一般情况下，控制的收益会明显大于其成本，人们可以作出定性的判断。当然，确实有些企业为了赶时髦，不计工本，搞了一些华而不实的繁琐手续，经济效益不大，甚至得不偿失。实践证明，不符合经济原则的控制办法是没有生命力的，是不可能持久的。经济原则在很大程度上决定了我们只在重要领域中选择关键因素加以控制，而不对所有成本都进行同样周密的控制。

经济原则要求成本控制要能起到降低成本、纠正偏差的作用，并且有实用性。成本控制系统应能揭示何处发生了失误、谁应对失误负责，并能确保采取纠正措施。经济原则要求在成本控制中贯彻"例外管理"原则。对正常成本费用支出可以从简控制，而特别关注各种例外情况。例如，对脱离标准的重大差异展开调查，对超出预算的支出建立审批手续等。经济原则还要求贯彻重要性原则。应把注意力集中于重要事项，对成本的细微尾数、数额很小的费用项目和无关大局的事项可以从略。经济原则要求成本控制系统应具有灵活性。面对已更改的计划和出现的始料未及的情况，控制系统应仍能发挥作用，而不至于在市场变化时成为无用的"装饰品"。

2. 因地制宜原则

因地制宜原则，是指成本控制系统必须个别设计，适合特定部门、企业、岗位和成本项目的实际情况，不可完全照搬别人的做法。

适合特定企业是指针对大型企业和小型企业，老企业和新企业，发展快的和发展稳定的企业，这个行业和那个行业的企业，同一企业的不同发展阶段、管理重点、组织结构、管理风格、成本控制方法和奖金形式等都应当有所区别。适合特定部门的要求是指销售部门、生产部门、技术开发部门、维修部门和管理部门的成本形成过程不同，建立控制标准和实施控制的方法也应有所区别。适合职务与岗位责任要求是指总经理、厂长、车间主任、班组长需要不同的成本信息，应为他们提供不同的成本控制报告。适合成本项目特点是指材料费、人工费、制造费用和管理费用的各明细项目，以及资本支出等，有不同的性质和用途，控制的方法也应有区别。

3. 领导重视与全员参与原则

企业的任何活动，都会发生成本，都应在成本控制的范围之内。任何成本都是人的某种作业的结果，只能由参与或者有权干预这些活动的人来控制，不能指望另外的人来控制成本。任何成本控制的方法其实质都是设法影响执行作业或有权干预作业的人,使他们能自我控制。所以,每个职工都应负有成本责任,成本控制是全体职工的共同任务,只有通过全体职工的协调一致的努力才能完成。

(三) 加强成本控制必须健全基础工作

有效的成本控制必须以健全的基础工作为前提。否则,成本控制就会缺乏必要的条件。成本控制的基础工作主要有:

1. 建立完整的原始记录制度

原始记录是经济活动发生的文字记录。对企业成本管理来说,准确的原始记录不仅是成本核算真实性的基础,也是成本控制的依据。因此,对企业生产经营活动中的产量、质量、工时、设备利用、存货的消耗、收发、转移以及各种物资的毁损等都应做好完整的原始记录,并确保记录的及时、准确、真实。

2. 健全计量验收制度

严格的计量和验收是保证生产经营中材料物资消耗的准确性和产品质量的前提。计量工作的好坏直接影响企业的成本费用水平。因此,对企业各项财产物资的进出消耗,都要经过严格的计量验收,做到手续齐全、计量准确。

3. 健全定额管理制度

定额是企业生产经营过程中人力、物力、财力的消耗标准。它是编制成本计划的依据,也可以用来进行成本控制与分析。企业必须科学地确定原材料、能源等物资消耗定额和工时定额,并且要随着实际情况的变化定期地对定额进行修订,使其能反映实际情况。

三、目标成本控制

(一) 目标成本的概念

目标成本是指根据预计可实现的销售收入扣除目标利润计算出来的成本,它是目标管理思想在成本管理工作中应用的产物。

有时候,人们也把标准成本称为目标成本。由于标准成本是应该发生成本,可以用作评价实际成本的尺度,从而成为督促职工去努力争取的目标,因此也被称为目标成本。标准成本和目标成本,虽然都可以作为成本预算和成本控制的基础,但是它们的含义、指导思想和制定方法并不相同。

标准成本是 20 世纪初出现的,是科学管理的作业标准化思想和成本管理结合的产物。标准成本的制定,从最基层的作业开始,分别规定数量标准和价格标准,逐级向上汇总,成为单位标准成本。制定时强调专业人员的作用,使用观测和计量等技术方法,建立客观标准,以"调和"劳资矛盾。

目标成本是 20 世纪 50 年代出现的,是成本管理和目标管理结合的产物,强调对成本实现目标管理。目标成本的制定,从企业的总目标开始,逐级分解为基层的目标成本。制定时强调执行人自己参与,专业人员协调,以发挥各级管理人员和全体员工的积极性和创造性。

目标管理思想是针对"危机管理"和"压制管理"提出的。危机管理方式下的领导,不重视管理目标,平时"无为而治",只有出现问题时才忙成一团,设法解决问题。压制管理方式下的领导,每天紧紧地盯着下级的一切行动,通过监视手段限制下级的行为。而目标管理方式下的领导,以目标作为管理的根本,一切管理行为以目标设立为开始,执行过程也以目标为指针,结束后以目标是否完成来评价业绩。目标管理强调授权,给下级一定自主权,减少干预,在统一的目标下发挥下级的主动性和创造精神;强调事前明确目标,以使下级周密计划并选择实现目标的有效的具体方法,减少对作业过程的直接干预。目标管理的要点是:

1. 初步在最高层设置目标

企业的领导应明确整个组织的总目标,并以此作为一切工作的中心,起到指导资源分配、激励员工努力工作和评价经营成效的作用。总目标包括根据企业宗旨和社会责任确定的本年度的关键指标。这些目标将来要转化为分公司、部门和单位的目标,一直到最底层的目标。总目标是建立在分析和判断基础上的,要考虑面临的机会、威胁、本企业的优缺点等。它是试验性的,下级在拟定可考虑的子目标时,要对其进行修订。强调分派任务,不可能唤起承诺意见。

2. 明确组织的任务

每个目标和子目标,都应有一个责任中心和主要负责人,并明确其应完成的任务和应承担的责任。在分派目标时,常常会发现原有组织结构的责任是含糊不清的,不适应新确立的目标,这就需要及时澄清责任或根据目标要求对原有组织作必要的合理的改组。要明确各工作环节主管人员的具体任务和责任,必要时,还要设置一个新的主管层和主管人,集中领导并实现高层次协调效果,以保证能够顺利实现这一目标。

3. 下属人员的目标设置

上级和下级要在一起研究下级的目标。上级主管要了解下级的情况、想法和困难,给予建设性的指导。下级要在总目标的指导下,根据企业资金、材料和人力等资源状况,提出本单位的子目标。经过协商讨论,最后上级批准下级的目标。经过批准的、可考核的下级目标,要和上一级目标充分衔接配合;要有一定程度的"紧张"性,需经过努力才能达到;要和其他部门的目标相协调;要符合本部门和企业的长期目标和利益。

4. 拟定目标的反复循环过程

从最高层开始初步确定的目标如果直接分派给下属人员,通常是难以奏效的。拟定目标若是从基层开始,向上级逐步汇总,通常是消极或盲目的,也不可取。目标管理要求一定程度的自上而下的和自下而上的反复循环。通过循环,上下级之间、各部门之间相互作用,从而实现总体的协调。在循环中,上级会发生新的情况、问题和机会,吸收下级的经验、知识和建设性意见。下级会了解企业的目标、资源状况和困难等全局情况,接受上级的指导,并学会如何与有关部门协作。

目标管理的好处是:明确的目标可以起到激励的作用;迫使主管人员更好地计划自己的工作,选择更有效的实现目标的方法,更合理地组织人力和物质资源;迫使主管人员弄清楚组织的结构、任务和权责关系;鼓励人们专心致力于实现他们的目标;有助于开展有效的控制工作。

(二)目标成本的确定

1. 目标成本的初步测算

目标成本是根据预计销售收入和目标利润计算出来的,即:

$$目标成本 = 预计销售收入 - 目标利润$$

预计目标利润的方法有:

(1) 目标利润率法

$$目标利润 = 预计销售收入 \times 同类企业平均销售利润率$$

或　　　　　　　目标利润＝本企业净资产×同类企业平均净资产利润率

或　　　　　　　目标利润＝本企业总资产×同类企业平均资产利润率

采用目标利润率法的理由是：本企业必须达到同类企业的平均报酬水平，才能在竞争中生存。有的企业使用同行业先进水平的利润率预计目标成本，其理由是：别人能办到的事情我们也应该能办到。

（2）上年利润基数法

$$目标利润＝上年利润×利润增长率$$

采用本方法的理由是：未来是历史的继续，应考虑现有基础（上年利润）；未来不会重复历史，要预计未来的变化（利润增长率），包括环境的改变和自身的进步。有时候，上级主管部门或董事会对利润增长率有明确要求，也促使企业采用上年利润基数法。

按上述方法计算的目标成本，只是初步设想，提供了一个分析问题的合乎需要的起点。它不一定完全符合实际，还需要对其可行性进行分析。

2. 目标成本的可行性分析

目标成本的可行性分析，是指对初步测算得出的目标成本是否切实可行作出分析和判断。

分析时，主要依据本企业实际成本的变化趋势、同类企业的成本水平，充分考虑本企业增产节约的潜力，对某一时期的成本总体水平作出预计，看其与目标成本的水平是否大体一致。

经过测算，如果预计目标成本是可行的，则将其分解，下达到有关单位和部门。如果经过反复测算、挖潜，仍不能达到目标成本，就要考虑放弃该产品并设法安排剩余的生产能力。如果从全局看不宜停产该产品，也要限量生产，并确定亏损限额。

3. 目标成本的分解

所谓目标成本的分解，是指设立的目标成本通过可行性分析后，将其自上而下按照企业的组织结构逐级分解，落实到有关的责任中心。成本分解通常不是一次完成的，需要一定的循环，不断修订，有时甚至需要修改原来设立的目标。

目标成本分解的方法有以下几种：

（1）按管理层次分解。即将目标成本按总厂、分厂、车间、班组、个人进行分解。这是一种自上而下的过程。分解的内容包括料、工、费。

（2）按管理职能分解。即将成本在同一管理层次按职能部门分解。例如，销售部门负责销售费用，设计部门负责设计成本和新产品试制费，质量部门负责质量成本，劳动部门负责工资成本，动力部门负责燃料和动力费用，基本生产部门负责制造成本，行政部门负责办公费等。

（3）按产品结构分解。把产品成本分成各种零部件成本和总装成本，分派给各责任中心。

（4）按产品形成过程分解。按产品设计、材料采购、生产制造、产品销售过程分解成本，形成每一过程的目标成本。

（5）按成本的经济内容分解。把产品成本分成固定成本和变动成本，再把固定成本进一步分解为折旧费、办公费、差旅费、修理费等项目；把年度目标成本分为季度或月份成本目标，甚至分解为旬或日的成本目标；把变动成本分解为直接材料、直接人工、各项变动费用。

上述方法，要根据企业组织结构和成本形成过程的具体状况选择采用。

四、责任成本及其考核

(一) 责任成本的概念

责任成本是以具体的责任单位(部门、单位或个人)为对象,以其承担的责任为范围所归集的成本,也就是特定责任中心的全部可控成本。可控成本是指在特定时期内,特定责任中心能够直接控制其发生的成本,其对称概念是不可控成本。可控成本总是针对特定责任中心来说的。一项成本,对某个责任中心来说是可控的,对另外的责任中心则是不可控的。区分可控成本和不可控成本,还要考虑成本发生的时间范围。一般来说,在消耗或支付的当期成本是可控的,一旦消耗或支付就不再可控。从整个企业的空间范围和很长的时间范围来观察,所有成本都是人的某种决策或行为的结果,都是可控的。但是,对于特定的人或时间来说,则有些是可控的,有些是不可控的。

可控成本与直接成本、变动成本是不同的概念。

直接成本和间接成本的划分依据,是成本的可追溯性。可追溯到个别产品或部门的成本是直接成本;由几个产品或部门共同引起的成本是间接成本。对生产的基层单位来说,大多数直接材料和直接人工是可控的,但也有部分是不可控的。例如,工长的工资可能是直接成本,但工长无法改变自己的工资,对他来说该成本是不可控的。最基层单位无法控制大多数的间接费用,但有一部分是可控的。例如,机物料的消耗可能是间接计入产品的,但机器操作工却可以控制它。

变动成本和固定成本的划分依据,是成本依产量的变动性。随产量正比例变动的成本称为变动成本。在一定幅度内不随产量变动而基本上保持不变的成本,称为固定成本。对生产单位来说,大多数变动成本是可控的,但也有部分是不可控的。例如,按产量和实际成本分摊的工艺装配费是变动成本,但使用工装的生产车间未必能控制其成本的多少,因为产量是上级的指令,其实际成本是制造工装的辅助车间控制的。固定成本和不可控成本也不能等同,与产量无关的广告费、科研开发费、教育培训费等酌量性固定成本却是可控的。

责任成本计算、变动(边际)成本计算和完全(吸收)成本计算,是三种不同的成本计算方法。

它们的主要区别是:

1. 核算的目的不同

计算产品的完全成本是为了按会计准则确定存货成本和期间损益;计算产品的变动成本是为了经营决策;计算产品的责任成本是为了控制成本。

2. 成本计算的对象不同

变动成本计算和完全成本计算以产品为成本计算对象;责任成本计算以责任中心为成本计算对象。

3. 成本的范围不同

完全成本计算的范围是制造成本,包括直接材料、直接人工和全部制造费用;变动成本计算的范围是变动成本,包括直接材料、直接人工和变动制造费用,有时还包括变动管理费用和变动销售费用;责任成本计算的范围是各责任中心的可控成本。

4. 共同费用在成本对象间分摊的原则不同

完全成本计算按受益原则归集和分摊费用,谁受益谁承担,要分摊全部的间接制造费用;变动成本计算只分摊变动成本,不分摊固定成本;责任成本计算按可控原则把成本归属于不同的责任中心,谁能控制谁负责,不仅可控的变动间接费用要分配给责任中心,可控的固定间接费用也要分配给责任中心。责任成本计算是介于完全成本计算和变动成本计算之间的一种成本计算方法。

责任成本与标准成本、目标成本有区别也有密切关系。

标准成本和目标成本主要强调事先的成本计算,而责任成本重点是事后计算、评价和考核,是责任会计的内容之一。标准成本在制定时是分产品进行的,事后对差异进行分析时才判别责任归属,并按责任归属收集和处理实际数据。不管使用目标成本还是标准成本作为控制依据,事后的评价与考核都要求核算责任成本。

(二) 责任成本的确定

确定责任成本的关键是弄清楚各责任中心能控制哪些成本费用项目。

通常,可以按下列原则确定责任中心的可控成本:

1. 假如某责任中心通过自己的行动能有效地影响一项成本的数额,那么该中心就要对这项成本负责。

2. 假如某责任中心有权决定是否使用某种资产或劳务,它就应对这些资产或劳务的成本负责。

3. 某管理人员虽然不直接决定某项成本,但是上级要求他参与有关事项,从而对该项成本的支出施加了重要影响,则他对该成本也要承担责任。

将发生的直接材料和人工费用归属于不同的责任中心通常比较容易,而制造费用的归集则比较困难。为此,需要仔细研究各项消耗和责任中心的因果关系,采用不同的分配方式。一般是依次按下述五个步骤来处理:

1. 直接计入责任中心

将可以直接判别责任归属的费用项目,直接列入应负责的成本中心。

2. 按责任基础分配

凡不能直接归属于个别责任中心的费用,优先采用责任基础分配。有些费用虽然不能直接归属于特点的成本中心,但它们的数额受成本中心的控制,能找到合理依据来分配。如果成本中心能够自己控制使用量,可以根据其使用量来分配。分配时要使用固定的内部价格,防止供应部门的责任向使用部门转嫁。

3. 按受益基础分配

有些费用不是专门属于某个责任中心,也不宜用责任基础分配,但与各中心的受益多少有关,可按受益基础分配。

4. 归入某一特点的责任中心

有些费用既不能用责任基础分配,也不能用受益基础分配,则考虑有无可能将其归属于一个特点的责任中心。

5. 不能归属于任何责任中心的固定成本不进行分配

(三) 责任成本的考核

责任成本的考核,涉及成本控制报告、差异调查和奖惩等问题。

1. 成本控制报告

成本控制报告是责任会计的重要内容之一,也称为业绩报告。其目的是将责任中心的实际成本与限额比较,以判别成本控制业绩。控制报告的目的为:

(1) 形成一个正式的报告制度,使人们知道他们的业绩将被衡量、报告和考核,会使他们的行为与没有考核时大不一样。

（2）控制报告显示过去工作的状况，为提供改进工作的线索指明方向。

（3）控制报告向各级主管部门报告下属的业绩，为他们采取措施纠正偏差和实施奖惩提供依据。

控制报告的内容主要包括三方面：

（1）实际成本资料，它回答"完成了多少"。实际资料可以通过账簿系统提供，也可以在责任中心设置兼职核算员，在账簿系统之外收集加工。

（2）控制目标的资料，它回答"应该完成多少"。控制目标可以是目标成本，也可以是标准成本，一般都要按实际业务量进行调整。

（3）两者之间的差异和原因，它回答"完成得好不好，是谁的责任"。

2. 差异调查

成本控制报告将使人们注意到偏离目标的表现，但它只是指出问题的线索。只有通过调查研究，找到原因，分清责任，才能采取纠正行动，收到降低成本的实效。

发生偏差的原因有很多，可以分为三类：

（1）执行人的原因，包括过错、没经验、技术水平低、责任心差、不协作等。

（2）目标不合理，包括原来制定的目标过高或过低，或者情况变化使目标不再适用等。

（3）实际成本核算有问题，包括数据的记录、加工和汇总有错误，故意造假等。

只有通过调查研究，才能找到具体原因，并针对原因采取纠正措施。

3. 奖励与惩罚

奖励是对超额完成目标成本行为的回报，是表示赞许的一种方式。目前奖励的主要方式有奖金，也会涉及加薪和提升等。奖励的原则是：奖励的对象必须符合企业目标、值得提倡的行为；要让职工事先知道成本达到何种水平将会得到何种奖励；避免奖励华而不实的行为和侥幸取得好成绩的人；奖励要尽可能前后一致。

惩罚是对不符合期望的行为的回报。惩罚的作用在于维持企业运转所需要的最低标准，包括产量、质量、成本、安全、出勤等。如果达不到最低要求，企业将无法正常运转。达不到成本要求的惩罚手段主要是批评和扣发奖金，有时涉及降级、停止提升和免职处理等。惩罚的目的是为了避免类似的行为重复出现。惩罚的原则是：在调查研究的基础上，尽快采取行动，拖延会减弱惩罚的效力；预先要有警告，只有重犯者和违反尽人皆知准则的人才受惩罚；惩罚要一视同仁，前后一致。

五、弹性预算控制

所谓弹性预算，是企业在不能准确预测业务量的情况下，根据本量利之间有规律的数量关系，按照一系列业务量水平编制的有伸缩性的预算。只要这些数量关系不变，弹性预算可以持续使用较长时期，不必每月重复编制。弹性预算主要用于各种间接费用预算。

（一）弹性预算的特点

表 11-8 是一个生产制造部门制造费用的弹性预算，它和按特定业务水平编制的固定预算相比，有两个显著特点。

1. 弹性预算是按一系列业务水平编制的，从而扩大了预算的使用范围。从表 11-8 中提供的资料来说，如若仅按 600 直接人工小时来编制，就成为固定预算，其总额为 2 000 元。这种预算只有在业务量接近 600 小时时，才能发挥作用。如果实际业务量与作为预算基础的 600

小时相差较多，而仍用2 000元去控制评价成本，显然是不合适的。

表11-8 制造费用预算（多水平法）

业务量（直接人工工时）	420	480	540	600	660
占正常生产能力百分比	70%	80%	90%	100%	110%
变动成本：					
运输（b=0.2）	84	96	108	120	132
电力（b=1）	420	480	540	600	660
消耗材料（b=0.1）	42	48	54	60	66
合计	546	624	702	780	858
混合成本：					
修理费	440	490	544	600	746
油料	180	220	220	220	240
合计	620	710	764	820	986
固定成本：					
折旧费	300	300	300	300	300
管理人员工资	100	100	100	100	100
合计	400	400	400	400	400
总计	1 566	1 734	1 866	2 000	2 244

2. 弹性预算是按成本的不同性态分别列示的，便于在计划期终了时计算"实际业务量的预算成本"，使预算执行情况的评价和考核建立在更加现实的基础上。

如果固定预算是按600小时编制的，成本总额为2 000元，在实际业务量为500小时时，不能用2 000元去评价实际成本的高低，也不能按业务量变动的比例调整后的成本1 666元（即2 000×500/600）去考核实际成本，因为并不是所有的成本都一定同业务量成正比例关系。

如果采用弹性预算，就可以根据各项成本同业务量的不同关系，采用不同方法确定"实际业务量的预算成本"，去评价和考核实际成本。例如，实际业务量为500小时，运输费等各项变动费用可用实际工时数乘以单位业务量变动成本来计算，即变动总成本650元（500×0.2+500×1+500×0.1）。混合成本可用内插法逐项计算：500小时处在480小时和540小时两个水平之间，修理费应该在490元和544元之间，设实际业务的预算修理费为x，则

$$\frac{500-480}{540-480}=\frac{x-490}{544-490}$$

$$x=508(元)$$

油料费在480小时和540小时水平时均为220元，500小时当然也应为220元。固定成本不随业务量变动，仍为400元。可见：

500小时预算成本=(0.2+1+0.1)×500+508+220+400=1 778(元)

这样计算出来的预算成本，比较符合成本变动规律，用以评价和考核实际成本，比较确切并容易为被考核人所接受。

(二) 弹性成本预算的编制

编制弹性预算的基本步骤是:选择业务量的计算单位;确定适用的业务量范围;逐项研究并确定各项成本和业务量之间的数量关系;计算各项预算成本,并用一定的方式来表达。

编制弹性预算,要选用一个最能代表本部门生产经营活动水平的业务量计量单位。例如,以手工操作为主的车间,就应选用人工工时;制造单一产品或零件的部门,可以选用实物数量;制造多种产品或零件的部门可以选用人工工时或机器工时;修理部门可以选用直接修理工时。

弹性预算的业务量范围,视企业或部门的业务量变化情况而定,务必使实际业务量不超出确定的范围。一般来说,可定在正常生产能力的70%~110%之间,或以历史上最高业务量和最低业务量为其上下限。

弹性预算质量的高低,在很大程度上取决于成本性态分析水平。弹性预算的表达方式,主要有多水平法和公式法两种。

1. 多水平法(列表法)

采用多水平法,首先要在确定的业务量范围内,划分出若干个不同水平,然后分别计算各项预算成本,汇总列入一个预算表格。表11-8就是一个用多水平法表达的弹性预算。在这个预算中,业务量的间隔为10%,这个间隔可以更大些,也可以更小些。间隔较大,水平级别就少些,可简化编制工作;间隔小了,用以控制成本较为准确,但会增加编制工作量。

多水平法的优点是:不管实际业务量是多少,不必经过计算即可找到与业务量相近的预算成本,用以控制成本比较方便;混合成本中的阶梯成本和曲线成本,可按其性态计算填列,不必用数学方法修正为近似的直线成本。但是,运用多水平法弹性预算评价和考核实际成本时,往往需要用内插法来计算实际业务量的预算成本,比较麻烦。

2. 公式法

因为任何成本都可以用公式 $y=a+bx$ 来近似地表示,所以只要在预算中列示 a(固定成本)和 b(单位变动成本),便可以随时利用公式计算任一业务量(x)的预算成本(y)。表11-9是一个用公式法表示的弹性预算,其数据资料与表11-8一样。

表11-9 弹性预算公式法

业务量范围(人工工时)	420~660	
项 目	固定成本(每月)	变动成本(每人工工时)
运输费		0.2
电 力		1
消耗材料		0.1
修理费	85(备注)	0.85
油 料	108	0.2
折旧费	300	
管理人员工资	100	
合 计	593	
备 注	当业务量超过600工时后,修理费的固定部分上升为185元	

公式法的优点是便于计算任何业务量的预算成本。但是,阶梯成本和曲线成本只能用数学方法修正为直线,一般用 $y=a+bx$ 公式来表示。必要时,还需要在"备注"中说明不同的业

务量范围内应该采用的不同的固定成本金额和单位变动成本金额。

(三) 弹性预算的运用

弹性预算的主要用途是作为控制成本支出的工具。在计划期开始时，提供控制成本所需要的数据；在计划期结束后，可用于评价和考核实际成本。

1. 控制支出

由于成本一旦支出就不可挽回，只有事先提出成本的限额，使有关的人在限额内花钱用物，才能有效地控制支出。根据弹性预算和每月的生产计划，可以确定各月的成本控制限额。这个事先确定的限额并不要求十分精确，所以，采用多水平法时可选用与计划业务量水平最接近的一套成本数据，作为控制成本的限额。采用公式法时可根据计划业务量逐项计算成本数据，编制成本限额表，作为当月控制成本的依据。

2. 评价和考核成本控制业绩

每个计划期结束后，需要编制成本控制情况的报告，对各部门成本预算执行情况进行评价和考核。表 11-10 是部门成本控制报告的一种形式。

表 11-10 部门成本控制报告

单位：元　　××年×月　　　　　　　　　实际业务量：580 小时

项 目	实际成本	预算成本	差异额	差异率/%
变动成本：				
运输费	108	116	-8	-7
电力	616	580	+36	+6
消耗材料	68	58	+10	+17
合计	792	754	+38	+5
混合成本：				
修理费	560	578	-18	-3
油料	230	220	+10	+5
合计	790	798	-8	-1
固定成本：				
折旧费	300	300	0	0
管理人员工资	110	100	+10	+10
合计	410	400	+10	+3
总 计	1 992	1 952	+40	+2

在这个报告中，实际成本是根据实际产品成本核算资料填制的；预算成本是根据实际业务量和弹性预算逐项计算填列的，差异额是实际成本减去预算成本的差额，负数表示节约额，正数表示超支额，差异率是差异额占预算成本的百分比，表示节约或超支的相对幅度。这样计算出来的差异额和差异率，已将业务量变动因素排除在外，用以评价实际成本比较有说服力。

第十二章 利润管理

第一节 利润形成管理

一、利润的作用

利润是企业在一定期间内生产经营活动的最终成果,也就是收入与费用配比后相抵的差额,如果收入小于费用,其净额表现为亏损。为了实现企业财务管理目标,就需要在考虑风险因素的同时,不断提高企业的盈利水平,增强企业的盈利能力。

(一)关于利润的几个概念

利润是一个应用十分广泛的概念,在不同的情况下,含义也不完全一致,现介绍几种常见的利润概念。

1. 总利润

总利润又称利润总额,是企业在一定时期所获得的利润总数。利润总额由销售利润、投资净收益、营业外收支净额三部分构成,即

$$利润总额 = 销售利润 + 投资净收益 + 营业外收支净额$$

2. 毛利润

毛利润简称毛利,是销售收入减去销售成本后的净额,即

$$毛利润 = 销售收入 - 销售成本$$

毛利润反映了产品销价和产品成本之间的差距。如果这一差距比较大,说明企业盈利能力比较强;如果这一差距较小,说明企业盈利能力较弱,处于一种很危险的状况。

3. 息前税前利润

息前税前利润又称息前税前盈余或税息前盈余,是指扣除利息费用和所得税之前的利润,也就是毛利与不包括利息的期间费用之差,即

$$息前税前利润 = 毛利润 - 不包括利息的期间费用$$
$$= 税后利润 + 所得税 + 利息费用$$

息前税前利润比较好地反映了企业的盈利水平。由于它不受企业资金结构、所得税税率及其他有关因素的影响,能比较好地反映企业的经营管理水平,在企业财务管理中应予以特别关注。

4. 税前利润

企业的利润总额扣除按规定可以扣除的项目后即为企业的税前利润,也就是息前税前利

润扣除利息费用后的余额,即

$$税前利润 = 息前税前利润 - 利息费用$$

税前利润是一个重要概念,它确定了企业交纳所得税的纳税基数。

5. 税后利润

税后利润又叫净利润或净利,是税前利润减去所得税后的余额,即

$$税后利润 = 税前利润 - 所得税$$

税后利润是归企业所有者的利润,在股份制企业中,就是归股东所有的利润,对实现所有者财富或股东财富最大化目标,具有十分重要的意义。

(二) 利润的作用

搞好利润管理,不断提高企业的利润水平,无论对企业还是对国家,都具有十分重要的意义,利润的作用表现在以下几个方面:

1. 利润是实现企业财务目标的重要保证

企业财务管理的目标是实现财富最大化,也就是要通过企业的合理经营,采用最优的财务政策,在考虑货币的时间价值和风险报酬的情况下不断增加企业财富,使企业总价值达到最大。这一目标主要取决于两个方面:一是不断提高企业的盈利水平;二是要不断降低企业的财务风险和经营风险。因此,在考虑风险因素的同时,不断提高企业的盈利水平,增加企业的投资报酬率,是实现企业财务目标的重要保证。

2. 利润是扩大再生产的重要来源

要尽快发展经济,提高我国的综合国力,就必须要有足够的资金。社会主义经济建设需要的大量资金,不能通过对外剥削、对外掠夺殖民地的办法来解决,也不能完全依靠外国贷款来解决,根本的办法是不断提高企业盈利水平,逐步积累经济建设所需资金。因此,只有增加企业利润,才能保证扩大再生产的资金需要,使国民经济更快地发展。

3. 利润是保证社会主义社会正常活动的必要条件

在社会主义社会中,除了直接从事物质资料生产的部门外,还必须有经济管理、社会文教与行政国防等部门。这些部门不生产物质财富,其开支要依靠物质生产部门所积累的资金来解决。国家通过财政预算把企业利润的一部分集中起来,形成社会消费基金,然后将其中一部分用于经济管理、文教卫生、行政国防等支出。增加企业利润,为国家多积累资金,可以保证社会正常活动,加强精神文明建设,巩固国家政权。

4. 利润是人们物质、文化生活水平不断提高的前提

不断提高人们的物质、文化生活水平,是社会主义生产的根本目的。只有企业的利润不断增加,企业才能拿出更多的资金用于扩大集体福利和社会保险,提高企业职工的物质、文化生活水平。同时,也只有在企业利润不断增加的情况下,国家财政收入才能稳定增长,国家才能拿出更多的资金,用于搞好非生产部门职工的工资,用于发展社会文化教育事业,从而提高广大人民群众的物质、文化生活水平。

(三) 利润的构成

利润是企业经营成果的集中表现,也是衡量企业应有管理业绩的主要指标之一。企业利润一般包括营业利润、投资净收益和营业外收支净额三部分。其具体构成情况可用下列公式表示:

利润总额＝营业利润＋投资净收益＋营业外收支净额

营业利润＝主营业务利润＋其他业务利润－财务费用－管理费用

主营业务利润＝主营业务收入－主营业务成本－主营业务税金及附加－费用

其他业务利润＝其他业务收入－其他业务成本－其他业务税金及附加

投资净收益＝投资收益－投资损失

营业外收支净额＝营业外收入－营业外支出

二、目标利润管理

（一）目标利润管理概述

目标利润是企业事先确定，要在一定时间内实现的利润。它可以是某一产品所要实现的利润，也可以是企业所要实现的全部利润。

1. 目标利润的特点

企业所确定的目标利润一般具有如下特点：

（1）目标利润具有可行性。目标利润的可行性是指目标利润绝不是高不可攀，而是经过努力可以实现的利润水平。也就是说，根据企业现有的内部条件和所处的外部环境，只要不断加强管理，努力开拓，厉行节约，目标利润是能实现的。

（2）目标利润具有科学性。目标利润的科学性是指目标利润不是主观臆断的，而是通过收集整理大量资料，经过可行性研究，以可靠的数据为基础，采用科学的方法制定出来的。

（3）目标利润具有激励性。目标利润的激励性是指目标利润必须能够激发广大职工的积极性，使职工要想完成目标利润，必须积极努力，而不是随便就能完成的。

（4）目标利润具有统一性。统一性是指目标利润必须与企业财务管理的总目标保持协调一致，也就是在追求目标利润的时候，必须要考虑到由此带来的风险的大小，要杜绝只顾增加利润，不顾风险大小的错误倾向。

2. 目标利润管理的作用

目标利润管理是一种科学的管理方法，对提高利润水平具有重要的作用。这是因为：

（1）通过制定合理的目标利润，并把这一指标进行分解，落实到责任单位或个人，并配合有关奖励制度，可充分调动职工降低成本的积极性，从而达到降低成本、增加利润的目的。

（2）在目标利润的执行过程中，可不断地把目标利润与实际利润进行比较，发现差异，及时采取有效措施，增加企业收入，控制成本费用，提高企业利润水平，保证目标利润的实现。

（3）目标利润管理，把利润管理工作由事后管理转向事前规划和事中控制，开拓了降低成本的新途径。

（二）目标利润的确定

进行目标利润管理的关键是正确确定目标利润水平。确定目标利润的方法有很多，现介绍其中最主要的几种方法。

1. 利润率法

利润率法是根据各种利润率和其他相关指标来确定目标利润的一种方法。目前主要有两种形式：一是根据企业占用的资金和资金利润率来确定；二是根据销售收入和销售利润率来确定。它们的计算公式分别是：

$$目标利润＝预计资金平均占用额×目标资金利润率$$

$$目标利润＝预计销售收入×目标销售利润率$$

这里，预计资金平均占用额和预计销售收入是根据资金或销售预测的数额来确定的。目标资金利润率或目标销售利润率，则是根据企业的历史资料和现实条件，参考同行业的先进水平来确定的。

2. 递增率法

递增率法是根据企业的基期利润和利润递增比率来确定目标利润的一种方法。其计算公式是：

$$P_n = P_0 \cdot (1+i)^n = P_0 \cdot FVIF_{i,n}$$

式中：P_n——第 n 期的目标利润；

P_0——基期利润；

i——利润的递增比例；

$FVIF_{i,n}$——复利终值系数。

3. 定额法

定额法是根据某一利润定额来确定目标利润的一种方法。一般在以下情况下使用：

（1）市场竞争激烈，企业生产任务不足，销售收入低于上年，企业必须保持上年（或一定）的利润水平时，可把上年（或一定）的利润水平作为目标利润。

（2）如果企业实行了某种形式的经济责任制，则可以把利润承包数或是把任期的利润指标作为目标利润数。

（三）实现目标利润的对策

企业的目标利润确定以后，就要采取一系列增收节支的措施，保证目标利润的实现。为实现目标利润，所采取的对策可分为单项对策和综合对策两个方面，现分述如下：

1. 实现目标利润的单项对策

（1）增加销售数量或销售金额

例 风华公司生产甲产品，售价为每件 20 万元，单位变动成本为每件 16 万元，固定费用总额为 2 000 万元，甲产品预计销售 550 件，企业确定的目标利润为 500 万元，问能否实现？如果不能实现，销售量和销售金额应分别达到多少时才能实现目标利润？

根据本量利分析的基本模型可知：

$$目标利润＝（售价－单位变动成本）×销售量－固定成本$$
$$＝(20－16)×550－2\,000＝200（万元）$$

在目前情况下，企业只能实现 200 万元，达不到预定要求，必须采取对策。

下面计算为实现目标利润应完成的销售量和销售额。

$$销售量＝\frac{目标利润＋固定成本}{售价－单位变动成本}＝\frac{500＋2\,000}{20－16}＝625（件）$$

$$销售额＝\frac{目标利润＋固定成本}{1－变动成本率}＝\frac{500＋2\,000}{1－\frac{16}{20}}＝12\,500（万元）$$

因此，该公司若要实现目标利润，则必须使销售量增加到 625 件，销售收入增加到 12 500 万元。

(2) 提高销售价格

例 在前面风华公司的事例中，准备通过提高售价来实现 500 万元的目标利润，如果其他因素均无变化，问售价应提高多少？

由本量利模型可知：

$$目标利润 = (售价 - 单位变动成本) \times 销售量 - 固定成本$$

经过移项简化后，得

$$售价 = \frac{目标利润 + 固定成本 + 单位变动成本 \times 销售量}{销售量}$$

$$= \frac{500 + 2\,000 + 550 \times 16}{550} = 20.55(万元/件)$$

因此，风华公司若要实现目标利润，必须使售价提高到 20.55 万元/件。

(3) 降低单位变动成本

例 在前例中，风华公司准备通过降低变动成本来实现 500 万元的目标利润，在其他因素不变的情况下，问单位变动成本应降低多少？

由本量利模型可得：

$$单位变动成本 = \frac{售价 \times 销售量 - 目标利润 - 固定成本}{销售量}$$

$$= \frac{20 \times 550 - 500 - 2\,000}{550} = 15.45(万元/件)$$

因此，风华公司若要实现目标利润，必须使单位变动成本降低到 15.45 万元/件。

(4) 降低固定成本

例 在前例中，风华公司准备通过降低固定成本来实现 500 万元的目标利润，在其他因素不变的情况下，问固定成本应降低多少？

由本量利模型可得：

$$固定成本 = (售价 - 单位变动成本) \times 销售量 - 目标利润$$

$$= (20 - 16) \times 550 - 500 = 1\,700(万元)$$

因此，风华公司若要实现目标利润，必须使固定成本降低到 1 700 万元。

2. 实现目标利润的综合对策

以上分析是为了实现目标利润各有关因素单一变动的情况。但在实际工作中，企业为了实现目标利润，往往采用多种办法和措施。采取这些措施后，企业的目标利润能否完成，若完成了，则进一步测算完成的幅度；若完不成，则应测试还应采取什么办法，才能确保目标利润的实现。

例 东方制造厂生产甲产品，目前每件售价 50 元，单位变动成本为 30 元，固定成本为 200 000 元，目前年产销量为 12 000 件，年实现利润 40 000 元。现该厂确定下年度的目标利润为 50 000 元，该厂经调查后发现，甲产品属于紧俏产品，销售不成问题，但要增加产量，该厂必须对原有设备进行更新，这样就要增加固定成本 100 000 元，但变动成本却可以降低到每件 25 元，产销量可增加到 15 000 件。问在此情况下，能否保证实现 50 000 元的目标利润？

根据本量利分析公式可知：

$$\begin{aligned}目标利润 &= (售价-单位变动成本)\times 销售量-固定成本\\ &=(50-25)\times 15\,000-(200\,000+100\,000)\\ &=75\,000(元)\end{aligned}$$

通过上述测算可知,该厂更新设备后,虽然固定成本有所提高,但却降低了单位变动成本,同时又提高了产量,所以能保证目标利润的实现。

(四) 目标利润的控制

企业实现目标利润制度的目的是为了不断提高利润水平,在目标利润的执行过程中,必须进行必要的控制。目标利润的控制主要包括以下几个方面:

1. 合理分解目标利润

目标利润的分解是目标利润管理的一个重要方面。利润分解通常是把企业的目标利润在各利润中心之间进行分配。所谓利润中心,是指既对成本负责,又对收入和利润负责的责任中心。利润中心有自然的和人为的两种。在外界市场上销售产品或劳务,取得收入,给企业带来利润的利润中心,是自然利润中心。在企业内部按企业内部的转移价格出售产品的利润中心,是人为的利润中心。通过对目标利润的分解,能使各责任中心明确自己的目标,对充分调动各责任单位的积极性,保证企业总的目标利润的实现,具有重要意义。

2. 利润差异的分析

目标利润经过分解后,在实际执行过程中就可以将目标利润与实际利润不断进行比较分析,发现差异,并认真分析差异形成的原因。假设利润的减少是因为原材料费用上升引起的,这就要分析产生差异的具体原因。一般而言,引起原材料费用超支有两方面的原因:材料价格因素和材料耗用量因素。价格因素的变化可能是因为市场价格发生变化,也可能是因为采购人员失职,盲目采购了质次、价高的材料。影响耗用量变化的因素也有很多,如材料使用不当、损失浪费、废品增多等。诸如此类问题,都要进行深入细致地分析。

3. 采取调整措施

当实际利润和目标利润出现差异后,为了保证目标利润的实现,必须采取相应的调整措施。调整的方面很多,但可概括为如下两个方面:修正目标利润和调整经济活动。

(1) 修正目标利润。目标利润一经确定,就要保持相对稳定,所以,修正目标利润并不是经常采用的措施。但在执行过程中如发现新问题,出现了原来没有考虑到的新情况,目标利润已变得不合理,这时便要及时地对目标利润进行修正,以保证目标利润的先进性和合理性。

(2) 调整经济活动。如果目标利润仍然合理,只是在实际执行中出现了偏差,这就要调整当前的经济活动。例如,如果是采购人员盲目采购质次价高的材料,使材料费用升高,利润减少,那么,在今后材料采购过程中就要货比三家,深入分析研究,合理采购。总之,要通过对经济活动的调整,保证目标利润的实现。

三、提高利润的对策

企业为了实现目标利润,必须采取必要的措施来不断提高企业的利润水平。这就必须在生产经营中作出一系列正确的决策,这方面的决策主要包括如下几方面:

(一) 亏损产品是否应停产的决策

由于某些原因,企业的某种产品发生了亏损,那么,是不是亏损产品必须立即停止生产呢?答案是否定的。这要运用本量利分析法,看亏损产品是否会提供边际贡献。只要亏损产品的边际贡献为正数,就不该下马;如为负数,才可以考虑是否停产。

例 江山公司生产甲、乙、丙三种产品,其销售量、成本、利润等有关资料如表12-1、表12-2所示。

表12-1

项 目	甲	乙	丙
销售量/件	100	200	50
单价/元	50	15	40
单位变动成本/元	30	10	30
固定成本总额/元	3 000(按产品销售收入的比重进行分配)		

表12-2 单位:元

项目	甲	乙	丙	合计
销售收入	5 000	3 000	2 000	10 000
变动成本	3 000	2 000	1 500	6 500
边际贡献	2 000	1 000	500	3 500
固定成本	3 000×5/10=1 500	3 000×3/10=900	3 000×2/10=600	3 000
利 润	500	100	−100	500

从表12-2中的资料可以看出,丙产品发生亏损100元,但如果不生产丙产品,企业的多余生产能力就要闲置起来,问是否停止生产丙产品?

从表12-2中可以看出,丙产品虽然不能获利,但还提供着500元边际贡献,能弥补一定的固定成本支出。如果停止生产丙产品,将丧失500元的边际贡献,而固定成本并不减少,因而,不应停产丙产品。下面用总量决策法来验证,见表12-3。

表12-3 单位:元

项 目	甲	乙	合计
销售收入	5 000	3 000	8 000
变动成本	3 000	2 000	5 000
边际贡献	2 000	1 000	3 000
固定成本	3 000×5/8=1 875	3 000×3/8=1 125	3 000
利 润	125	−125	0

从表12-3中可以证明,停止丙产品生产会使企业的利润由500元降到零,因而,不能停止丙产品的生产。

当然,如果丙产品停产后生产能力可以用于其他方面,那就要看其他方面提供的边际贡献能否超过丙产品的边际贡献,只有超过丙产品的边际贡献,才能停止生产丙产品,否则应继续生产丙产品。

(二) 零配件是自制还是外购的决策

在专业化协作迅速发展的今天,企业很少能把所有的零配件都由自己生产。对于既可自制,也可外购的零配件,企业就面临着是自制还是外购的决策问题。现举例说明。

例 某企业每年需要甲零件500个,如果外购,其价格为14元/个,如果自制,可利用企业多余的生产能力,与其他产品一起分摊企业的固定成本,否则多余的生产能力也不能做其他利用。自制的单位变动成本为12元/个,单位固定成本为3元/个。问甲零件是自制还是外购?可以用差量决策法进行分析,如表12-4所示。

表12-4 差量决策分析表   单位:元

差量成本	自制	外购	差量
自制差量成本	500×12=6 000		
外购差量成本		500×14=7 000	
自制的差量利润			1 000

在此问题中,由于自制是利用企业多余的生产能力,因而,企业的固定成本不会因外购而减少,也不会因自制而增加。所以,在决策时可以不考虑固定成本问题,而只进行自制的单位变动成本与外购单价比较即可。其决策规则是:自制的单位变动成本大于外购单价时,应该外购;而自制的单位变动成本小于外购单价时,应该自制。

(三) 半成品是进一步加工,还是立即出售的决策

在许多企业中,还会遇到生产出的半成品是立即出售还是进一步加工以后再出售的问题,即把生产和销售联系起来进行分析。

是否应进一步加工,要看进一步加工后的收入是否超过加工成本,也要用差量决策法来进行分析。

例 假设某企业生产甲产品1 000件,单位成本为20元,售价为25元,如果进一步加工为乙产品,价格可提高到30元,但每件需要追加单位变动成本2元,并需追加2 000元专属固定成本。试作出是生产甲产品就出售还是进一步加工成乙产品的决策。

下面用差量决策法来进行决策:

$$差量收入=(30-25)\times 1\ 000=5\ 000(元)$$
$$差量成本=2\times 1\ 000+2\ 000=4\ 000(元)$$
$$差量利润=5\ 000-4\ 000=1\ 000(元)$$

进一步加工成乙产品后,有差量利润1 000元,故应进一步加工成乙产品。

(四) 风险情况下的利润决策

在前面进行利润决策分析时,假定成本、价格、收入等因素都是确定的,但实际情况并非如此。企业生产经营过程中的销售价格、单位变动成本、固定成本和销售量等都可能存在多种可能性,也就是说存在一定的风险。为了更准确地进行利润决策,必须应用概率决策法进行深入具体的分析。

例 某企业甲产品的正常销售量为8 000件,其他有关资料见表12-5。该企业为甲产品确定的目标利润是10 000元,问能否实现?

表12-5

销售价格/元	概率	单位变动成本/元	概率	固定成本/元	概率
10	0.8	4	0.7	30 000	0.9
		5	0.2		
9	0.2	6	0.1	36 000	0.1

在这种情况下,可通过编制概率分析表来进行决策,见表12-6。

表 12-6

单价	单位变动成本	固定成本	销售量	组合	利润	联合概率	加权平均数
10(0.8)	4(0.7)	30 000(0.9)	8 000	1	18 000	0.504	9 072
		36 000(0.1)	8 000	2	12 000	0.056	672
	5(0.2)	30 000(0.9)	8 000	3	10 000	0.144	1 440
		36 000(0.1)	8 000	4	4 000	0.016	64
	6(0.1)	30 000(0.9)	8 000	5	2 000	0.072	144
		36 000(0.1)	8 000	6	−4 000	0.008	−32
9(0.2)	4(0.7)	30 000(0.9)	8 000	7	10 000	0.126	1 260
		36 000(0.1)	8 000	8	4 000	0.014	64
	5(0.2)	30 000(0.9)	8 000	9	2 000	0.036	72
		36 000(0.1)	8 000	10	−4 000	0.004	−16
	6(0.1)	30 000(0.9)	8 000	11	−6 000	0.018	−108
		36 000(0.1)	8 000	12	−12 000	0.002	−24
最有可能利润							12 608

通过上述计算表明，甲产品最有可能实现的利润是 12 608 元，因此，有可能实现 10 000 元的目标利润。

（五）不确定情况下的利润决策

所谓不确定性决策，是指未来情况很不明朗，只能预测有关因素可能出现的状况，但其概率不可预知的决策。

如果一个方案在任何可能出现的状况下都比其他方案有利，这个方案当然立即就会选中，不必经过专门的决策分析。表 12-7 中的 A 方案便属于此种情况。如果某一方案在任何可能出现的状况下都比不过其他方案，则这个方案应立即排除，如表 12-7 中的 C 方案便属于此种情况。

表 12-7   单位：万元

方案＼销售状况	好	一般	不好
A	1 000	800	600
B	800	700	550
C	600	300	100

但在不确定决策中，上述两种情况并不多见，最常见的是两个方案在可能出现的不同状况下各有长短，不易一眼辨认，这就需要用特定的方法进行决策。

例 某公司准备生产一种新产品，共有三个不同的方案，在销路好坏不同的情况下，各方案可能取得的利润见表 12-8。问应采用哪种方案？

表 12-8 单位：万元

方案 \ 销路	好 (1)	一般 (2)	不好 (3)
A	46	30	14
B	36	28	18#
C	60*	22	−2

这种情况下的决策通常有三种方法：

1. 最大最小收益值法

最大最小收益值法也叫最大最小法或小中取大法。把各个方案的最小收益值都计算出来，然后取其中最大者的一种决策方法。这里的收益通常是指利润、边际贡献，有时也指净现值或投资报酬率。

在表 12-8 中的三个方案中，三个方案的最小值都列示在第三栏（销售不好）中，分别为 14 万元、18 万元和 −2 万元。其中最大的是 B 方案 18 万元，在采用最大最小收益值法进行决策时，便选取 B 方案，已作符号"♯"表示选中。可见，这是一种比较稳健的决策方法。

2. 最大最大收益值法

最大最大收益值法又称大中取大法，是把各个方案的最大收益值都计算出来，然后取其中最大者的一种决策方法。

在表 12-8 中，三个方案的最大收益都列示在第一栏（销路好的一栏）中，分别为 46 万元、36 万元和 60 万元。其中最大的是 C 方案 60 万元。在采用大中取大法时，应选用 C 方案，已作符号"*"表示选中，这是一种富有冒险精神的决策方法。

3. 最小最大后悔值法

最小最大后悔值法又称大中取小法，是把各个方案的最大后悔值都计算出来，然后取其最小者的一种决策方法。所谓后悔值，是指各方案的最大收益超过某一方案收益值的差额。后悔值表示如果选错方案的话，将会受到的损失。可能出现几种情况，每个方案都相应地有几个后悔值，其中必有一个是最大的。所谓最小最大后悔值法，就是将各方案的最大后悔值进行比较，把其中最小的方案作为最优方案。

例 仍以上例的资料为例说明最小最大后悔值法的分析程序。

① 确定最大收益值。在最大收益值旁作符号"√"，见表 12-9。

表 12-9 单位：万元

方案 \ 销路	好 (1)	一般 (2)	不好 (3)
A	46	30√	14
B	36	28	18√
C	60√	22	−2

② 计算后悔值。第一栏（销路好）各方案的后悔值的计算过程为：

A 方案的后悔值 = 60 − 46 = 14

B 方案的后悔值 = 60 − 36 = 24

C 方案的后悔值 = 60 − 60 = 0

用同样的方法,可以计算出第二、第三栏的后悔值。

③ 列表对比各方案的后悔值。见表 12 – 10。

表 12 – 10　　　　　　　　　　　　　　　　　单位:万元

销路 方案	好	一般	不好	最大后悔值
A	14	0	4	14[&]
B	24	2	0	24
C	0	8	20	20

在三个方案的最大后悔值分别是 14 万元、24 万元和 20 万元中,最小的是 A 方案的 14 万元,所以应选用 A 方案,已作符号"&"表示选中。

第二节　利润分配管理

企业的利润分配,关系到国家能否足额征收所得税,投资人的合法权益是否得到保护,还关系到企业能否长期、稳定地发展,因此,做好利润分配管理工作具有十分重要的意义。

一、利润分配概述

(一) 利润分配的基本内容

利润分配是指将企业实现的利润在国家、企业法人、企业所有者之间进行分配的过程。一般而言,利润分配包括如下两个方面的内容:

1. 企业和国家的利润分配

国家作为社会管理者,为了保证国家机器的正常运转,要以政权为依据,对各类企业征收所得税,以便用于经济管理、社会文教与行政国防等部门。因此,企业所实现的利润,首先应按税法的规定,计算并交纳所得税,这是进行利润分配的第一步。

2. 向企业所有者分配利润

企业所实现的利润依法纳税后,即为企业的税后利润。企业的所有者,要以所有权为依据,参加企业的利润分配,以便获得投资报酬。按目前我国的财务制度,企业所实现的税后利润,应该按国家的有关规定和企业董事会的决议,提取各种公积金和公益金,然后才能向投资者分配利润。当然,对于已实现但尚未分配的利润,应当结转到下一个财务年度,与下一年的利润一起进行分配。

(二) 我国利润分配制度的演变

利润分配制度是指企业实现的利润如何进行分配的有关规定。过去,我国国有企业占主导地位,因此,利润分配的规定也都是针对国有企业作出的,现以国有企业为例,来说明我国利润分配制度的演变。

新中国成立以来,国营工业企业利润分配制度经历了多次变化,其目的主要在于探索一种适合我国国情的利润分配制度,把国家、企业、职工三者的利益处理好,以利于调动各方面的积极性,推动社会生产的发展,提高经济效益。但是由于受整个经济指导思想的影响,使国有企业利润分配制度的建立和实行受到很大的干扰,走了一段不必要的弯路。了解我国国有企业的利润分配制度的演变情况,将有助于总结经验,吸取教训,使我国的利润分配制度日益完善。

1978年以前,在高度集中的财务管理体制下,我国国有企业的利润分配,曾实现过奖励基金、超计划利润分成、利润留存等办法,总的来说企业留利很少。从1978年起,随着经济体制的改革,逐步扩大了企业经营自主权,实现了多种形式的利润分配制度,现简介如下:

1. 企业基金制度

企业基金制度从1978年开始试行,1979年作了适当的改进,其基本内容是:

(1)凡全面完成国家规定的产量、质量、利润、供货合同四项指标的企业,可按职工全年工资总额的5%提取企业基金。没有全面完成四项指标的,但完成利润指标的企业,可按职工工资总额的1.25%提取,在此基础上,每完成一项指标可提取1.25%的企业基金。没有完成利润指标的,以及因经营不善发生计划外亏损的企业,都不能提取企业基金。

(2)为调动企业增产节约、增加利润的积极性,企业还可以从增长利润(即当年利润超过上年利润的数额)中按国家对不同行业分别规定的不同比例提取一部分企业基金。

(3)企业基金主要用于举办职工集体福利设施、发放职工劳动竞赛奖金和改进生产技术措施等项开支。

2. 利润留存制度

从1979年下半年起,为了适应扩大企业经营自主权的要求,在国有企业逐步推行了利润留存制度。

最初提出的利润留存办法是按企业实现的利润总额和核定的比例计算,因此称为全额利润留存。全额利润留存办法,由于在核定利润留存比例时是以各企业原有的利润额为基数的,留存比例核定后,不管计划内的利润或超计划的利润,都按一个比例统一计算。但因各个企业原来的经营管理水平的差异,使他们原有的利润基数大小不一样,增加利润的潜力也不同。在核定比例时,原来经营管理差的企业,利润基数小,定的比例就会大,而其增长利润的潜力也大,从增加利润中所得的好处就大;原来经营管理好的企业,利润基数大,计算的比例就小,从增加的利润中所得到的好处就小。这就出现了所谓"鞭打快牛"的现象,造成企业间的苦乐不均。

为了克服这种不合理的现象,国家又提出了实现基数利润留存和增长利润留存的办法。这种办法就是将企业的利润留存,按基数利润和增长利润分别计算。基数利润就是相当于核定比例所依据的基年利润,对这一部分利润,分别按各个企业的利润基数核定其留存。增长利润就是当年利润比上年增加的那一部分利润,对增长利润由国家分别按行业规定其留存比例。由于对基数利润和增长利润分别规定和核定不同的留存比例,这就较好地照顾了原来利润基数不同的企业的利益,使他们既能通过基数利润保持原来的"既得利益",又能使企业从增长的利润中得到大体相同(从比例上看)的好处。

3. 利改税制度

从1983年6月1日起,在全国范围内实行利改税第一步改革,从1984年第四季度开始,实行利改税的第二步改革。实行利改税制,就是把国有企业向国家上缴利润的办法改为按国家规定的税种和税率向国家缴纳税金,纳税后的利润留归企业使用。

4. 承包经营制度

从1986年开始,我国各地企业在经济体制改革的过程中,试行了承包经营责任制。实行承包制,是完善企业经营机制的主要措施,涉及企业管理的各个方面,而企业同国家的分配关系,则是其中一项重要内容。

企业承包经营责任制是在坚持社会主义全民所有制基础上,按照所有权与经营权分离的原则,以承包经营合同形式,确定国家与企业之间权、责、利的关系,使企业做到自主经营、自负盈亏的经营管理制度。企业实行承包制有多种形式,但主要的形式是"两包一挂",即一包上交国家利润,二包技术改进任务,工资总额同上缴利润挂钩。承包经营的分配原则是:包死基数,确保上交,超收多留,欠收自补。

5. 利税分流制度

企业实现的利润分别以所得税和利润的形式上交国家,称为利税分流制度,国家以宏观管理者(国家职能)和国有资产所有者(投资职能)的双重身份出现,规范了国家与企业之间的利润分配关系,标志着我国国有企业利润分配制度进入了一个新的阶段。

二、企业利润分配的基本程序

企业实现的利润总额,要在国家、企业的所有者和企业法人之间进行分配,利润分配的程序就是按照国家有关法规实现上述分配过程的步骤或程序,它是企业利润分配中必须研究的一个问题。

(一) 利润分配的一般程序

《企业财务通则》对利润分配作出了规定,利润分配的程序为:企业利润总额按国家规定作相应调整后,依法缴纳所得税,纳税后的利润,按如下程序进行分配:

(1) 被没收的财物损失,支付各项税收滞纳金和罚款;
(2) 弥补以前年度亏损;
(3) 提取法定盈余公积;
(4) 提取公益金;
(5) 向投资者分配利润。

如果是股份制企业,在提取公益金后,应按下列顺序分配:

(1) 支付优先股股利;
(2) 提取任意盈余公积;
(3) 支付普通股股利。

(二) 利润分配的内容

1. 弥补以前年度亏损

企业计算得出的利润总额如果出现负值,就是企业经营发生亏损,亏损的弥补是企业利润的逆向分配,也属于利润分配的组成内容。

企业经营发生的亏损,可以由下一年度税前利润弥补,下一年度税前利润尚不足以弥补的,可以由以后年度的利润继续弥补,但用税前利润弥补以前年度亏损的连续期限最多不得超过5年。这样规定,一是可以促进企业尽快扭亏,二是为了保证国家税收不要长期受到损害。所谓税前利润弥补亏损,实际上就是对这一部分弥补亏损的利润不计征所得税,是国家对亏损企业的优惠照顾。

5年内不能弥补完毕的亏损,不能继续适用税前利润弥补亏损的规定,必须用企业的税后利润弥补,这些弥补金额是已交企业所得税后的利润。在企业上交所得税后,净利润分配首先应当用来弥补以前年度的亏损,否则不能向投资者分配利润。

2. 提取盈余公积

公积金是企业在税后净利润中计提的用于增强企业物质后备、防备不测事件的资金。净利润必须在弥补以前年度亏损后,才可以计提公积金。公积金包括法定盈余公积和任意盈余公积两种。

有关法规要求,法定盈余公积按税后净利弥补以前年度亏损后剩余数额的10%计提,但当盈余公积达到企业注册资本的50%以后可以不再提取。

任意盈余公积是在计提法定盈余公积和公益金以后,由企业章程规定或股东会议决议提取的公积金。任意盈余公积应在支付优先股股利后提取,计提比例和金额由股东会议确定。

企业盈余公积主要有三项用途:

(1) 弥补亏损。按规定用税后利润弥补亏损,数额较大时,经董事会批准也可用盈余公积弥补。

(2) 分配股利。企业当年无利润时,不得分配股利,但在用盈余公积弥补亏损后,经股东会特别决议,可以按照不超过股票面值6%的比率用盈余公积分配股利,在分配股利后,企业法定盈余公积不得低于注册资本的25%。

(3) 转增资本。企业的盈余公积在股东会议特别决议后可以用来增加企业的注册资金。但转增资本后,企业的法定盈余公积一般不得低于注册资本的25%,盈余公积转为注册资本,就不能再用于弥补亏损,更不能用于股东分红,但能按股东持股比例增加股东持股数量,可视为企业发放股票的一种方式。

3. 提取公益金

公益金是企业在税后利润中计提的用于购置或建造职工集体福利设施的资金。企业公益金应该在提取法定盈余公积以后,支付优先股股利以前计提,其提取比例或金额可由企业章程规定,或由股东会议确定。国家有关法规规定了提取比例的,按规定提取。

公益金用于购置或建造企业职工宿舍、食堂、浴室、医务室等。购置或建造后形成的资产仍为企业所有,属所有者权益的组成部分。职工对这些设备或设施只有使用权而没有所有权,这和从成本费用中提取的职工福利费是有一定区别的。职工福利费在计提后形成企业的负债,使企业的净资产减少,即所有者权益减少。公益金形成的资产和普通资产也有区别。普通资产,企业可以随时变现;但公益金形成的资产不能随时变现,否则会受到职工代表大会的反对,甚至在企业清算时,这类资产的处理仍将特殊对待。

4. 向投资者分配利润

分配股利的数量应根据企业的盈利状况确定,通常由董事会提出方案,股东会议表决通过。在分配股利前,首先应确认股东的股权,在股权登记日前拥有的股东才有资格参加分红。

三、股份制企业的利润分配

(一) 股利政策理论

股利政策是关于股份有限公司的股利是否发放、发放多少和何时发放等问题的方针和策略。一方面,股东希望公司发放较高的股利;另一方面,公司希望留下较多的利润资金参与公司经营运转。这是公司在制定股利政策时,需要权衡的两个方面。

近年来,西方财务理论界就股利政策的重要性展开了讨论,主要有两大学术流派:股利无关论和股利有关论。前者认为,股利政策对公司股票价格不会产生任何影响;后者认为,股利政策对公司股票价格有较强影响。

1. 股利无关论

股利无关论是由米勒和莫迪格莱两位经济学家在他们于1916年发表的著名论文《股利政

策、增长和股票价值》中首先提出的:公司股利政策不会影响公司的价值。这个理论通常称为MM理论。

MM理论以下列假设为基础:

(1) 证券市场是完全资本市场,没有发行费用,没有交易费用,投资者和管理者一样可以公平地免费获得相同的信息。各种证券无限分散,任何投资者都不可能控制证券市场价格。

(2) 没有个人或公司所得税存在,也就是说股票价格上涨的资本利得和股票股利的现金所得之间没有所得税差异。

(3) 公司的投资政策独立于股利政策。

(4) 每一个投资者对未来投资机会和公司利润都能预计,都有完全把握。

MM股利无关论认为,存在一种套利机制,通过这一机制可使支付股利与外部筹资这两项经济业务所产生的效益与成本正好相抵消。当公司作出投资决策后,如果将盈利以股利形式发放给股东,同时又发行新股票筹措等额资金用于投资,就存在股利发放和外部筹资之间的套利过程。股利交付给股东,会使股票市价上涨,但发行新股票又会使股票终值下跌,结果是股东的股利所得正好被股票终值的下跌所抵消。筹资和股利支付后,每股市价等于股利支付前每股市价。由此,MM理论认为,股东对盈利的留存与股利发放不会有任何偏好,因而股东财富也就不受公司现在与将来的股利政策的影响。公司的价值完全取决于公司未来的盈利能力,即非利润分配方式。

MM理论正是根据套现机制推论出股东对于股利发放与盈利留存没有偏好,并据此得出公司股利政策与公司价值无关的结论。但是,MM理论的前提假设与实际相比显然相当不合理,所以得出的结论也与事实相差甚远。事实上,公司股票价格会随股利增减而变动。对此,MM理论认为,是股利所传递的有关公司未来盈余增减的信息内容影响了股票价格,而不是股利支付模式本身。同时,MM理论还辩解说,有的股东追求资本所得,有的股东追求股利所得,公司不必考虑股东意愿,而应从公司生产经营的具体需要出发制定股利政策以追求发展为目标。结果,股利政策千差万别,每个投资者各得其所。据此,MM理论认为,公司股票价格与股利政策无关。

2. 股利相关论

股利相关论的主要代表人物有戈登、杜莱德和林特纳等人。他们认为,在现实市场上,公司盈利在留存和股利之间的分配确实影响到股票价值。MM理论的股利无关论在其严格的假设条件下有合理性,但这些假设如果不成立,股利政策就十分重要。

现实生活中并不存在完美的资本市场,股票交易要付出交易成本,股票发行要付出发行费用,投资者的投资机会也不平等,公司和个人的股利所得和资本利得都要征收所得税,等等。因此,股东对股利的多少会有不同的偏好。有的投资者看到股利的税率比资本利得的税率高,而且资本利得税可以递延到股东实际出售股票为止,因此,可能喜欢公司少支付股利,而将几年的盈余留下来用于投资。有的股东对风险比较反感,认为股利比较实际,而对未来不确定的资本利得兴趣不大。他们觉得丛林中尚未抓获的两只小鸟比不上一只已抓在手中的小鸟。总之,股利的多少会影响投资者的情绪,最终会影响股票的价格。

影响股利分配的因素有:

(1) 法律因素

为了保护债权人和股东的利益,《公司法》等有关法规对公司的股利分配经常有如下限制:

① 资本保全。规定公司不能用资本发放股利。

② 企业积累。规定公司必须按净利润的一定比例,提取法定盈余公积。

③ 净利润。按规定公司年度累计净利润必须为正数时才可发放股利,以前年度亏损必须足额弥补。

④ 超额累积利润。许多国家规定公司不得超额累积利润,一旦公司的保留盈余超过法律认可的水平,将被加征额外税额。

(2) 股东因素

股东因素包括:

① 稳定的收入和避税。部分股东要求支付稳定的股利,而部分股东又出于避税的考虑,往往反对公司发放较多的股利。

② 控制权的稀释。公司支付较高股利,意味着企业留存盈余较少,这又意味着将来发行新股的可能性加大,而会稀释老股东的控制权。

(3) 公司的因素

公司的因素包括:

① 盈余的稳定性。公司是否能获得长期稳定的盈余,是其股利政策的重要基础。

② 资产的流动性。较多地支付现金股利,会减少公司的现金持有量,使资产流动性降低。

③ 举债能力。有较强举债能力的公司,可能采取较宽松的股利政策;反之,则相反。

④ 投资机会。有着良好投资机会的公司,需要有强大的资金支持,因而往往少发放股利,将大部分盈余用于投资。

⑤ 资本成本。与发行新股或筹借债务相比,保留盈余不需花费筹资费用,资金成本低,是一种比较经济的筹资渠道。

⑥ 债务需要。具有较高债务偿还需要的公司,可直接用经营积累偿还债务。

(4) 其他因素

其他因素主要包括:

① 债务合同约束。公司的长期债务合同,往往有限制公司用现金支付股利程度的条款。

② 通货膨胀。在通货膨胀时期,折旧基金的购买力水平下降,会导致公司股利政策往往偏紧。

(二) 股利政策实施

根据影响股利政策的因素不同,公司应权衡利弊得失,制定最佳的股利政策。股份公司常用的股利政策有以下几种:

1. 剩余股利政策

(1) 股利分配方案的确定

股利分配与公司的资本结构相关,而资本结构又是由投资所需资金构成的,因此,实际上股利政策受投资机会及其资金成本的双重影响。剩余股利政策就是在公司有着良好的投资机会时,根据一定的目标资本结构(最佳资本结构),测算出投资所需的权益资本,先从盈余当中留用,然后将剩余的盈余作为股利予以分配。

采用剩余股利政策时,应遵循四个步骤:

① 设定目标资本结构,即确定权益资本与债务资本的比率。在此资本结构下,综合资金成本将达到最低水平。

② 确定目标资本结构下投资所需的股东权益数额。

③ 最大限度地使用保留盈余来满足投资方案所需的权益资本数额。

④ 投资方案所需权益资本已经满足后若有剩余,再将其作为股利发放给股东。

例 假定某公司某年提取了公积金、公益金后的税后净利为600万元,第二年的投资计划需资金800万元,公司的目标资本结构为60%,债务资本占40%。那么,按照目标资本结构的要求,公司投资方案所需的权益资本数额为:

$$800 \times 60\% = 480(万元)$$

公司当年全部可用于分配股利的盈余为600万元,可以满足上述投资方案所需权益资本数额并有剩余,剩余部分再作为股利发放。当年发放的股利为120万元。假定该公司当年流通在外的只有普通股100万股,那么,每股股利即为1.2元。

(2) 采用本政策的理由

奉行剩余股利政策,意味着公司只将剩余的盈余用于发放股利。这样做的根本理由在于保持理想的资本结构,使综合资金成本最低。在完全市场下,既然股东对股利和资本收益并无偏好,只要投资收益率高于股票的市场必要报酬率,保持目标资本结构下的投资资金所需,就能使公司价值(股票价格)达到最高。

2. 固定或持续增长的股利政策

(1) 分配方案的确定

这一股利政策,是将每一年发放的股利定在一固定水平上,并在较长的时期内不变,只有当公司认为未来赢利将会显著增长、不可逆转地增长时,才提高年度的股利发放额。

(2) 采用本政策的理由

固定或持续增长股利政策的主要目的是为了避免出现由于经营不善而削弱股利的情况。采用这种股利政策的理由在于:

① 稳定的股利向市场传递着公司正常发展的信息,有利于树立公司良好的形象,增强投资者对公司的信心,稳定股票价格。

② 稳定的股利额有利于投资者安排股利收入和支出。股利忽高忽低的股票,股票价格会波动较大。

③ 稳定的股利政策可能会不符合剩余股利理论,但考虑到股票市场会受到多种因素的影响,因此,为了将股利维持在稳定的水平上,即使推迟某些投资方案或者暂时偏离目标资本结构,也可能要比降低股利或降低股利增长率更为有利。

该股利政策的缺点在于股利的支付与盈余脱节。同时不像剩余股利政策那样保持较低的资金成本。

3. 固定股利支付率政策

(1) 分配方案的确定

固定股利支付率政策,是公司确定一个股利占盈余的比例,长期按此比例支付股利的政策。在这一股利政策下,各年股利额随公司经营的好坏而上下波动,获得较多盈余的年份股利较高,获得较少盈余的年份股利较低。

(2) 采用本政策的理由

主张实行固定股利支付率的学者认为,这样做能使股利与公司盈余紧密地配合,以体现多盈多分、少盈少分、无盈不分的原则,才算真正公平地对待了每一位股东。但是,这种政策下各年股利变动较大,极易造成公司不稳定的感觉,对于稳定股票价格不利。

4. 低正常股利加额外股利政策

(1) 分配方案的确定

低正常股利加额外股利政策,是公司一般情况下每年只支付一固定的、数额较低的股利,在盈余较多的年份,再根据实际情况向股东发放额外股利。但额外股利并不固定化,不意味着公司永久地提高了规定的股利率。

(2) 采用本政策的理由

① 这种股利政策使公司具有较大的灵活性。当公司盈余较少或投资需要较多资金时,可维持设定的较低但正常的股利,股东不会有股利失落感;而当盈余有较大幅度增加时,则可适度增发股利,把经济繁荣的部分利益分配给股东,使他们增强对公司的信心,这有利于稳定股票的价格。

② 这种股利政策可使那些依靠股利度日的股东每年至少可以得到虽然很低、但比较稳定的股利收入,从而吸引住这部分股东。

以上各种股利政策各有所长,公司在分配股利时应借鉴其基本决策思路,制定最适合具体实际情况的股利政策。

(三) 股利种类

股利种类是指股利支付的方式。常见的股利支付方式有以下几种:

1. 现金股利

现金股利是以现金支付的股利,它是股利支付的主要方式。公司支付现金股利除了要有累计盈余外,还要有足够的现金,因此,公司在支付现金股利前需筹备充足的现金。

2. 财产股利

财产股利是以现金以外的资产支付的股利,主要是以公司拥有的其他企业的有价证券,如债券、股票作为股利支付给股东。

3. 负债股利

负债股利是公司以负债支付的股利,通常以公司的应付票据支付给股东,不得已情况下也有发行公司债券抵付股利的。

财产股利和负债股利实际上是现金股利的替代,这两种股利方式目前在我国公司实务中很少使用,但非法律所禁止。

4. 股票股利

(1) 股票股利

股票股利是公司以增发的股票作为股利支付方式。股票股利并不直接增加股东财富,不导致公司资产的流出或负债的增加,因而不是公司资金的使用,同时也并不因此而增加公司的财产,但会引起所有者权益各项目的结构发生变化。现举例说明如下:

例 某公司在发放股票股利时,股东权益情况如表 12-11 所示。

表 12-11 单位:元

普通股(面额 1 元,已发行 200 000 股)	200 000
资本公积	400 000
未分配利润	2 000 000
股东权益合计	2 600 000

假定该公司宣布发放 10% 的股票股利,即增发 20 000 股普通股票,并规定现有股东持 10 股可得 1 股增发的股票。若该股票当时市价 20 元,随着股票股利的发放,需从"未分配利润"项目划转出资金为:20 元/股×200 000 股×10%=400 000(元)。

由于股票面额(1元)不变,增发20 000股普通股票,普通股只应增加"普通股"项目20 000元,其余380 000元应作股票溢价转至"资本公积"项目,而公司股东权益总额保持不变。发放股票股利后,公司股东权益各项目如表12-12。

表12-12　　　　　　　　　　　　　　　　　　　　　　　　单位:元

项目	金额
普通股(面额1元,已发行220 000股)	220 000
资本公积	780 000
未分配利润	1 600 000
股东权益合计	2 600 000

可见,发放股票股利,不会对公司股东权益总额产生影响,但发生了资金在各股东权益项目之间的再分配。

发放股票股利后,如果盈利总额不变,由于普通股股数增加而引起每股盈余和每股市价的下降;但又由于股东所持股份的比例不变,每位股东所持股票的市场价值总额仍保持不变。

例　假定上述公司本年盈利440 000元,某股东持有2 000股普通股票,那么,发放普通股利对该股东的影响如表12-13所示。

表12-13　　　　　　　　　　　　　　　　　　　　　　　　单位:元

项目	发行前	发行后
每股盈余	440 000/200 000=2.2	440 000/220 000=2
每股市价	20	20/(1+10%)=18.18
持股比例	20 000/200 000=10%	22 000/220 000=10%
所持股票总价值	20×20 000=400 000	18.18×22 000=400 000

发放股票股利对每股盈余和每股市价的影响,可通过对原每股盈余、每股市价的调整直接算出:

$$发放股票股利后的每股盈余=\frac{E_0}{1+D_s}$$

式中:E_0——发放股票股利前的每股盈余;
　　　D_s——股票股利发放率。

$$发放股票股利后的每股市价=\frac{M}{1+D_s}$$

式中:M——股利分配权转移日的每股市价。

尽管股票股利不直接增加股东的财富,也不增加公司的价值,但对股东和公司都有特殊的意义。

对股东来说,股票股利的意义在于:

第一,如果公司在发行股票股利后同时发放现金股利,股东会因所持股数的增加而得到更多的现金。

第二,事实上,有些公司发放股票股利后股价并不成比例下降,这可使股东得到股票价值相对上升的好处。

第三,发放股票股利通常由成长中的公司所为,因此投资者往往认为发放股票股利预示着公司将会有较大发展,盈余将大幅度增加,足以抵消增发股票带来的消极影响。这种心理稳住股价甚至略有上升。

第四,在股东需要现金时,还可以将分得的股票股利出售,使得股东可以从中获得纳税上的好处(有些国家规定出售股票所需交纳的资本利得税率比收取现金股利所需交纳的所得税率低)。

对公司来说,股票股利的意义在于:

第一,发放股票股利可使股东分享公司的盈余而无需分配现金。

第二,在盈余和现金股利不变的情况下,发放股票股利可以降低每股价格,从而吸引更多的投资者。

第三,发放股票股利往往会向社会传递公司将会继续发展的信息,从而提高投资者对公司的信心,在一定程度上稳定股票价格。但在某种情况下,发放股票股利也会被认为是公司资金周转不灵的征兆,从而降低投资者对公司的信心,加剧股价的下跌。

第四,发放股票股利的费用比发放现金股利的费用大,会增加公司的负担。

(2) 股票分割

股票分割是指将1股面额较高的股票换成数股面额较低的股票的行为。股票分割不属于某种股利,但是所产生的效果与发放股票股利近似。

股票分割时,发行在外的股数增加,使得每股面额下降,每股盈余下降;但公司价值不变,股东权益总额、股东权益各项目的金额及其相互间的比例也不会改变。这与发放股票股利的情况既有相同之处,又有不同之处。

从实践效果看,由于股票分割与股票股利非常接近,所以一般要根据证券管理部门的具体规定对两者加以区别。例如,有的国家证券交易机构规定,发放25%以上的股票股利即属于股票分割。

对于公司来讲,实行股票分割的主要目的在于通过增加股票股数降低每股市价,从而吸引更多的投资者。此外,股票分割往往是成长中公司的行为,所以宣布股票分割后容易给人一种公司正处于发展之中的印象,这种有利信息对公司有所帮助。

对于股东来讲,股票分割后各股东持有的股数增加,但持股比例不变,持有股票的总价值不变。不过,只要股票分割后每股现金股利的下降幅度小于股票分割幅度,股东仍能多获现金股利。另外,股票分割向社会传播的有利信息和降低了股价,可能招致购买股票的人增多,反使其价格相对上升,进而增加股东财富。

尽管股票分割与发放股票股利都能达到降低公司股价的目的,但一般来讲只有在公司股价剧涨且难以下降时,才采用股票分割的办法降低股价;而在公司股价上涨幅度不大时往往通过发放股票股利将股价维持在理想的范围之内。

相反,若公司认为,自己的股票的价格过低,为了提高股价,会采取反分割(也称股票合并)的措施。反分割是股票分割的相反行为,即将数股面额较低的股票合并为1股面额较高的股票。

5. 股票回购

股票回购是指公司出资购回本身发行在外的股票。股票回购是现金股利的一种替代方式,即公司通过购回股东所持股份的方式将现金分配给股东,同时,使流通在外的股份减少,每股股利增加,从而会使股价上升,股东能因此获得资本利得。

然而,股票回购却有着与发放现金股利不同的意义。

对股东来讲,股票回购后股东得到的是资本利得,需交纳资本利得税,发放现金股利后股东则需要交纳一般所得税;在前者低于后者的前提下,股东将得到纳税上的好处。另外,股票回购受许多因素变动的影响,其结果是对股东有益还是有损难以预料,对股东利益具有不稳定性的影响。

对公司来讲:第一,公司拥有回购的股票,可用来交换被收购或被兼并公司的股票,也可用来满足认股权证持有人认购公司股票或可转换证券持有人转换公司普通股的需要。第二,通过股票回购,可避免公司落入他人控制的局面。第三,股票回购可改变公司的资本结构,加大负债比例,发挥财务杠杆的作用。第四,当公司拥有多余资金而又没有把握维持高股利政策时,以股票回购的方式将多余现金分给股东,可避免过大的股利波动。第五,公司拥有回购的股票,还可在需要现金时将库藏股重新售出。第六,股票回购价格的确定需要考虑多种因素,比较复杂,一旦因回购而股价下跌,将给股东和公司造成损失。

此外,股票回购还会使公司负有操纵股价和帮助股东逃避应纳所得税之嫌,遭受有关部门的调整或处罚。股票的回购方式主要有两种:公开市场购买和招标出价购买。

(四) 股利的发放程序

股份有限公司向股东发放股利,前后也有一定的过程,主要经过包括:股利宣告日、股权登记日、除息日和股利发放日。

发放股利宣告日是指这一天由公司的董事会将股利的发放情况予以公告,同时公布股权登记日、除息日和股利发放日。

股权登记日,即有权领取股利的股东资格登记截止日期。只有在股权登记日前在公司股东名册上有名的股东,才有权分享股利。

除息日是指股利与股票相互分离的日期。在除息日前,股利权从属于股票,持有股票者即享有领取股利的权利;除息日始,股利权与股票相分离,新购入股票的人不能分享股利。

股利发放日又称付息日,即将股利正式发给股东的日期。

第五篇

特殊财务管理

第五篇

植物根系吸营养

第十三章 资本运营理论

第一节 资本运营的概念

资本在我们今天的社会经济生活中表现出强大的支配权,随着市场经济的发展,越来越多的人已经认识到资本运营在我国社会经济生活中的重要作用,这是我们的市场经济从不成熟走向成熟的重要标志之一。然而真正要深究什么是资本运营,怎样进行资本运营,我们先要明确资本运营的概念。也正因为如此,对于资本运营问题的阐述,有必要从资本运营,包括资本的基本概念开始。

一、资本的含义和两重属性

资本是迄今为止人类现实经济生活中的客观存在,也是经济学中一个重要的经济范畴。认识资本运营,了解资本运营,掌握资本运营,进行资本运营,首先要弄清资本的含义。

对于资本的论述最充分的当然是马克思。马克思花费了40余年写下的《资本论》,对资本的形式、内涵、特点、规律、运行方式进行了充分的揭示。迄今为止的理论对资本作出的定义可以概括为,资本就是能够带来剩余价值的价值。资本包含了三个含义:

1. 资本可以用各种形态表现,但不论用什么形态表现都必然具有价值,凡是没有价值的东西都不是资本。
2. 必须能够带来剩余价值,虽有价值但不能带来剩余价值的都不是资本。
3. 只有在现实的物质生产过程中能够产生剩余价值的价值才是资本。

资本具有两重属性,一是它的社会属性,一是它的自然属性。

资本的社会属性是资本归谁所有的问题,而资本的自然属性则是资本一定要实现价值增值的问题。

正是由于资本的社会属性是在其所有权关系到底属于你的还是我的这个问题上,资本的自然属性则是在不管属于你的还是我的它都要增值这个问题上,所以,资本的这个自然属性不会为其社会属性所改变,甚至正因为有了资本的增值才存在是你的还是我的这一社会属性,即所有权的归宿问题。换句话说,资本不管归谁所有、在谁手中,就其本质而言,它都要实现其价值的增值,否则它就不能成其为资本。而从过去到现在的历史表明,人们之所以要在资本的归属问题上费尽心力,就在于资本是可以带来增值的价值。正是在这个意义上,资本的社会属性是由资本的自然属性决定的。没有资本的这个特殊的自然属性,也就没有被人们非常关注的社会属性。

资本在一个社会经济生活中的存在与否是由其自然属性决定的,而不是由其社会属性决定的。我们过去只重视其社会属性,忽略或否定其自然属性,造成了许多不该发生的问题。所以,重新认识资本,就要认识资本的两重性,尤其要首先重视资本的自然属性。只有正确认识资本的两重属性,我们才能对资本有一个完整的合乎科学的认识。

二、资本运营的一般定义和特定含义

资本运营虽然必然要通过市场交换,必然要涉及资本所有者主体的变化,因而不可避免地与资本的社会属性有着千丝万缕的联系,但资本运营的重要对象是对具有其自然属性的功能的运用和作用的发挥。因此,所谓资本运营,是一种通过对资本的使用价值的运用,在对资本作最有效的使用的基础上,包括直接对于资本的消费和利用资本的各种形态的变化,为着实行资本盈利的最大化而开展的活动。资本运营是以资本增值为目的的,它与资本的存在相伴随,存在于社会经济生活的各个领域之中。

资本运营本身是一个广义的概念,资本一定要投入到社会经济生活中的各种产业中去,才能够称其为资本,这是资本运营的最广泛的内容。资本运营,就是要将资本投入到能够赚到更多的钱的产业中去,使资本能够得到最大限度的增值。资本运营的本质,是通过资本交易或使用获取利润,求得资本的增值或获得更大的收益。因此,其实现方式各种各样,或者说,资本经营就是要让资本无孔不入,让资本高效率运转起来。

资本运营离不开市场经济运行的一般规律,但是,它又有着其特定的含义,这是由资本本身是一种特殊的商品的性质决定的。

我们对一般的商品(生产)经营,通常指的是对商品的买卖,通过对商品的买卖获得收益。而资本运营的特殊性在于,资本既可以通过买卖,像一般商品那样去获取收益,但同时资本也可以不通过买卖,只要对其进行使用就可以获得收益。在这个意义上,资本运营与一般商品经营的不同之处就在于,资本运营既要考虑它的买卖关系,又要考虑它的价值的利用,使资本能够创造新的价值,并带来更多的增值,即我们通常所说的要努力实现资本盈利的最大化。

就财务学的角度而言,由下列财务要素组成的等式关系,有:

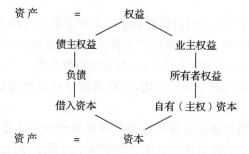

这样,我们把一般性商品(生产)经营视同资产运营,即对等式的左方进行经营,有关分析见下节内容;而把等式的右方,特别是所有者(业主)权益部分,也即主权资本的运营,称之为资本运营。就现代财务理论而言,所谓资本运营,其实质就是进行产权交易。无论是组建股份公司还是转股配股,无论是企业兼并还是企业收购,也无论是企业的分立还是企业的转让,都涉及所有者权益数量规模和结构的重新安排,而这一切都是在产权交易下进行的,都必须依赖资本市场的依托。

第二节 资本运营的理论和实践

对"资本运营"这一话题,从学术界到企业界,从资本运营理论到资本运营实践,都有一个体系上和运作上的深化和展开。人们在这样一些基本问题上达成了共识:运用资本运营这一方式,可以由企业外在规模的扩大以改善企业的内在规模效益,由微观经济效率的提高以保持宏观经济的持续增长,由优化国有企业的结构以实现宏观产业结构的优化。但是我们也看到,对资本运营具体运作的一些基本问题尚存在一些模糊认识,需要进一步澄清,这些问题包括:资本运营与资产(生产)经营的相互关系及侧重次序、国有企业资本运营决策权及控制权归属、资本运营流动形式的多样性选择。这些理论和实践中的问题是本节讨论的主要内容。

一、资本运营与资产经营的一般性区别

迄今为止的讨论,对于资本运营还是资产经营这样两个不同的经济范畴,还存在认识上的一些偏差,这是我们首先要明确的问题。

资产经营的本质是生产经营,它通过对资产负债表的左方有关流动资产项目和固定资产项目进行合理配置,特别是对流动资产中各项目的科学管理,以取得较好的经济效益。资本运营的本质是产权交易,它必须涉及资产负债表右方的所有者权益(产权的一种)项目,并对它进行交易、流通,重新配置权益结构,从而实现资本项目的改组、扩张、收缩。它们的区别可以从下面的简易资产负债表中看出。

表 13-1 简易资产负债表

资产项目		期末余额	资本项目		期末余额
资产经营的主要内容	一、流动资产 　1. 货币资金 ⎱(销) 　2. 应收款项 ⎰ 　3. 存货 　　(1) 原材料←(供) 　　(2) 在产品 ⎱(产) 　　(3) 产成品 ⎰ 二、固定资产 　　⋮ 　　⋮		一、负债(借入资本) 　1. 　2. 　⋮ 二、所有者权益(自有资本) 　1. 实收资本 　2. 资本公积 　⋮	资本运营的内容涉及必须	
合　计			合　计		

注:流动资产项目的有关供产销应结合本期发生额才能得到全面反映。

在表左方的资产项目下,我们可以看到企业日常所发生的供产销生产经营活动基本都体现在流动资产项目下,在这个意义上,我们可以说,生产经营就是资产经营,企业的供产销活动是企业资产经营活动的主旋律,旨在增加增量资产,它在企业经济活动运行中具有连续性和普遍性的特点。

在表的右下方的所有者权益项目,它形成了企业自有资本。我们所说的资本运营,就是说

自有资本通过资本流动和产权交易,或是使自有资本实现了量的扩张,即通过兼并、合并、收购,使自有资本的规模得到了发展,实现了企业重组;或是自有资本在数量不变的情况下,使自有资本内部进行了结构调整,即通过出让股权和购进股权改变了企业的控制权旨在调整存量资产。在很多情况下的资本运营,则是以上两种情况的结合,即在一定量的扩张下,使所有者内部结构发生了变动。可见,相对于资产经营而言,一个企业进行资本运营并不是经常发生的现象;对大多数企业来说,资本运营也不能构成普遍现象。这是因为企业的生产经营活动在一定时期内要保持均衡稳定的格局,除非企业面临发展或危机需要打破这种均衡。因此说,就企业的资本运营来说它具有个别性和暂时性特点。上述分析告诉我们,如果不分条件、不论范围在所有的企业大谈资本运营而忽略了资产经营,这是不妥当的。同时,资本运营还具有以下两个基本特点:

1. 资本运营更适用于企业集团的核心层和股份控股公司,具有层次侧重性

经济理论告诉我们,资本集聚的规模与速度能够影响经济增长速度,资本流向的调整能够改变经济结构。现实经济考查也告诉我们,以资本为纽带进行资本运营,在深化国有企业改革,进行企业重组,优化产业结构中确实发挥了重大作用,这是我们必须要重视的一方面。但是从具体实施来看,资本运营应局限于企业集团或母公司层次,其下属的分公司和子公司应主要从事生产(资产)经营活动。汲取改革开放以来几次经济过热的"炒作"现象,由"炒商品"到"炒批文",由"炒股票"到"炒房地产",如果把资本运营普遍化,那么很可能演化成"炒企业",从而引发"资本泡沫"现象,这是当前企业兼并收购活动中值得注意的问题。

2. 要认识资本运营是在资产经营发展到一定水平状况下的运营方式,具有阶段递进性特点

以上我们注意了资本运营和资产经营在一般意义上的区别,同时我们还要看到两者存在着密切协同关系。企业资产(生产)经营依赖于商品市场,在激烈的市场竞争中,企业从产品优势向市场优势转化,势必产生资本扩张的冲动,寻求企业规模的扩大和市场份额的增加,它可以通过两个渠道实现,一是通过自身缓慢原始积累,兴建固定资产扩大企业规模;二是面向资本市场,通过兼并收购迅速实现资本扩张。可见采用后一种渠道是低成本高效率。从这一层意义上说,资本运营是资产经营发展到一定阶段的产物,资本运营首先受到资产经营的推动,然后资本运营又拉动了生产经营以更快的速度发展。总体来说,在一个企业,其资产经营活动是生存问题,资本运营是发展问题,前者是根本性的。因此,搞好资产经营是进行资本运营的基本前提。所以我们应该认清资产经营和资本运营在企业发展的不同阶段要有所侧重,而不能以偏概全。

二、国有企业资本运营的决策权、控制权归属

由上面的分析我们了解到企业资产经营和资本运营是两个不同的范畴。就资产(生产)经营权而言,它的归属是很明确的,属于委托代理制下的厂长、经理。但是企业资本运营的决策权归属则一直是理论回避的难题,而且也是实践中发生争执最大的问题。可见国有企业资本运营的决策控制权归属已成为当前急于澄清的问题。

在这里之所以回避"产权"归属这一提法,是因为产权这一概念本身就是模糊的。从科斯、诺斯的制度经济学里所界定的"产权"定义看,它是各种权利或权能的总称,是所有权、财产权、经营权、控制权、决策权等一切权利的总和,可以说其中任何一种权能的交换,都是产权交易。从这个意义上我们可以说商品交易、知识产权交易、劳动交易等等都是产权交易。而我们所说

的资本运营,即通过资本市场进行的产权交易,是特指企业通过股份改造、企业兼并联合、拍卖转让等形式,既改变了企业所有权(或所有权比例),又改变了企业法人财产权和经营权的控制所发生的交易。

在简易的资产负债表中,我们把资产经营权划归为经营者,这是毫无疑义的。由于所有者权益成为资本运营的主要内容,那么是否资本运营的决策权就应归属于所有者呢?现代企业制度对这一问题的回答是否定的,这是因为在两权分离的股份公司,所有者的权能仅限于选举(董事会)权、收益权、转让权,并不享有对企业的实际控制权,例如股票拥有者在证交所购买和出售股票,在不改变控股与否的情况下,丝毫不影响经营者的日常管理。同样,国有企业更换厂长经理的经营权也不能改变其所有权。上述两种情况都不能说是资本运营。但是,当股东以控股为目的收购股票,那么它既调整了企业所有权的归属,同时也改变了对企业的实际控制权,这才是我们所说的资本运营。进行资本运营的必要条件是必须涉及所有权交易,其充要条件则是在所有权变动基础上能够取得全部或部分的实际控制权或管理权。可见对于两权分离的股份制,所有者对企业是间接管理,因此不能成为资本运营的决策者;经营者则负责对企业资产项目的经营和管理,因此也不能成为资本运营的决策者。可见股份公司的资本运营决策权、控制权应归属于董事会。董事会接受所有者委托,对所有者权益负责,又将日常经营权委托给经营者,在这样双重委托代理制下,董事会作为所有权和经营权的结合点,取得了法人财产的实际控制,凡涉及所有权的置换以及经营者的更换,必须由董事会进行裁决,当然,董事会对资本运营应负有全面的决策权。由于股份公司的各种权能是明晰的,所以能够各司其职,减少了争议。

但从国有企业的资本运营来看,问题就比较复杂。由于其所有者是国家,政府行政主管部门则接受国家委托对国有资本负有全面管理责任,同时又把日常管理委托给厂长、经理行使经营权,可见政府行政主管部门(地位)类同于两重委托代理下的董事会(中间双重委托的地位),合乎逻辑的享有国有企业的资本运营决策权。但在实际中,理论界和企业界都强调"转变政府职能,减少政府对资本运营的直接行政干预"[①],使得国企行政主管部门对国企资本运营的管理权、控制权、决策权无所适从,陷入了两难境地。

回顾新中国成立以来我国没有称为"资本运营"而实际是资本运营的历史,20世纪50年代的工商业改造,60年代工业调整,70~80年代国有企业的关停并转,到90年代的国有企业改组改制、拍卖转让,其决策控制权都在政府行政主管部门手中,由于其主要方式是行政干预,所以给人们一种印象,凡行政主管部门的行为都属于行政干预。所以在改革开放的今天,人们对行政主管部门参与国企的资本运营提出了非议。

可以肯定,国企的资本运营决策权属于政府行政主管部门是毫无疑义的。我们强调政企分开,仅指国企的生产经营拥有完全独立的自主权,政府伸到企业生产经营的手要缩回来;但是我们强调国有资产的保值增值,也是指政府要对国企的国家所有权益负有管理责任,因此政府对企业的资本运营的这只手要伸进去,防止任何化"公"为私、滥用、糟蹋国有资本的行为。从现实看,那些经营不善又抱住经营权不放的国企厂长、经理,决不会愿意出售转让国有企业而大权旁落,因此由政府主管部门及时作出出售转让的决策是非常必要的;同样,对那些试图利用企业改组改制过程中寻租和搭便车的经营者,也不宜给予其资本运营权让其谋私利。这

---

① 把握资本经营本质.资本运营研讨综述.经济日报,1998年3月9日第6版

些情况都说明在尚未股份化的国企资本运营中,需要政府主管部门加强决策和控制,防止国有资产流失和失控。现在关键问题是解决好政府主管部门通过行政干预方式还是通过资本市场方式对国企的资本运营进行管理,这是我们要明确的重要问题。长期以来,由于意识形态上的原因,使我们对"资本"这一问题讳莫如深,随着改革的深入、思想的解放、经济的发展,使得人们重新认识了资本、资本市场、资本运营、资本结构在经济发展中的重要杠杆作用。重新审视政府行政主管部门在资本运营中的作用,就是放到资本市场中去检验其行为是否合理,是以资本效率为目的,还是以行政控制为宗旨。前者是以资本为纽带,对资本进行跨行业、跨地区的流动,实现产品优势、技术优势、人才优势、市场优势、资金优势的企业重组;后者则是在行业内、地区内封闭系统中以行政为纽带,拉郎配、丢包袱,进行简单合并。因此,国企的资本运营的主要问题是要规范政府主管部门的行为方式,用市场力量而不是用行政力量实现国有企业的改革、改造、改制,使得国有企业向现代股份制企业转轨。无疑,国有企业在转轨过程中,政府主管部门负有相应的责任和权利。

上述分析告诉我们,探索国有企业的资本运营的规范性尚有很多工作要做,我们不仅要看到历史上政府行政干预的弊端所引起的失误,同时也要看到政府部门放弃国有企业资本运营过程的相应管理造成国有资产流失的严重后果。因此要借鉴国内外国有企业资本运营成功范例,深化国有企业的改革。

三、资本扩张与资本收缩以资本效率优先原则为依据

资本运营不仅是资本的扩张(兼并、收购)行为,同时也应包括资本的收缩(不良资产的剥离)行为。如果我们把资本运营仅限于前者,显然是片面的。而目前关于企业兼并收购热,正是忽略了资本收缩的积极作用,这应引起当前关于资本运营研讨的注意。

资本运营是企业在一定动因下的客观要求,如同前述,是在产业经济发展前提下的产物,它本身不是企业活动的目的,资本运营的最终目的是提高资本效率,使产业经济(生产经营活动)做强而不仅仅是做大。无论是资本扩张,还是资本收缩,都必须满足提高资本效率这一基本目的。

在现实经济活动中,企业通过兼并收购进行资本扩张、壮大,增强了企业在市场的竞争能力不乏成功之例。江苏春兰集团、四川长虹集团、河北石药集团等大型企业集团的资本运作使核心企业层集中了产品优势、技术优势、人才优势、资本优势,从而得以迅速发展,并激活了一大批中小企业。但是盲目进行资本扩张而导致破产清算的实例也比比皆是。从国内看,远的是1985年石家庄造纸厂马胜利在全国造纸行业兼并失败,近的如深圳巨人集团史玉柱1997年金屋变瓦屋的惨痛教训;从国外情况看,日本最大连锁百货商八佰伴的破产清算等,都是由于盲目扩张,使有限的资金难以集中使用,不仅资本运营不能从聚集的资本中找到发展动力,反而由于摊子大,资本占用面宽,以致顾首难顾尾,最后导致生产经营日渐萎缩,走向困境和失败。

可见我们的大型企业集团如注意到资本运营与企业的产业关联、产品关联、市场关联,从资本效率角度,对不良资产剥离,通过转让资本效率低下、成为烂包袱的企业和股权,使企业资本规模暂时收缩,这样就可以使优良资产得到有效集中,从而在原有基础上得到较快发展。广东赛格集团20世纪90年代初由于选择多元化发展战略,盲目兼并扩张成为160多家企业的大型企业集团,其中亏损企业达100多家,使得企业集团穷于应付内乱,导致核心主业电子制造在国际国内市场份额下滑,由于企业集团上层领导及时调整了资本运营战略,变资本扩张为资本收缩,把亏损的贸易业、房地产业及时剥离,把集中的资金投入集团核心层和紧密层,使赛

格重振雄风,焕发了新的生机。

上述分析告诉我们,当企业的产业经济有资本扩张需求时,应使兼并方和被兼并方在经济资源上能够互补、协同,通过资本运营达到低成本高效率的结果,产生 $1+1>2$ 的聚变效应。同时企业也要根据自身发展的需要,集中资本优良度,对不良资产及时有效剥离,产生 $2-1>2$ 的裂变效应。

目前我国宏观经济的调整,对国有企业"抓大放小",就是从国有资本整体效率出发,实现资本聚变和裂变效应。"抓大"就是要求资本雄厚、经营良好的大型国有企业以资本和产业为纽带,通过联合、兼并、收购,实现强强联合、强弱协同以收到规模经济的聚变效应;"放小"就是对那些经营亏损、管理不善的中小型亏损企业、乡镇企业进行资本剥离,采用改制、出售、转让方式,收缩国有资本面上的占有,将集中的资本用于资本收益高的投资项目,使国有企业整体资本能得到裂变效应。

可见资本运营并不是兼并收购这样单一的形式,其流动性形式有多样性选择。除了上面所言及的企业兼并收购、不良资产剥离外,还有多种资本流动方式,无论我们采用哪一种方式,都要按照市场机制规则,以资本效率为目的,把资本运营这个蛋糕不仅做大,还要做得内涵更丰富、更营养。

第三节 资本的扩张

任何资本都具有顽强的个性,要千方百计地表现自己,并不断地向各个领域渗透。这个表现自己和不断进行渗透的过程,就是资本的竞争,资本的生命力在于运动,而且是在运动中不断进行扩张。资本扩张的目的也在于竞争,资本要是不能扩张,它就不能在激烈的市场竞争中占据有利的地位,自己也会不断萎缩,甚至会逐步地被别的资本吞噬。因此,任何企业要求发展壮大,就一定要不断进行资本扩张。

一、资本扩张是企业发展的普遍规律

企业发展的历史,也就是一部资本不断扩张的历史,从马克思在《资本论》中论述的资本原始积累到现在最具代表性的跨国公司,无一不是走的资本扩张的道路。

(一) 资本扩张带来技术进步

资本在它 200 多年来的卓越表现充分证明,资本扩张不仅不排斥依靠科技的进步,反而促进了科技的进步。

市场竞争促使企业要提高技术,提高产品质量,要增加花色品种,要扩大生产规模,从而获取高额的利润。因此,资本扩张的最基本的原理在本质上是将技术投入与企业的规模效益内在地、紧密地联系在一起。近现代市场经济是规模不断扩大的经济,是资本不断扩大的经济。资本的扩张,其直接的结果就是生产规模的扩大。由生产规模的扩大必然引起进一步的分工与协作。科技的进步,正是由于生产规模的扩大而带来的分工与协作才发生的。分工使人们在某一方面的技能得到突出提高,技能的更加精湛和设备的改进,带来了科技的进步。在这个意义上,可以认为,没有资本的扩张,也就不可能有企业的科技进步。

(二) 资本扩张是现代企业发展的要求

资本的扩张,对任何一个现代企业的发展来说,都是带决定性的。在近现代企业制度中的

资本原始积累时代,资本的扩张曾经包括了许多野蛮的手段,而在现代企业制度中,文明度空前提高,企业要不断进行资本的扩张,就必须千方百计地增强自身的资金吸纳能力。这里包括丰富的内容,即塑造良好的自身形象,要有优质的产品去占领市场,企业要用好的资本回报去获得投资者的信任,争取投资者把更多的资本投向企业;企业采用各种措施和通过各种渠道,包括采用集资的办法、股份制的办法、产权转让的办法、借款的办法、兼并的办法,扩大自己的资本,使其在市场上更具竞争力;企业应增强自我积累的能力,不断地进行资本的再投入,同时,大力增加发展生产所需要的其他资金。

总之,企业要通过直接融资和间接融资的办法,壮大自身的资本实力。进行资本的扩张,既要有董事会和经营者敏锐的战略目光和精明的能力,去适应市场竞争的需要,更重要的是在于企业内部要有科学的管理,充分调动企业内部人员的积极性,使企业自身更具吸引力。

二、企业的兼并

企业的兼并是资本扩张的重要手段。通过兼并实现资源的优化配置是资本经营的重要功能之一,也是实现资本的低成本、高效率扩张,形成强大的规模效应的重要途径。

(一)企业兼并的一般含义

人们通常所说的兼并,是指将一个或多个独立企业并入另一个企业。其实,这并不是兼并的本质。在兼并中,一个企业消失了,或者一个企业成为另一个企业的下属子公司,这都仅仅是一种表面现象。我们所说的经济学意义上的兼并,本质指的是资本的兼并。企业只是资本的载体,企业以何种形式出现,要为资本的权属关系所决定。所以,兼并的意义不在于某个具体的企业如何,而在于资本的构成、资本的运行方式、资本所发生的质和量的变化。

企业的兼并,本身也就是一种投资。企业的兼并,说到底,就是要进行资本的扩张。一部企业发展史,本质上就是一部资本不断扩张的历史。世界上任何有影响的大企业、大公司走过的路,并不是单纯依靠自身辛辛苦苦的积累和省吃俭用的再投入实现其经营规模的,而大多是借用了外在的力量,将别人已经形成的生产经营能力并入到自己的企业之中。在现代市场经济条件下,企业在市场竞争中的地位,在相当程度上是与资本的兼并分不开的。

企业的兼并,实际上就是将分散的资本相对集中起来,使社会资源的配置不断优化,以提高生产经营的集约化程度。资本要想获得更多的利润,要想得到更快的增值,就必须通过兼并使资本迅速走向聚集和集中。资本的聚集效应表现在如下一些方面:

从宏观来看,通过兼并实现资本的聚集可以使某一产业或产品迅速发展起来,从而使社会的需求能够得到满足,也使一个国家的产业能够尽快成熟起来。

从微观来看,通过兼并实现资本的聚集,进而使资本的规模扩大,只有在资本规模扩大的基础上,才有可能出现专业化的分工与协作,人们才可能对专门的劳动工具进行改进,才可能专门对某项技术进行钻研,这就可以推进企业的技术进步和使企业在竞争中处于更加有利的地位。

(二)企业兼并形式

国际性的大资本总是采取多种多样的企业兼并形式,其中,最主要的有如下五种:

1. 入股式。即被兼并企业的债权债务比较简单,经过协商,被兼并方将其净资产以股金的形式投入兼并方,兼并方不再承担其原有的债务。

2. 承担债务式。即被兼并方的企业债务过重,但产品有发展前途,兼并方以承担该企业债务为条件接收其资产。

3. 购买式。即根据兼并前对资产的评估,剔除各种应付款,其资产的剩余部分,由兼并方购买下来,同时承担其债权债务。

4. 采取资本重组的方式,将其某一企业的资产和另一企业的资产整体合并或将两个企业的资本折成股份合并,其中一个企业作为母公司,另一个企业成为被控股的子公司之一。

5. 由出资者授权,将某一企业的资本经营权委托给另一个企业,并由该企业派出人员对资本被授权企业的经营班子进行"人事参与"。

后两种形式的合并,往往是出于同一出资者(如国家资本)的行为。出资者考虑到其中某一企业已经没有多大的发展前途,需要通过这种资本的合并由另一个企业带动其发展。也有两个企业或者两个以上的企业本来都不错,但合并起来会更好,这就是我们国家近年来常说的所谓"强强联合"。

(三) 企业兼并成本

企业兼并一定要考虑兼并成本。企业兼并成本是指一个企业对另一个企业实施兼并所要花费的全部费用。有的称这种企业的兼并费用为资本的交易费用。这个费用的形成,要考虑可评估的资产、兼并双方同一投资的机会成本的比较、兼并双方对未来预期的收益、兼并市场的供求状况和经营环境的变化等因素。其中,资产的评估是企业兼并中的一个非常重要的环节。没有科学合理的资产评估,就不能确定兼并对象的基本费用,不能获得兼并对象的可靠依据,不能有效实施对于兼并企业的责任,不能使兼并工作规范化。

企业的兼并成本,有的是可见的,有的是不可见的。有形资产的评估、企业的债务、企业的人员负担、企业办社会的包袱等等都是可见的,因而其成本费用也比较好确定。困难的是对于未来预期的收益、兼并市场的供求状况和经营环境的变化,这一类不可见的因素,往往会使企业的兼并成本发生误差,从而直接或间接影响到企业资本盈利最大化的目标的实现。

资本交易价格与企业兼并成本是紧密相关的。资本交易价格的确定,一般要经过"三步曲":即以资产评估确定的资产价值为基础而制定的最初交易价格,就是我们通常所说的"底价";二是浮动价格,即根据企业的资产情况、经营情况、发展情况、供求情况等确定的价格可波动范围,就是我们通常所说的谈判价格;三是兼并价格,即通过兼并双方的讨价还价或参与购买者的竞价后,兼并双方共同接收的一个交易价格,就是我们通常所说的成交价格。这个交易价格的形成,就是企业兼并的基本成本的确立。当然,还不能说企业所付出的这个兼并成本就是资本成本。因为对于资本成本的计算,通常是按照兼并中的最低可接收的报酬率来确定的。它的计算方法是债务成本与权益成本的加权平均值,以此得出兼并对象现金流量的适当贴现率,就是兼并者可接收的交易成本。

三、企业的收购

(一) 企业收购的一般含义

企业收购是采用市场行为对某一企业实施兼并的一种方式。按照最一般的收购含义,是指一家企业出资购买另一家企业的资产或股权,从而获得对该企业资本的实际控制权。

(二) 企业收购的方式

企业收购的方式有很多,依出资者的收购能力和被收购企业的存在形式而定。但一般来说,企业收购最常见的方式有三种:

1. 通过协商或竞价,以支付现款的方式买进某公司的部分或全部资产。
2. 通过购买某公司的股票,对其进行控股,使之成为一个子公司。

3. 通过将本公司的股票发行给另一个企业的资本所有者,以取得对该企业的资产和负债,并使其丧失法人实体的地位。

一个企业是否要收购另一个企业的资产,主要取决于收购方对于被收购方的资产前景的预期、所确定的新产品开发和产品发展战略、收购方要达到的销售量在市场上所占的份额等三方面的因素。

(三) 完善企业收购制度

在市场经济中,对企业收购不是一时一事的工作,市场经济中的企业总是有兴衰成败,有盈有亏,有新生也会有破产,因而对企业的收购必定是一项长期的活动,必须从制度上解决对企业的收购问题。从制度上着手,就必须从以下几个方面考虑问题:

1. 对企业的收购行为进行规范,这就涉及立法的问题。建立企业收购方面的法律法规,使企业的收购方和被购方的行为都有法可依,政府对企业的收购管理也有根据。就是说,不能采取搞运动的方法,而是要让收购成为一种经常性的有序的正常的活动。

2. 在企业收购中,问题较多的是对企业资产的评估。对企业资产评估要由经过批准的有资格的单位承担,资产评估的结果作为收购成交价格的基础,只能作为一种参考,而不是成交价格本身,对收购的成交价格的形成不具有约束力。能够以什么价格成交,只能按照市场经济的规律,可能会高于评估价,也可能会低于评估价,这些都是正常的。

3. 要建立企业的收购中介组织和交易市场,使买卖双方都能够有选择。应当明确,对于企业的收购,本质上也是一种商品的交换关系。与其他商品一样,由谁来卖,由谁来买,不是想当然就可以成交的。对于企业的收购也需要有灵通的信息,需要有人牵线搭桥,需要有人做促进工作。建立企业的收购中介组织和交易市场,实际上可以大大地降低企业的交易成本。

4. 收购企业的工作实际上也是一个系统工程,不可避免地要涉及债务的处理、人员的安置,还包括一些历史遗留问题的处理等等。因此,要有一个统筹的考虑。其中,特别是社会保障制度的建立,是收购企业中一项重要的工作,政府在这方面负有重要责任。

第四节 资本的收缩

资本收缩也是资本运营中的重要组成,其典型的方式主要有剥离和分立两种。进入20世纪80年代以后,已有越来越多的公司开始认识到,剥离和分立并非像过去人们所认为的那样,是公司经营失败的标志,而是公司发展的一项合理的战略选择。一个公司通过剥离或分立不适合于公司长期战略、没有成长潜力或影响公司整体业务发展的子公司、部门或产品生产线,可以使自己更集中于某些经营重点,从而更具有竞争力。与此同时,通过剥离和分立的方式,可以使公司所拥有的资产达到更有效的配置,从而可以提高公司的资产质量和资本的市场价值。

一、剥离

(一) 剥离的类型

剥离是指公司将其现有的某些子公司、部门、产品生产线、固定资产等出售给其他公司,并取得现金或有价证券的回报。

1. 剥离可以划分为不同的类型,按照剥离是否符合公司的意愿,剥离可以划分为自愿剥离和非自愿剥离（或被迫剥离）。自愿剥离是指当公司管理人员发现通过剥离能够对提高公司的竞争力和资本的市场价值产生有利影响时而进行的剥离。非自愿剥离是指政府主管部门或司法机构以违反反托拉斯法为由，迫使公司剥离其一部分资产或业务。经常发生的情况是，在兼并与收购活动中，政府可能认为兼并后的公司将在某一市场上造成过度的垄断或控制，损害了公平竞争，从而要求公司剥离其一部分资产或业务。

2. 按照剥离业务中所出售资产的形式，剥离又可以划分为出售资产、出售产品生产线、出售子公司、分立和清算等形式。出售资产是指仅出售公司的部分场地、设备等固定资产。出售生产线是指将与生产某一产品相关的全部机器设备等出售给其他公司。出售子公司，是指将一个持续经营的实体出售给其他公司，这时在剥离方案中不仅包括产品生产线，而且还包括相关的职能部门及其职能人员。分立可以看作是一种特殊形式的剥离，是指在法律上和组织上将一个公司划分为两个独立的实体。清算是指将一个公司或其拥有的一个业务部门的全部资产零碎地而不是作为一个整体来出售，并将所取得的现金分配给股东。当出售一个公司的资产所得超过其所发行的证券的市场价值时，清算对证券持有人来说可能是最有利的资产处理方式。

（二）剥离的动因

1. 改变公司的市场形象，提高公司股票的市场价值。一般来说，市场并不总是能够正确地认识和评价一个公司的市场价值，特别是对一些集团公司来说，由于实行多元化经营，其业务范围往往涉及广泛的领域，使得市场投资者以及证券分析人员对其所涉及的复杂业务可能无法做到正确地理解和接收，因此可能会低估其股票的市场价值。通过恰当地剥离公司的一部分实体，可以正确地评价公司的市场价值。

2. 满足公司的现金需求。有时公司需要大量现金来满足主营业务扩张或减少债务负担的需要，而通过借贷和发行股票的方式来筹集资金可能会面临着一系列的障碍，此时通过出售公司部分非核心或非相关业务的方式来筹集所需的资金，则不失为是一种有效的选择。

3. 满足经营环境和公司战略目标改变的需要。任何一个公司都是在一个动态的环境中经营的，经济发展和技术进步是经营环境变化的主要原因。一个公司为了适应经营环境的变化，其经营方向和战略目标也要随之作出调整和改变，而剥离则是实现这一改变的有效手段。

4. 甩掉经营亏损业务的包袱。实现利润增长是公司发展的最终目标，因此，利润水平低或正在产生亏损，以及达不到初期利润增长预期的子公司或部门，往往成为剥离方案的首选目标，以避免可能造成的对整个公司利润增长的影响，除非这些业务能满足公司长期发展战略的需要。

5. 消除负协同效应。有时一个公司的某些业务对实现公司整体战略目标来说可能是不重要的，或者这些业务不适合于公司的其他业务发展，这时就会产生所谓负协同效应，即 $1+1<2$。在这种情况下，尽快地剥离掉这些不适宜的业务，对整个公司发展来说可能是一个较好的选择。

6. 政府根据反托拉斯法强制公司剥离一部分资产或业务。政府为了防止某些大公司或集团出现过度垄断，因此根据法律进行强制剥离。

以上分别介绍了导致公司作出剥离决策的六个动因，其中既有经济方面的原因，也有组织、经营和政府方面的原因。事实上，一个公司作出剥离部分资产或业务的决策，很少仅是由于某一单个的原因引起的，通常都要涉及相互关联的多个因素，这些因素可能是同时存在，也可能是相继发生的。因此，公司管理人员在作出剥离决策时，应该综合考虑这些因素。

(三) 剥离方案的实施

在公司作出一项剥离方案后，接下来的任务就是如何实施这一决策，公司实施一项剥离方案通常包括以下一些过程：

1. 选择公司内部的参与人员或聘请外部专业顾问。一个公司在实施一项剥离方案时，既可以在公司内部选择专业管理人员来参与，也可以从公司外部聘请专业顾问人员，这取决于公司的规模及部门设置、该项剥离业务的工作量大小、实施的难易程度以及公司与外部专业顾问机构之间的关系。一般来说，大的公司都设有计划财务部和研究发展部，甚至设有专门从事购并和剥离的部门。这些部门大量的专业人员如果熟悉兼并与收购市场以及剥离的具体程序，就可以由他们去完成一项剥离方案。而中小规模的公司由于缺少内部专业人员，通常需要外部顾问机构的帮助。外部顾问机构通常包括投资银行、专业的购并与剥离顾问公司、经纪公司、会计师事务所、管理顾问公司等，这些机构一般都有购并和剥离方面的专家和专业人员，能够帮助一家公司去有效地完成一项剥离方案。

2. 准备一份剥离业务的备忘录。备忘录可以由公司内部人员来准备，也可以由外部顾问人员来准备。备忘录的内容一般应包括：公司剥离的原因、公司的历史及背景、公司目前的状况、公司的未来发展潜力、产品生产线状况、公司的服务能力、公司的人员状况、固定资产状况、房地产、公司的综合财务状况等。公司的财务状况应包括：3~5 年的利润表、目前的资产负债表、现金流预测、短期财务状况预测等。

3. 确定可能的购买者。首先由公司内部人员或在外部顾问人员的帮助下准备一份可能的购买者的清单，在此基础上再决定是采用个别谈判的方式还是采用拍卖的形式来选择最终的购买者。两种方式的选择取决于准备出售的业务的特点、市场的效率、管理人员的期望和偏好等因素，这可以根据具体情况来选择。

此外，在实施一项剥离方案时一定要牢记以下两点：

（1）在整个剥离的实施过程中，公司要保持关键管理人员的稳定。在整个剥离的实施过程中，将要被剥离的公司或部门的主要管理人员和财务人员能够继续留下来是极其必要的。稳定的管理班子对安定普通雇员和向可能的购买者提供其所需要了解的情况来说，常常是极其重要的。如果在完成剥离之前，这些人员离开了公司或被解雇，可能会对剥离方案的实施带来一些意想不到的困难。

（2）在剥离方案的实施过程中，公司的管理班子应该像没有作出剥离决策一样，继续正常地经营将要被剥离的业务，这对剥离方案的顺利实施也是非常重要的。

二、分立

(一) 分立的含义

分立是指一个公司通过母公司在子公司中所拥有的股份，按比例分配给现有母公司的股东，从而在法律上和组织上将子公司的经营从母公司的经营中分离出去，这会形成一个与母公司有着相同股东的新公司。在分立过程中，不存在股权和控制权向第三者转移的情况，因为现有股东对母公司和分立出来的子公司同样保持着他们的权利。

在前面我们说过，分立可以被看作是一种特殊形式的剥离，但是纯粹的分立与剥离之间又存在着区别。在分立中，投资者（股东）对原有公司中的一组特定业务取得了更大的控制权，因为他们在新公司（过去的子公司）中直接持有股票。新公司有着独立的法人地位，有其自己的管理队伍，投资者也可以直接选择合适的管理人员来管理这些特定的资产。最重要的是要认识到,在分立中不存在涉及各利益主体之间的现金或证券的支付,而这种支付在剥离中通常是会发生的。

除上文提到的纯粹的分立外,分立往往还有多种形式的变化,包括并股和拆股。所谓并股是指一个公司把其在子公司中占有的股份分配给其中的一些股东(而不是全部母公司股东),交换其在母公司中的股份。不同于纯粹的分立,在并股中两个公司的所有权比例发生了变化,母公司的股东在并股以后甚至不能对子公司行使间接的控制权。并股不像纯粹的分立那样会经常发生,因为它需要一部分母公司的股东愿意放弃其在母公司中的利益,转向投资于子公司。所谓拆股与纯粹的分立比较相似,是指母公司将子公司的控制权移交给它的股东。在拆股中,母公司所拥有的全部子公司都分立出来,因此,原母公司不复存在。在拆股后,除管理队伍会发生变化外,所有权比例也可能会发生变化,这取决于母公司选择怎样的方式向其股东提供子公司的股票。

(二) 分立的动因与效应

公司分立的动因与效应往往是联系在一起的,有些分立的动因直接来源于分立将会出现的结果,因此可以将两者结合在一起来综合考查。

1. 分立可以满足公司适应经营环境变化的需要。公司的经营环境包括技术的进步、产业发展趋势、国家有关法规和税收条例的变化、经济周期的改变等。由于上述因素的变化,使得母公司与子公司之间目前的安排可能是低效率的联合,因此,把子公司从母公司中分立出去是更合理地选择。

2. 分立与剥离一样,可以通过消除"负协同效应"来提高公司的价值。例如,对一个非常大的公司来说,由于其经营的各种业务各有特点,不适合按照同样的管理模式来经营,因此,如果将这一大公司按照业务特点划分成两个或更多的有着不同管理人员的独立实体,则可能减少甚至消除其中的一些由于管理原因而造成的低效率业务。一些经济学家认为,通过分立可以为子公司和母公司重新定位,在确定子公司和母公司各自比较优势的基础上,可以使它们更加集中于各自的优势业务,从而为公司的股东创造更大的价值。

3. 分立能够更好地把管理人员与股东的利益结合起来,因此可以降低代理成本。因为分立以后,管理人员能够更好地集中于子公司相对较少的业务。此外,分立对管理人员的报酬也有影响,这也可以降低代理成本。就直接的报酬而言,分立出来的公司管理人员可以通过签订协议,使其报酬的高低直接与该业务单位的股票价格相联系,而不是与母公司的股票价格相联系,从而对他们可以起到激励作用。母公司和子公司的管理人员也都相信,他们现在可以更直接地影响公司的绩效,因此,诸如股票期权等报酬协议能够对他们产生更大的激励作用。就间接利益而言,他们比在一个较大公司的一个部门工作时有了更大的自主权和责任,也因此可以得到更高的经济收入。

4. 分立可以帮助公司纠正一项错误的兼并。例如,IU 国际公司是在纽约证券交易所挂牌的一家拥有数亿美元资产的上市公司。该公司管理人员为了能够使公司获得稳定增长的收入,相继通过收购和兼并远洋运输、金矿开采等业务来实行多元化经营。从战略角度看,公司的这一经营战略是合理的,但是在资本市场上却是失败的,因为 IU 公司实行多元化经营以后,使得投资者及其证券分析人员无法将其归入某一特定产业,结果使得 IU 公司在证券市场上表现出较低的股票价格和 P/E 比率。鉴于此,公司决定将其分立为 3 个公司。分立以后,该公司的股票价格从 10 美元上升到 75 美元,大大超过了股票市场的平均收益。

5. 分立可以作为公司反兼并与反收购的一项策略。有时收购方收购目标公司的目的仅是为了获得目标公司的某项特定资产，一般来说，这一特定资产可能就是目标公司的一个子公司。如果目标公司能够清楚地意识到收购方的这一意图，那么就可以通过子公司分立的方式将这一特定资产分立出去，从而打消收购方的收购意图。这一反收购策略通常被称作"皇冠上的明珠"。

6. 分立有利于公司更好地适应和利用有关法规和税收条例。例如，公司为了使收入免交税收，可以通过分立的方式组建不动产投资信托公司和特权信托公司。不动产投资信托公司的投资业务一般限于与不动产相关的资产上；特权信托公司的投资业务一般限于与自然资源相关的资产上。按照美国税法规定，只要这种信托把其大部分收入直接分配给股东，那么该收入在公司一级就不用纳税，因而可以为股东带来较高的收入。

第十四章　企业设立、变更、清算的管理

第一节　企业设立

企业是指依法设立的以营利为目的的从事生产经营活动的独立核算的经济组织。企业设立,即创办企业,就是按照一定的法律程序组建企业,并使之取得合法的生产经营资格。不同类型的企业,其设立的条件和程序也有所不同。

一、企业设立的基本条件

按照我国有关法律法规的规定,设立企业应当具备以下条件:

1. 合法的企业名称

企业名称是企业之间相互区别的主要标志,企业在设立登记前就应当由发起人或其委托的代表,向国家指定的企业登记机关办理企业名称预先核准手续。企业名称被登记机关核准后,登记机关发给发起人《企业名称预先核准通知书》,在6个月内该名称将被保留,企业发起人可以开展企业的筹建工作,但在此期间不得以该企业名义从事经营活动。

2. 具有健全的组织机构

企业组织机构是企业在成立之后组织开展经营活动的机构,是企业从事经营活动的前提条件。不同类型的企业,组织机构的设置有所不同。一般情况下,企业的组织机构包括权力机构、执行机构和监督机构。企业的权力机构是企业重大事务的最高决策机构,它代表全体所有者的共同利益,如股东会、董事会等。企业的经营方针、投资计划、高级管理人员的任免、财务预算与决策、利润分配等事项,均应通过企业权力机构的决议才能实施。企业的执行机构是具体执行经权力机构的决议通过的各种决策的机构,主要负责企业的日常经营活动,如企业的各个部门、财务部门、人事部门等。监督机构是代表企业所有者对企业的权力机构和执行机构实施监督的机构。

3. 具有企业章程

企业章程是企业从事经营活动的基本准则。不同性质的企业,其章程的内容也有所不同,一般应当包括:企业的名称、性质、宗旨、所在地、注册资本额及其来源、订立章程的日期、法人代表、管理机构及其产生办法和权限、财务会计制度、利润分配制度、股权转让制度、解散清算程序等。企业章程是全体所有者、管理人员和职工的行动纲领,必须得到共同遵守。

4. 有企业自有的经营财产

企业的自有经营财产是指企业在成立时由出资人认缴的,经企业登记机关核准登记后的注册资本,可以是货币形式的,也可以是实物或无形资产形式的。注册资本是企业独立承担民事责任的资金保障,也是企业从事经营活动的资金基础。

5. 有符合国家法律、法规和政策规定的经营范围、确定的场所和设施

企业的经营活动必须符合国家法律、法规的规定,其经营范围应经工商行政管理机关的核准登记,不得从事超范围的经营活动。经营活动必须要有确定的场所和相应的设施,经营场所和设施可以是自有的,也可以是租入的,但租入的场所和设施应当能为企业长期使用。

6. 有健全的财务会计制度

企业应当按国家法律、法规建立本企业的财务会计制度,能够进行独立核算、自负盈亏,能够独立编制会计报表。

二、企业设立的一般程序

(一) 发起

企业的设立首先必须要有发起人的发起,发起人可以是自然人,也可以是企业法人。一般来说,发起人应当对未来的企业有一个整体的设想和规划,对企业的经营目标、经营范围、经营策略、资金筹集、经营规模等各种问题都要有具体的策划,并为企业确定名称。发起人可以是一个,如设立国有独资公司;也可以是两个以上。一个发起人必须要承担全部出资额并在企业批准成立之后,筹集其他渠道的经营资金;有两个以上发起人的企业,发起人之间要签订发起协议,规定各发起人在企业筹建过程中应承担的责任,并确定各自的出资额,共同为企业筹集其他渠道的经营资金。

(二) 论证

论证是对发起设立的企业进行可行性研究。发起人确定成立企业的申请报经有关主管机关批准之后,就要对企业的未来运作进行可行性研究。可行性研究要聘请有关专家在经济、技术、财务等方面来分析论证投资是否可行,要进行深入的、全面的调查研究,预测企业未来的投资收益与风险。

(三) 批准

按照我国现行制度的规定,一般企业的设立不需要报经有关机关的批准,可以由发起人直接向企业登记机关申请登记。但是,如果成立外商投资企业、股份有限公司、金融性企业等需要报经国家指定的主管部门的批准。因此,成立需要报批的企业,应当在进行企业设立论证之后,报经有关部门批准,经批准之后,才能进行企业的筹建工作。

(四) 筹建

经过论证和有关部门的批准之后,就可进行企业的筹建工作。一般来说,企业的筹建工作主要包括:

1. 开设临时账户,筹集所需资金。
2. 招聘员工。
3. 购置生产所需的原材料、燃料、能源和设备等生产资料。
4. 向企业登记机关办理企业名称的预先核准手续。
5. 进行施工建设。

(五) 申请设立登记

企业筹建工作结束之后,应由企业发起人或其委托的代理人向当地工商行政管理机关申请办理注册登记手续。一般按照有关规定,办理注册登记时,需要向工商行政管理机关提交的文件有:

1. 企业发起人签署的登记申请书。
2. 全体股东指定代表或者共同委托代理人的证明。
3. 主管部门或者审批机关的批准文件。
4. 企业章程。
5. 具有法定资格的验资机构出具的验资证明。
6. 发起人的法人资格证明或自然人身份证明。
7. 企业主要负责人(法人企业的法定代表人)的身份证明及任职文件等。
8. 企业名称预先核准通知书。
9. 企业住所和经营场所使用证明。

所出具的以上文件完全符合有关规定之后,工商行政管理机关才能准予登记注册。

(六) 批准注册

工商行政管理机关对企业提交的申请材料进行审查后,符合国家有关企业登记规定的,应当在受理申请后 30 日内准予注册。企业的登记注册事项主要有:企业名称、住所、法定代表人、注册资本、企业类型、经营范围、营业期限、股东或发起人姓名或名称等。企业经批准注册,领取营业执照后,即宣告企业正式成立,可以开展生产经营活动。

第二节 企业变更的财务管理

在现实经济活动中,股份公司所面临的市场环境是不断变化的,股份公司要及时据此改变自己的资本规模,调整资源配置的结构,增加或减少经营项目。同时,股份公司自身的经营管理条件也是不断变化的,公司也必须调整自己的战略决策、筹资投资方式以及内部的组织结构和管理方式等,这一切都会导致股份公司的资本规模、经营方向、组织形式等发生变动。股份公司的变更是公司根据经营的外部环境和自身的内部条件的变动而自主进行的一种调整行为,其主要形式有公司的扩展、公司的合并、公司的改组和公司的重整等。

一、公司合并的财务管理

(一) 公司合并的概念和方式

所谓公司合并,就是两个或两个以上的公司,依照法律规定的程序,合并为一个公司的法律行为。生产的集中化与联合化,是现代市场经济与社会化大生产发展的一个趋势,处于现代竞争环境中的企业为生存发展而调整组织结构,往往采用公司合并的方式。根据我国《公司法》规定,公司合并有两种形式:吸收合并和新设合并。

吸收合并又称兼并,是指两个或两个以上的公司进行合并时,其中一个公司存续,其他公司则被解散,取消法人资格,其产权转给存续的公司。

新设合并是指两个或两个以上的公司进行合并时,原有的公司均被解散,取消法人资格,而另外再创立一个新的具有法人资格的公司。

(二) 公司合并的原因

1. 扩大公司规模,取得规模效益

这主要是针对同业合并来说的。由于同业合并扩大了生产规模,消除了重复设施,使公司能更有效地使用设备,便于开发和使用先进技术;通过对各方职能部门的集中和组合,调整管理部门的力量和配置,使各职能部门的工作人员都能充分发挥作用,消除合并前各企业的管理自成一套、人浮于事的浪费现象,提高管理效率;合并后的公司,能统一调度资金,集中进行筹资和投资决策,有效降低企业在资金运作方面的交易成本,提高资金运营效率。总之,合并有利于公司实现规模化经营,获得直接或间接的规模效益。

2. 减少经营风险

这主要是针对多样化经营而言的。非同业合并,可缓和商业周期的不利波动,减少公司经营的不稳定性,增强对经营失败的承受力,从而降低经营风险。此外,小公司与大公司合并,也可减少经营上的风险。

3. 提高发展速度,迅速开拓市场

公司合并在扩大经营规模的同时,也带来了发展速度的提高。并且,外部合并扩张的代价比内部积累扩张要小,因为前者省去了规划建设中各种资源的消耗,并可能因合并而得到先进的管理、技术、优秀的人才以及新的或更大的市场。

4. 改善财务状况

由于现金收支或资金结构失衡及其他原因陷于财务困境的公司,如能与一个稳定、有发展潜力,且目前资金充足、偿债能力强的公司合并,不仅可改善财务状况,并可能因而增强其投资吸引力。

5. 充分利用闲置资金

当公司有丰厚的盈余,但所面临的投资机会又不多时,会产生大量的闲置资金,为充分利用这些闲置资金,公司可能就会去寻找一个能提高自身价值、有发展前景的公司作为收购对象,以期合并后有利于公司的发展。

6. 合理避税和避免破产

一个经营亏损、陷入困境但又不愿破产或为避免付出高昂的解散和清算费用的公司,很有可能和一个财务状况极佳、获利水平很高的公司合并。这样,前者可避免破产,继续生存下去,后者则可通过合并抵减利润,以减少税负并扩充业务,增加未来的盈利能力。不过,这种合并要求亏损一方有改善财务状况的前景和盈利潜力,否则,是没有公司愿意与之合并的。

7. 管理者个人的动机

作为公司的管理者,总是希望能拥有更大的经营管理权,获得更高的社会地位和自我实现感,而公司的合并有助于他们的愿望的实现,因此,公司的管理者只要有机会,总是试图说服公司的所有者,合并是公司的最佳选择,以实现个人的目的,这也造成了公司谋求合并的倾向。

(三) 公司合并的资产评估

公司合并时应对合并各方的资产负债进行清算,对公司的资产进行评估作价,合并各方的债权、债务,应当由合并后存续的公司或新设公司承继。

经审核批准合并的公司,应当对企业的资产进行评估作价,并对全部债权债务予以核实。这些资产评估机构必须是经工商行政管理部门注册登记,具有法人资格,且持有国务院或省、自治区、直辖市、计划单列市国有资产管理行政主管部门颁发的资产评估资格证书的评估机构,它们可以是资产评估公司、会计师事务所、审计师事务所、财务咨询公司等。根据我国的《国有资产评估管理办法》规定,资产评估可采取以下几种方法:

1. 收益现值法

收益现值法是将评估对象剩余寿命期间每年的预期收益,用适当的折现率折现,累加得出评估基准日的现值,以此估算资产价值的方法。

2. 重置成本法

重置成本法是现时条件下被评估资产在全新情况下的重置成本,减去按重置成本计算的已使用年限的累计折旧额,考虑资产功能变化、成新率等因素,评定重估价值的方法。它主要适用于单项资产评估,对企业进行整体评估时也可以采用这种方法。

3. 现行市价法

现行市价法是通过市场调查,选择一个或几个与评估对象相同或类似的资产作为比较对象,分析比较对象的成交价格和交易条件,进行对比调整,估算出资产价值的方法。它主要适用于单项资产的评估。

4. 清算价格法

清算价格法是指以企业在停产或破产后,进行企业清算,出卖资产时可收回的快速变现价格来评定企业资产价值的方法。它主要适用于企业停产和破产时的资产评估。

除了以上四种方法,还有许多资产评估的方法,诸如拍卖价值估价法、账面价值估价法等。在实际进行资产评估作价时,常常将这些方法结合运用,以互相检验。资产评估工作结束后,合并公司应按评估确认的价值调整账面价值,并相应调整有关资金,对清理核定的债权、债务,应根据事先签订的合并协议,转移给合并后存续的公司或新设的公司,并由有关方面重新签订合同,予以确认。

二、公司分立的财务管理

(一) 公司分立的概念和方式

公司的分立是与公司的合并相反的法律行为,它是由原有的公司分成两个或两个以上的公司的行为。它也有两种形式:一种是公司以其部分财产和债务,另设一个新的公司,原公司存续;另一种方式是公司以全部财产分别归入两个以上的新设公司,原公司解散。

(二) 公司分立的原因

1. 公司规模过大

股份公司分立主要是由于规模过大带来的一些不利因素的影响。随着公司规模加大,公司内部各方面利益协调困难,使得公司管理难度加大,管理费用膨胀。公司规模过大还使得公司在市场需求的迅速变化面前难以适应,失去经营的灵活性,加大了经营的风险。另外,公司规模大,也使得公司失去"经营管理专业化"的优势,管理效率降低。

2. 公司扩张或收缩

这主要是针对多样化经营而言。企业为了降低经营风险,增加盈利,可能希望进入其他市场或行业,而整体进入风险较大,且容易受到竞争公司的抵抗,因此往往采用分立方式进入;相反,一些公司可能感到自身"战线"拉得过长,实力不够,想要从一些市场或行业中退出,就往往将那些缺乏竞争力的单位或分支,或经营欠佳、成为公司累赘的部门或单位,从公司中剥离出来。

3. 法律原因

为维护市场经济的正常运行,保护公平竞争,许多国家都制定有反垄断方面的法律,一旦公司由于规模或市场份额过大等原因,就可能受到反垄断诉讼,为避免之,公司往往被迫进行分立。

(三) 公司分立的财务事项

由于公司的分立是一种引起原主体资格变更及公司资本转移的法律行为,因此,也必须对分立前公司的资产、负债进行清算,对其资产进行评估作价,并按分立协议转移给新设立的公司,原有公司的股东可以退出,也可以重新加入分立后的某一方,继续以自己所持有的股份行使权利;对原公司的全部债权、债务,则按分立协议,由分立后的各方承担。

第三节 企业的清算

一、公司清算的概念及原因

股份公司的清算,是指股份有限公司在解散过程中,为了终结公司现存的各种法律关系而对公司资产、债权、债务关系,进行清理处置的行为。

公司清算是以公司终止为前提的,凡有下列情形之一者,应予以终止并进行清算:

(1) 公司营业期届满;
(2) 公司章程规定的解散事由出现时;
(3) 股东会决议解散;
(4) 因公司合并或分立需要解散;
(5) 公司违反国家法律、行政法规,被依法责令关闭的,应当解散。

二、公司清算方式

根据清算是否自行开始,清算可分为两种方式:正常清算和破产清算。正常清算是指在公司因解散而清算时,公司的资产能够抵偿债务,清算事务主要由公司清算人按照法律规定的一般程序进行,法院和债权人不作直接干预的清算。破产清算是指在解散的公司进行正常清算的过程中,出现了明显的障碍,或发现公司的债务有超过实有资产的嫌疑时,法院出面直接干预清算事务的一种清算。

正常清算不能正常进行时,债权人、董事会或投资者的任何一方向审批机构提出申请并经批准,可转入破产清算程序。正常清算是按照我国《公司法》的规定进行的,而破产清算的有关事项是按照《中华人民共和国企业破产法》和《中华人民共和国民事诉讼法》的有关规定进行的。

三、公司清算的机构及职权

公司宣布终止时,应当成立清算机构。清算机构是根据有关法律、章程规定成立的负责实施企业清算的临时性专门机构。

公司自开始清算之日起,除为清算目的或经审批机构和工商行政管理机关批准而进行的民事活动外,应停止其他生产经营活动,由清算机构负责公司有关清算的对内对外的一切事宜,董事会由清算机构取代,而股东会或监事的职权则被限制在清算范围之内。

清算机构在清算期间行使下列职权:

(1) 清理公司财产,分别编制资产负债表和财产清单;
(2) 通知或公告债权人;

(3) 处理与清算有关的公司未了结的业务；
(4) 清缴所欠税款；
(5) 清理债权、债务；
(6) 处理公司清偿债务后的剩余财产；
(7) 代表公司参与民事诉讼活动。

四、公司清算的程序

1. 成立清算组

公司章程规定的营业期限届满或其他解散事由出现时，或股东会决议解散的，应当在 15 日内成立清算组。股份有限公司的清算组由股东大会确定其人选。逾期不成立清算组进行清算的，债权人可申请人民法院指定有关人员组成清算组进行清算。

2. 清算工作程序

(1) 登记债权

清算组自成立之日起 10 日内通知债权人，并于 60 日内在报纸上至少公告三次。债权人应当自接到通知书之日起 30 日内，未接到通知书的自第一次公告之日起 90 日内，向清算组申报其债权，并提供有关债权的证明材料。

(2) 清理、清查公司财产、债权及债务，制订清算方案

其基本程序如下：

编制股份公司清算前正常经营期间的会计报表。为全面开展清算工作，首先就要编制公司自年初至决定清算日为止的会计报表，包括资产负债表、利润表及有关附表，凭此进行财产的盘点清查，核证账实是否相符。

清查全部财产、债权、债务，编制财产清单和债权、债务明细表。确定清算的财产价值，编制清算资产负债表。如果公司账面价值与实际价值基本符合，可用账面价值作为财产清算价值；如果账面价值与实际价值差别较大，则应按市场价值重新估算，并由清算组提出财产作价依据和债权、债务处理办法。

制订清算方案，并报股东会或有关主管机关确认。

(3) 债务清偿和剩余财产分配

主要内容如下：

支付清算费。清算费用应优先从公司现存资产中支付。清算费用包括清算期间发生的法定清算组成员的酬劳、差旅费、公告费用、咨询费用和利息净支出等。在清算过程中，还会发生清算损益。公司的清算损失主要包括清算中发生的财产盘亏、财产重估损失、财产变现损失以及无法收回的债权等；清算收益主要包括清算中发生的财产盘盈、财产重估收益、财产变现收益以及无法归还的债务等，两者的差额即为清算损益。如果清算损益为正，在依照税法规定弥补以前年度亏损后，应当视为利润，依法缴纳所得税。

清偿债务。股份公司的债务，在支付了清算费用后，应按顺序清偿。首先应支付职工工资和劳动保险费用；其次要缴纳所欠税款；然后才是清偿公司债务。清算组如未按上述顺序清偿时，不得将公司财产分配给各个股东。

分配剩余财产。股份公司清偿债务后的剩余财产，应按顺序进行分配。首先，要按优先股股份面值，对优先股股东进行分配，如不能足额偿还优先股股金时，按各优先股股东所持比例进行分配；然后，按各普通股股东的股份比例进行分配。这种剩余财产的处理程序反映了优先

股和普通股在承担风险、享受权益上的差别。

(4) 公告公司终止

清算结束后,清算组应提出清算报告,造具清算期间的收支报表,编制清算结束日的资产负债表、利润表以及各种账户账册,经中华人民共和国政府批准的注册会计师进行审查,并出具证明有效后,报送公司股东会或有关主管机关确认,并办理有关工商注销登记和税务注销登记事项,公告公司终止。

第十五章 跨国公司财务管理

第一节 跨国公司财务管理的特点和理财环境

国际企业跨越国界从事经营业务与国内企业在本国从事经营业务一样,自始至终存在着资金活动,即存在着资金筹集、投放和收入分配的活动。在资金活动中,国际企业必然与社会各有关方面发生业务往来,形成一定的利益关系。这种利益关系既包括母公司和子公司与所在国家、地区各有关单位之间的利益关系,又包括母公司与子公司之间及其内部的利益关系。国际企业的资金活动及其所形成的利益关系是国际企业财务管理的基本内容。

企业按其经营业务是否跨越国界分为国内企业和国际企业,其财务管理亦存在国内企业财务管理和国际企业财务管理。国际企业财务管理是企业财务管理的一个重要分支,它是在国际企业产生和发展过程中逐渐形成和发展起来的。近些年来,国际企业发展较快,其财务管理显得越来越重要。国际企业财务管理已成为国际企业获取利润的重要途径。

一、跨国公司财务管理的特点

跨国公司财务管理和国内企业财务管理是企业财务管理的两个分支,其基本原理和方法是一致的。由于国际企业的经营业务涉及世界许多国家,理财环境复杂,所以,国际企业财务管理呈现出下列特点:

(一) 资金筹集具有更多的选择性

无论是资金来源还是筹集资金的方式,国际企业均比国内企业呈现出多样化的特点。从资金来源看,国际企业除了有来自企业内部和母公司地主国的资金以外,还有来自子公司东道国、国际资本市场和有关国际机构提供的资金。从筹集资金的方式来看,国际企业除了通过吸收各种货币、实物、无形资产和发行股票筹集所有者权益资金以外,还可以在世界金融市场向各类金融机构申请贷款、租赁设备和利用商业信用、发行债券等方式筹集借入资金。由于资金来源和筹资方式多样化,所以,国际企业应根据具体情况和实际需要,选择最有利的资金,以利降低资金成本。

(二) 资金投放具有更大的广泛性

国际企业可以在母公司地主国投资,也可以在子公司东道国投资,还可以在第三国和其他地区投资,投资行为也极为广泛。但是,各个国家和地区的经济、法律、政治、文化有较大的差别,影响投资收益的因素十分复杂。在地理区域分布广、环境复杂的条件下进行投资,投资者应广泛收集信息,寻求最有利的投资机会,并对投资项目进行认真的可行性研究,以利正确开展投资决策和提高投资收益。

(三) 财务活动具有更高的风险性

国际企业与国内企业相比较,财务活动面临的风险更高。这些风险主要表现在:
(1) 汇率变动风险;
(2) 利率变动风险;
(3) 通货膨胀风险;
(4) 筹资决策风险;
(5) 投资决策风险;
(6) 政策变动风险;
(7) 法律变动风险;
(8) 政治变动风险;
(9) 战争因素风险;
(10) 其他风险。

由于国际企业财务活动面临着较高的风险,所以,要求其财务管理人员必须具有较高的业务素质和理论水平,以利正确地识别风险、避免风险和利用风险。

(四) 财务政策具有更强的统一性

国际企业的财务活动是在不同的理财环境条件下进行的,面临着不同货币种类、金融市场、外汇管制及其他因素的影响。为了及时融通资金、降低费用、减少捐税和获取最大收益,国际企业要对融资、投资、外汇和内部转移定价实行统一政策,严格管理。这就要求财务管理人员不要贪求一时一事的降低费用和避免风险,而要从长远和整体利益出发,在全球范围选择融资渠道和投资机会,以确保全球发展战略的实现。

二、国际企业的理财环境

国际企业财务管理与国内企业财务管理的差别,是由它们所处的环境不同所形成的。企业的理财环境是指影响企业财务活动的各项因素的总和。国际企业的财务活动涉及世界许多国家,各个国家的经济、法律、政治、文化等因素必然影响国际企业的财务活动。

(一) 经济环境

经济环境一方面直接影响企业的财务活动,另一方面它还通过影响国家法律、政治、文化从而间接影响企业的财务活动。不同国家的经济发展水平、市场发育程度、经济制度和经济政策是不相同的,这是影响国际企业财务活动的基本因素。国际企业在经济发展水平较高、速度较快、市场发育较完善的国家投资设厂,就一般情况来说,有利于正常开展财务活动和实现理财目标。因为在这样的环境条件下,企业可以及时、灵活地筹集资金并寻求最佳投资机会。

经济制度包括多方面的内容,其中金融制度直接制约着企业的理财活动。涉及国际企业财务活动的金融制度包括不同国家的金融制度和国际间的金融制度,如各个国家的货币、外汇、利率、汇率、外汇管制制度和国际间的结算制度及金融市场等,它们都直接影响到国际企业筹资、投资、款项收付和收益分配决策。

不同国家的经济政策是不相同的,即使在同一个国家,经济政策有时也会发生改变。国际企业从事国际业务必须掌握有关国家的经济政策,以避免产生不必要的纠纷并争取得到当地政府的保护。

(二) 法律环境

跨国公司财务活动会受到有关国家和国际间法律的制约。涉及跨国公司财务活动的法律主要有各个国家的商法、公司法、税法及国际间避免重复征税和偷漏税的法律等。由于各个国家的商法、公司法不相同，所以，企业设立、经营和清算过程中理财业务的繁简程度不一样，不仅如此，企业所有者和债权人的利益也会受到较大影响。由于各个国家的税法不相同，所以，同样数额的营业收入在不同国家交纳的税款和企业的税后收益也不一样。跨国公司理财人员必须研究理财的法律环境，了解有关国家的法律和国际法规，避免理财过程中的法律纠纷并利用法律维护企业利益。

(三) 政治环境

跨国公司理财活动所处的政治环境是不相同的，这一方面是由于各国政府对企业国际化经营的认识和采取的政策不同，另一方面是由于各个国家的政治稳定程度有较大的差别。第二次世界大战后，许多发达国家的政府对本国公司在国外直接投资是支持和鼓励的，一方面，在财政、信用政策上向跨国公司提供优惠贷款，并对其研究开发活动提供财政补贴；另一方面，在外交上与东道国政府签订双边或多边协议，为跨国公司争取优惠待遇和有利的投资条件。各国政府的支持促进了跨国公司的发展，增加了对外投资的收益。近年来，不少发展中国家为了吸引外资发展本国经济，政府制定了免税、减税等优惠政策鼓励外商在本国投资，这对跨国公司的理财活动是非常有利的。

(四) 文化环境

文化环境对跨国公司理财活动的影响也是很重要的，因为文化水平、文明程度、文化传统和风俗习惯不仅影响到人们的思维方式、工作态度和个人追求，而且还制约着企业的经营行为，从而影响企业的理财活动及其效果。跨国公司应对理财的文化环境进行分析，以利作出正确的决策。

第二节 跨国公司的国际筹资

筹集资金是企业财务管理的重要内容，为保证生产经营活动的正常进行和提高资金利用效果，跨国公司必须加强对资金筹集的管理。就筹集资金的基本原理和方法来说，跨国公司与国内企业是相同的，所不同的是跨国公司筹集资金的渠道和方式更多，影响资金成本的因素更复杂。

一、跨国公司的资金来源

跨国企业一般是一个企业集团，由境内的母公司和境外的子公司组成，这些公司由于涉及的经营范围不同，其资金来源也不尽相同。

(一) 母公司的资金来源

母公司在创建阶段资本金的来源与国内企业没有区别，在运营过程中，其资金来源主要有四个部分。

1. 公司内部

内部资金是企业筹集资金的一个重要来源。作为跨国公司，其内部资金来源渠道主要有两个，一是公司的未分配利润，企业未分配利润是企业资金的一个十分方便而且重要的来源；

二是各子公司向母公司上缴的利润及划拨的资金。

2. 母公司所在国的金融市场

这与国内企业基本相同,但是有些是跨国公司所特有的来源,如出口信贷等。

3. 子公司所在国的金融市场

利用子公司所在国家的金融市场进行筹资,然后将款项划归母公司使用,这样可以使母公司根据资金供应及资金成本等情况,使筹资决策更加合理。但是,各国在管理外汇方法上有很大差异。

4. 国际金融市场

国际公司一般是有很大实力的企业,更有一些是国际有影响的企业,因此,可以借助国际金融市场来筹集资金。这些金融市场包括国际债券市场、国际股票市场、外汇市场等。

（二）子公司的资金来源

国际公司的子公司在财务上有其相对的独立性,其组织形式不同,筹资职能上的自由程度也不相同。独立性强的子公司,其筹资的渠道及资金结构可以自主决策;独立性弱的子公司,其筹资的决策权取决于母公司。同时,境内、境外子公司的资金来源渠道也有差异。

1. 子公司内部及子公司之间的资金

子公司的资金既可以在子公司的未分配利润中筹集,也可以在子公司之间筹集,如子公司之间相互提供资金或相互提供商业信用。

2. 母公司的资金

由于跨国公司是一个整体,因此,母公司也会向子公司输送资金。

3. 子公司所在国的金融市场

由于各个子公司在其所在国都是独立的法人,因此它有资格在各种金融市场上筹集所需要的资金。

跨国公司资金来源很多,并且情况也很复杂。子公司的筹资渠道比较侧重于所在国,类似于国内企业;而母公司的资金来源,既有国内资金,又有国际资金,环境复杂,我们讨论的主要是母公司的筹资管理。

二、跨国公司的筹资特点

跨国公司除具有国内公司的筹资特点外,由于它筹资的渠道和方式更为广泛,所以又具有自己的特点。

1. 筹资渠道广泛

跨国公司除了利用国内金融市场外,还可以利用子公司所在国的资金市场和子公司的转移资金,可见,跨国公司的资金来源渠道广泛。跨国公司经营规模巨大、经营项目多样化,这就有利于利用日益兴起的全球一体化的国际资本市场。

2. 筹资方式更加多样化

跨国公司除了使用一般企业常用的股票、债券等筹资方式以外,它还可以充分利用外国债券、欧洲商业票据、信用证、贸易融资、项目融资和国际租赁等多种筹资方式,并且可以根据自身实际情况从中选择适合企业的筹资方式。

3. 降低资金成本的途径更多

跨国公司筹资渠道广泛,筹资方式多样化,可以选择成本较低的市场筹集资金。跨国公司还可以在内部转移资金,利用子公司所在国的金融市场筹措资金然后再转移到另一公司,从而降低筹资成本。不过这样做常会遇到东道国政府采取外汇管制或设置资金自由转移的障碍。

另外,由于跨国企业规模一般比较大,信誉比较高,同时跨国企业在不同国家和地区的投资项目涉及各行各业,投资风险较低,公司股东愿意接受较低的收益,这样股权的资金成本也较低。由于跨国企业的股权资金成本和负债资金成本都较低,这样可以降低公司的综合资金成本,使企业能以较低的代价筹集到所需资金。

三、跨国公司的一般筹资方式

跨国公司一般筹资方式主要指传统筹资方式,包括发行股票和利用债券进行筹资。但是,由于各国情况不同,因而在使用时也有所不同。

(一) 国际股票市场筹资

近年来,一个国家的企业在另一个国家的证券交易所上市股票或发行股票的做法越来越多。1990 年,伦敦股票交易所有 557 家外国公司上市,美国纽约交易所有 94 家外国公司上市,可见,在国际股票市场上发行股票是企业筹资的重要途径。

虽然近年来国际股票市场的发展速度很快,但是,企业在国外发行股票或外国企业在本国发行股票都不是十分容易的事,这主要是由于各国政府的有关法规不同。企业在国际股票市场上筹资,由于市场分割,其筹资发行费用很高,一般为面额的 5% 左右。尽管如此,仍有不少企业涉足国际股票市场,但真正依靠股票筹资的企业不多,许多企业涉足国际股票市场的目的不是为了筹集资金,其中有的是为了扩大公司的名声与影响,提高企业的国际声誉;有的是为了在国外兼并企业,便于股权交换。

(二) 国际债券市场筹资

发行债券是企业常用的一种筹资方式。近年来,随着国际债券市场规模的不断扩大,利用国际债券市场筹资已成为国际企业筹集资金的重要方式。

国际债券市场包括欧洲债券市场和外国债券市场。所谓欧洲债券是指由国际银行辛迪加和证券公司包销后,出售给债券面值货币发行国家以外的其他国家,这种债券首先产生在欧洲,故称欧洲债券;外国债券则指外国企业发行的债券由本国辛迪加机构承购包销后,销售给本国的投资者。外国债券市场的历史比较长,在欧洲债券市场未出现以前,所有国际发行的债券都属于外国债券性质。外国债券的发行与国内金融市场密切相关,因此,外国债券的发行要受本国金融管理部门的管制;而欧洲债券的发行不与任何国家的金融市场有联系,因而不受任何国家金融管理部门的管制。

债券市场的发展及筹资工具的增加,使国际企业在利用债券筹资时面临更多的选择,同时要求财务人员具有更高的素质。在利用债券市场筹资前,需要充分了解国际金融市场的变动趋势,债券市场的参加者有国家、个人,还有企业和各种金融机构,他们投资的目的、意图各不相同。企业在发行债券时,首先要确定购买者的主要对象。其次在发行中长期债券时,财务人员还必须明确所借资金的种类、期限、偿还条件、利率以及债券的标价货币。债券的期限和偿还条件是由使用资金的需求量及时间长短决定的,在决定采用固定利率或浮动利率时,要注意资金市场的利率走势、两种方案的相对成本以及企业现金流量对利率变化的敏感性。除了以上因素外,外汇汇率的变化趋势也是筹资者和投资者最为关注的问题之一。国际企业能否成功地利用债券筹集资金,在很大程度上受这些因素的影响和制约。

(三) 银行长期贷款

国际企业可以利用各分支机构或子公司所在国家的银行进行贷款,一般来讲,利用各国银

行长期贷款主要有以下几种方式:

1. 国际商业银行贷款

国际商业银行贷款是一些国际大商业银行向国际企业提供的中长期贷款,贷款期限一般为3~5年,也有10年以上。国际商业银行对贷款的资金使用一般不作限制,企业可以自由使用贷款资金。商业银行贷款要求企业有较高的信誉,尤其是银团贷款,只有少数信誉极佳的著名跨国公司才能得到;另外,商业银行贷款利率较高,这就加大了企业的筹资成本。不过,商业银行贷款对资金使用不加限制,企业可以自由调动资金。

2. 出口信贷

它是国家政府为支持和扩大本国产品出口和加强国际竞争能力,通过提供利息贴补和信贷担保的方法,鼓励本国银行向本国出口商或外国出口商提供的一种中长期信贷。目前西方国家的大型成套设备出口和对外工程项目投资普遍采用这种投资方式。

四、跨国公司专门筹资方式

国际企业除了一般的筹资方式以外,还有一些特殊的筹资方式。这些特殊的筹资方式主要包括国际贸易融资、国际项目融资、国际租赁融资等。

(一) 国际贸易融资

对跨国公司来说,进出口贸易是一项历史悠久的传统业务,近年来,由于国际金融业务的迅速发展,使进口贸易成为国际企业一种常用的筹资手段。对从事国内商品贸易的企业来说,利用商业信用可以自发性地筹资;而对国际企业从事国际贸易时,更有必要利用国际贸易来融资。进行国际贸易的企业可以像国内贸易的企业一样利用商业信用融资,但由于当事者双方相距遥远,货物运输的时间很长,彼此间的了解较少,再加上语言、文化习惯等障碍,会造成比国内贸易更加多的不确定因素。因此,出口方不愿意先发出货物,进口方也不愿意先付货款,这样利用商业信用融资就比较困难。为了解决这个问题,国际贸易一般采用信用证方式,即用银行信用代替商业信用。

信用证是银行应进、出口商的申请,由银行同意向受益者付款的一种专门性文件。有了这个文件,出口商可以放心发货。银行根据进口商信誉、存款及贸易的性质类型等签发信用证,而出口商方面在接到信用证通知后按规定应签发汇票和提交发运提货单等文件。信用证方式解决了进、出口商的相互不信任,银行则以自身的信用充当了进、出口商之间的中间人和保证人,同时进、出口商可以利用它进行融资。

(二) 国际项目融资

项目融资是指一些大型建设项目,特别指能源矿藏开采和大型农业基础设施建设项目,在实施时由国际金融机构提供贷款的融资方式。大型建设项目所需资金的数额十分巨大,在发展中国家利用传统的筹资方式不能满足这类大型项目的融资要求,它需要大型跨国金融机构的支持,专门为大型建设项目提供资金。目前,项目融资已成为国际企业筹建大型项目的一种特殊的融资方式。

由于项目融资是一种专门的特殊的融资方式,因此具有以下特点:

1. 在法律上,项目公司与承办企业是两个不同的法人单位,为适合项目融资,项目的主办公司必须成立一个新公司,它是一个独立的法律主体。

2. 在建设项目的全部投资额中,债务所占的比重很高,而自有资本则较少,新成立的项目公司对偿还贷款承担直接责任。

3. 为项目建设提供贷款来自许多方面,既有企业,也有政府机构,还有金融机构。

4. 项目投产后的产品事先订有协议,作为项目贷款者的贷款抵押品。

项目融资一般订有融资协定,对于矿山、油田等工程建设项目,一般由国际商业银行提供商业性贷款;而对农业、通讯等基础建设项目,一般由政府或世界银行等金融组织提供贷款。

(三) 国际租赁融资

租赁,尤其是融资性租赁常是企业融资的重要手段,对于跨国公司也可以利用这一专门手段来筹集资金。国际租赁区别于国内租赁的主要之处在于出租人和承租人分别属于不同的国家。租赁业务由国内逐渐分离出来发展成为国际租赁,主要是由于以下原因:

1. 降低政治风险

跨国公司在一个政治不稳定的国家进行投资时,需要冒很大的政治风险。由于不能判定今后的形势,因此,若企业投资购买设备来进行生产,当政治形势发生变化时,企业可能会遭受重大损失。为了避免这种损失,企业可以在当地融资租入设备,这样企业照样可以利用租入的设备进行生产,而当政治形势发生不利变化时,企业可以迅速撤出投资,并且随时停止向东道国的租赁公司支付租金。

2. 降低跨国公司的税负

由于租赁费用在所得税前扣除,因此,跨国公司间的租赁,常常是跨国公司降低税负的手段之一。例如,当某个设在高税率的国家的子公司需要某种设备时,子公司可以向低税率的母公司或其他子公司租入该项设备,从而增加高税率子公司的租赁费用,降低其税负。

第三节 跨国公司的国际投资

一、跨国公司投资的分类

按照投资是否跨越国界,跨国企业投资可分为国内投资和国际投资。国内投资是指跨国企业把筹集的资金投放于母公司所在国及母公司内部从事生产经营活动。国际投资是指国际企业把筹集的资金投放于母公司所在国以外的国家和地区。

按照投资者对被投资企业是否享有控制权,投资可分为直接投资和间接投资。就国际投资来说,同样分为国际直接投资和国际间接投资。

1. 国际直接投资

国际直接投资又称对外直接投资,是指将资本投放到另一个国家或地区,通过建立各种形式的公司企业,进行经营活动,从而获得一定利润的经济行为。这种投资是以取得或拥有国外企业的经营、管理权为特征的投资,也就是说,国际直接投资的投资者直接参与所投资的国外企业的经营和管理活动。

2. 国际间接投资

国际间接投资又称对外间接投资,是指购买外国发行的债券或购买外国公司的股票不到足以取得企业经营管理权的投资。这种投资是以取得利息或股息等形式的资本增值为目的,以被投资国的证券为对象的投资。国际间接投资者并不参与国外企业的经营、管理活动,其投资是通过国际资本市场进行的。

二、企业国际投资的特点

(一) 国际投资目的多元化

投资的本质在于这一经济行为的获利性。也就是说,投资者的目的是能以一定量的资产获得更大量的经济回报,即"资本增值"或"经济效益"。国际投资与国内投资一样,最根本的目的是获利。但有些国际投资项目本身并不盈利,而是出于投资者其他考虑,如:改善投资国与东道国双边关系或政治关系,为投资者得到其他有利可图的投资机会等,显然,国际投资的目的更复杂些。

(二) 国际投资所使用的货币多元化

国际投资中通常使用所谓"硬通货",或在国际货币市场上可自由兑换的那些国家的货币,如美元、英镑、瑞士法郎、马克、日元等。即使是发行硬通货的国家(如美国)的投资者进行国际投资,也必然会发生投资者所在国的货币与投资对象国的货币的相互兑换。国外投资涉及不同国家货币的转换,因此外汇汇率必须考虑。如汇率为官定汇率,则投资评估过程较为简易;如汇率为浮动汇率,则投资评估较为复杂,就需预估未来汇率变动。

(三) 国际投资体现着一定的民族、国家的利益

虽然进行国际投资的主体往往是单个的企业或是个人,而对于投资对象国来说,这是来自"异己"的民族或国家的。不论这具体的国际投资项目本身的动机是单纯商业性的获利与否,对于投资者和投资对象而言,都或多或少地代表了各自民族或国家的利益,因而,国际投资必然包含了双方利益的矛盾或冲突性。

(四) 国际投资具有更大的风险

国际投资超越了国界,获得了广阔的获利机会,同时也增加了投资的风险。在非母国投资,企业面临着社会差异、文化差异、地域差异、时间差异、情报障碍等等一系列因素所形成的复杂环境,增加了投资的风险。比如:由投资对象国的国际收支恶化而引起的进、出口限制或资金汇出、汇入限制,以及汇率变化而招致的外汇风险;由于投资对象国的民族主义倾向或政局变动、政府首脑的更迭或政策的剧变,可能造成对外资实行国有化或强行征收的政治风险。因此,国际投资强调双边国家的批准和法律保护,也强调遵守国际惯例和有关国际条约的规定。而如何在避免风险的情况下获取高收益,是国际投资的关键。

三、国际投资的方式

(一) 国际直接投资方式

1. 国际直接投资的具体形式

从理论上讲,直接投资是指个人或企业在国外经营企业的投资,投资者对这些国外企业拥有控制权。国际直接投资的主体是跨国公司,国际上企业跨国直接投资的方式主要有以下四种:

(1) 独资子公司

这种直接投资的方式指的是企业在国外投资创办子公司并拥有子公司100%的股权。东道国一般都赋予子公司以本国(所在国)国籍,在营业范围和业务活动上受到的限制较少,因此,成立独资子公司的最大好处是可以保证国内企业对其有绝对控制权和经营决策权,不受当地合营伙伴等许多因素的干扰,国内母公司可以独享其全部利润。当然,企业需要结合各种因素来决定是否采取这种投资形式。总的原则是:成立商业性企业的主要目的是长期稳定扩大

出口销售量,因此掌握绝对的控制权和经营决策权关系到海外企业能否不受干扰地执行其母公司的销售、经营计划,此时独资子公司是一种比较合适的投资形式。

(2) 国外分公司

分公司是与总公司相对应的一个概念,它是总公司由于业务发展需要而在国外设立的附属机构。究其实质,它是总公司的组成部分或业务附属机构,严格地说它并不是法律意义上的公司组织形式,而是经济学上的概念。国外分公司是总公司对外直接投资的一种投资形式,一般适用于投资额比较低的商业性企业,起到本国总公司与国外市场联系的桥梁作用,不适用于从事生产性等投资额较大的企业,而且在实际中可能遇到诸多的法律问题,所以实际采用不很普遍。

(3) 合资经营

合资经营亦称"股权式经营",是指两个或两个以上不同国家的投资者共同投资创办企业,并共同经营、共担风险、共负盈亏,按股份分享收益的一种直接投资方式。通常是外来合营者提供先进技术、先进设备、管理经验和外汇资金,东道国合营者主要提供土地使用权、厂房、部分设备及全部劳动力。合资的股份各国不尽相同,大多数国家对外限制在投资总额的50%以下。在我国,合资企业的外方投资者的股权不低于25%,若该企业有多方外商的投资合起来达到25%以上也被允许,而对上限则未予规定,这是从我国实际情况出发的。

2. 国际直接投资决策的概念和特点

(1) 国际直接投资决策的概念

所谓决策就是人们为实现某一特定目标,采用一定的科学理论、方法和手段,对若干可行性的行动方案进行研究论证,从中选出最为满意的方案的过程。投资决策是经济决策的重要组成部分,是选择和决定投资行动方案的过程。国际直接投资决策包括投资机会选择、投资项目可行性研究、投资方案评价和实施的全部过程。

(2) 国际直接投资决策的特点

区别于其他一般性决策,国际直接投资决策有以下特点:

① 国际直接投资决策是多层次的,它包括投资机会决策和投资方案决策;

② 国际直接投资决策受国际环境的影响很大,投资环境中的不确定因素和风险因素直接作用于投资决策,因而国际投资决策是具有很高风险的决策;

③ 国际直接投资的项目一般都是较大规模的长期投资项目,投资项目一经完成就很难作出可以接受的改变,甚至不可能作出这种改变,而且新建设投资项目一般又都有较长的建设周期,所以,相应的投资决策也就相当重要,决策者必须充分考虑资本的时间价值和资本的长期效益,而且要充分考虑各种相关因素对国际直接投资决策的影响。决策必须建立在充分占有信息和资料的基础之上,体现出科学决策的基本原则。

3. 国际直接投资决策的程序

(1) 决策的基本步骤

① 提出决策目标,即要解决的问题;

② 拟定决策行动方案,即有几个可能方案;

③ 选出最优方案,即哪个方案最好;

④ 执行和检查最优方案。

这是决策所必须经过的几个大步骤。其实,在实际工作中,决策的具体程序会因决策的种类和性质不同而有所不同,这是因为在各个大步骤中应当包括哪些小步骤,随决策种类的不同而不尽相同。

(2) 决策的动态过程

20世纪70年代,有学者把决策的执行和检查也列为决策过程的最后一个基本步骤,结果,决策程序就成了四个基本步骤。这种主张的好处在于,一方面强调了实践的意义,明确决策的目的在于执行,而执行又可反过来检查决策是否正确;另一方面是不把某项决策看成孤立的东西,而是看成"决策—执行—再决策—再执行"这一不断反复的整个管理过程中的一个环节。因为在执行中往往会对原决策作出某些必要的修改,或由于出现新情况需要作出新的决策,这在控制论中称为反馈环,在决策理论中称为决策的动态过程。

4. 国际直接投资决策的方法

投资决策方法的运用,要依赖于一系列决策的程序来进行。整个的决策程序,就是由在各个阶段运用决策方法对项目的评价过程组成的,因此投资决策方法就是由投资决策的基本程序和整个决策程序中各种不同的评价方法综合反映的。

国际直接投资决策过程中采取定量分析法和定性分析法。

(1) 定量分析

国际直接投资的经济分析,是指在投资决策过程中,运用数学方法,对投资活动所作的定量分析,其目的是为了确定投资的经济效果,为投资决策提供科学的依据。经济分析的方法一般分为两大类:一是静态分析法,是不考虑时间因素的;二是动态分析法,是考虑时间因素的。

较为广泛使用的静态分析法是:投资回收期法和投资报酬率法。这种非贴现的方法,其缺陷是没有考虑资本的时间价值和风险价值,决策可能产生失误,但因其操作简便,常常在选择方案时起一定的辅助作用。

较为广泛使用的动态分析法是:净现值法、现值指数法和内含报酬率法。这类贴现的分析方法,考虑了资本的时间价值,计算精度较高,是现代投资决策中广泛应用的方法。在很多投资项目决策中,贴现和非贴现的方法常常结合起来使用,以加强决策的科学性和说服力。

(2) 定量分析和定性分析相结合

在国际投资中,投资者将会面临形形色色的影响国际投资的因素。要正确地分析和评价它们对投资的影响作用,并在此基础上作出有利的投资选择,单靠定量决策分析是不够的。许多影响国际投资的因素自身具有很大的不确定性和易变性,因而无法实现数量化。这些问题的解决需借助于定性决策的方法。定性决策是指采用定性分析进行的决策,它是在逻辑分析和推理判断的基础上发展起来的。定性决策主要是依靠决策者的知识、经验和能力进行的决策,因而也被称之为决策中的"软技术"。一般而言,定性决策更有助于发挥人的智慧在决策中的作用,以解决投资决策中的行为、战略和社会等诸多方面的问题。所以,国际投资决策实际上是定量决策分析和定性决策分析的综合,是一种综合型的决策。

(二) 国际证券投资

国际证券投资就是在国际证券市场上购买外国政府或企业发行的债券或外国公司发行的股票所进行的投资。

1. 证券投资的特性

股票和债券同属于有价证券,本身并无真实的价值。但由于它们都是生产经营中实际运用的真实资本的证书,持有证券便有权获得一定的收益,并能进行权利的发生、行使和转让等活动,因而使它们具有了资本的特征。不过,证券是一种特殊的资本,具有以下特性:

(1) 收益性

认购股票就是向股份有限公司投资,股票则表示持有者对发行该股票的公司享有的经济利益,即持有者凭所持股票,有权按公司章程从公司领取股息和分享公司红利,这是股票投资的目的。当然,其盈利的大小取决于股份有限公司的经营状况和盈利水平。债券投资,即企业通过购买债券,成为债券发行单位的债权人,有按期取得利息和到期收回本金的权利。债券面值代表发行单位在债券到期日承诺支付的金额。债券上关于利息率与付息时间安排,是发行单位按期付息的承诺。在投资者看来,购入债券等于购入一笔年金收入并到期收回本金。

证券投资收益,按收益是否确定,可分为三种类型:① 固定收益。这种收益是在证券发行时规定的,它不随发行单位经营成果的优劣而变动。② 变动收益。这种收益完全取决于发行单位经营成果如何,利大多分,利小少分,无利不分。普通股的股息就是典型的不固定收益。③ 选择收益。这种收益可以是固定的,也可以是不固定的,全凭投资者选择,如转股公司债和附加新股认购权公司债就具有债券和股票的双重性质,投资者购入这类债券后,有两种选择权,即持有原债券或将债券转换为股票。当投资者行使转换权,将债券转换为股票后,就可以得到股票的不固定股息。当转换不利时,也可以继续持有债券或固定利息。

(2) 风险性

证券投资必然存在风险,投资者可能因证券行市的跌落而亏损,也可能因发行单位经营不善而不能获得预期收益或无收益,甚至可能因公司破产而折本。可以说,不冒风险的证券投资是不存在的,但这并不意味着所有证券的风险都是等同的。相对来说,债券投资的风险要比股票小得多,这是因为在一般情况下股票投资收益取决于企业的经营状况,而债券投资的收益则是固定的。比如,投资者购买国债和金融债券就几乎没有什么风险。证券发行企业在破产清理时,债券投资者要比股票投资者优先得到补偿。

(3) 变现性

变现性也称兑换性、流通性,是指证券投资者能视市场的实际情况,自由、及时地将证券转让他人,收回投资。证券的变现性虽不及银行存款,但在证券市场发达的国家其变现性也是相当强的,有价证券的流通性影响到每一个经济角落,促进了社会资金的有效配置和利用。如果一种证券在转换为货币时需要花费较长时间,由于其市场价值下降或由于转换时所感到的不便,以及经纪人费用、交易商折扣等要付出一定代价而蒙受损失,则这种证券就有一定程度的非变现性。证券变现的强弱,受证券期限、利率形式、信用度、知名度、市场便利程度等多种因素的制约,证券的期限越短,信用度和知名度越高,市场机制越发达,证券的变现程度就越强。

(4) 分权性

分权性主要是对股票投资而言的。股票的持有者就是股份有限公司的股东,其投资意愿和享有的经济利益,通过行使股东参与权而得到实现。而股东参与经营决策的权利大小取决于其持有的股份有限公司股票份额的多少。在公司经营活动中,股东持有股票数额达到决策所需的实际多数时,就成为股份有限公司的决策者。股票投资具有的参与性,可以调动股东的积极性,使股份有限公司的运行机制和经营决策建立在良性循环的基础上。若投资于公司债券,则投资者仅能获得对涉及其切身利益的重要事项进行表决的临时决策权,而投资于国家债券和地方政府债券等,则不可能获得任何权利。

2. 股票和债券价格的计算

股票本身没有价值,不过,股票有价格,可以自由买卖,因为它能给持有人带来收益。从这个意义上讲,买卖股票实际上就是购买或转让一种领取股利收入的凭证。证券交易中计算股票价格一般有两种常用方法。

(1) 股利估价法

股利估价法，通常称为股利估价模型，是以现值理论为基础来估计股票价格的一种方法。采用这种方法，股票价格的计算就是把未来的股利收入资本化，即假定股票市价等于未来各年股利的现值。下面是固定成长股的股利估价模型。公式如下：

$$P_0 = \frac{D}{K-g}$$

式中：P_0——当期股票的价格；

D——预期每股的股息额；

K——资本还原率；

g——股票成长率（如果公司属于夕阳工业，则 g 通常为负数）。

(2) 资本资产定价模型

股利估价模型用于确定价格，主要依赖于投资者如何正确地估计资本化率和其他因素。现在，把资本化率看作投资者所希望得到的最低收益率，则股票的收益率就等于没有风险情况下的收益加上对风险的补偿，即

$$K_i = R_F + \beta_i (K_M - R_F)$$

式中：K_i——第 i 种股票或第 i 种证券组合的必要报酬率；

R_F——无风险报酬率；

β_i——第 i 种股票或 i 种证券组合的 β 系数；

K_M——市场上股票的平均收益率。

债券是一种没有自身价值却有价格的有价证券。证券持有者能获得利息收入，期满能收回本金，因此，债券有价格，可在证券市场上自由买卖。

(1) 债券的面值与价格

债券面值包括两个基本内容：一是面值币种；二是面值大小。面值币种取决于发行者的需要和债券的种类。国内债券的面值币种自然就是本国货币，外国债券用债券发行地国家的货币作为面值货币。欧洲债券的面值货币为欧洲美元、欧洲日元等"欧洲货币"。发行者可根据货币市场的情况和自己的需要，选择最适合的币种。

(2) 债券的收益率

债券的价格以收益的多少来确定，债券投资的收益主要受债券利率的影响。债券利率是债券利息与债券面值的比。债券投资的目的是为了增值，因此，利率越高对投资者越有利。债券的利率主要受银行利率、发行人的资信和资本市场情况的影响。债券利率是收益率的决定因素，但它并不等于收益率，这是因为债券的价格常常背离其面值。债券的收益率主要受以下因素影响：

① 债券利率的提高，债券的收益率也提高；反之，则下降。

② 债券的价格与其面值的差额。当价格高于面值时，收益率低于利率；当价格低于面值时，收益率高于利率。

③ 债券的还本期限。当债券的价格与面值不等时，还本期限的长短决定了收益率的高低，还本期限越长，对收益率的影响越小。

债券收益率通常分为面值收益率、持有期收益率和到期收益率三种。

① 面值收益率。是指最初购买新发行债券的投资者将债券一直保留到到期偿还为止的收益率。计算公式为：

$$\text{收益率} = \frac{\text{年利息} + \dfrac{\text{面额} - \text{发行价格}}{\text{偿还期限}}}{\text{发行价格}} \times 100\%$$

当发行价格就是面值时，收益率实际就是债券的利率。

② 持有期收益率。持有期收益率包括两种情况：一是新发行债券持有期间的收益率，即买进新发行债券，在期满之前又将其卖出这一期间的收益率；二是发行债券持有期间收益率，即在交易市场上购买债券，期满之前将其卖出这一期间的收益率。计算公式分别为：

$$\text{新发债券持有期间收益率} = \frac{\text{年利息} + \dfrac{\text{出售价格} - \text{发行价格}}{\text{持有期限}}}{\text{发行价格}} \times 100\%$$

$$\text{已发债券持有期间收益率} = \frac{\text{年利息} + \dfrac{\text{出售价格} - \text{发行价格}}{\text{持有期限}}}{\text{购买价格}} \times 100\%$$

③ 到期收益率。是指按交易市场上正在交易的价格购买已发行债券的投资者将债券一直保留到偿还为止时的收益率。

$$\text{收益率} = \frac{\text{年利息} + \dfrac{\text{面额} - \text{购买价格}}{\text{残存价格}}}{\text{购买价格}} \times 100\%$$

附 录

概率表

t	F(t)	t	F(t)	t	F(t)	t	F(t)
0.00	0.000 0	0.32	0.251 0	0.64	0.477 8	0.96	0.662 9
0.01	0.008 0	0.33	0.258 6	0.65	0.484 3	0.97	0.668 0
0.02	0.016 0	0.34	0.266 1	0.66	0.490 7	0.98	0.672 9
0.03	0.023 9	0.35	0.273 7	0.67	0.497 1	0.99	0.677 8
0.04	0.031 9	0.36	0.281 2	0.68	0.503 5	1.00	0.682 7
0.05	0.039 9	0.37	0.288 6	0.69	0.509 8	1.01	0.687 5
0.06	0.047 8	0.38	0.296 1	0.70	0.516 1	1.02	0.692 3
0.07	0.055 8	0.39	0.303 5	0.71	0.522 3	1.03	0.697 0
0.08	0.063 8	0.40	0.310 8	0.72	0.528 5	1.04	0.701 7
0.09	0.071 7	0.41	0.318 2	0.73	0.534 6	1.05	0.706 3
0.10	0.079 7	0.42	0.325 5	0.74	0.540 7	1.06	0.710 9
0.11	0.087 6	0.43	0.332 8	0.75	0.546 7	1.07	0.715 4
0.12	0.095 5	0.44	0.340 1	0.76	0.552 7	1.08	0.719 9
0.13	0.103 4	0.45	0.347 3	0.77	0.558 7	1.09	0.724 3
0.14	0.111 3	0.46	0.354 5	0.78	0.564 6	1.10	0.728 7
0.15	0.119 2	0.47	0.361 6	0.79	0.570 5	1.11	0.733 0
0.16	0.127 1	0.48	0.368 8	0.80	0.576 3	1.12	0.737 3
0.17	0.135 0	0.49	0.375 9	0.81	0.582 1	1.13	0.741 5
0.18	0.142 8	0.50	0.382 9	0.82	0.587 8	1.14	0.745 7
0.19	0.150 7	0.51	0.389 9	0.83	0.593 5	1.15	0.749 9
0.20	0.158 5	0.52	0.396 9	0.84	0.599 1	1.16	0.754 0
0.21	0.166 3	0.53	0.403 9	0.85	0.604 7	1.17	0.758 0
0.22	0.174 1	0.54	0.410 8	0.86	0.610 2	1.18	0.762 0
0.23	0.181 9	0.55	0.417 7	0.87	0.615 7	1.19	0.766 0
0.24	0.189 7	0.56	0.421 5	0.88	0.621 1	1.20	0.769 9
0.25	0.197 4	0.57	0.431 3	0.89	0.626 5	1.21	0.773 7
0.26	0.205 1	0.58	0.438 1	0.90	0.631 9	1.22	0.777 5
0.27	0.212 8	0.59	0.444 8	0.91	0.637 2	1.23	0.781 3
0.28	0.220 5	0.60	0.451 5	0.92	0.642 4	1.24	0.785 0
0.29	0.228 2	0.61	0.458 1	0.93	0.647 6	1.25	0.788 7
0.30	0.235 8	0.62	0.464 7	0.94	0.652 8	1.26	0.792 3
0.31	0.233 4	0.63	0.471 3	0.95	0.657 9	1.27	0.795 9

续表

t	$F(t)$	t	$F(t)$	t	$F(t)$	t	$F(t)$
1.28	0.799 5	1.61	0.892 6	1.94	0.947 6	2.54	0.988 9
1.29	0.803 0	1.62	0.894 8	1.95	0.948 8	2.56	0.989 5
1.30	0.804 6	1.63	0.896 9	1.96	0.950 0	2.58	0.990 1
1.31	0.809 8	1.64	0.899 0	1.97	0.951 2	2.60	0.990 7
1.32	0.813 2	1.65	0.901 1	1.98	0.952 3	2.62	0.991 2
1.33	0.816 5	1.66	0.903 1	1.99	0.953 4	2.64	0.991 7
1.34	0.819 8	1.67	0.905 1	2.00	0.954 5	2.66	0.992 2
1.35	0.823 0	1.68	0.907 0	2.02	0.956 6	2.68	0.992 6
1.36	0.826 2	1.69	0.909 0	2.04	0.958 7	2.70	0.993 1
1.37	0.829 3	1.70	0.910 9	2.06	0.960 6	2.72	0.993 5
1.38	0.832 4	1.71	0.912 7	2.08	0.962 5	2.74	0.993 9
1.39	0.835 5	1.72	0.914 6	2.10	0.964 3	2.76	0.994 2
1.40	0.838 5	1.73	0.916 4	2.12	0.966 0	2.78	0.994 6
1.41	0.841 5	1.74	0.918 1	2.14	0.967 6	2.80	0.994 9
1.42	0.844 4	1.75	0.919 9	2.16	0.969 2	2.82	0.995 2
1.43	0.847 3	1.76	0.921 6	2.18	0.970 7	2.84	0.995 5
1.44	0.850 1	1.77	0.923 3	2.20	0.972 2	2.86	0.995 8
1.45	0.852 9	1.78	0.924 9	2.22	0.973 6	2.88	0.996 0
1.46	0.855 7	1.79	0.926 5	2.24	0.974 9	2.90	0.996 2
1.47	0.858 4	1.80	0.928 1	2.26	0.976 2	2.92	0.996 5
1.48	0.861 1	1.81	0.929 7	2.28	0.977 4	2.94	0.996 7
1.49	0.863 8	1.82	0.931 2	2.30	0.978 6	2.96	0.996 9
1.50	0.866 4	1.83	0.932 8	2.32	0.979 7	2.98	0.997 1
1.51	0.869 0	1.84	0.924 2	2.34	0.980 7	3.00	0.997 3
1.52	0.871 5	1.85	0.935 7	2.36	0.981 7	3.20	0.998 6
1.53	0.874 0	1.86	0.937 1	2.38	0.982 7	3.40	0.999 3
1.54	0.876 4	1.87	0.938 5	2.40	0.983 6	3.60	0.999 68
1.55	0.878 9	1.88	0.939 9	2.42	0.984 5	3.80	0.999 86
1.56	0.881 2	1.89	0.941 2	2.44	0.985 3	4.00	0.999 94
1.57	0.883 6	1.90	0.942 6	2.46	0.986 1	4.50	0.999 98
1.58	0.885 9	1.91	0.943 9	2.48	0.986 9	5.00	0.999 99
1.59	0.888 2	1.92	0.945 1	2.50	0.987 6		
1.60	0.890 4	1.93	0.946 4	2.52	0.988 3		

复利终值表

n	1/2%	1%	$1\frac{1}{2}\%$	2%	$2\frac{1}{2}\%$	3%	$3\frac{1}{2}\%$	4%	5%
1	1.005	1.010	1.015	1.020	1.025	1.030	1.035	1.040	1.050
2	1.010	1.020	1.030	1.040	1.050	1.060	1.071	1.081	1.102
3	1.015	1.030	1.045	1.061	1.076	1.092	1.108	1.124	1.157
4	1.020	1.041	1.061	1.082	1.103	1.125	1.147	1.169	1.215
5	1.025	1.051	1.077	1.104	1.131	1.159	1.187	1.216	1.276
6	1.030	1.061	1.093	1.126	1.159	1.194	1.229	1.265	1.340
7	1.035	1.072	1.109	1.148	1.188	1.229	1.272	1.315	1.407
8	1.040	1.082	1.126	1.171	1.218	1.266	1.316	1.368	1.477
9	1.045	1.093	1.143	1.195	1.248	1.304	1.362	1.423	1.551
10	1.051	1.104	1.160	1.218	1.280	1.343	1.410	1.480	1.628
11	1.056	1.115	1.177	1.243	1.312	1.384	1.459	1.539	1.710
12	1.061	1.126	1.195	1.268	1.344	1.425	1.511	1.601	1.795
13	1.066	1.138	1.213	1.293	1.378	1.468	1.563	1.665	1.885
14	1.072	1.149	1.231	1.319	1.412	1.512	1.618	1.731	1.979
15	1.077	1.160	1.250	1.345	1.448	1.557	1.675	1.800	2.078
16	1.083	1.172	1.286	1.372	1.484	1.604	1.733	1.872	2.182
17	1.088	1.184	1.288	1.400	1.521	1.652	1.794	1.974	2.292
18	1.093	1.196	1.307	1.428	1.559	1.702	1.857	2.025	2.406
19	1.099	1.208	1.326	1.456	1.598	1.753	1.922	2.106	2.526
20	1.104	1.220	1.346	1.485	1.638	1.806	1.989	2.191	2.653
21	1.110	1.232	1.367	1.515	1.679	1.860	2.059	2.278	2.785
22	1.115	1.244	1.387	1.545	1.721	1.916	2.131	2.369	2.925
23	1.121	1.257	1.408	1.576	1.764	1.973	2.206	2.464	3.071
24	1.127	1.269	1.429	1.608	1.808	2.032	2.283	2.563	3.225
25	1.132	1.282	1.450	1.640	1.853	2.093	2.363	2.665	3.386
26	1.138	1.295	1.472	1.673	1.900	2.156	2.445	2.772	3.555
27	1.144	1.308	1.494	1.706	1.947	2.221	2.531	2.883	3.733
28	1.149	1.321	1.517	1.741	1.996	2.287	2.620	2.998	3.920
29	1.155	1.334	1.539	1.775	2.046	2.356	2.711	3.118	4.116
30	1.161	1.347	1.563	1.811	2.097	2.427	2.806	3.243	4.321
31	1.167	1.361	1.586	1.847	2.150	2.500	2.905	3.373	4.538
32	1.173	1.374	1.610	1.884	2.203	2.575	3.006	3.508	4.764
33	1.178	1.388	1.634	1.922	2.258	2.652	3.111	3.648	5.003
34	1.184	1.402	1.658	1.960	2.315	2.731	3.220	3.794	5.253
35	1.190	1.416	1.683	1.999	2.373	2.813	3.333	3.946	5.516

附 录

续表

n	6%	7%	8%	9%	10%	15%	20%	25%
1	1.060	1.070	1.080	1.090	1.100	1.150	1.200	1.250
2	1.123	1.144	1.166	1.188	1.210	1.322	1.440	1.562
3	1.191	1.225	1.259	1.295	1.331	1.520	1.728	1.953
4	1.262	1.310	1.360	1.411	1.464	1.749	2.073	2.441
5	1.338	1.402	1.469	1.538	1.610	2.011	2.488	3.051
6	1.418	1.500	1.586	1.677	1.771	2.313	2.958	3.814
7	1.503	1.605	1.713	1.828	1.948	2.660	3.583	4.768
8	1.593	1.718	1.850	1.992	2.143	3.059	4.299	5.960
9	1.689	1.838	1.999	2.171	2.357	3.517	5.159	7.450
10	1.790	1.967	2.158	2.367	2.593	4.045	6.191	9.313
11	1.898	2.104	2.331	2.580	2.853	4.652	7.430	11.641
12	2.012	2.252	2.518	2.812	3.138	5.350	8.916	14.551
13	2.132	2.409	2.719	3.065	3.452	6.152	10.699	18.189
14	2.260	2.578	2.937	3.341	3.797	7.075	12.839	22.737
15	2.396	2.759	3.172	3.642	4.177	8.137	15.407	28.421
16	2.540	2.952	3.425	3.970	4.594	9.357	18.488	35.572
17	2.692	3.158	3.700	4.327	5.054	10.761	22.186	44.408
18	2.854	3.379	3.996	4.717	5.559	12.375	26.623	55.511
19	3.025	3.616	4.315	5.141	6.116	14.231	31.947	69.388
20	3.207	3.869	4.660	5.604	6.727	16.366	38.337	86.736
21	3.399	4.140	5.033	6.108	7.400	18.821	46.005	108.420
22	3.603	4.430	5.436	6.658	8.140	21.644	55.206	135.525
23	3.819	4.740	5.871	7.257	8.954	24.891	66.247	169.406
24	4.048	5.072	6.341	7.911	9.849	28.625	79.496	211.758
25	4.291	5.427	6.848	8.623	10.834	32.918	95.396	264.697
26	4.549	5.807	7.396	9.399	11.918	37.856	114.475	330.872
27	4.827	6.213	7.988	10.245	13.109	43.535	137.370	413.590
28	5.111	6.648	8.627	11.167	14.420	50.065	164.844	516.987
29	5.418	7.114	9.317	12.172	15.863	57.575	197.813	646.234
30	5.743	7.612	10.062	13.267	17.449	66.211	237.376	807.793
31	6.088	8.145	10.867	14.461	19.194	76.143	284.851	1 009.741
32	6.453	8.715	11.737	15.763	21.113	87.565	341.821	1 262.177
33	6.840	9.325	12.677	17.182	23.225	100.699	410.186	1 577.721
34	7.251	9.978	13.690	18.728	25.547	115.804	492.223	1 972.152
35	7.686	10.676	14.785	20.413	28.102	133.175	590.668	2 465.190

复利现值表

n	1%	2%	3%	4%	5%	6%	8%	10%	12%	14%	15%
1	0.990	0.980	0.970	0.962	0.952	0.943	0.926	0.909	0.893	0.877	0.870
2	0.980	0.961	0.942	0.925	0.907	0.890	0.857	0.826	0.797	0.769	0.756
3	0.971	0.942	0.915	0.889	0.863	0.840	0.794	0.751	0.712	0.675	0.658
4	0.961	0.924	0.888	0.855	0.822	0.792	0.735	0.683	0.636	0.592	0.572
5	0.951	0.906	0.862	0.822	0.783	0.747	0.681	0.621	0.567	0.519	0.497
6	0.942	0.888	0.837	0.790	0.746	0.705	0.630	0.564	0.507	0.456	0.432
7	0.933	0.871	0.813	0.760	0.710	0.665	0.583	0.513	0.452	0.400	0.376
8	0.923	0.853	0.789	0.731	0.676	0.627	0.540	0.467	0.404	0.351	0.327
9	0.914	0.837	0.766	0.703	0.644	0.592	0.500	0.424	0.361	0.308	0.284
10	0.905	0.820	0.744	0.676	0.613	0.558	0.463	0.386	0.322	0.270	0.247
11	0.896	0.804	0.722	0.650	0.584	0.527	0.429	0.350	0.287	0.237	0.215
12	0.887	0.788	0.701	0.625	0.556	0.497	0.397	0.319	0.257	0.208	0.187
13	0.879	0.773	0.680	0.601	0.530	0.469	0.368	0.290	0.229	0.182	0.163
14	0.870	0.758	0.661	0.577	0.505	0.442	0.340	0.263	0.205	0.160	0.141
15	0.861	0.743	0.641	0.555	0.481	0.417	0.315	0.239	0.183	0.140	0.123
16	0.853	0.728	0.623	0.534	0.458	0.394	0.292	0.218	0.163	0.123	0.107
17	0.844	0.714	0.605	0.513	0.436	0.371	0.270	0.198	0.146	0.108	0.093
18	0.836	0.700	0.587	0.494	0.415	0.350	0.250	0.180	0.130	0.095	0.081
19	0.828	0.686	0.570	0.475	0.395	0.331	0.232	0.164	0.116	0.083	0.070
20	0.820	0.673	0.553	0.456	0.376	0.312	0.215	0.149	0.104	0.073	0.061
21	0.811	0.660	0.537	0.439	0.358	0.294	0.199	0.135	0.093	0.064	0.053
22	0.803	0.647	0.521	0.422	0.341	0.278	0.184	0.123	0.083	0.056	0.046
23	0.795	0.634	0.506	0.406	0.325	0.262	0.170	0.112	0.074	0.049	0.040
24	0.788	0.622	0.491	0.390	0.310	0.247	0.158	0.102	0.066	0.043	0.035
25	0.780	0.610	0.477	0.375	0.295	0.233	0.146	0.092	0.059	0.038	0.030
26	0.772	0.598	0.463	0.361	0.281	0.220	0.135	0.084	0.053	0.033	0.026
27	0.764	0.586	0.450	0.347	0.267	0.207	0.125	0.076	0.047	0.029	0.023
28	0.757	0.574	0.437	0.333	0.255	0.196	0.116	0.069	0.042	0.026	0.020
29	0.749	0.563	0.424	0.321	0.242	0.185	0.107	0.063	0.037	0.022	0.017
30	0.742	0.552	0.411	0.308	0.231	0.174	0.099	0.057	0.033	0.020	0.015
40	0.627	0.453	0.306	0.208	0.142	0.097	0.046	0.022	0.011	0.005	0.004
50	0.608	0.372	0.228	0.141	0.087	0.054	0.021	0.009	0.003	0.001	0.001

附　录

续表

n	16%	18%	20%	22%	24%	25%	30%	35%	40%	45%	50%
1	0.862	0.847	0.833	0.820	0.806	0.800	0.769	0.741	0.714	0.690	0.667
2	0.743	0.718	0.694	0.672	0.650	0.640	0.592	0.549	0.510	0.476	0.444
3	0.641	0.609	0.579	0.551	0.524	0.512	0.455	0.406	0.364	0.328	0.296
4	0.552	0.516	0.482	0.451	0.423	0.410	0.350	0.301	0.260	0.226	0.198
5	0.476	0.437	0.402	0.370	0.341	0.328	0.269	0.223	0.186	0.156	0.132
6	0.410	0.370	0.335	0.303	0.275	0.262	0.207	0.165	0.133	0.108	0.088
7	0.354	0.314	0.279	0.249	0.222	0.210	0.159	0.122	0.095	0.074	0.059
8	0.305	0.266	0.233	0.204	0.179	0.168	0.123	0.091	0.068	0.051	0.039
9	0.263	0.225	0.194	0.167	0.144	0.134	0.094	0.067	0.048	0.035	0.026
10	0.227	0.191	0.162	0.137	0.116	0.107	0.073	0.050	0.035	0.024	0.017
11	0.195	0.162	0.135	0.112	0.094	0.086	0.056	0.037	0.025	0.017	0.012
12	0.168	0.137	0.112	0.092	0.076	0.069	0.043	0.027	0.018	0.012	0.008
13	0.145	0.116	0.093	0.075	0.061	0.055	0.033	0.020	0.013	0.008	0.005
14	0.125	0.099	0.078	0.062	0.049	0.044	0.025	0.015	0.009	0.006	0.003
15	0.108	0.084	0.065	0.051	0.040	0.035	0.020	0.011	0.006	0.004	0.002
16	0.093	0.071	0.054	0.042	0.032	0.028	0.015	0.008	0.005	0.003	0.002
17	0.080	0.060	0.045	0.034	0.026	0.023	0.012	0.006	0.003	0.002	0.001
18	0.069	0.051	0.038	0.028	0.021	0.018	0.009	0.005	0.002	0.001	0.001
19	0.060	0.043	0.031	0.022	0.017	0.014	0.007	0.003	0.002	0.001	
20	0.051	0.037	0.026	0.019	0.014	0.012	0.005	0.002	0.001	0.001	
21	0.044	0.031	0.022	0.015	0.011	0.009	0.004	0.002	0.001		
22	0.038	0.026	0.018	0.013	0.009	0.007	0.003	0.001	0.001		
23	0.033	0.022	0.015	0.010	0.007	0.006	0.002	0.001			
24	0.028	0.019	0.013	0.008	0.006	0.005	0.002	0.001			
25	0.024	0.016	0.010	0.007	0.005	0.004	0.001	0.001			
26	0.021	0.014	0.009	0.006	0.004	0.003	0.001				
27	0.018	0.011	0.007	0.005	0.003	0.002	0.001				
28	0.016	0.010	0.006	0.004	0.002	0.002	0.001				
29	0.014	0.008	0.005	0.003	0.002	0.002	0.001				
30	0.012	0.007	0.004	0.003	0.002	0.001					
40	0.003	0.001	0.001								
50	0.001										

年金终值表

n	1/2%	1%	1½%	2%	2½%	3%	3½%	4%	5%
1	1.000	1.000	1.000	1.000	1.000	1.000	1.000	1.000	1.000
2	2.005	2.010	2.015	2.020	2.025	2.030	2.035	2.040	2.050
3	3.015	3.030	3.045	3.060	3.075	3.090	3.106	3.121	3.152
4	4.030	4.060	4.090	4.120	4.152	4.183	4.214	4.246	4.310
5	5.050	5.101	5.152	5.204	5.256	5.309	5.362	5.416	5.525
6	6.075	6.152	6.229	6.308	6.387	6.468	6.550	6.632	6.801
7	7.105	7.213	7.322	7.434	7.547	7.662	7.779	7.898	8.142
8	8.141	8.285	8.432	8.582	8.736	8.892	9.051	9.214	9.549
9	9.182	9.368	9.559	9.754	9.954	10.159	10.368	10.582	11.026
10	10.228	10.462	10.702	10.949	11.203	11.463	11.731	12.006	12.577
11	11.279	11.566	11.836	12.168	12.483	12.807	13.141	13.486	14.206
12	12.335	12.682	13.041	13.412	13.795	14.192	14.601	15.025	15.917
13	13.397	13.809	14.236	14.680	15.140	15.617	16.113	16.626	17.712
14	14.464	14.947	15.450	15.973	16.518	17.086	17.676	18.291	19.598
15	15.536	16.096	16.682	17.293	17.931	18.598	19.295	20.623	21.578
16	16.614	17.257	17.932	18.639	19.380	20.156	20.971	21.824	23.657
17	17.697	18.430	19.201	20.012	20.864	21.761	22.705	23.697	25.810
18	18.785	18.614	20.489	21.412	22.386	23.414	24.499	25.645	28.132
19	19.879	20.810	21.796	22.840	23.946	25.116	26.357	27.671	30.539
20	20.979	22.019	23.123	24.297	25.544	26.870	28.279	29.778	33.065
21	22.084	23.239	24.470	25.783	27.183	28.676	30.269	31.969	35.719
22	23.194	24.471	25.837	27.298	28.862	30.536	32.328	34.247	38.505
23	24.310	25.716	27.225	28.844	30.584	32.452	34.460	36.617	41.430
24	25.431	26.973	28.633	30.421	32.349	34.426	36.666	39.083	44.501
25	26.559	28.243	30.063	32.030	34.157	36.459	38.949	41.645	47.727
26	27.691	29.525	31.513	33.670	36.011	38.553	41.313	44.311	51.113
27	28.830	30.820	32.986	35.344	37.912	40.709	43.759	47.084	54.669
28	29.974	32.129	34.481	37.051	39.859	42.930	46.290	49.967	58.402
29	31.124	33.450	35.998	38.792	41.856	45.218	48.910	52.966	62.322
30	32.280	34.784	37.538	40.568	43.902	47.575	51.622	56.084	66.438
31	33.441	36.132	39.101	42.379	46.000	50.002	54.429	59.328	70.760
32	34.608	37.494	40.688	44.227	48.150	52.502	57.334	62.701	75.298
33	35.781	38.869	42.298	46.111	50.354	55.077	60.341	66.209	80.063
34	36.960	40.257	43.933	48.033	52.612	57.730	63.453	69.857	85.066
35	38.145	41.660	45.592	49.994	54.928	60.462	66.674	73.652	90.320

续表

n	6%	7%	8%	9%	10%	15%	20%	25%
1	1.000	1.000	1.000	1.000	1.000	1.000	1.000	1.000
2	2.060	2.070	2.080	2.090	2.100	2.150	2.200	2.250
3	3.183	3.214	3.246	3.278	3.310	3.472	3.640	3.812
4	4.374	4.439	4.506	4.573	4.641	4.993	5.368	5.765
5	5.637	5.750	5.866	5.984	6.105	6.742	7.441	8.207
6	6.975	7.153	7.335	7.523	7.715	8.753	9.929	11.258
7	8.393	8.654	8.922	9.200	9.487	11.066	12.915	15.073
8	9.897	10.259	10.636	11.028	11.435	13.723	16.499	19.841
9	11.491	11.977	12.487	13.021	13.579	16.785	20.789	25.802
10	13.180	13.816	14.486	15.192	15.937	20.303	25.958	33.252
11	14.971	15.783	16.645	17.560	18.531	24.349	32.150	42.566
12	16.869	17.888	18.977	20.140	21.384	29.001	39.580	54.207
13	18.882	20.140	21.495	22.953	24.522	34.351	48.496	68.759
14	21.015	22.550	24.214	26.019	27.974	40.504	59.195	86.949
15	23.275	25.129	27.152	29.360	31.772	47.580	72.035	109.688
16	25.372	27.888	30.324	33.003	35.949	55.717	87.442	138.108
17	28.212	30.840	33.750	36.973	40.544	65.075	105.930	173.635
18	30.905	33.999	37.450	41.301	45.599	75.836	128.116	218.044
19	33.759	37.378	41.446	46.018	51.159	88.211	154.739	273.555
20	36.785	40.995	45.761	51.160	57.274	102.443	186.687	342.944
21	39.992	44.865	50.442	56.764	64.002	118.810	225.025	429.680
22	43.392	49.005	55.456	62.873	71.402	137.631	271.030	538.101
23	46.995	53.436	60.893	69.531	79.543	159.276	326.236	673.626
24	50.815	58.176	66.764	76.789	88.497	184.167	392.484	843.032
25	54.864	63.249	73.105	84.700	98.347	212.793	471.981	1 054.791
26	59.156	68.676	79.954	93.323	109.181	245.711	567.377	1 319.188
27	63.705	74.483	87.350	102.723	121.099	283.568	681.852	1 650.361
28	68.528	80.697	95.338	112.968	134.209	327.104	819.223	2 063.951
29	73.639	87.346	103.955	124.135	148.630	377.169	984.067	2 580.939
30	79.058	94.460	113.283	136.307	164.494	434.745	1 181.881	3 227.174
31	84.801	102.073	123.345	149.575	181.943	500.956	1 419.257	4 034.967
32	90.889	110.218	134.213	164.036	201.137	577.100	1 704.109	5 044.709
33	97.343	118.933	145.950	179.800	222.251	564.665	2 045.931	6 306.887
34	104.183	128.258	158.626	196.982	245.476	765.365	2 456.117	7 884.609
35	111.434	138.236	172.316	215.710	271.024	881.170	2 948.341	9 856.761

年金现值表

n	1%	2%	3%	4%	5%	6%	8%	10%	12%	14%	15%
1	0.990	0.980	0.970	0.962	0.952	0.943	0.926	0.909	0.893	0.877	0.870
2	1.970	1.942	1.913	1.386	1.859	1.833	1.783	1.736	1.690	1.647	1.626
3	2.941	2.884	2.828	2.775	2.723	2.673	2.577	2.487	2.402	2.322	2.283
4	3.902	3.808	3.717	3.630	3.545	3.465	3.312	3.170	3.037	2.914	2.855
5	4.853	4.713	4.579	4.452	4.329	4.212	3.993	3.791	3.605	3.433	3.325
6	5.795	5.601	5.417	5.242	5.075	4.917	4.623	4.355	4.111	3.889	3.784
7	6.728	6.472	6.230	6.002	5.786	5.582	5.206	4.868	4.564	4.288	4.160
8	7.652	7.325	7.019	6.733	6.463	6.210	5.747	5.335	4.968	4.639	4.487
9	8.566	8.162	7.786	7.435	7.107	6.802	6.247	5.759	5.328	4.946	4.772
10	9.471	8.983	8.530	8.111	7.721	7.360	6.710	6.145	5.650	5.216	5.019
11	10.368	9.787	9.252	8.760	8.306	7.887	7.139	6.495	5.937	5.453	5.234
12	11.255	10.575	9.954	9.385	8.863	8.384	7.536	6.814	6.194	5.660	5.421
13	12.134	11.343	10.634	9.986	9.393	8.853	7.904	7.103	6.424	5.842	5.583
14	13.004	12.106	11.296	10.563	9.989	9.259	8.244	7.367	6.628	6.022	5.724
15	13.865	12.849	11.937	11.118	10.379	9.712	8.559	7.606	6.774	6.142	5.847
16	14.718	13.578	12.561	11.652	10.837	10.106	8.851	7.824	6.811	6.265	5.954
17	15.562	14.292	13.166	12.166	11.274	10.477	9.122	8.022	7.120	6.373	6.074
18	16.389	14.992	13.753	12.659	11.689	10.828	9.327	8.201	7.250	6.467	6.128
19	17.226	15.678	14.323	13.134	12.085	11.158	9.604	8.365	7.366	6.550	6.198
20	18.046	16.351	14.877	13.590	12.462	11.470	9.818	8.514	7.469	6.623	6.259
21	18.857	17.011	15.415	14.029	12.821	11.764	10.017	8.649	7.562	6.687	6.312
22	19.660	17.658	15.936	14.451	13.163	12.042	10.201	8.772	7.645	6.743	6.359
23	20.456	18.292	16.443	14.857	13.488	12.303	10.371	8.883	7.718	6.792	6.399
24	21.243	18.914	16.935	15.247	13.798	12.550	10.529	8.985	7.784	6.839	6.434
25	22.023	19.523	17.413	15.622	14.093	12.783	10.675	9.077	7.843	6.873	6.464
26	22.795	20.121	17.876	15.982	14.375	13.003	10.810	9.161	7.896	6.906	6.491
27	23.560	20.707	18.327	16.330	14.643	13.211	10.935	9.237	7.943	6.935	6.514
28	24.316	21.281	18.764	16.663	14.898	13.406	11.051	9.307	7.984	6.961	6.534
29	25.066	21.844	19.188	16.984	15.141	13.591	11.158	9.370	8.022	6.983	6.551
30	25.808	22.396	19.600	17.292	15.372	13.765	11.258	9.427	8.055	7.003	6.566
40	32.835	27.355	23.114	19.793	17.159	15.046	11.925	9.779	8.244	7.105	6.642
50	39.196	31.424	25.729	21.482	18.255	15.762	12.234	9.915	8.304	7.133	6.661

续表

n	16%	18%	20%	22%	24%	25%	30%	35%	40%	45%	50%
1	0.862	0.847	0.833	0.820	0.806	0.800	0.769	0.741	0.714	0.690	0.667
2	1.605	1.566	1.528	1.492	1.457	1.440	1.361	1.289	1.224	1.165	1.111
3	2.246	2.174	2.106	2.042	1.981	1.952	1.816	1.696	1.589	1.493	1.407
4	2.798	2.690	2.589	2.494	2.404	2.362	2.166	1.997	1.849	1.720	1.605
5	3.274	3.127	2.991	2.864	2.745	2.689	2.436	2.220	2.035	1.876	1.737
6	3.685	3.498	3.326	3.167	3.020	2.951	2.643	2.385	2.168	1.983	1.824
7	4.039	3.812	3.605	3.416	3.242	3.161	2.802	2.508	2.263	2.057	1.883
8	4.344	4.078	3.837	3.619	3.421	3.329	2.925	2.598	2.331	2.108	1.922
9	4.607	4.303	4.031	3.786	3.566	3.463	3.019	2.665	2.379	2.144	1.948
10	4.833	4.494	4.192	3.923	3.682	3.571	3.092	2.715	2.414	2.168	1.965
11	5.029	4.656	4.327	4.035	3.776	3.656	3.147	2.752	2.438	2.185	1.977
12	5.197	4.793	4.439	4.127	3.851	3.725	3.190	2.779	2.456	2.196	1.985
13	5.342	4.910	4.533	4.203	3.912	3.780	2.223	2.799	2.468	2.204	1.990
14	5.468	5.008	4.611	4.265	3.962	3.824	3.249	2.814	2.477	2.210	1.993
15	5.575	5.902	4.675	4.315	4.001	3.859	3.268	2.825	2.484	2.214	1.995
16	5.669	5.162	4.730	4.357	4.033	3.887	3.286	2.834	2.489	2.216	1.997
17	5.749	5.222	4.775	4.391	4.059	3.910	3.295	2.840	2.492	2.218	1.998
18	5.818	5.273	4.812	4.419	4.080	3.928	3.304	2.844	2.494	2.219	1.999
19	5.877	5.316	4.844	4.442	4.097	3.942	3.311	2.848	2.496	2.220	1.999
20	5.929	5.353	4.870	4.460	4.110	3.954	3.316	2.850	2.497	2.221	1.999
21	5.973	5.384	4.891	4.476	4.121	3.963	3.320	2.852	2.498	2.221	2.000
22	6.011	5.410	4.909	4.488	4.130	3.970	3.323	2.853	2.498	2.222	2.000
23	6.044	5.432	4.925	4.499	4.137	3.976	3.325	2.854	2.499	2.222	2.000
24	6.073	5.451	4.937	4.507	4.143	3.981	3.327	2.855	2.499	2.222	2.000
25	6.097	5.467	4.948	4.514	4.147	3.985	3.329	2.856	2.499	2.222	2.000
26	6.118	5.480	4.956	4.520	4.151	3.988	3.330	2.856	2.500	2.222	2.000
27	6.136	5.492	4.964	4.524	4.154	3.990	3.331	2.856	2.500	2.222	2.000
28	6.152	5.502	4.970	4.528	4.157	3.992	3.331	2.857	2.500	2.222	2.000
29	6.166	5.510	4.975	4.531	4.159	3.994	3.332	2.857	2.500	2.222	2.000
30	6.177	5.517	4.979	4.534	4.160	3.995	3.332	2.857	2.500	2.222	2.000
40	6.234	5.548	4.997	4.544	4.166	3.999	3.333	2.857	2.500	2.222	2.000
50	6.246	5.554	4.999	4.545	4.167	4.000	3.333	2.857	2.500	2.222	2.000

习题指导

习题解答

目　　录

第一篇　财务管理基本问题

第一章　财务管理概论 ··· 291
 第一部分　内容提要和要求 ·· 291
 第二部分　思考与练习 ·· 291

第二章　基本价值观念 ··· 298
 第一部分　内容提要和要求 ·· 298
 第二部分　思考与练习 ·· 298

第三章　财务分析 ·· 308
 第一部分　内容提要和要求 ·· 308
 第二部分　思考与练习 ·· 309

第二篇　负债和所有者权益管理

第四章　筹资管理概述 ··· 320
 第一部分　内容提要和要求 ·· 320
 第二部分　思考与练习 ·· 320

第五章　所有者权益管理 ·· 330
 第一部分　内容提要和要求 ·· 330
 第二部分　思考与练习 ·· 330

第六章　负债管理 ·· 337
 第一部分　内容提要和要求 ·· 337
 第二部分　思考与练习 ·· 337

第三篇　资产管理

第七章　投资管理概述 ··· 345
 第一部分　内容提要和要求 ·· 345
 第二部分　思考与练习 ·· 345

第八章　流动资产投资管理 ·· 351
 第一部分　内容提要和要求 ·· 351
 第二部分　思考与练习 ·· 351

第九章　固定资产和无形资产管理 ·· 366
 第一部分　内容提要和要求 ·· 366
 第二部分　思考与练习 ·· 366

第十章　金融资产管理 ··· 379
 第一部分　内容提要和要求 ·· 379

  第二部分 思考与练习 379

第四篇 收入、费用、利润管理

第十一章 收入和费用管理 389
  第一部分 内容提要和要求 389
  第二部分 思考与练习 389
第十二章 利润管理 397
  第一部分 内容提要和要求 397
  第二部分 思考与练习 397

第五篇 特殊财务管理

第十三章 资本运营理论 406
  第一部分 内容提要和要求 406
  第二部分 思考与练习 407
第十四章 企业设立、变更、清算的管理 412
  第一部分 内容提要和要求 412
  第二部分 思考与练习 412
第十五章 跨国公司财务管理 415
  第一部分 内容提要和要求 415
  第二部分 思考与练习 415
附录:新编财务管理教学大纲 420
参考文献 432
后 记 433

第一篇　财务管理基本问题

第一章　财务管理概论

第一部分　内容提要和要求

一、内容提要图示

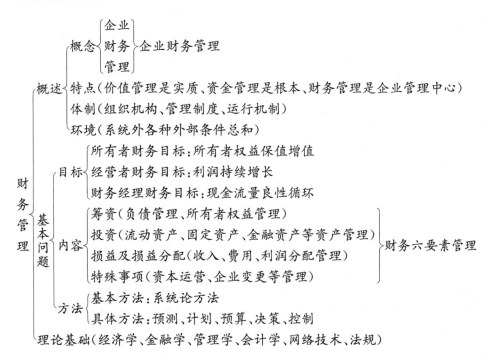

二、学习目的与要求

在本章学习过程中,要求一般性了解财务管理的概念及它的三重含义和特点、财务管理体制和环境,熟悉财务管理理论体系的六个方面支撑;同时重点掌握财务管理的目标、财务管理的内容、财务管理的方法等基本问题,这一部分内容是本书内容体系的综合性概括,是全书的脉络提示,也是学习指导的中心线索。

第二部分　思考与练习

一、思考题

1. 企业财务管理的含义包括的具体内容有哪些?

2. 怎样理解现代企业制度?
3. 企业与投资者的关系需要明晰哪些问题?
4. 如何理解财务管理是中心、价值管理是实质、资金管理是根本?
5. 财务管理目标的三个层次如何架构,并和财务报表相衔接?
6. 财务管理的主体内容及具体内容有哪些?
7. 如何理解系统论方法是财务管理基本方法的出发点?
8. 财务管理由哪几个学科构成其理论基础?

二、练习题

(一) 单项选择题

1. 政府理财活动称之为(　　)。
   A. 财政　　　　B. 财金　　　　C. 财务　　　　D. 财贸
2. 工商企业理财活动称之为(　　)。
   A. 财政　　　　B. 财金　　　　C. 财务　　　　D. 财贸
3. 能体现现代企业制度基本特征的组织形式是(　　)。
   A. 合伙人企业　　　　　　　　B. 独资企业
   C. 公司制企业　　　　　　　　D. 个体户
4. 由货币供应到材料采购再到生产产品最后取得收入和分配利润这一运动过程,称之为(　　)。
   A. 生产运动　　　　　　　　　B. 投资运动
   C. 资金运动　　　　　　　　　D. 财务运动
5. 企业与投资者之间,企业与受资者之间形成的关系,称之为(　　)。
   A. 债权债务关系　　　　　　　B. 上下级关系
   C. 企业与所有者之间的关系　　D. 社会关系
6. 在企业与国家之间利益分配关系上,企业要(　　)。
   A. 与政府协商议定　　　　　　B. 无条件服从政府指令
   C. 照章纳税和上交规费　　　　D. 企业有完全自主权来自主决定
7. 企业管理的中心是(　　)。
   A. 人力资源管理　　　　　　　B. 物品管理
   C. 技术管理　　　　　　　　　D. 财务管理
8. 财务管理体制包括(　　)。
   A. 组织机构　　　　　　　　　B. 管理制度
   C. 运行方式　　　　　　　　　D. 以上总和
9. 财务管理环境是运行于财务管理系统(　　)。
   A. 外部的各种条件　　　　　　B. 内部的各种因素
   C. 内部和外部的共同区域　　　D. 以上全部
10. 财务目标对理财主体起着(　　)。
    A. 制约作用　　　　　　　　　B. 激励作用
    C. 导向作用　　　　　　　　　D. 以上三作用总和

11. 利润持续增长属于( )。
    A. 所有者财务目标　　　　　　　B. 经营者财务目标
    C. 财务经理财务目标　　　　　　D. 债权者财务目标
12. 现金流量良性循环属于( )。
    A. 所有者财务目标　　　　　　　B. 经营者财务目标
    C. 财务经理财务目标　　　　　　D. 债权者财务目标
13. 投资管理具体到财务要素而言,它是属于( )。
    A. 负债和所有者权益要素管理
    B. 资产要素管理
    C. 收入、费用、利润等动态要素管理
    D. 表外内容管理
14. 财务管理的基本方法要坚持( )。
    A. 系统论方法　　　　　　　　　B. 协同论方法
    C. 数量规划方法　　　　　　　　D. 制度性方法
15. 财务管理从事前规划和事中控制的角度出发,它属于( )。
    A. 财务信息系统　　　　　　　　B. 财务决策控制系统
    C. 反馈系统　　　　　　　　　　D. 经济管理系统
16. 财务管理三个层次的目标与( )。
    A. 三种会计报表具有呼应性　　　B. 财务六要素具有一致性
    C. 会计事后方法相衔接　　　　　D. 利润分配表相沟通
17. 财务管理的基础理论是( )。
    A. 经济学　　　　　　　　　　　B. 会计学
    C. 金融学　　　　　　　　　　　D. 管理学
18. 财务管理的方法论是( )。
    A. 经济学　　　　　　　　　　　B. 会计学
    C. 金融学　　　　　　　　　　　D. 管理学
19. 资本结构的MM理论属于( )。
    A. 筹资理论　　　　　　　　　　B. 投资理论
    C. 损益及分配理论　　　　　　　D. 资本运营理论
20. 财务管理要坚持的基本理念是( )。
    A. 经济学理念　　　　　　　　　B. 金融学理念
    C. 管理学理念　　　　　　　　　D. 会计学理念
21. 企业财务管理的内容包括资金筹集、资金投放、成本费用和( )等方面。
    A. 利润分配　　　　　　　　　　B. 资本增值
    C. 财务计划　　　　　　　　　　D. 财务预测
22. 企业财务管理的实质是( )。
    A. 资金收支　　　　　　　　　　B. 价值管理
    C. 计划管理　　　　　　　　　　D. 预算管理
23. 企业财务管理的对象是( )和财务关系。
    A. 商品运动　　　　　　　　　　B. 财务活动

C. 货币收支运动 D. 投资活动

24. 企业与其他投资者的关系是（　　）。
    A. 财务关系 B. 交易关系
    C. 债务债权关系 D. 受资与投资关系

25. 公司价值是指全部资产的（　　）。
    A. 评估价值 B. 账面价值
    C. 潜在价值 D. 市场价值

26. 以（　　）作为企业财务管理目标是目前最合理的财务管理目标。
    A. 利润最大化 B. 企业生存
    C. 企业价值最大化 D. 净资产收益率最大化

27. 在资本市场上向投资者出售金融资产，比如发行股票和债券等，从而取得资本的活动，属于（　　）。
    A. 筹资活动 B. 投资活动
    C. 资金分配活动 D. 扩大再生产活动

（二）多项选择题

1. 政府理财活动的主要内容包括（　　）。
   A. 税收及政策 B. 财政预算及政策 C. 资金拆借
   D. 货币汇兑 E. 存贷款业务

2. 财务管理（　　）。
   A. 是企业管理的中心 B. 其实质是价值管理
   C. 其根本在资金管理 D. 其内容是财务六要素管理
   E. 其方法是事后核算方法

3. 财务管理体制包括（　　）。
   A. 组织机构 B. 管理制度 C. 运行方式
   D. 财务政策 E. 人员考核

4. 财务管理制度包括（　　）。
   A. 财政部颁布的财务通则、准则
   B. 财政部颁布的财政政策
   C. 国家法律条款涉及财务活动的有关条款
   D. 企业内部财务制度
   E. 企业制订的各项规章制度

5. 所有者在理财活动中（　　）。
   A. 在重大事项上是直接管理
   B. 在重大事项上是间接管理
   C. 在日常财务管理上是直接管理
   D. 在日常财务管理上是间接管理
   E. 不参与企业的任何管理，只取得收益

6. 经营者在理财活动中（　　）。
   A. 对所有的财务活动均直接干预
   B. 对投资决策进行直接管理

C. 对重大长期筹资决策进行直接管理
D. 对流动资金的运转直接管理
E. 对日常的现金流量直接管理

7. 在财务管理目标中,可以认为( )。
   A. 所有者是资本投入者
   B. 经营者是资产经营者
   C. 财务经理是货币经营者
   D. 所有者既经营资本又经营资产
   E. 财务经理没有任何经营权限

8. 投资理论应涵盖( )。
   A. MM 理论
   B. 资金成本理论
   C. 资本资产定价理论
   D. 期权定价理论
   E. 有效市场理论

9. 在财务管理基本方法论中,系统论方法必须坚持它是( )。
   A. 自然系统
   B. 人造系统
   C. 封闭系统
   D. 开放系统
   E. 动态系统

10. 财务管理学的理论基础包括( )。
    A. 以经济学作为基础理论指导
    B. 以金融学理念为思想指导
    C. 以管理学为方法论指导
    D. 以会计为信息基础
    E. 以审计学为监督主体
    F. 以 IT 与网络应用为技术应用基础
    G. 以相关法规为规范基础

11. 公司的财务管理内容包括( )。
    A. 筹资管理
    B. 投资管理
    C. 营运资本管理
    D. 核资管理
    E. 查账管理

12. 下列各种关系中属于企业财务关系的有( )。
    A. 企业与政府之间的财务关系
    B. 企业与投资者、受资者之间的财务关系
    C. 企业与债权人、债务人之间的财务关系
    D. 企业内部各单位之间的财务关系
    E. 企业与职工之间的财务关系

13. 以下各项活动属于筹资活动的有( )。
    A. 确定资本需求规模
    B. 合理确定筹集资本
    C. 选择资本取得方式
    D. 发行公司股票
    E. 确定最佳资本结构

14. 企业的财务活动包括( )。
    A. 筹资活动
    B. 投资活动
    C. 股利分配活动
    D. 清产核资活动
    E. 财务清查活动

15. 属于筹资理论的有( )。
    A. 时间价值理论
    B. MM 理论
    C. 资金成本理论
    D. 财务杠杆理论
    E. 投资风险理论

（三）填空题

1. 企业是一种_____组织。
2. 财务包括_____和_____两个方面。
3. "人欠"财务关系体现为企业与_____关系。
4. 财务管理是企业管理的_____，其实质是_____，其根本是_____。
5. 财务管理的运行方式有_____方式、_____方式和_____方式。
6. 财务管理环境按稳定性可分为相对稳定和_____的财务环境。
7. 所有者的财务管理目标着眼点侧重企业_____的财务状况，经营者的财务管理目标着眼点侧重_____的财务成果，财务经理的财务管理目标着眼点侧重_____的现金流量上。
8. 财务管理的内容为_____、_____和_____三大块。
9. 在系统论的方法体系中要坚持两个基本认识为_____观点和_____观点。
10. 财务管理在目标上与_____有呼应性，在内容上与_____有一致性，在方法上与_____有衔接性。

（四）名词解释

1. 财务管理
2. 财务管理体制
3. 财务管理环境
4. 财务管理目标
5. 管理

（五）判断题

1. 企业是由生产人员和管理人员结合的团体。　　　　　　　　　　（　　）
2. 企业与受资者的关系体现为债权债务关系。　　　　　　　　　　（　　）
3. 管理可以看作是一种复杂劳动，包括管理技术和管理艺术。　　　（　　）
4. 财务管理、价值管理、资金管理在内涵上有着一致性。　　　　　（　　）
5. "行政干预"是企业经常采用的财务运行方式。　　　　　　　　　（　　）
6. 财务管理主体与财务主体是一回事。　　　　　　　　　　　　　（　　）
7. 投资管理实际上就是对"资产"这一要素的管理。　　　　　　　　（　　）
8. 财务管理坚持以规章制度规范人的行为，坚持用计量模型去评价事和物。（　　）
9. 财务经理的基本职能是以提高公司价值为目标进行资本预算决策。（　　）
10. 与其他管理比较，公司财务管理侧重于使用价值和人力资源、价值的管理。（　　）

（六）简答题

1. 如何认识企业不同利益集团组成的财务关系所形成的合作和对抗状况？
2. 企业与投资者之间形成的财务关系中，投资者应明晰哪些问题？
3. 简述财务管理体制包括的内容。
4. 财务管理基本问题涵盖哪些方面？
5. 如何认识西方财务理论上的缺陷？

三、练习题答案

（一）单项选择题

1. A　2. C　3. C　4. C　5. C　6. C　7. D　8. D　9. A　10. D　11. B　12. C

13. B 14. A 15. B 16. A 17. A 18. D 19. A 20. B 21. A 22. B 23. B
24. D 25. D 26. C 27. A

(二)多项选择题
1. AB 2. ABCD 3. ABC 4. ACD 5. AD 6. BC 7. ABC 8. CDE 9. BDE
10. ABCDFG 11. ABC 12. ABCDE 13. ABCDE 14. ABC 15. ABCD

(三)填空题
1. 赢利性 2. 财务活动 财务关系 3. 债务人 4. 中心 价值管理 资金管理
5. 行政干预 市场机制 混合型 6. 显著变动 7. 长期 任期内 近期 8. 筹资 投资 损益及分配 9. 整体性 层次性 10. 财务报表 财务六要素 会计方法

(四)名词解释
1. 是人们利用一定的技术和方法,遵循国家的法律政策和各种契约关系,组织和控制企业的资金运动(财务活动),协调和理顺企业与各个方面的财务关系的一项管理工作。
2. 在财务管理活动中存在的各种组织机构并制定一定的规章制度,采用一定的运行方式的总和称之为财务管理体制。
3. 把财务管理视为一个系统,那么在这一系统之外,并对财务活动产生影响作用的各种条件称为财务管理环境。
4. 财务管理目标是理财主体所希望实现的最后结果,也是企业理财主体为之努力的方向。
5. 管理是指为了实现预期目标,由一定的专业人员利用科学方法和专门技术对特定活动进行计划、组织、领导、控制的过程。

(五)判断题
1. × 2. × 3. √ 4. √ 5. × 6. × 7. √ 8. √ 9. × 10. ×

(六)简答题
1. 要点:① 每一利益集团都希望企业经营成功,各利益集团才能取得收益,是合作前提。
② 在企业中还存在利益分配关系,从而利益彼消此长的状况就有着一定的对抗性。
③ 正是存在既合作又对抗的两面性,才需要财务去协调各方关系。
2. 要点:① 投资者出资对企业的控制。
② 享有利润的分配权和份额。
③ 承担的义务、责任以及放弃的义务和责任。(见教材有关内容)
3. 要点:① 组织机构及内涵。
② 管理制度及层次。
③ 运行方式及区分。
(以上详细内容见教材并作出较完整解释)
4. 要点:谁理财? 理财主体要实现什么目的? 管理什么? 怎样管理?
(理财主体) (理财目标) (理财内容) (理财方法)
(要略为详细回答)
5. 要点:① 理论体系尚欠完整。
② 应用上缺少操作性。
(要详细回答)

第二章 基本价值观念

第一部分 内容提要和要求

一、内容提要图示

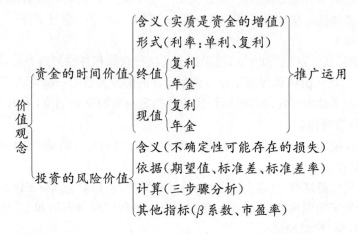

二、学习目的与要求

在本章的学习过程中,要明确资金时间价值在财务活动中筹资和投资运用的广泛性,能熟练地计算复利终值、复利现值、年金终值、年金现值,并能推广运用;同时也要明确投资风险价值的实质意义,并能掌握风险价值的计算步骤,对 β 系数、市盈率的分析作一般性掌握。

第二部分 思考与练习

一、思考题

1. 如何理解资金的时间价值?
2. 复利终值和复利现值的计算在实践中有哪些推广价值?
3. 年金终值和年金现值的计算在实践中有哪些方面的运用?
4. 如何理解名义利率与实际利率?
5. 为什么说 σ 能够反映风险的大小?
6. 风险系数的含义是什么,它是如何确定的?
7. 如何理解 β 系数的计算公式?
8. 市盈率为什么也能说明风险的大小?

二、练习题

(一) 单项选择题

1. 资金时间价值从其实质上看是指货币资金的(   )。

A. 膨胀　　　　　B. 增值　　　　　C. 紧缩　　　　　D. 拆借

2. 资金的时间价值作为一种增值，本质上是（　　）。
   A. 生产要素（资本）同劳动相结合的结果
   B. 交换价值同流通相结合的结果
   C. 等价物自然增长
   D. 紧缺资源供求不平衡导致的结果

3. 年金是指（　　）。
   A. 等额款项
   B. 相等间隔期发生的款项
   C. 相等间隔期发生的等额款项
   D. 在每年年末发生的款项

4. 下列不属于年金现象的有（　　）。
   A. 每个月的工资
   B. 每个月支出的房租
   C. 每个月的生活消费支出
   D. 每个月股票投资收益

5. 一般把终值视为（　　）。
   A. 本金　　　　　B. 利息　　　　　C. 本利和　　　　D. 本利差

6. 若一次性投资500万元建设某项目，该项目5年后完工，每年现金流量保持100万元，连续保持10年，则该项目发生的现金流量属于（　　）。
   A. 普通年金
   B. 预付年金
   C. 永续年金
   D. 递延年金

7. 香港某人对某大学设立一笔基金，用其利息每年9月支付奖学金，该奖学金属于（　　）。
   A. 普通年金
   B. 预付年金
   C. 永续年金
   D. 递延年金

8. 在一般情况下，可以认为实际利率（　　）。
   A. 等于名义利率
   B. 等于通货膨胀率
   C. 小于名义利率
   D. 大于名义利率

9. 测定风险大小的主要依据是（　　）。
   A. 期望值　　　　B. 标准差　　　　C. 概率　　　　　D. 概率度

10. 从市盈率的直接计算公式看，可以视为（　　）。
    A. 投资收益率
    B. 回收年限
    C. 市场价值
    D. 卖出依据

11. β系数的大小最主要取决于（　　）。
    A. j证券的风险大小
    B. j证券和市场全部证券的相关程度
    C. 市场全部证券的风险性
    D. 以上全都排除在外

12. 如果标准差率（系数）为0.5，风险系数为0.3，那么预期风险报酬率为（　　）。
    A. 0.8　　　　　B. 0.2　　　　　C. 0.15　　　　　D. 1.7

13. 普通年金也称为（　　）。
    A. 即付年金
    B. 后付年金
    C. 延期年金
    D. 永续年金

14. 年金终值系数的计算公式是（　　）。

A. $\dfrac{1-(1+i)^{-n}}{i}$　　　　　　　B. $\dfrac{(1+i)^n-1}{i}$

C. $\dfrac{(1+i)^n-1}{i(1+i)^n}$　　　　　　D. $\dfrac{1-(1+i)^n}{i}$

15. 某单位每年底存入 10 000 元，要得知 10 年后的本利和，需计算（　　）。

A. 年金终值　　B. 年金现值　　C. 复利终值　　D. 复利现值

16. 某退休工作人员每年可领取退休金 2 500 元，年末将其全部存入银行，年利率为 10%，5 年后本利和是（　　）。

A. 19 750 元　　　　　　　　　B. 19 800 元
C. 15 262.5 元　　　　　　　　D. 12 500 元

17. 从来源看，资金的时间价值是（　　）。

A. 社会资金使用效益的表现　　　B. 个别资金使用效益的表现
C. 信贷资金使用效益的表现　　　D. 闲置资金使用效益的表现

18. A 方案在三年中每年初付款 100 元，B 方案在三年中每年末付款 100 元，若利率为 10%，则二者在第三年末的终值相差（　　）。

A. 33.1　　B. 31.3　　C. 133.1　　D. 13.31

19. 某资产组合的风险收益率为 10%，市场组合的平均收益率为 12%，无风险收益率为 8%，则该资产组合的 β 系数为（　　）。

A. 2　　B. 2.5　　C. 1.5　　D. 5

20. 某人年初存入银行 1 000 元，假设银行按每年 10% 的复利计息，每年末取出 200 元，则最后一次能够足额(200 元)提款的时间是（　　）。

A. 5 年末　　B. 8 年末　　C. 7 年末　　D. 9 年末

21. 甲方案在三年中每年年初付款 500 元，乙方案在三年中每年年末付款 500 元，若利率为 10%，则两个方案第三年年末时的终值相差（　　）。

A. 505 元　　B. 165.5 元　　C. 665.5 元　　D. 105 元

22. 某人拟在 5 年后获得本利和 10 000 元，投资报酬率为 10%，现在应投入（　　）元。

A. 6 210　　B. 5 000　　C. 4 690　　D. 4 860

23. 某企业于年初存入银行 10 000 元，期限为 5 年，假定年利息率为 12%，每年复利两次。已知 $(F/P,6\%,5)=1.338\,2$，$(F/P,6\%,10)=1.790\,8$，$(F/P,12\%,5)=1.762\,3$，$(F/P,12\%,10)=3.105\,8$，则第 5 年末可以收到的利息为（　　）元。

A. 17 908　　B. 17 623　　C. 7 908　　D. 7 623

24. 在下列各项资金时间价值系数中，与资本回收系数互为倒数关系的是（　　）。

A. $(P/F,i,n)$　　　　　　　B. $(P/A,i,n)$
C. $(F/P,i,n)$　　　　　　　D. $(F/A,i,n)$

25. 关于风险报酬，下列表述不正确的有（　　）。

A. 风险报酬有风险报酬额和风险报酬率两种表示方法
B. 风险越大，获得的风险报酬应该越低
C. 风险报酬率是风险报酬与原投资额的比率
D. 在财务管理中，风险报酬通常用相对数报酬率计算

26. 甲乙两种方案的期望报酬率都是20%,甲的标准差为12%,乙的标准差是15%,下列判断中正确的是( )。
   A. 甲乙风险相同　　　　　　　B. 甲比乙风险大
   C. 甲比乙风险小　　　　　　　D. 无法比较

(二) 多项选择题

1. 资金的时间价值( )。
   A. 实质是货币资金的增值
   B. 本质是资金与劳动相结合的结果
   C. 表现为社会平均资金利润率
   D. 一般形式是存贷款利率
   E. 在任何条件下都会发生

2. 资金的时间价值在资金与时间关系上体现为( )。
   A. 资金使用时间越长,时间价值越大
   B. 资金使用数量越多,时间价值越大
   C. 资金周转越快,时间价值越大
   D. 上述三者结合,时间价值变得更大
   E. 上述结论均不准确

3. 评价风险的指标可以有( )。
   A. 标准差　　　　B. 标准差系数　　　　C. β系数
   D. 市盈率　　　　E. 收益率

4. 实际利率可以理解为( )。
   A. 从复利上考查的利率
   B. 扣除通货膨胀后的利率
   C. 以债券票面利率计算而由收益期不一致得到的实际收益率
   D. 在票面利率之上加上通货膨胀率
   E. 市场上议定的利率

5. 年金可以具体分为( )。
   A. 在相等的间隔期末收付的等额款项为普通年金
   B. 在相等的间隔期初收付的等额款项为即付年金
   C. 在第一期末以后时间连续相等间隔期收付的等额款项为递延年金
   D. 无限期连续相等间隔期收付等额款项为永续年金
   E. 上述说法均准确

6. 下列说法正确的有( )。
   A. 普通年金也称为预付年金　　　B. 预付年金也称为即付年金
   C. 普通年金也称为后付年金　　　D. 预付年金也称为后付年金
   E. 永续年金也称为终身年金

7. 时间价值在内容上包括( )。
   A. 由于时间延长从而周转次数增加而带来的差额
   B. 由于时间延长从而利息额增加而带来的差额
   C. 由于上次周转带来的利润又被重新投入周转而带来的差额价值

D. 平均资金利润率扣除风险价值率和通货膨胀率等因素后乘以本金的数额

E. 资金所有者从资金使用者手中所获得的部分资金增值额

8. 递延年金具有下列特点( )。
   A. 第一期没有支付额
   B. 其终值大小与递延期长短有关
   C. 计算终值方法与普通年金相同
   D. 计算现值的方法与普通年金相同

9. 偿债基金系数等于( )。
   A. 年金终值系数的倒数
   B. 年金现值系数的倒数
   C. $i/[(1+i)^n-1]$
   D. $i/[(1+i)^n/1]$

10. 等额系列现金流量又称年金,按照现金流量发生的不同情况,年金可分为( )。
    A. 普通年金
    B. 预付年金
    C. 增长年金
    D. 永续年金
    E. 递延年金

11. 在财务管理中衡量风险大小的指数有( )。
    A. 标准差
    B. 标准差率
    C. β系数
    D. 期望报酬率

12. 一般投资报酬率实质上由( )组成。
    A. 货币时间价值
    B. 借款利率
    C. 额外利润
    D. 现金流入量
    E. 风险报酬

13. 在利率和计算期相同的条件下,以下公式中正确的是( )。
    A. 普通年金终值系数×普通年金现值系数=1
    B. 普通年金终值系数×偿债基金系数=1
    C. 普通年金终值系数×投资回收系数=1
    D. 复利终值系数×复利现值系数=1
    E. 预付年金终值系数×投资回收系数=1

(三) 填空题

1. 一般把本金称为_____,本利和称为_____。
2. 只就本金计息的方式称为_____;就本金和利息都计息的方式称为_____。
3. 年金是指以相等的_____和相同的_____所发生的款项。
4. 递延年金也称为_____年金。
5. 年金现值系数的计算公式为_____。
6. 当 $\sigma_1=\sigma_2$,而 $E(x_1)>E(x_2)$ 时,表明风险大的应是第_____现象。
7. 集收益性和风险性评价于一身的指标是_____。
8. 对风险的认识可以有_____、_____和_____。
9. 通常把现象或事物发生可能性大小的程度称为_____。
10. 复利终值系数与复利现值系数是_____关系。

(四) 名词解释

1. 普通年金
2. 预付年金
3. 年金终值

4. 年金现值
5. 风险价值

（五）判断题
1. 所有的货币资金在任何情况下都会产生时间价值。　　　　　　　　　（　）
2. 两个不同的事物比较，标准差越大，风险就越大。　　　　　　　　　（　）
3. 预付年金就是普通年金。　　　　　　　　　　　　　　　　　　　　（　）
4. 如你取得借款时，在相同利率下，用单利计息要优于复利计息。　　　（　）
5. 在不同时间里单位资金的价值是相等的。　　　　　　　　　　　　　（　）
6. 在计算风险报酬率时，标准差系数与风险系数完全是一回事。　　　　（　）
7. 在本金和计息时间一定的情况下，利率越高，其复利终值就越大。　　（　）
8. 在本利和与计息周期一定的情况下，利率越高，其复利现值就越大。　（　）
9. 风险的大小取决于事物发生概率的大小。　　　　　　　　　　　　　（　）
10. 风险的大小取决于事物发生的稳定性状况。　　　　　　　　　　　　（　）

（六）简答题
1. 怎样理解资金时间价值的含义？
2. 怎样理解投资的风险价值？

（七）计算题
1. 某企业欲存入银行一笔钱，以便今后10年中每年年底提出1万元，利率为12%，那么现在存款额应该是多少？
2. 某人购买了利率为14%的国库券，此人要在3年后得到1万元，问他现在需买多少国库券？
3. 某公司拟投资10万元从事经营，希望在3年内收回投资并盈利5万元（现值），在利率10%的情况下，公司每年应收回多少钱？
4. 某企业现有闲置资金10万元存入银行，拟在5年后使资金达到20万元，问银行在多大利率情况下方能满足上述要求？
5. 某工厂准备购买一台设备，需价款50万元，现从企业盈余公积中提取30万元存入银行，若银行复利利率为10%，根据上述资料确定需要将上笔款项存多少年才能足够支付上述设备的价款？
6. 某企业拟在5年后动用一笔20万元资金购买设备，在银行利率为12%的情况下，现需要存入多少钱才能满足上述要求？
7. 某人2009年10月1日以1 050元购买一张面值1 000元的债券，票面利率为10%，票面计息期为2009年1月1日至2009年12月31日，求该人购买债券的实际利率。
8. 某企业拟购买一台柴油机，用于更新目前的汽油机。柴油机价格较汽油机高出2 000元，但每年可节约燃料费用500元，若利率为10%，则柴油机应至少使用多少年对企业而言才有利？
9. 某企业产品投产预期收益如下：

市场情况	年收益 x_i/百万元	概率 P_i
很好	5	0.1
较好	4	0.2
一般	3	0.4
较差	2	0.2
很差	1	0.1

并得知该企业风险系数为 0.3,在银行利率为 10% 的情况下计算其风险报酬额。

10. 某企业投资收益如下表所示:

市场情况	收益 x_i/万元	概率 P_i
繁荣	40	0.1
一般	30	0.8
较差	20	0.1

其风险系数为 8%,无风险利率为 6%,计算该投资项目风险报酬额。

11. 甲住公房,甲要去日本留学 3 年,甲让乙代交房租,每年初交房租 1 000 元,年利率为 10%。请问:甲在出国前应交给乙多少钱?

12. 某企业向银行借入一笔款项,期限 5 年,贷款利息率为 10%,银行规定前 2 年不用还款付息,从第 3 年至第 5 年每年偿还 1 000 元,问这笔款项的现值是多少?

13. 某企业现金流量表如下所示:

年	1	2	3	4	5	6	7	8	9	10
NCF	500	500	500	500	2 000	2 000	2 000	2 000	2 000	4 000

已知贴现率为 10%,求这一系列现金流量的现值。

14. 甲投资者现在打算购买一只股票,已知 A 股票过去五年的收益率分别为:-2%,5%,8%,10%,4%;B 股票为新发行的股票,预计未来收益率为 15% 的可能性为 40%,未来收益率为 4% 的可能性为 35%,未来收益率为 -6% 的可能性为 25%。

要求:
(1) 计算 A、B 股票的预期收益率;
(2) 计算 A、B 股票收益率的标准差;
(3) 计算 A、B 股票收益率的标准差率,并比较二者的风险大小;
(4) 如果甲是风险中立者,回答甲投资者会选择哪只股票。

三、练习题答案

(一) 单项选择题

1. B 2. A 3. C 4. C 5. C 6. D 7. C 8. A 9. B 10. B 11. A 12. C
13. B 14. B 15. A 16. C 17. A 18. A 19. B 20. C 21. B 22. A 23. C
24. B 25. B 26. C

(二)多项选择题
1. ABCD 2. ABCD 3. ABCD 4. ABC 5. ABCDE 6. BCE 7. AC 8. AC
9. AC 10. ABDE 11. ABC 12. AE 13. BD

(三)填空题
1. 现值　终值　2. 单利　复利　3. 间隔期　金额　4. 延期
5. $\dfrac{1-(1+i)^{-n}}{i}$　6. 2　7. 市盈率　8. 嗜好风险　风险中性　回避风险
9. 概率　10. 倒数

(四)名词解释
1. 指在每一相同的间隔期末收付的等额款项。
2. 指在每一相同的间隔期初收付的等额款项。
3. 各期年金的复利终值之和
4. 各期年金的复利现值之和
5. 投资者在不确定的情况下,因冒一定的风险取得超过无风险收益的差额。

(五)判断题
1. × 2. × 3. × 4. √ 5. × 6. × 7. √ 8. × 9. × 10. √

(六)简答题
1. 从定义上看,因放弃使用资金或利用了资金的使用机会所换取将来应取得的报酬。
从实践上看,用于投资而取得了收益,或借给别人取得利息都是其时间价值的表现形式。
从理论上看,其实质是资金的增值,而增值本质上又是资金与劳动相结合的结果。
2. 从风险存在的前提看,是由于事物不确定性存在,因而其收益也存在不确定性。
从不确定的收益看,有可能大于无风险状况下的收益称为风险收益,也有可能小于无风险状况下的收益称为风险损失,两者统称为风险价值,但从一般描述看,人们习惯把风险收益称为风险价值。
从风险的计算看,它主要依赖标准差作评价依据,而标准差的大小依赖事物发生的稳定性,因此事物发生剧烈变动,就会产生较大风险。
从风险预期看,风险越大,获得的风险收益就越大。

(七)计算题

1. 解:$10\,000 \times V_{A现(12\%,10)} = 10\,000 \times 5.65 = 56\,500$(元)

2. 解:$10\,000 \times \dfrac{1}{(1+14\%)^3} = 10\,000 \times 0.675 = 6\,750$(元)

3. 解:设每年回收为年金 A,
　　根据 $PV_A = A \times$ 年金现值系数,则 $150\,000 = A \times 2.487 (V_{A现(10\%,3)})$
　　$A = \dfrac{15\,000}{2.487} = 60\,314$(元)

4. 解:设利率为 i 时,
　　$20 = 10(1+i)^5 \qquad (1+i)^5 = 2$
　　$1+i = \sqrt[5]{2} = 1.148\,7 \qquad i = 0.148\,7 = 14.87\%$

5. 解:根据 $50 = 30(1+10\%)^n$
　　$1.1^n = \dfrac{50}{30} = 1.667$

$n\lg 1.1 = \lg 1.667$

$n = \dfrac{\lg 1.667}{\lg 1.1} = 5.36(年)$

6. 解：根据 $20 = x(1+12\%)^5$

   $x = \dfrac{20}{1.12^5} = \dfrac{20}{1.762} = 11.35(万元)$

7. 解：到期日本息和为：$1\,000 \times 10\% = 1\,100(元)$

   购买差价为 $1\,100 - 1\,050 = 50(元)$

   持有期年实际利率 $= \dfrac{50}{1\,050} \div 3 \times 12 = 19\%$

8. 解：依题意 $P = 2\,000, A = 500, i = 10\%$，则

   $P/A = 2\,000/500 = 4(年金现值系数)$

   在普通年金现值系数 $i = 10\%$ 的列中找出接近 4 的两个系数分别是：

   $n = 6, P/A = 4.355$

   $n = 5, P/A = 3.791$

   根据插值法，则有：

n	年金现值系数
6	4.355
x	4
5	3.791

   $\dfrac{x-5}{6-5} = \dfrac{4-3.791}{4.355-3.791}$

   $x = 5 + \dfrac{4-3.791}{4.355-3.791} \times (6-5) = 5 + \dfrac{0.209}{0.564} \times 1 = 5 + 0.37 = 5.37(年)$

9. 解：$E(x) = 5 \times 0.1 + 4 \times 0.2 + 3 \times 0.4 + 2 \times 0.2 + 1 \times 0.1 = 3$

   $\sigma = \sqrt{(5-3)^2 \times 0.1 + \cdots + (1-3)^2 \times 0.1} = 1.095$

   $V_\sigma = \dfrac{1.095}{3} = 0.365$

   风险报酬率 $= 0.3 \times 0.365 = 0.109\,5$

   预期风险报酬额 $= 3 \times \dfrac{0.109\,5}{0.1 + 0.109\,5} = 3 \times 0.522\,7 = 1.568(百万元)$

10. 解：$E(x) = 30$

    $\sigma = 4.47 \qquad V_\sigma = 0.149$

    风险报酬率 $= 8\% \times 14.9\% = 1.192\%$

    风险报酬额 $= 30 \times \dfrac{0.011\,92}{0.06 + 0.011\,92} = 4.97(万元)$

11. 解：采用预付年金现值的公式计算如下：

    $P = 1\,000 \times [1-(1+10\%)^{-3}](1+10\%)/10\% = 2\,736(元)$

12. 解：采用递延年金的公式计算如下：递延期 $m = 2, n = 5$，

    $P = A[(P/A, i, n) - (P/A, i, m)] = 1\,000 \times [(P/A, 10\%, 5) - (P/A, 10\%, 2)] = 2\,055(元)$

13. 解：$P = 500 \times (P/A, 10\%, 4) + 2\,000 \times (P/A, 10\%, 5)(P/F, 10\%, 4) + 4\,000 \times (P/F,$

10%,10)=8 305.18(元)

14. 解:(1) A 股票的预期收益率=(−2%+5%+8%+10%+4%)/5=5%

   B 股票的预期收益率=15%×40%+4%×35%−6%×25%=5.9%

   (2) A 股票收益率的标准差

   $=\sqrt{\dfrac{(-2\%-5\%)^2+(5\%-5\%)^2+(8\%-5\%)^2+(10\%-5\%)^2+(4\%-5\%)^2}{5}}$

   =4.10%

   B 股票收益率的标准差

   $=\sqrt{(15\%-5.9\%)^2\times 40\%+(4\%-5.9\%)^2\times 35\%+(-6\%-5.9\%)^2\times 25\%}$

   =8.35%

   (3) A 股票收益率的标准差率=4.10%/5%=0.82

   B 股票收益率的标准差率=8.35%/5.9%=1.42

   结论:B 股票的风险大于 A 股票。

   (4) 对于风险中立者而言,选择资产时不考虑风险。由于 B 股票的预期收益率高于 A 股票,所以,甲投资者会选择 B 股票。

第三章 财务分析

第一部分 内容提要和要求

一、内容提要图示

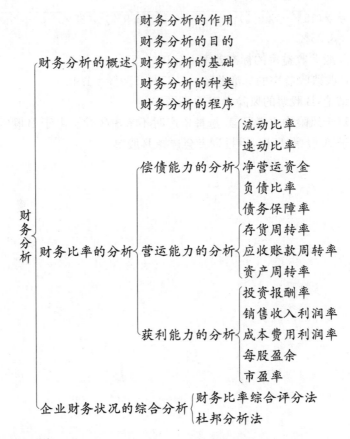

二、学习目的与要求

本章需要一般了解的内容有：财务分析的目的、作用、基础、种类和程序。

本章需要重点掌握的内容有：财务比率分析法，即运用财务比率从偿债能力、营运能力和获利能力等方面对企业的财务状况进行分析；企业两种财务状况的综合分析法：财务比率综合评分法和杜邦分析法。

本章的难点为：财务比率综合评分法和杜邦分析法。

第二部分　思考与练习

一、思考题

1. 财务分析的方法和种类有哪些？
2. 偿债能力的指标有哪些？各有何缺点？
3. 试画出杜邦分析体系图，并说明各指标对投资报酬率的影响。
4. 偿债能力、营运能力、获利能力三者之间存在哪些相互影响？
5. 每股盈余指标和市盈率指标各有什么作用？二者关系如何？

二、练习题

（一）单项选择题

1. 不能列入财务分析一般目的的内容是（　　）。
   A. 加强日常财务管理　　　　　　B. 评价过去经营业绩
   C. 衡量现在财务状况　　　　　　D. 预测未来发展趋势
2. 权益乘数表示企业负债程度，权益乘数越大，企业的负债程度（　　）。
   A. 越高　　　　　　　　　　　　B. 越低
   C. 不确定　　　　　　　　　　　D. 为零
3. 股东权益报酬率＝（　　）×总资产周转率×权益乘数
   A. 资本净利率　　　　　　　　　B. 销售毛利率
   C. 销售净利率　　　　　　　　　D. 成本利润率
4. 按照财务分析对象的不同，可将财务分析划分为（　　）。
   A. 内部分析和外部分析
   B. 资产负债表分析、利润表分析和现金流量表分析
   C. 比率分析、比较分析和因素分析等
   D. 偿债能力分析、获利能力分析、营运能力分析和综合分析等
5. 下列关于企业流动比率叙述正确的是（　　）。
   A. 流动比率反映了企业的长期偿债能力
   B. 因为流动比率反映企业的偿债能力，因此该比率越高，对企业越有利
   C. 有时流动比率虽然表现为高值，但企业实际的短期偿债能力有可能不强
   D. 不同行业、不同流通资产结构的企业其流动比率都以2∶1为宜
6. 下列关于负债比率和债务保障率叙述不正确的是（　　）。
   A. 负债比率是运用资产负债表提供的存量信息进行静态分析
   B. 债务保障率是运用利润表提供的流量信息进行偿债能力的动态分析
   C. 债务保障率侧重于测算和评价企业财务困难时偿付、清算债务的债数保证
   D. 负债比率过高，企业的财务风险会增大
7. 下列关于应收账款周转率分析正确的是（　　）。
   A. 应收账款周转次数计算中的赊销收入是指企业赊销收入扣除销货退回后的净额
   B. 应收账款周转率过低说明企业奉行严格的信用政策

C. 季节性生产企业应收账款占用额的计算,应该是年初应收账款和年末应收账款的平均数

D. 应收账款周转次数多,说明企业催收账款速度快,可以减少坏账损失

8. 下列关于资产周转率叙述正确的是(　　)。

A. 资产周转率是企业销售收入与资产平均额的比较,反映了企业运用资产的能力

B. 流动资产周转率是销售收入与流动资产平均占用额之比

C. 固定资产周转率是销售收入与固定资产原值之比,亦称固定资产利用率

D. 资产周转率越低,说明企业运用资产的效率越高,企业的营运能力越强

9. 如果某企业所得税税率为33%,税后利润为100万元,支付优先股股息20万元,该企业股本总额为1 000万元,其中300万元为优先股股本,则该企业的资本金报酬率为(　　)。

A. 10%　　　　B. 11.43%　　　　C. 14.93%　　　　D. 21.32%

10. 设某公司当年的税后利润为5万元,支付优先股股息5 000元,当年1月1日发行在外的普通股为4 000股,优先股为1 000股。同年4月1日收回库藏股500股,后又于7月1日出售库藏股200股,则该公司的每股盈余为(　　)。

A. 12.08元　　　B. 11.25元　　　C. 9.94元　　　D. 14.18元

11. 设某公司当年税后利润为10万元,支付优先股股息每股10元,当年发行在外的普通股为5 000股,优先股为800股,如果该企业的市盈率为5.2,则该公司普通股的市价为(　　)。

A. 104元　　　B. 82.48元　　　C. 95.68元　　　D. 89.65元

12. 下列财务比率中,(　　)可以反映企业的偿债能力。

A. 平均收款期　　　　　　B. 销售利润率

C. 股东权益报酬率　　　　D. 利息保障倍数

13. 设某公司年初流动比率为2.2,速动比率为1.0,当年年末流动比率变为2.5,速动比率为0.8。下列各项中,(　　)可以解释年初与年末之差异。

A. 相对于现金销售,赊销增加　　B. 当年存货增加

C. 应付账款增加　　　　　　　　D. 应收账款的收回速度加快

14. 某公司的部分年末数据为:流动负债60万元,速动比率2.5,流动比率3.0,销售成本50万元,则年末存货周转次数为(　　)。

A. 1.2次　　　　　　　　B. 2.4次

C. 1.67次　　　　　　　D. 以上都不对

15. (　　)措施会引起销售净利率的降低。

A. 增加销货　　　　　　B. 降低单位成本消耗

C. 加速折旧　　　　　　D. 提高售价

16. 除了(　　)以外,其他都是分析企业资金周转状况的比率。

A. 利息保障倍数　　　　B. 应收账款平均收账期

C. 存货周转率　　　　　D. 流动资产周转率

17. 属于综合财务分析法的有(　　)。

A. 比率分析法　　　　　B. 比较分析法

C. 杜邦分析法　　　　　D. 因素分析法

18. 早期财务分析的中心是（　　）。
    A. 资产负债表　　　　　　　　　　B. 利润表
    C. 现金流量分析表　　　　　　　　D. 会计账簿
19. 下列（　　）不是企业资产负债表提供的财务信息。
    A. 获利水平　　　　　　　　　　　B. 资产结构
    C. 资产流动性　　　　　　　　　　D. 资产来源状况
20. 分析企业短期偿债能力的指标有（　　）。
    A. 利息保障倍数　　　　　　　　　B. 速动比率
    C. 应收账款平均收账期　　　　　　D. 固定资产利用率
21. 某企业2008年12月底,各项目余额是2 000元,应收票据10 000元,应付账款25 000元,应收账款40 000元,临时借款13 000元,应付票据8 000元,应交税金2 000元,则该企业速动比率是（　　）。
    A. 1.08　　　　B. 1.13　　　　C. 0.92　　　　D. 1.3
22. 设某企业资产总额为500万元,本年利润净额为10万元,销售税金8万元,利息支出4万元,则本年资产收益率为（　　）。
    A. 4.4%　　　　B. 3.6%　　　　C. 2%　　　　D. 3.2%
23. 设某企业2008年销售收入总额为900万元,销售利润净额为180万元,销售税金额9万元,则销售净利率为（　　）。
    A. 20%　　　　B. 50%　　　　C. 21%　　　　D. 19%
24. 某企业2008年度向银行借款1 000万元,年利率为10%；计税所得额为500万元,所得税税率为33%,企业净收益额为335万元,则该企业利息保障倍数是（　　）。
    A. 6倍　　　　B. 5倍　　　　C. 3.35倍　　　　D. 2倍
25. 在计算速动比率时,要从流动资产中扣除存货部分,其原因在于在流动资产中（　　）。
    A. 存货价值变动较大　　　　　　　B. 存货质量难以保证
    C. 存货变现能力最低　　　　　　　D. 存货数量不易确定
26. 运用杜邦体系进行财务分析的中心指标是（　　）。
    A. 权益净利率　　　　　　　　　　B. 资产利润率
    C. 销售利润率　　　　　　　　　　D. 总资产周转率
27. 利息保障倍数的计算公式是（　　）。
    A. 利润总额/利息支出
    B. （利润总额－利息支出）/利息支出
    C. （利润总额＋利息支出）/利息支出
    D. （利润总额＋利息支出）/利润总额
28. 如果流动比率大于1,则下列结论成立的是（　　）。
    A. 速动比率大于1　　　　　　　　B. 现金比率大于1
    C. 营运资金大于零　　　　　　　　D. 短期偿债能力绝对有保障
29. 下列不属于短期偿债能力的衡量指标的是（　　）。
    A. 流动比率　　B. 速动比率　　C. 现金比率　　D. 存货周转率
30. 某企业2003年流动资产平均余额为100万元,流动资产周转次数为7次。若企业2003年净利润为210万元,则2003年销售净利率为（　　）。

A. 30% B. 50% C. 40% D. 15%

31. 在企业流动比率大于1时,赊购原材料一批,将会(   )。
   A. 增大流动比率 B. 降低流动比率
   C. 降低营运资金 D. 增大营运资金
32. 下列各指标中,主要用来说明企业盈利能力的是(   )。
   A. 权益乘数 B. 每股账面价值
   C. 每股收益 D. 产权比率
33. 下列哪个比率不属于偿债能力比率(   )。
   A. 流动比率 B. 股东权益比较
   C. 权益乘数 D. 市盈率

(二) 多项选择题
1. 财务分析中,常用来衡量企业盈利能力的指标有(   )。
   A. 利息保障倍数 B. 销售净利率
   C. 销售毛利率 D. 资产收益率
   E. 资产周转率
2. 按照财务分析方法的不同可分为(   )。
   A. 比率分析 B. 比较分析 C. 综合分析
   D. 因素分析 E. 趋势分析
3. 属于投资报酬率指标的有(   )。
   A. 成本费用利润率 B. 资产收益率 C. 每股盈余
   D. 长期负债及所有者权益报酬率 E. 资本金报酬率
4. 分析企业资金周转状况的比率有(   )。
   A. 速动比率 B. 负债比率
   C. 应收账款平均收账期 D. 存货周转次数
   E. 存货周转天数
5. 下列属于企业财务综合分析方法的是(   )。
   A. 财务比率分析法 B. 财务比率综合评分法
   C. 杜邦分析法 D. 因素分析法 E. 趋势分析法
6. 财务比率分析可分为(   )几类。
   A. 偿债能力分析 D. 获利能力分析
   C. 周转能力分析 D. 风险能力分析
   E. 营运能力分析
7. 一般情况下,影响流动比率的主要因素有(   )。
   A. 存货周转速度 B. 应收账款数额
   C. 营业周期 D. 流动负债数额
   E. 营运资金数额
8. 计算速动比率时,把存货从流动资产中剔除,其原因是(   )。
   A. 存货变现速度最慢 B. 存货可能存在盘亏、毁损
   C. 存货可能已充当了抵押品 D. 存货可能已降价
   E. 存货可能占用资金太多

9. 现金流量表的作用为（　　）。
   A. 提供本期现金流量的实际数据　　B. 提供评价本期收益质量的信息
   C. 有助于评价企业的财务弹性　　　D. 有助于评价企业的流动性
   E. 预测企业的未来现金流量

10. 以下说法正确的有（　　）。
    A. 每股盈余是测算和评价企业营运能力的重要指标
    B. 每股盈余反映了每一普通股和优先股可能分得当期企业所获利润的多少
    C. 分红的多少,不仅取决于每股盈余的多少,还要看股利分配率
    D. 市盈率是普通股市价与每股盈余之比
    E. 一般来说,市盈率越高,投资风险越大,收益率也就越高

11. 应收账款周转率有时不能说明应收账款正常收回时间的长短,其原因有（　　）。
    A. 销售的季节性变动很大　　　　B. 大量使用现销而非赊销
    C. 大量使用赊销而非现销　　　　D. 年底前大力促销和收缩商业信用

12. 对净值报酬率具有决定性影响的因素包括（　　）。
    A. 销售净利率　　B. 主权资本净利率　　C. 总资产利润率
    D. 资产周转率　　E. 权益乘数

13. 下列指标中比率越高,说明企业获利能力越强的有（　　）。
    A. 总资产利润率　　B. 资产负债比率　　C. 产权比率
    D. 销售利润率　　　E. 资本利润率

14. 财务分析的结果是对企业的（　　）作出评价,或找出存在的问题。
    A. 销售能力　　B. 偿债能力　　C. 盈利能力
    D. 抵抗风险能力　　E. 投资能力

15. 财务分析的目的可概括为（　　）。
    A. 专题分析　　　　　　　B. 评价过去的经营业绩
    C. 衡量现在的财务状况　　D. 预测未来的发展趋势
    E. 破产预测

16. 影响速动比率的因素有（　　）。
    A. 应收账款　　B. 存货　　　　C. 短期借款
    D. 应收票据　　E. 预付账款

17. 应收账款周转率提高意味着（　　）。
    A. 短期偿债能力增强　　　B. 收账费用减少
    C. 收账迅速,账龄较短　　D. 销售成本降低
    E. 折扣期较长

18. 下列关于市盈率的说法中,正确的有（　　）。
    A. 市盈率很高则投资风险大
    B. 市盈率很低则投资风险小
    C. 市盈率比较高则投资风险比较小
    D. 预期将发生通货膨胀或提高利率时市盈率会普遍下降
    E. 债务比重大的公司市盈率较低

（三）填空题

1. 按照财务分析的主体不同，财务分析可分为_____和_____。
2. 按照财务分析方法的不同，财务分析可分为_____、_____和_____。
3. 利息保障倍数是_____和_____之比。
4. 市盈率＝_____÷_____，它的倒数是_____。
5. 股东权益报酬率＝_____×_____。
6. 资产报酬率＝_____×_____。
7. 评价企业综合财务状况的方法有：_____、_____。

（四）名词解释

1. 财务分析
2. 因素分析法
3. 投资报酬率
4. 资本金报酬率
5. 每股盈余
6. 市盈率
7. 杜邦分析法

（五）判断题

1. 在股票市价确定的情况下，每股收益越高，市盈率越高，投资风险越小。（   ）
2. 企业不同利益关系人对资产负债率的要求不一样，在企业正常经营情况下，债权人希望它越低越好；股东则希望它越高越好；只有经营者对它的要求比较客观。（   ）
3. 现代财务分析的中心是资产负债表。（   ）
4. 财务分析的范围可以是企业经营活动的某一方面，也可以是企业经营活动的全过程。（   ）
5. 流动比率越高，说明企业偿债能力越强。（   ）
6. 应收账款过高或过低对企业都可能是不利的。（   ）
7. 权益乘数是反映企业营运能力的指标。（   ）
8. 计算应收账款周转率，其赊销收入是销售收入扣除销售退回后的净额。（   ）
9. 资产周转率较低，说明企业利用资产进行经营的效率较差。（   ）
10. 流动比率越高并不等于企业有足够的现金用于偿债。（   ）
11. 财务分析是认识过程，通常只能发现问题而不能提供解决问题的现成答案，只能作出评价而不能改善企业的状况。（   ）
12. 对企业盈利能力分析要考虑非正常营业状况给企业带来的收益或损失。（   ）
13. 相关比率分析法是财务分析最主要的分析方法。（   ）

（六）简答题

1. 简述财务分析的目的。
2. 简述财务分析的程序。
3. 简述杜邦分析系统反映的财务比率关系。

（七）计算题

1. 某企业2009年实现销售收入1 000万元，预计50%可以随时取得货款。销售过程中发生5%的销售折扣，另有部分产品因质量不合格，已由购货单位退回，价值30万元，该企业年初应收账款余额120万元,年末160万元。请计算该企业应收账款周转率(全年按360天计算)。

2. 某企业有关财务信息如下:

(1) 速动比率为2∶1;

(2) 长期负债是短期投资的4倍;

(3) 应收账款4 000元,是速动资产的50%,流动资产的25%,同固定资产价值相等;

(4) 所有者权益总额等于营运资金,实收资本是未分配利润的2倍。

要求:根据以上信息,将下列资产负债表的空白处填列完整。

资 产	金 额	负债及所有者权益	金 额
现 金		应付账款	
短期投资		长期负债	
应收账款		实收资本	
存 货		未分配利润	
固定资产			
合 计		合 计	

3. 某公司为生产和摊销一种新产品,现着手预测新的流动资金需求,需建立一个2009年12月31日预计资产负债表,2009年预计销售额为2 000 000元,该公司所处行业的平均财务比率如下:流动比率为2.2,资本金报酬率(股东权益报酬率)为25%,权益乘数为1.8,销售净利率为5%,短期贷款与股东权益之比为1∶2,应收账款与销售额之比为1∶10,速动比率为1.2,资产负债率为4/9。试计算:

(1) 完成下列建议资产负债表(设该公司维持行业平均水平,且不存在无形资产):

资 产	金 额	负债及所有者权益	金 额
现 金		短期流动负债	
应收账款		长期负债	
存 货		总负债	
流动资产合计		股东权益净额	
固定资产合计			
合 计		合 计	

(2) 计算该公司预计的资产收益率。

4. 某企业的全部流动资产为600 000元,流动比率为1.5。该公司刚完成以下两项交易:

(1) 购入商品160 000元以备销售,其中的80 000元为赊购;

(2) 购置运输车辆一部,价值50 000元,其中30 000元以银行存款支付,其余开出3月期应付票据一张。

要求:计算每笔交易后的流动比率。

5. 已知某公司2001年会计报表的有关资料如下:

资料(金额单位:万元)		
资产负债表项目	年初数	年末数
资 产	8 000	10 000
负 债	4 500	6 000
所有者权益	3 500	4 000
利润表项目	上年数	本年数
主营业务收入净额	略	20 000
净利润	略	500

[要求]:

(1) 计算杜邦财务分析体系中的下列指标(凡计算指标涉及资产负债表项目数据的,均按平均数计算):

① 净资产收益率;② 总资产净利率(保留三位小数);③ 主营业务净利率;④ 总资产周转率(保留三位小数);⑤ 权益乘数。

(2) 用文字列出净资产收益率与上述其他各项指标之间的关系式,并用本题数据加以验证。

6. 某公司 2010 年年初存货为 150 万元,年初全部资产总额为 1 400 万元,年初资产负债率 40%。2010 年年末有关财务指标为:流动比率 210%,速动比率 110%,资产负债率 35%,长期负债 420 万元,全部资产总额 1 600 万元,流动资产由速动资产和存货组成。2010 年获得营业收入 1 200 万元,发生经营管理费用 90 万元,利息费用 100 万元,发生科技支出 58 万元(包含在管理费用中),存货周转率 6 次。2009 年末的股东权益为 600 万元,企业适用的所得税税率为 25%。假设不存在导致股东权益发生变化的客观因素,普通股股数一直保持为 100 万股。要求根据以上资料:

(1) 计算 2010 年年末的流动负债总额、流动资产总额、存货总额、权益乘数。

(2) 计算 2010 年的营业成本、已获利息倍数。

(3) 计算 2010 年的营业净利率、总资产周转率、权益乘数。

三、练习题答案

(一) 单项选择题

1. A 2. A 3. C 4. B 5. C 6. C 7. D 8. B 9. B 10. A 11. C 12. D 13. B 14. C 15. C 16. A 17. C 18. A 19. A 20. B 21. A 22. C 23. A 24. A 25. C 26. A 27. C 28. C 29. D 30. A 31. B 32. C 33. D

(二) 多项选择题

1. BCD 2. ABD 3. BDE 4. CDE 5. BC 6. ABE 7. ABC 8. ABCD 9. ABCDE 10. CDE 11. ABD 12. ADE 13. ADE 14. BCD 15. BCD 16. ACDE 17. ABC 18. ACDE

(三) 填空题

1. 内部分析   外部分析
2. 比率分析   比较分析   因素分析

3. 息税前利润　利息费用
4. 普通股每股市价　普通股每股收益　股票价格收益率
5. 资产报酬率　权益乘数
6. 销售净利率　总资产周转率
7. 财务比率综合评分法　杜邦分析法

（四）名词解释

1. 财务分析是以企业的财务报告等会计资料为基础，对企业的财务状况和经营成果进行分析和评价的一种方法。

2. 因素分析法是依据分析指标与其影响因素之间的关系，从数值上确定各因素对分析指标差异影响程度的一种方法。

3. 投资报酬率是企业在生产经营过程中投入资金数量与其所带来的利润的比率。根据财务管理需要，企业可从不同角度、运用不同数据和计算方法，测算出不同类型的投资报酬率指标。

4. 资本金报酬率就是企业税后利润与企业实收资本的比例关系。以资本金作为计算投资报酬率的因素是基于投资者的立场。

5. 每股盈余又称每股收益、每股获利额，是每一普通股可能分得当期企业所获利润的多少。

6. 市盈率是指普通股市价与每股收益之比，又称价格与收益比率，它是投资者用来判断股票市场是否有吸引力的一个重要指标。

7. 财务分析者在进行综合财务分析时，必须深入了解企业财务状况内部的各项因素及其相互之间的关系，这样才能比较全面地揭示企业财务状况的全貌。杜邦分析法正是这样一种分析方法，它是由美国杜邦公司首先创造出来的，故称杜邦分析法。

（五）判断题

1. ×　2. ×　3. ×　4. √　5. ×　6. √　7. ×　8. ×　9. √　10. √　11. √
12. √　13. ×

（六）简答题

1. 综合起来，财务分析主要有以下目的：
   (1) 评价企业的偿债能力。
   (2) 评价企业的资产管理水平。
   (3) 评价企业的发展趋势。

2. 财务分析的主要程序有：
   (1) 确定财务分析的范围，搜集有关资料。
   (2) 选用适当的分析方法进行对比分析，作出评价。
   (3) 对各因素进行分析，抓住主要矛盾。
   (4) 为经济决策提供有效建议。

3. 杜邦系统主要反映了以下几种主要的财务比率关系：
   (1) 股东权益报酬率与资产报酬率及权益乘数之间的关系：
   　　股东权益报酬率＝资产报酬率×权益乘数
   (2) 资产报酬率与销售净利率及总资产周转率之间的关系：
   　　资产报酬率＝销售净利率×总资产周转率

(3) 销售净利率与净利润及销售收入之间的关系：
销售净利率＝净利润÷销售收入
(4) 总资产周转率与销售收入及资产总额之间的关系：
总资产周转率＝销售收入÷资产总额

在上述公式中，"资产报酬率＝销售净利率×总资产周转率"这一等式被称为杜邦等式。杜邦分析是对企业财务状况进行的综合分析，它通过几种主要的财务指标之间的关系，直观、明了地反映出企业的财务状况。

（七）计算题

1. 解：赊销收入净额：
   $1\,000×(1-50\%)-1\,000×5\%-30=420$（万元）
   应收账款余额：$(120+160)/2=140$（万元）
   应收账款周转次数：$420/140=3$（次）
   应收账款周转天数：$(140×360)/420=120$（天）

2. 解：

资　产	金　额	负债及所有者权益	金　额
现　金	3 000	应付账款	4 000
短期投资	1 000	长期负债	4 000
应收账款	4 000	实收资本	8 000
存　货	8 000	未分配利润	4 000
固定资产	4 000		
合　计	20 000	合　计	20 000

3. (1) 解：净利润为：$2\,000\,000×5\%=100\,000$（元）
   股东权益为：$100\,000÷25\%=400\,000$（元）
   总资产为：$400\,000×1.8=720\,000$（元）
   短期贷款（流动负债）为：$400\,000÷2=200\,000$（元）
   负债总计：$720\,000×(4/9)=320\,000$（元）
   长期负债为：$320\,000-200\,000=120\,000$（元）
   流动资产总计：$200\,000×2.2=440\,000$（元）
   应收账款为：$2\,000\,000÷10=200\,000$（元）
   速动资产为：$200\,000×1.2=240\,000$（元）
   现金为：$240\,000-200\,000=40\,000$（元）
   固定资产为：$720\,000-440\,000=280\,000$（元）

由以上数据可得预计2009年企业资产负债表如下：

资　　产	金　　额	负债及所有者权益	金　　额
现　　金	40 000	短期流动负债	200 000
应收账款	200 000	长期负债	120 000
存　　货	200 000	总负债	320 000
流动资产合计	440 000	股东权益净额	400 000
固定资产合计	280 000		
合　　计	720 000	合　　计	720 000

(2) 解：资产收益率＝(2 000 000×5％)/720 000＝13.89％

4. 解：流动负债＝40 万元；
   ① 流动比率＝1.42
   ② 流动比率＝1.3

5. 解：(1) ① 净资产收益率＝500/[(3 500＋4 000)÷2]×100％＝13.33％
      ② 总资产净利率＝500/[(8 000＋10 000)÷2]×100％＝5.556％
      ③ 主营业务净利率＝500/20 000×100％＝2.5％
      ④ 总资产周转率＝20 000/[(8 000＋10 000)÷2]＝2.222
      ⑤ 权益乘数＝1÷{1－[(6 000＋4 500)÷2]/[(10 000＋8 000)÷2]}＝2.4
   (2) 净资产收益率＝主营业务净利率×总资产周转率×权益乘数＝2.5％×2.222
      ×2.4＝13.33％

6. 解：(1) 全部负债总额＝资产×资产负债率＝1 600×35％＝560(万元)
      流动负债＝560－420＝140(万元)
      流动资产＝流动负债×流动比率＝140×210％＝294(万元)
      速动资产＝流动负债×速动比率＝140×110％＝154(万元)
      年末存货＝294－154＝140(万元)
      权益乘数＝1/(1－资产负债率)＝1/(1－35％)＝1.54
   (2) 年平均存货＝(150＋140)/2＝145(万元)
      营业成本＝存货周转率×平均存货＝6×145＝870(万元)
      息税前利润＝1 200－870－90＝240(万元)
      已获利息倍数＝240/100＝2.4(倍)
   (3) 净利润＝(息税前利润－利息)×(1－所得税税率)
         ＝(240－100)×(1－25％)＝105(万元)
      营业净利率＝105/1 200×100％＝8.75％
      总资产周转率＝1 200/[(1 400＋1 600)÷2]＝0.8(次)
      权益乘数＝资产平均总额/平均股东权益×100％＝[(1 400＋1 600)÷2]/
      [(840＋1 040)÷2]×100％＝159.57％

第二篇 负债和所有者权益管理

第四章 筹资管理概述

第一部分 内容提要和要求

一、内容提要图示

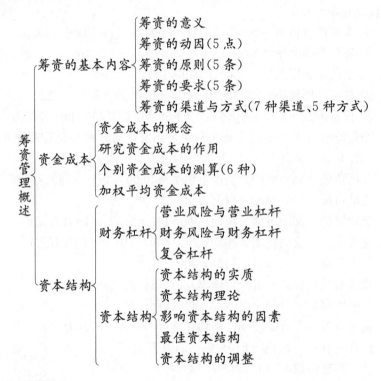

二、学习目的与要求

通过学习,要求熟悉企业筹资的意义、筹资动因、筹资原则、筹资要求、筹资渠道与筹资方式;熟练掌握资金成本的概念、作用,个别资金成本的测算和加权平均资金成本;理解并掌握财务杠杆、复合杠杆和资本结构。

第二部分 思考与练习

一、思考题

1. 简述企业筹资的动因。

2. 简述企业筹资的基本要求。
3. 为什么筹资中需遵循有关原则?
4. 企业筹资渠道与筹资方式有何联系和区别?
5. 什么是资金成本?它同产品成本有何不同?如何计算?
6. 评价企业最佳资本结构的标准是什么?
7. 什么是财务杠杆?如何运用财务杠杆进行财务决策?

二、练习题

(一) 单项选择题

1. 筹集资金是企业财务活动的起点,是决定企业生产经营规模和生产经营发展速度的( )。
   A. 重要环节　　　　　　　　B. 重要方法
   C. 基本步骤　　　　　　　　D. 基本内容
2. 企业筹集资金均要符合( )政府对筹资的有关法规政策。
   A. 企业所在地　　　　　　　B. 资金筹集所在地
   C. 企业总机构所在地　　　　D. 投资项目所在地
3. 企业筹集的资本金是企业法定的( ),依法享有经营权,在经营期间内不得以任何方式抽走。
   A. 营业资金　　B. 营运资金　　C. 自有资金　　D. 经营资金
4. 吸收直接投资是( )筹集自有资本的基本方式。
   A. 非股份制企业　　　　　　B. 股份制企业
   C. 上市公司　　　　　　　　D. 独资企业
5. 股票是股份公司为筹集( )而发行的有价证券,是持股人拥有股份的入股凭证。
   A. 资本金　　B. 自有资本　　C. 经营资金　　D. 营运资本
6. 债券是企业为取得( )而发行的有价证券,是持券人拥有企业债权的债权证书。
   A. 自有资本　　B. 经营资金　　C. 负债资金　　D. 营运资金
7. 资金成本是资金使用者向资金所有者和中介人支付的( )。
   A. 利息　　　　　　　　　　B. 占用费
   C. 筹资费　　　　　　　　　D. 占用费和筹资费
8. 资金成本的基础是( )。
   A. 资金时间价值　　　　　　B. 社会平均资金利润率
   C. 银行利率　　　　　　　　D. 市场利率
9. 资金筹集费同资金筹集额、资金占用期一般并无直接联系,可以看作是资金成本的( )。
   A. 变动费用　　B. 固定费用　　C. 直接费用　　D. 间接费用
10. 在固定成本能够承受的范围之内,销售额( ),营业杠杆系数( )。
    A. 越大　越大　　　　　　　B. 增减　不变
    C. 越大　越小　　　　　　　D. 增减　增减
11. 当财务杠杆起作用造成税息前利润( ),每股收益就会( )。
    A. 增长　增长　　　　　　　B. 增长　减少
    C. 增长　减少很多　　　　　D. 增长　增加很多

12. 税息前利润下降,财务杠杆的作用使每股收益( )。
    A. 降幅更大   B. 升幅更大   C. 降幅变小   D. 不变
13. 复合杠杆系数是指每股收益的变动率相对于( )变动率的倍数。
    A. 股本额   B. 销售额   C. 资产额   D. 负债额
14. 最佳资本结构在企业实际工作中应是( )。
    A. 一个根本不存在的理想结构   B. 一个可以测算的精确值
    C. 一个区间范围   D. 一个标准值
15. 实行债转股,这属于资本结构的( )。
    A. 缩量调整   B. 控制权调整   C. 增量调整   D. 存量调整
16. 进行企业长、短期债务的调整,属于企业资本结构的( )。
    A. 存量调整   B. 无量调整   C. 增量调整   D. 缩量调整
17. 公司回购股票并注销,属于企业资本结构的( )。
    A. 变量调整   B. 增量调整   C. 缩量调整   D. 存量调整
18. 公司增发新股,属于资本结构的( )。
    A. 存量调整   B. 缩量调整   C. 增量调整   D. 无量调整
19. 在当前企业筹资过程中,股份公司要克服单一追求( )所引起的负面影响。
    A. 负债资本扩张   B. 企业规模扩张
    C. 企业经营规模扩张   D. 自有资本扩张
20. 影响发行公司债券价格的最主要因素是( )。
    A. 票面价值   B. 票面利率   C. 债券期限   D. 市场利率
21. 个别资本成本主要用于( )。
    A. 比较各种筹资方式   B. 选择追加筹资方案
    C. 选择最佳资本结构   D. 选择分配方案
22. 在( )时,资本成本较低。
    A. 证券市场流动性不好
    B. 货币需大于供,且企业融资规模大
    C. 通货膨胀水平预期上升
    D. 经营风险和财务风险较小
23. ( )是企业进行资本结构决策的基本依据。
    A. 个别资本成本   B. 边际资本成本
    C. 综合资本成本   D. 筹资费用
24. 调整企业资本结构并不能( )。
    A. 降低资金成本   B. 降低财务风险
    C. 降低经营风险   D. 增加融资弹性
25. 要使资本结构达到最佳,应使( )达到最低。
    A. 综合资本成本   B. 边际资本成本
    C. 债务资本成本   D. 自有资本成本
26. 以下关于资本结构叙述正确的是( )。
    A. 资本结构是指企业各种短期资金来源的数量比例
    B. 资本结构在企业建成后一成不变

C. 保持合理的资本结构是企业财务管理目标之一
D. 资本结构与资本成本没有关系,是各种资本构成及其比例关系

27. 只要存在固定成本,当企业息税前利润大于零时,那么营业杠杆系数必( )。
   A. 恒大于1   B. 与销售量成正比
   C. 与固定成本成反比   D. 与风险成反比

28. 某公司去年营业收入为500万元,变动成本率为40%,经营杠杆系数为1.5,财务杠杆系数为2。如果固定成本增加50万元,那么,总杠杆系数将变为( )。
   A. 2.4   B. 3   C. 8   D. 6

(二) 多项选择题

1. 企业筹集资金的动因有( )。
   A. 依法创立企业   B. 扩大经营规模   C. 偿还原有债务
   D. 调整财务结构   E. 应付偶发事件

2. 企业在筹资时应遵循的原则有( )。
   A. 合法性原则   B. 效益性原则   C. 合理性原则
   D. 科学性原则   E. 及时性原则

3. 企业筹集资金的具体要求是( )。
   A. 认真选择投资项目   B. 合理确定筹资额度
   C. 依法募集资本   D. 正确运用负债经营
   E. 科学把握投资方向

4. 股份制企业的资金渠道主要有( )。
   A. 银行信贷资金   B. 非银行金融机构资金
   C. 其他企业资金   D. 职工资金和民间资金
   E. 境外资金

5. 企业自有资金的筹集方式主要有( )。
   A. 发行债券   B. 直接投资   C. 发行股票
   D. 联营集资   E. 企业内部积累

6. 企业通过吸收投资方式筹集的资金主要有( )。
   A. 吸收国家投资   B. 吸收企业事业等法人的投资
   C. 吸收城乡居民的投资   D. 吸收企业内部职工的投资
   E. 吸收外商的投资

7. 企业吸收直接投资的出资形式有( )。
   A. 现金投资   B. 实物投资   C. 工业产权投资
   D. 非专利技术投资 E. 土地使用权投资

8. 企业筹资方式主要有( )。
   A. 吸收直接投资   B. 发行股票   C. 银行借款
   D. 发行债券   E. 租赁

9. 影响企业营业风险大小的因素有( )。
   A. 生产要素市场的稳定性   B. 产品市场的供求变化
   C. 企业的应变能力   D. 产品中固定成本的比例
   E. 息税前利润

10. 影响营业杠杆系数的因素有（　　）。
    A. 销售额　　　　　　　　　B. 息税前利润总额
    C. 变动成本总额　　　　D. 营业风险　　　　　　E. 财务风险
11. 影响财务风险的基本因素有（　　）。
    A. 销售额　　　　　B. 企业规模　　　　　C. 债务成本
    D. 企业负债比率　　　E. 企业增长率
12. 资本结构是一个重要的财务范畴，具有丰富的内涵，包括的内容有（　　）。
    A. 权益负债比
    B. 长短期资金来源比
    C. 各种筹资方式取得资金的比例
    D. 资本结构比
    E. 资金来源结构与投向结构的配比关系
13. 目前西方资本结构理论主要有（　　）。
    A. 净收入理论　　　B. 净营业收入理论　　　C. 传统理论
    D. MM 理论　　　　E. 权衡理论与不对称信息理论
14. 影响资本结构的因素有（　　）。
    A. 体现行业特点的资产结构　　　B. 企业经营管理人员所持的态度
    C. 财务风险的承受能力　　　　　D. 企业的发展目标和适应能力
    E. 企业经营的稳健性和连续性
15. 确定最佳资本结构的方法有（　　）。
    A. 内含报酬率法　　　　　　B. 加权平均资金成本比较法
    C. 无差别分析法　　　　　　D. 差量分析法
    E. 移动平均资金成本比较法
16. 企业资本结构由于种种原因从合理的趋向不合理，需要经常进行调整，调整主要包括（　　）。
    A. 存量调整　　　　B. 增量调整　　　　C. 缩量调整
    D. 无量调整　　　　E. 差量调整
17. 存量调整资本结构的方式有（　　）。
    A. 提前偿还旧债，适时举新债　　　B. 实行债转股
    C. 调整长、短期债务结构　　　　　D. 增发配售新股
    E. 缩股减资
18. 资本结构增量调整的方法有（　　）。
    A. 增资配股扩股　　　　　　B. 实行债转股
    C. 调整长、短期债务结构　　D. 缩股减资
    E. 提前偿还旧债，适时举新债
19. 与股票相比，债券有如下特点（　　）。
    A. 债券代表一种债权债务关系
    B. 债券的求偿权优先于股票
    C. 债券持有者无权参加企业决策
    D. 债券投资的风险小于股票

E. 可转换债券按规定可转换为股票
20. 主权资本的筹资方式有（　　）。
　　A. 发行债券　　　　　　　　　B. 发行股票
　　C. 吸收直接投资　　　　　　　D. 留存利润
21. 下列属于增量调整资本结构的有（　　）。
　　A. 追加主权资本,负债不变　　　B. 公积金转增股本
　　C. 主权资本不变,负债增加　　　D. 主权资本与负债资本一增一减
22. 企业资本结构最佳时,应该（　　）。
　　A. 资本成本最低　　B. 财务风险最小　　C. DOL 最小
　　D. 债务资本最多　　E. 企业价值最大
23. 如果企业调整资本结构,则企业的资产和权益总额（　　）。
　　A. 可能同时增加　　　　　　　B. 可能同时减少
　　C. 可能保持不变　　　　　　　D. 一定会发生变动
24. 下列关于资金成本叙述正确的有（　　）。
　　A. 是企业的投资者对投入企业的资本所要求的收益率
　　B. 是投资项目的机会成本
　　C. 是选择筹资方案的依据
　　D. 是评价投资项目、决定投资取舍的重要标准
　　E. 可用作衡量企业经营成果的尺度
25. 下列项目中,属于资金成本中筹资费用的有（　　）。
　　A. 借款手续费　　　　　　　　B. 债券发行费
　　C. 债券利息　　　　　　　　　D. 股利
26. 关于经营杠杆系数,下列说法正确的有（　　）。
　　A. 其他因素不变时,固定成本越大,DOL 越大
　　B. 当固定成本趋于 0 时,DOL 趋于 1
　　C. 在其他因素一定的条件下,产销量越大,DOL 越小
　　D. DOL 同固定成本成反比
27. 下列对财务杠杆的论述正确的是（　　）。
　　A. 财务杠杆系数越高,每股盈余也越高
　　B. 财务杠杆效益指利用债务融资给企业自有资金带来的额外收益
　　C. 与财务风险无关
　　D. 财务杠杆系数越大,财务风险越大

（三）填空题
1. 企业的创立和发展需要筹资,筹资的规模、_____、_____直接制约着资金的投入和运用,决定着企业的发展。
2. 企业在创建时必须依法筹集规定的资本金,资本金需取得_____的验资证明,然后到工商管理部门办理注册登记。
3. 企业的资金来源是由所有制和_____所决定的。
4. 公司债券是公司为取得_____而发行的有价证券。
5. 营业杠杆是企业利用_____提高息税前收益的手段。

6. 财务风险是指企业利用_____给_____造成大幅波动的风险和企业破产的风险。
7. 复合杠杆多数是指_____相对于销售额变动率的倍数。
8. 资本结构优化,企业偿债和抗风险能力就强,财务杠杆作用就_____。
9. 资本结构_____,企业偿债和抗风险能力就弱,财务杠杆作用就增强。

(四) 名词解释
1. 筹集资金
2. 筹资渠道
3. 筹资方式
4. 资金成本
5. 营业风险
6. 营业杠杆
7. 财务杠杆
8. 财务风险
9. 复合杠杆
10. 资本结构
11. 最佳资本结构
12. 存量调整
13. 增量调整

(五) 判断题
1. 一定数额的资本金是企业取得债务资金的必要保证。( )
2. 资金筹集和资金分配是企业资金运动的起点和终点。( )
3. 资金成本率是一个十分精确的计算值。( )
4. 资金成本既包括资金时间价值,又包括投资风险价值。( )
5. 资金成本与一般产品成本是根本不同的。( )
6. 企业负债比例越高,财务风险越大,因此负债对企业总是不利的。( )
7. 资金成本的最低界限是资金的时间价值。( )
8. 当其他因素一定时,营业风险才会随营业杠杆的增大而增大。( )
9. 复合杠杆系数是指销售额变动率相对于每股收益的变动率的倍数。( )
10. 资本结构的存量调整就是在企业现有资产规模下对现存自有资本与负债进行的结构转化与内部重组,以实现资本结构趋于合理。( )
11. 资本结构的增量调整是通过追加资产数量来实现资本结构的合理。( )

(六) 计算题
1. 某企业发行面值为1 000元、票面利率为6%、偿还期为8年的长期债券,该债券的筹资费率为3%,所得税税率为33%,试计算长期债券的资金成本率。
2. 某企业发行面值为500元、年股息率为5%的优先股股票,发行该优先股股票的筹资费率为2%,试计算优先股的资金成本率。
3. 某企业发行普通股股票,每股的发行价格为10元,筹资费率为5%,第一年年末每股股利为2.5元,股利的预计年增长率为4%,试计算普通股的资金成本率。
4. 某企业共募集资金1 000万元,各种来源资金的数额和资金成本率如下表:

项目	资金数额/万元	资金成本率
长期债券	300	4%
优先股	100	8%
普通股	500	12%
留存收益	100	11%

要求:计算该公司加权平均的资金成本率。

5. 某企业创办初期需等资 2 000 万元,现有三个筹资方案可供选择,有关资料如下表:

单位:万元

筹资方式	筹资方案Ⅰ		筹资方案Ⅱ		筹资方案Ⅲ	
	筹资额	资金成本率/%	筹资额	资金成本率/%	筹资额	资金成本率/%
长期借款	160	7	200	7.5	320	8
长期债券	400	9	600	9	480	9.5
优先股	240	12	400	12	200	12
普通股	1 200	15	800	15	1 000	15

要求:根据上述资料,分别计算三个方案加权平均的资金成本率,并确定最佳的筹资方案。

6. 某企业的长期资本总额为 8 000 万元,债务成本占总资本的 50%,债务成本的利率为 12%,企业的税息盈余为 1 600 万元,请计算财务杠杆系数。

7. 某公司于 2011 年 1 月 1 日发行五年期、面值 1 000 元、票面利率 10%、一次还本的公司债券,每年 12 月 31 日支付一次利息。债券发行时市场利率为 8%,设所得利率为 25%,筹资费用率为 4%。求此债券的发行价格和资金成本。

8. 某公司销售额为 2 800 万元,固定成本为 320 万元,变动成本为 1 680 万元,全部资本为 2 000 万元,负债比率为 50%,负债利率为 10%,优先股股息为 70 万元,公司所得税税率为 25%。

要求:计算该公司的息税前利润 $EBIT$;固定性的债权资本成本率;财务杠杆系数 DFL。

9. 某公司只经营一种产品,本年度息税前利润总额为 90 万元,变动成本率为 40%,债务筹资的成本额 40 万元,单位变动成本 100 元,销售数量为 10 000 台。

要求:计算该公司的营业杠杆系数、财务杠杆系数和总杠杆系数。

10. 某企业拟筹资 2 500 万元,其中发行债券 1 000 万元,筹资费率为 2%,债券年利率为 10%,所得税率为 25%;优先股 500 万元,年股息率为 12%,筹资费率为 3%;普通股 1 000 万元,筹资费率为 4%,第一年预期股利率为 10%,以后每年增长 4%。

要求:计算债券资本成本;优先股资本成本;普通股资本成本;各种筹资方式筹资额占总资本的比重;该筹资方案的综合资本成本。

三、练习题答案

(一)单项选择题

1. A 2. B 3. C 4. A 5. B 6. C 7. D 8. A 9. B 10. C 11. D 12. A

13. B 14. C 15. D 16. A 17. B 18. C 19. D 20. D 21. A 22. D 23. C
24. C 25. A 26. C 27. A 28. D

(二)多项选择题

1. ABCDE 2. ABCDE 3. ABCDE 4. ABCDE 5. BCDE 6. ABCDE
7. ABCDE 8. ABCDE 9. ABCD 10. ABC 11. CD 12. ABCDE 13. ABCDE
14. ABCDE 15. BC 16. AB 17. ABC 18. AD 19. ABCDE 20. BCD 21. AC
22. AE 23. ABC 24. ABCDE 25. AB 26. ABC 27. BD

(三)填空题

1. 结构　进度　2. 会计师事务所　3. 国家管理资金的政策和体制　4. 负债资本
5. 固定成本　6. 财务杠杆　普通股收益　7. 每股收益变动率　8. 减弱　9. 不佳

(四)名词解释　(略)

(五)判断题

1. √ 2. √ 3. × 4. √ 5. × 6. × 7. × 8. √ 9. × 10. √
11. ×

(六)计算题

1. 解:债券的资金成本率 $=\dfrac{1\,000\times 6\%\times(1-33\%)}{1\,000\times(1-3\%)}=4.14\%$

2. 解:优先股的资金成本率 $=\dfrac{500\times 5\%}{500\times(1-2\%)}=5.1\%$

3. 解:普通股的资金成本率 $=\dfrac{2.5}{10\times(1-5\%)}+4\%=26.32\%+4\%=30.32\%$

4. 解:① 计算各项目在总资金中的比重:

   债券的比重 30%;

   优先股的比重 10%;

   普通股的比重 50%;

   留存收益的比重 10%。

   ② 加权平均的资本成本率 $=30\%\times 4\%+10\%\times 8\%+50\%\times 12\%+10\%\times 11\%=9.1\%$

5. 解:方案Ⅰ:

   加权平均的资金成本 $=8\%\times 7\%+20\%\times 9\%+12\%\times 12\%+60\%\times 15\%=12.8\%$

   方案Ⅱ:

   加权平均的资金成本 $=10\%\times 7.5\%+30\%\times 9\%+20\%\times 12\%+40\%\times 15\%=11.85\%$

   方案Ⅲ:

   加权平均的资金成本 $=16\%\times 8\%+24\%\times 9.5\%+10\%\times 12\%+50\%\times 15\%=12.26\%$

   则方案Ⅱ最优。

6. 解:财务杠杆系数 $=\dfrac{1\,600}{1\,600-8\,000\times 50\%\times 12\%}=1.43$

7. 解:债券的发行价格为 $PV=1\,000\times 10\%\times(P/A,8\%,5)+1\,000\times(P/F,8\%,5)=$

1 080.3(元)

资金成本＝1 000×10％×(1－25％)/1 000×(1－4％)＝7.81％

8. 解：息税前利润 $EBIT=2\,800-320-1\,680=800$(万元)

固定性负债＝320×50％＝160(万元)

固定性的债权资本成本率＝160×10％×(1－25％)/160＝7.5％

利息 $I=2\,000\times 50\%\times 10\%=100$(万元)

由于本题考虑了优先股，故财务杠杆系数

$$DFL=\frac{EBIT}{EBIT-I-\dfrac{D}{1-T}}=\frac{800}{800-100-\dfrac{70}{1-25\%}}=1.32$$

9. 解：变动成本率＝40％＝单位变动成本/单价＝100/单价

单价＝100/40％＝250(元)

固定成本＝(250－100)×10 000－900 000＝600 000(元)

$$营业杠杆系数=\frac{10\,000\times(250-100)}{10\,000\times(250-100)-600\,000}=1.67$$

$$财务杠杆系数=\frac{900\,000}{900\,000-400\,000}=1.8$$

总杠杆系数＝1.6×1.8＝3

10. 解：债券资本成本＝$\dfrac{1\,000\times 10\%\times(1-25\%)}{1\,000\times(1-2\%)}$＝7.65％

$W_1=1\,000/2\,500=40\%$

优先股资本成本＝$\dfrac{500\times 12\%}{500\times(1-3\%)}$＝12.37％

$W_2=500/2\,500=20\%$

普通股资本成本＝$\dfrac{1\,000\times 10\%}{1\,000\times(1-4\%)}+4\%$＝14.42％

$W_3=1\,000/2\,500=40\%$

综合资本成本＝40％×7.65％＋20％×12.37％＋40％×14.42％＝11.3％

第五章 所有者权益管理

第一部分 内容提要和要求

一、内容提要图示

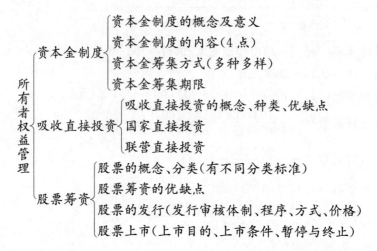

二、学习目的与要求

所有者权益管理主要阐述资本金制度、吸收直接投资和股票筹资等问题,通过学习本章,要求熟悉资本金制度的概念、资本金制度的内容、资本金筹集方式;正确把握吸收直接投资的种类、国家直接投资方式和联营企业投资方式;熟练掌握股票概念与种类、股票筹资的优缺点、股票的发行、股票上市。

第二部分 思考与练习

一、思考题

1. 简述资本金制度的主要内容。
2. 为什么要实行资本金制度?
3. 简述资本金的筹集方式和筹集期限。
4. 简述吸收直接投资的优缺点。
5. 简述国家对国有企业投资在不同时期有何变化。
6. 简述国家财务贷款的程序。
7. 简述股票的特征。
8. 股票是如何分类的?各种股票有何特点?
9. 简述股票筹资的优缺点。
10. 设立股份有限公司申请公开发行股票需具备什么条件?

11. 股份有限公司增资申请公开发行股票应具备什么条件？
12. 简述申请公开发行股票的程序。
13. 股票公开发行可采用哪些承销方式？有何特点？
14. 股票上市需具备哪些条件？

二、练习题

（一）单项选择题

1. 根据《企业财务通则》和《企业财务制度》的规定，我国企业实行资本金制度的时间是（　　）。
   A. 1993年7月1日　　　　　　　　B. 1990年1月1日
   C. 1994年1月1日　　　　　　　　D. 1995年1月1日
2. 根据《企业财务通则》的规定，我国企业资本金的确认采用（　　）。
   A. 授权资本制　　B. 实收资本制　　C. 折中资本制　　D. 法定资本制
3. 以生产经营为主的有限公司的法定最低注册资本限额为人民币（　　）。
   A. 10万元　　　　B. 30万元　　　　C. 50万元　　　　D. 100万元
4. 以商品批发为主的有限责任公司的法定最低注册资本限额为人民币（　　）。
   A. 10万元　　　　B. 30万元　　　　C. 50万元　　　　D. 100万元
5. 科技开发、咨询、服务性有限公司的法定最低注册资本限额为人民币（　　）。
   A. 10万元　　　　B. 30万元　　　　C. 50万元　　　　D. 100万元
6. 股份有限公司的法定最低注册资本额为人民币（　　）。
   A. 1 000万元　　　B. 3 000万元　　　C. 5 000万元　　　D. 6 000万元
7. 上市的股份有限公司的股本总额不能少于人民币（　　）。
   A. 1 000万元　　　B. 3 000万元　　　C. 5 000万元　　　D. 6 000万元
8. 根据《公司法》的规定，以工业产权、非专利技术作价出资的金额不得超过有限责任公司注册资本的（　　）。
   A. 10%　　　　　B. 15%　　　　　C. 20%　　　　　D. 30%
9. 我国财务制度规定，如果情况特殊，企业吸收无形资产（不包括土地使用权）含有高新技术的，经有关部门审查批准，最高不得超过（　　）。
   A. 20%　　　　　B. 25%　　　　　C. 30%　　　　　D. 35%
10. 国家对国有企业的无偿拨款投资方式基本不再采用的时间是（　　）。
    A. 1979年　　　　B. 1984年　　　　C. 1989年　　　　D. 1994年
11. 以主体厂为骨干，以名优产品为主导，由生产经营上有密切联系的企业和单位组成的扩散式经济联合体，该联合体为（　　）。
    A. 松散型联营企业　　　　　　　　B. 紧密型联营企业
    C. 集团公司　　　　　　　　　　　D. 企业集团
12. 企业通过吸收直接投资而取得的非现金资产，其计价应按（　　）。
    A. 原始成本价值　　　　　　　　　B. 重置成本价值
    C. 投资者之间的协议价　　　　　　D. 中介机构的评估值
13. 股票被分为国家股、法人股、社会公众股和外资股，其分类标准是（　　）。
    A. 按股东权利不同　　　　　　　　B. 按投资主体不同

C. 按发行对象　　　　　　　　D. 按时间先后

14. 以人民币标明面值，但以外币认购和交易，专为外国投资者和我国港澳台地区投资者在国内买卖的股票为（　　）。
    A. A股　　　　B. H股　　　　C. B股　　　　D. F股

15. 我国《公司法》规定，公司发起人、国家授权投资的机构、法人发行的股票应当为（　　）。
    A. 普通股　　　B. 优先股　　　C. 初发股　　　D. 记名股票

16. 供我国境内个人或法人买卖的，以人民币标明票面价值并以人民币认购和交易的股票为（　　）。
    A. D股　　　　B. C股　　　　C. B股　　　　D. A股

17. 公司既想筹措主权资本又不想分散公司的控制权，其理想的筹资方式是（　　）。
    A. 增发普通股　　　　　　　　B. 发行优先股
    C. 发行可转换债券　　　　　　D. 发行无面值股票

18. 设立股份有限公司申请公开发行股票，发起人认购的股本数额不少于公司拟发行的股本总额的（　　）。
    A. 20%　　　B. 25%　　　C. 30%　　　D. 35%

19. 设立股份有限公司，申请公开发行股票，向社会公众发行的部分不少于拟发行的股本总额的（　　）。
    A. 20%　　　B. 25%　　　C. 30%　　　D. 15%

20. 原有企业改组设立股份有限公司申请公开发行股票，其必须符合（　　）。
    A. 近三年连续盈利　　　　　　B. 连续三年盈利
    C. 近三年总体盈利　　　　　　D. 自设立以来均盈利

21. 原有企业改组设立股份有限公司申请公开发行股票，其发行前一年末，净资产在总资产中所占比例不应低于（　　）。
    A. 20%　　　B. 30%　　　C. 40%　　　D. 50%

22. 股份有限公司增资申请公开发行股票，其距前一次公开发行股票的时间不少于（　　）。
    A. 6个月　　　B. 12个月　　　C. 18个月　　　D. 24个月

23. 设立股份有限公司申请公开发行股票，其发起人未发生重大违法行为的时间范围是（　　）。
    A. 近两年内　　　　　　　　　B. 近三年内
    C. 近四年内　　　　　　　　　D. 近五年内

24. 根据《股票发行与交易管理暂行条例》的规定，股份公司申请其股票在证券交易所交易，该公司持有面值人民币1 000元以上的个人股东人数应不少于（　　）。
    A. 500人　　　B. 1 000人　　　C. 2 000人　　　D. 5 000人

25. 股份有限公司增减资本必须由（　　）作出决策。
    A. 股东会　　　B. 监事会　　　C. 董事会　　　D. 股东大会

26. 《中华人民共和国公司法》规定，投资方的对外长期投资总额不得超过其净资产的（　　）。
    A. 20%　　　B. 40%　　　C. 35%　　　D. 50%

27. 优先股筹资具有的优点是(　　)。
    A. 成本低　　　　　　　　　　　B. 没有使用约束
    C. 不会分散公司的控制权　　　　D. 筹资费用低
28. 对于不公开直接发行方式的优缺点叙述中,正确的是(　　)。
    A. 发行成本高　　　　　　　　　B. 发行成本低
    C. 股票变现性强　　　　　　　　D. 易于足额筹集资本
29. 以下对普通股筹资优点的叙述中,不正确的是(　　)。
    A. 具有永久性,无需偿还　　　　B. 无固定的利息负担
    C. 资本成本较低　　　　　　　　D. 能增强公司的举债能力

(二) 多项选择题

1. 企业筹集权益资金的方式有(　　)。
    A. 发行股票　　　B. 发行债券　　　C. 企业内部积累
    D. 长期借款　　　E. 吸收直接投资
2. 企业资本金按其投资主体不同分为(　　)。
    A. 法人资本金　　B. 个人资本金　　C. 集体资本金
    D. 国家资本金　　E. 外商资本金
3. 企业吸收直接投资的出资形式有(　　)。
    A. 实物　　　　　B. 货币　　　　　C. 有价证券
    D. 无形资产　　　E. 递延资产
4. 按股东权利不同,股票分为(　　)。
    A. 普通股票　　　B. 记名股票　　　C. 面值股票
    D. 优先股票　　　E. 不记名股票
5. 按有无记名,股票分为(　　)。
    A. 普通股票　　　B. 记名股票　　　C. 面值股票
    D. 优先股票　　　E. 不记名股票
6. 实际工作中,资本制度有多种,主要有(　　)。
    A. 实收资本制　　B. 折中资本制　　C. 授权资本制
    D. 法定资本制　　E. 名义资本制
7. 吸收直接投资的缺点有(　　)。
    A. 筹资成本较高　　　　　　　　B. 不利于产权的流动和重组
    C. 政策繁琐多变　　　　　　　　D. 公司资信下降
    E. 财务风险较高
8. 国家财政贷款主要有(　　)。
    A. 基本建设贷款　　　　　　　　B. 更新改造贷款
    C. 科技开发贷款　　　　　　　　D. 支援农业贷款
    E. 能源、交通和原材料重点建设贷款
9. 股票具有的主要特征是(　　)。
    A. 资产权利的享有性　　　　　　B. 价值的不可兑现性
    C. 收益的波动性　　　　　　　　D. 市场的流动性
    E. 价格的起伏性

10. 股票按发行对象和上市地区不同可分为（　　）。
    A. A种股票	B. C种股票	C. H种股票
    D. B种股票	E. C种股票

11. 普通股筹资的优点是（　　）。
    A. 所筹资金没有偿还期	B. 没有固定的股利负担
    C. 筹资风险小	D. 易吸收社会资金
    E. 能增强公司的信誉

12. 普通股筹资的缺点是（　　）。
    A. 筹资成本高	B. 可能分散公司的控制权
    C. 可能形成较重的财务负担	D. 较优先股限制多
    E. 可能导致股价的下跌

13. 设立股份有限公司申请公开发行股票，应符合的条件有（　　）。
    A. 其生产经营符合国家产业政策
    B. 发起人认购股本不少于总股本的35％
    C. 向社会公众发行的部分不少于总股本的25％
    D. 发起人近三年无重大违法行为
    E. 发行前一年末，净资产占总资产的比例不低于30％

14. 股票发行的审查体制有（　　）。
    A. 注册制	B. 核准制	C. 评比制
    D. 推荐制	E. 选拔制

15. 在公开间接发行中，因中介证券机构承销方式不同，可分为（　　）。
    A. 传销	B. 推销	C. 包销
    D. 分销	E. 代销

16. 公开间接发行股票筹集资金的优点是（　　）。
    A. 发行范围广，发行对象多，易于足额募集资本
    B. 股票的变现力强，流动性好
    C. 能提高公司知名度和扩大影响力
    D. 手续简单、发行成本低
    E. 发行风险较大

17. 不公开直接发行股票方式的优点是（　　）。
    A. 保持股权相对集中	B. 发行成本较低
    C. 手续简单	D. 发行风险较小
    E. 变现性较强

18. 在我国常见的股票发行价格有（　　）。
    A. 等价	B. 时价	C. 溢价
    D. 折价	E. 固定价

19. 我国股份公司申请其股票上市，应具备的条件有（　　）。
    A. 股票已公开发行	B. 总股本不少于5 000万元
    C. 股东人数不少于1 000人	D. 最近三年连续盈利
    E. 市盈率不高于30倍

20. 对上市公司而言,股票上市的意义是( )。
    A. 提高股票的流动性和变现性　　B. 有利于投资者认购和交易
    C. 可进一步增发新股　　　　　　D. 促进股权社会化
    E. 提高公司的知名度
21. 普通股与优先股的共同特征主要有( )。
    A. 同属公司股东　　　　　　　　B. 需支付固定股息
    C. 股息从税后利润中支付　　　　D. 可参与公司重大决策
    E. 用留用利润归还债务
22. 普通股资本成本高于债券成本,原因是( )。
    A. 投资人风险较高,要求投资报酬率较高
    B. 普通股股利从净利中支付,不具有抵税作用
    C. 发行费用一般高于债券
    D. 得到股利在债权人之后
    E. 分配剩余财产在债权人之后
23. 股票上市的目的包括( )。
    A. 资本大众化,分散风险　　　　B. 提高股票的变现力
    C. 便于筹措新资金　　　　　　　D. 负担较低的信息报导成本

（三）判断题

1. 企业筹集的资本金必须一次筹足。　　　　　　　　　　　　　　　　（　）
2. 普通股股票和优先股股票可以不标明面值。　　　　　　　　　　　　（　）
3. 我国《公司法》规定,对社会公众发行的股票必须是无记名股票。　　（　）
4. 无面值股票不标明每张股票的面值,也不在股票上标明股数。　　　　（　）
5. 股份公司的账面价值是指股票所包含的实际资产的价值。　　　　　　（　）
6. 发行股票,既可筹集企业生产经营所需的资金,又可集中企业的控制权。（　）
7. 资本金制度是国家对资本金筹集、管理和核算以及所有者责权利等方面所作的法律规范。　　　　　　　　　　　　　　　　　　　　　　　　　　　　　　（　）
8. 实行资本金制度后,企业固定资产的盘亏、毁损、对外投资时资产重估引起实物和无形资产的价差,直接调整资本金。　　　　　　　　　　　　　　　　　　　（　）
9. 根据《企业财务通则》的规定,我国企业资本金的确认可以实收资本与注册资本不一致。　　　　　　　　　　　　　　　　　　　　　　　　　　　　　　（　）
10. 以商品批发为主的有限责任公司的法定最低注册资本限额为人民币50万元。（　）
11. 科技开发、咨询服务性有限公司的法定最低注册资本限额为人民币10万元。（　）
12. 股份有限公司注册资本的最低限额为人民币500万元。　　　　　　（　）
13. 有外商投资的股份有限公司注册资本的最低限额为人民币3 000万元。（　）
14. 外商资本金是指外国投资者投入企业形成的资本金。　　　　　　　（　）
15. 在外商投资企业中,外国投资者投入的工业产权、专有技术,其作价应当与国际通常的作价原则相一致,其作价金额不得超过注册资本的20%。　　　　　　　（　）
16. 吸收直接投资的筹资成本较高。　　　　　　　　　　　　　　　　（　）
17. 紧密型联营企业是一个独立的法人,进行统一的核算。　　　　　　（　）
18. 优先股股票属于公司的权益资本,因此优先股股东与普通股股东一样,享有公司的经营管理权、表决权。　　　　　　　　　　　　　　　　　　　　　　　（　）

19. 根据有关规定,党政机关一定级别的干部和现役军人不得购买股票。（　）
20. 发行优先股,会使公司控制权分散。（　）
21. 普通股筹资风险小,投资风险大。（　）
22. 筹资成本与筹资风险是相对应的,筹资成本相对较低,则企业筹资风险则较高;反之,筹资成本相对较高,则企业的筹资风险则较低。（　）
23. 所有的上市公司都可以运用配股方式融资。（　）
24. 发行普通股筹资没有固定的利息负担,因此,其资本成本较低。（　）
25. 股票价格分为平价、溢价和折价三种。（　）

(四) 名词解释

1. 资本金
2. 资本金制度
3. 法定资本金
4. 联营投资
5. 股票
6. 普通股
7. 优先股
8. 记名股票
9. 法人股
10. 实质审查制
11. 形式审查制
12. 包销
13. 代销
14. 股票上市

三、练习题答案

(一) 单项选择题

1. A 2. B 3. C 4. B 5. A 6. A 7. C 8. C 9. C 10. B 11. A 12. D
13. B 14. C 15. D 16. D 17. B 18. D 19. B 20. A 21. B 22. B 23. B
24. B 25. D 26. D 27. C 28. B 29. C

(二) 多项选择题

1. ACE 2. ABDE 3. ABD 4. AD 5. BE 6. ABC 7. ABC 8. ABCDE
9. ABCDE 10. ACD 11. ABCDE 12. ABE 13. ABCD 14. AB 15. CE
16. ABC 17. ABC 18. ABC 19. ABCD 20. ABCDE 21. AC 22. ABD
23. ABC

(三) 判断题

1. × 2. × 3. × 4. × 5. √ 6. × 7. √ 8. × 9. × 10. √ 11. √
12. × 13. √ 14. × 15. √ 16. √ 17. √ 18. × 19. √ 20. × 21. √
22. √ 23. × 24. × 25. ×

(四) 名词解释　(略)

第六章 负债管理

第一部分 内容提要和要求

一、内容提要图示

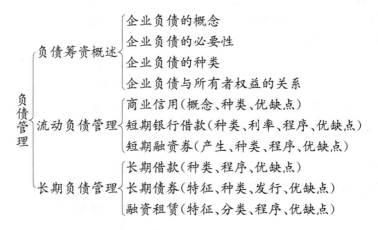

二、学习目的与要求

通过学习本章,要求熟悉企业负债的由来、企业负债的必要性、企业负债的种类、企业负债与所有者权益的关系;掌握"商业信用"、"短期银行借款"和"短期融资券",把握"长期借款"、"长期债券"和"融资租赁"。

第二部分 思考与练习

一、思考题

1. 为什么要负债经营?
2. 简述企业负债与所有者权益的关系。
3. 简述商业信用筹资的优缺点。
4. 简述短期借款的程序。
5. 什么是短期融资券?它是如何产生的?
6. 简述短期融资券发行的程序。
7. 简述短期融资券筹资的优缺点。
8. 长期借款筹资的优缺点是什么?
9. 债券有何特征?
10. 债券是如何进行分类的?
11. 发行企业债券需具备哪些条件?
12. 简述债券筹资的优缺点。

13. 什么是融资租赁？它有何特征？
14. 简述融资租赁的程序。
15. 简述融资租赁筹资的优缺点。

二、练习题

（一）单项选择题

1. 下列项目属于应付金额可以肯定的流动负债的是（　　）。
   A. 应交税费　　　　　　　　　　B. 应付票据
   C. 实行"三包"应付的修理费　　　D. 其他应交款
2. 下列项目属于应付金额取决于经营成果的流动负债的是（　　）。
   A. 应付账款　　　　　　　　　　B. 预收账款
   C. 应付职工薪酬　　　　　　　　D. 短期借款
3. 所有者权益与负债都表现为企业的所有者和债权人对企业资产的要求权，但债权人的要求权是对（　　）而言。
   A. 总资产　　　　　　　　　　　B. 总资产净额
   C. 自有资产　　　　　　　　　　D. 净资产
4. 企业所有者对企业资产的要求权是针对企业的（　　）。
   A. 总资产　　　　　　　　　　　B. 总资产净额
   C. 自有资产　　　　　　　　　　D. 净资产
5. 商业汇票分为商业承兑汇票和银行承兑汇票，其划分的根据是（　　）。
   A. 收款人　　B. 证明人　　C. 保证人　　D. 承兑人
6. 下列项目中不属于应计费用的是（　　）。
   A. 应付职工薪酬　　　　　　　　B. 预提费用
   C. 应付税金　　　　　　　　　　D. 经营费用
7. 对于借款企业而言，在市场利率呈上升趋势的情况下，使用（　　）有利。
   A. 固定利率　　　　　　　　　　B. 浮动利率
   C. 加息利率　　　　　　　　　　D. 贴现利率
8. 金融机构为企业提供的借款金额一般为抵押品价值的（　　）。
   A. 20%～70%　　　　　　　　　　B. 30%～80%
   C. 30%～90%　　　　　　　　　　D. 40%～120%
9. 在我国，公司发行短期融资券在上海开始试点的时间是（　　）。
   A. 1979年　　B. 1984年　　C. 1987年　　D. 1989年
10. 按照我国政策规定，允许少数规模大、信誉高和效益好的企业发行短期融资券，每次发行限额是（　　）。
    A. 100万～1 000万元　　　　　　B. 100万～3 000万元
    C. 500万～3 000万元　　　　　　D. 500万～5 000万元
11. 根据我国《公司法》的规定，发行债券的股份有限公司的净资产不得低于人民币（　　）。
    A. 3 000万元　　　　　　　　　　B. 4 000万元
    C. 5 000万元　　　　　　　　　　D. 6 000万元

12. 根据我国《公司法》的规定，发行债券的有限责任公司的净资产不得低于人民币（　　）。
    A. 6 000万元　　　　　　　　　　B. 4 000万元
    C. 3 000万元　　　　　　　　　　D. 1 000万元
13. 根据《公司法》的规定，企业累计债券总额不得超过企业净资产的（　　）。
    A. 20%　　　B. 30%　　　C. 40%　　　D. 50%
14. 根据《公司法》的规定，发行债券的企业最近三年平均可分配利润是以支付公司债券（　　）。
    A. 1年的利息　　　　　　　　　　B. 2年的利息
    C. 3年的利息　　　　　　　　　　D. 本金
15. 根据《公司法》的规定，债券利率不得（　　）国务院限定的利率水平。
    A. 低于　　　B. 等于　　　C. 超过　　　D. 过分低于
16. 具有简便易行、筹资成本较低、筹资弹性较大、限制条件较少等优点的筹资方式是（　　）。
    A. 长期借款　　B. 长期债券　　C. 商业票据　　D. 商业信用
17. 当债券的票面利率等于市场利率时，债券发行应（　　）。
    A. 溢价发行　　B. 面值发行　　C. 折价发行　　D. 协议价发行
18. 当债券的票面利率小于市场利率时，债券发行应（　　）。
    A. 溢价发行　　B. 面值发行　　C. 折价发行　　D. 协议价发行
19. 影响发行公司债券价格的最主要因素是（　　）。
    A. 票面价值　　B. 票面利率　　C. 债券期限　　D. 市场利率
20. 为了保持财务结构的稳健和提高资产营运效率，在结构上通常应保持合理对应关系的是（　　）。
    A. 资金来源与资金运用　　　　　　B. 银行借款和应收账款
    C. 对内投资与对外投资　　　　　　D. 长期资金与短期资金
21. （　　）筹资方式资本成本高，而财务风险一般。
    A. 发行股票　　　　　　　　　　　B. 发行债券
    C. 长期借款　　　　　　　　　　　D. 融资租赁
22. 对债券进行信用评级工作，这主要是为了保护（　　）利益。
    A. 所有者　　B. 大股东　　C. 中小股东　　D. 债权人
23. 债券成本一般低于普通股成本，这主要是因为（　　）。
    A. 债券发行量小　　　　　　　　　B. 债券筹资费用小
    C. 债券利息固定　　　　　　　　　D. 债券利息在税前扣除，具有抵税效应
24. 不考虑筹资费用的是（　　）。
    A. 长期借款成本　　　　　　　　　B. 债券资本成本
    C. 留存收益成本　　　　　　　　　D. 普通股成本
25. 当市场利率上升时，长期固定利率债券价格的下降幅度（　　）短期债券的下降幅度。
    A. 大于　　　B. 小于　　　C. 等于　　　D. 不确定
26. 一般银行贷款金额相当于抵押品面值的（　　）。
    A. 50%　　　B. 70%　　　C. 100%　　　D. 30%～90%

(二) 多项选择题
1. 负债与自有资本相比较,具有的特征有( )。
   A. 负债是以往或目前已经完成的交易而形成的当前债务
   B. 负债是在将来支付的经济责任
   C. 负债是可以确定和估计的金额
   D. 负债是需要用现金或其他资产支付的确实存在的债务
   E. 负债有确切的债权人和到期日
2. 下列项目属于应付金额可以肯定的流动负债的有( )。
   A. 应付账款   B. 预收账款   C. 应付票据
   D. 应付职工薪酬   E. 其他应交款
3. 下列项目属于应付金额要取决于企业在一定会计期间内的经营状况、经营成果,到期末经计算后才能确认应付金额的流动负债的有( )。
   A. 应交税费   B. 应付利润
   C. 应付职工薪酬   D. 其他应交款
4. 商业信用日益广泛、形式多样,主要有( )。
   A. 应付账款   B. 预收贷款   C. 应付票据
   D. 应计费用   E. 预提费用
5. 商业信用筹资的优点有( )。
   A. 限制条件少   B. 筹资弹性较大   C. 筹资速度较快
   D. 筹资风险较小   E. 筹资成本较低
6. 按借款参与企业资金周转时间的长短和用途,短期银行借款分为( )。
   A. 流动基金借款   B. 周转借款   C. 临时借款
   D. 结算借款   E. 卖方信贷
7. 短期融资券又称为( )。
   A. 商业票据   B. 短期借款   C. 商业本票
   D. 无担保本票   E. 应收票据
8. 短期融资券筹资的优点是( )。
   A. 筹资成本低   B. 能提高企业信誉
   C. 可减轻企业财务工作量   D. 可延期还本付息
   E. 经纪人能提供有价值的建议
9. 长期贷款按有无抵押品作为担保可分为( )。
   A. 抵押贷款   B. 专项贷款   C. 基本建设贷款
   D. 信用贷款   E. 政策性银行贷款
10. 我国银行现在提供的专项借款有( )。
    A. 卖方信贷   B. 农业贷款   C. 小型技改借款
    D. 出口工业品生产专项借款   E. 进口设备短期外汇借款
11. 债券的基本特征是( )。
    A. 是一种债权债务的凭证   B. 债券利息固定
    C. 偿还期明确   D. 在分配和求偿上具有优先权
    E. 不影响企业的控制权

12. 根据我国《公司法》的规定,发行债券筹资的企业应符合的条件有( )。
    A. 股份有限公司净资产额不少于3 000万元
    B. 累计债券总额不超过公司净资产
    C. 最近三年平均利润足够支付公司债券三年利息
    D. 资金投向符合国家产业政策
    E. 债券的利率不得超过国务院限定的利率

13. 债券发行价格有( )。
    A. 等价发行   B. 溢价发行   C. 市价发行
    D. 折价发行   E. 成本价发行

14. 债券筹资的缺点是( )。
    A. 限制条件严格   B. 筹资成本高   C. 筹资数量限制
    D. 分散控制股权   E. 财务风险高

15. 融资租赁按其租赁方式不同,分为( )。
    A. 售后租回   B. 财务性租赁   C. 经营租赁
    D. 直接租赁   E. 杠杆租赁

16. 融资租赁的租金构成包括( )。
    A. 购置成本   B. 预计残值   C. 利息
    D. 租赁手续费   E. 利润

17. 与股票相比,债券有如下特点( )。
    A. 债券代表一种债权债务关系   B. 债券的求偿权优先于股票
    C. 债券持有者无权参加企业决策 D. 债券投资的风险小于股票
    E. 可转换债券按规定可转换为股票

18. 下列筹资方式资本成本高而财务风险很低的是( )。
    A. 吸收投资   B. 发行股票   C. 发行债券
    D. 长期借款   E. 融资租赁

19. 银行短期借款利息的计算方法有( )。
    A. 单利   B. 贴现利率   C. 复利
    D. 附加利率   E. 现值法

20. 长期借款筹资的优点是( )。
    A. 债务成本相对较低   B. 借款弹性较大
    C. 筹资风险小   D. 筹资迅速
    E. 能无限满足长期资金所需

21. 长期借款的特点包括( )。
    A. 限制性条款多,因此融资速度较慢
    B. 借款弹性大
    C. 借款成本低
    D. 借款成本高

22. 负债融资的特点是( )。
    A. 具有使用上的时间性,需要到期偿还
    B. 需支付固定利息负担

C. 资本成本比普通股低
D. 分散企业的控制权

23. 公司发行债券与发行普通股票相比,下列说法中正确的有（　　）。
   A. 公司债券风险较小,普通股风险较大
   B. 公司债券具有分配上的优先权
   C. 公司债券和普通股都不允许折价发行
   D. 公司债券持有人无权参与公司经营管理

（三）名词解释

1. 企业负债
2. 商业信用
3. 应计费用
4. 信用额度
5. 抵押借款
6. 流动基金借款
7. 临时借款
8. 短期融资券
9. 信用贷款
10. 基建贷款
11. 专项贷款
12. 信用债券
13. 抵押债券
14. 可转换公司债券
15. 融资性租赁
16. 售后租回
17. 直接租赁
18. 杠杆租赁

（四）判断题

1. 能发行短期融资券的企业,必须是规模大、信誉高和效益好的企业。（　　）
2. 只要是规模大、信誉高、效益好的企业,均可以发行短期融资券。（　　）
3. 发行股票,既可筹集企业、生产经营所需的资金,又可集中企业的控制权。（　　）
4. 优先股股东在公司股东大会上不论何种情况,均无任何表决权。（　　）
5. 债券的票面利率越高,售价越低。（　　）
6. 所有者权益与负债代表着不同投资者对企业资产不同的要求权。（　　）
7. 所有者权益可以像资产、负债一样,单独计价。（　　）
8. 商业信用是指商品交易中的延期付款或延期交货所形成的借贷关系,是企业之间的一种直接信用关系。（　　）
9. 银行承兑汇票是指由付款人开户银行开出,由供货单位请求购货单位承兑的汇票。（　　）
10. 应计费用的期限具有强制性,不能由企业自由斟酌使用。（　　）
11. 信用借款是指不需要抵押品的借款,具有能自动清偿的特点。（　　）

12. 西方企业发行的短期融资券的利率加上发行成本,通常要低于银行的同期贷款利率。   (   )

13. 金融企业的融资券是由银行等金融性机构发行的融资券。   (   )

14. 非金融企业的融资券的期限一般为 4～6 个月。   (   )

15. 抵押贷款到期时,借款企业不愿意或不能偿还,银行则可取消企业对抵押的赎回权并有权处理抵押品。   (   )

16. 发行债券的有限责任公司的净资产额不得低于人民币 3 000 万元。   (   )

17. 发行债券筹资的企业累计债券总额不超过公司净资产的 70%。   (   )

18. 售后租回不同于杠杆租赁和直接租赁只涉及出租者和承租者,还涉及贷款者作为第三方当事人。   (   )

19. 在通货膨胀时期,融资租赁能给企业带来资产增值的好处。   (   )

20. 我国企业发行债券,其债券的利率不得超过同期银行定期储蓄利率的 40%。   (   )

21. 一旦企业与银行签订周转信贷协议,则在协定的有效期内,只要企业的借款总额不超过最高限额,银行必须满足企业任何时候任何用途的借款要求。   (   )

22. 短期负债融资风险小于长期负债融资风险,且其融资成本较低。   (   )

(五) 计算题

1. 某公司发行面值为 1 000 元、票面利率为 10%、期限为 10 年的债券,每年末付息一次,债券发行时若市场利率分别是 8%、10% 和 12%,请计算该债券的发行价格。

2. 某公司发行面值为 100 元、票面利率为 12%、期限为 10 年的债券,每年末付息一次,债券发行时若市场利率分别为 10%、12% 和 15%,请计算债券的发行价格。

3. 某公司发行面值为 100 元,按复利计息,票面利率为 10% 的债券,发行时的市场利率为 12%,折价发行,发行价格为 90 元。要求:计算该债券的期限。

4. 某公司拟发行面值为 10 万元、票面利率为 8%、期限为 10 年的债券,每年 1 月 1 日和 7 月 1 日付息,当时市场利率为 10%,试计算债券的发行价格。

5. 某公司发行面值为 1 000 元、期限为 5 年、票面利率为 12% 的长期债券,根据发行时的市场利率情况,确定以 1 100 元的价格出售。求该债券发行时的市场利率。

6. 某公司拟发行每张面值为 100 元、票面利率为 14%、每年付息一次、期限为 6 年的债券一批。试分别计算市场利率为 10%、14%、16% 时的发行价格。

三、练习题答案

(一) 单项选择题

1. B 2. C 3. A 4. D 5. D 6. D 7. A 8. C 9. C 10. B 11. A 12. A 13. C 14. A 15. C 16. D 17. B 18. C 19. D 20. A 21. D 22. D 23. D 24. C 25. A 26. D

(二) 多项选择题

1. ABCDE 2. ABC 3. ABCD 4. ABCD 5. ABCE 6. ABCDE 7. ABCD 8. ABCE 9. AD 10. CDE 11. ABCDE 12. ADE 13. ABD 14. ACE 15. ADE 16. ABCDE 17. ABCDE 18. AB 19. ABD 20. ABD 21. BC 22. ABC 23. BD

(三) 名词解释 (略)

(四) 判断题

1. √ 2. × 3. × 4. × 5. × 6. √ 7. × 8. √ 9. × 10. √ 11. √
12. √ 13. × 14. √ 15. √ 16. × 17. × 18. × 19. × 20. √ 21. ×
22. ×

(五) 计算题

1. 解：(1) 当市场利率为8%时，

   债券的发行价格 $=\sum_{t=1}^{10}\dfrac{1\,000\times10\%}{(1+8\%)^t}+\dfrac{1\,000}{(1+8\%)^{10}}=1\,134.2(元)$

   (2) 当市场利率为10%时，

   债券的发行价格 $=\sum_{t=1}^{10}\dfrac{1\,000\times10\%}{(1+10\%)^t}+\dfrac{1\,000}{(1+10\%)^{10}}=1\,000(元)$

   (3) 当市场利率为12%时，

   债券的发行价格 $=\sum_{t=1}^{10}\dfrac{1\,000\times10\%}{(1+12\%)^t}+\dfrac{1\,000}{(1+12\%)^{10}}=886.1(元)$

2. 解：(1) 当市场利率为10%时，
      债券的发行价格=107.59(元)

   (2) 当市场利率为12%时，
      债券的发行价格=100(元)

   (3) 当市场利率为15%时，
      债券的发行价格=89.92(元)

3. 解：采用逐步测试法：令 $n=10$(年)，则债券发行价格
   $=100\times10\%\times(P/A,12\%,10)+100\times(P/F,12\%,10)=10\times5.650+100\times0.322$
   $=88.7(元)$

   由于计算出的债券发行价88.70元，小于实际价格，应减少期数再测试。
   令 $n=8$(年)，则债券发行价格
   $=100\times10\%\times(P/A,12\%,8)+100\times(P/F,12\%,8)=10\times4.968+100\times0.404=$
   $90.08(元)$

   该债券期限为8年。

4. 解：发行价 $=100\,000\times(P/F,5\%,20)+100\,000\times8\%/2\times(P/A,5\%,20)=87\,548$
   (元)

5. 解：由于溢价发行，发行时的市场利率低于票面利率，采用逐步测试法和内部插值法可计算出市场利率 $i=9.41\%$。

6. 解：① 市场利率为10%时的发行价格 P：
      $P=100\times14\%\times(P/A,10\%,6)+100\times(P/F,10\%,6)=117.42(元)$

   ② 市场利率为14%时的发行价格 P：
      $P=100\times14\%\times(P/A,14\%,6)+100\times(P/F,14\%,6)=100.05(元)$

   ③ 市场利率为16%时的发行价格 P：
      $P=100\times14\%\times(P/A,16\%,6)+100\times(P/F,16\%,6)=92.59(元)$

第三篇 资产管理

第七章 投资管理概述

第一部分 内容提要和要求

一、内容提要图示

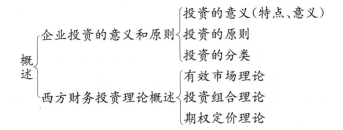

二、学习目的与要求

学习本章要一般了解投资的意义,重点掌握投资的原则与分类。本章难点:西方财务投资理论中的有效市场理论、投资组合理论和期权定价理论。

第二部分 思考与练习

一、思考题

1. 什么是企业投资?企业投资有什么明显特点?
2. 做好企业投资管理工作有什么意义?
3. 企业投资必须坚持哪些原则?
4. 有效市场理论的基本思想是什么?
5. 投资组合理论的中心思想是什么?
6. 期权定价理论的核心原理是什么?

二、练习题

(一)单项选择题

1. 企业投资是指将( )投放于某一客体,以期未来获益的经济行为。
    A. 智力 B. 技术
    C. 资金 D. 教育

2. 任何投资行为都是先支付后收益,先投入后产出,所以投资具有(　　)。
   A. 选择性　　　　B. 垫付性　　　　C. 前瞻性　　　　D. 效益性
3. 企业投资是提高资金使用效果,增加企业(　　)的基本前提。
   A. 成本　　　　　B. 盈利　　　　　C. 声誉　　　　　D. 价值
4. 企业投资时,首先应对该投资项目进行(　　)分析。
   A. 可行性　　　　B. 效益性　　　　C. 结构性　　　　D. 方向性
5. 企业在决定筹集资金需要利用何种渠道与方式时,应考虑(　　)对筹资提出的要求和条件。
   A. 筹资组合　　　B. 投资组合　　　C. 生产经营　　　D. 盈利
6. 企业在投资时,要注意投资收益与投资(　　)均衡。
   A. 成本　　　　　B. 风险　　　　　C. 时间　　　　　D. 步骤
7. 间接投资又称(　　)投资。
   A. 对外　　　　　B. 对内　　　　　C. 金融资产　　　D. 有价证券
8. 对外投资主要是(　　)投资。
   A. 间接　　　　　B. 直接　　　　　C. 外汇　　　　　D. 期权
9. 市场有效理论的"有"字旨在表明上市公司披露的财务信息必须是真实的才(　　)。
   A. 有时效性　　　B. 有价值　　　　C. 有效率　　　　D. 有收益
10. 有效市场理论的"效"字旨在表明证券市场的股价波动是及时地反映了其财务信息的结果,是(　　)市场。
    A. 低效率　　　　B. 高效率　　　　C. 无效率　　　　D. 有效率
11. 有效市场理论还揭示财务信息披露和使用时要注意到信息(　　)的作用。
    A. 对称　　　　　B. 不对称　　　　C. 失真　　　　　D. 充分
12. 我国股票市场上市公司原始股的发行价是以每股收益与大致固定的(　　)确定的。
    A. 收益率　　　　　　　　　　　　B. 成本费用率
    C. 市盈率　　　　　　　　　　　　D. 变动成本率
13. 马克威茨认为经过投资组合后投资方案会在(　　)中得到平衡。
    A. 风险　　　　　　　　　　　　　B. 收益
    C. 风险—收益　　　　　　　　　　D. 成本—效益
14. (　　)对所有证券都有影响,但企业无法控制。
    A. 系统风险　　　　　　　　　　　B. 非系统风险
    C. 财务风险　　　　　　　　　　　D. 经营风险
15. 期权是指对未来特定对象物的(　　)。
    A. 表决权　　　　B. 选择权　　　　C. 参与权　　　　D. 标的权
16. 期权定价理论的核心原理是(　　)无套利均衡分析。
    A. 动态　　　　　B. 静态　　　　　C. 稳定　　　　　D. 波动
17. 期权把事先约定好的价格称为(　　)。
    A. 售价　　　　　B. 买价　　　　　C. 竞价　　　　　D. 执行价格
18. (　　)可以在执行日或以前任何一天行使。
    A. 美式期权　　　　　　　　　　　B. 欧式期权
    C. 中式期权　　　　　　　　　　　D. 国际期权

19. 我国( )形式,就是企业在发行股票时出售股票认购的选择权。
    A. 认股证　　　B. 可转换债券　　C. 优先股　　　D. 保险
20. 美式期权价值一般( )欧式期权。
    A. 不高于　　　B. 不低于　　　　C. 不突破　　　D. 不超出
21. 企业投资是保证再生产过程顺利进行的( )。
    A. 重要手段　　B. 必要手段　　　C. 基本前提　　D. 重要前提
22. 一般而言,企业取得的投资收益越多,所承担的风险也就( )。
    A. 越大
    B. 越小
    C. 没有关系
    D. 风险与收益成正比
23. 把资金投放于本企业或外单位的生产,形成经营性资产,根据资产的所有权与物权,以便取得收益的投资是( )。
    A. 直接投资　　B. 间接投资　　　C. 对内投资　　D. 对外投资
24. 对内投资都是( )投资。
    A. 外汇　　　　B. 期货、股票　　C. 直接　　　　D. 间接
25. 有效市场理论精粹是有价值和( )。
    A. 有效率　　　B. 有收益　　　　C. 高收益　　　D. 高效率

(二) 多项选择题

1. 企业投资具有如下特点( )。
    A. 选择性　　　B. 垫付性　　　　C. 效益性
    D. 可行性　　　E. 复杂性
2. 依据投资与生产经营的关系,投资可以分为( )。
    A. 对内投资　　B. 对外投资　　　C. 直接投资
    D. 金融投资　　E. 间接投资
3. 依据投资的方向,投资可以分为( )。
    A. 对内投资　　B. 对外投资　　　C. 直接投资
    D. 金融投资　　E. 间接投资
4. 市场有效理论的核心是在( )两字。
    A. 有　　　　　B. 效　　　　　　C. 投入
    D. 产出　　　　E. 投入与产出
5. 罗伯茨将有效市场理论分为三种形态( )。
    A. 弱式有效市场　　　　　B. 中强式有效市场
    C. 强式有效市场　　　　　D. 欧式有效市场
    E. 美式有效市场
6. 马克威茨认为经过投资组合后投资方案会在( )中得到均衡。
    A. 成本　　　　B. 效益　　　　　C. 风险
    D. 收益　　　　E. 投入
7. 下列哪些属于组合投资技巧在个人投资中的运用?( )
    A. 三分投资法　　　　　　B. 股票与债券投资组合
    C. 二分法　　　　　　　　D. 三三制
    E. 股市、集邮、收藏、房产多元投资组合

8. 按期权拥有者的行为来划分,可分为( )。
   A. 择购权　　　　　B. 弃购权　　　　　C. 择售权
   D. 弃售权　　　　　E. 执行权
9. 期权按执行日的不同可分为( )。
   A. 欧式期权　　　　B. 中式期权　　　　C. 美式期权
   D. 选择期权　　　　E. 交易期权
10. 期权定价理论的核心原理是( )均衡分析。
    A. 动态　　　　　　B. 无套利　　　　　C. 静态
    D. 有套利　　　　　E. 前面全是
11. 夏普在资本资产定价理论中提出,投资总风险由( )构成。
    A. 系统性风险　　　　　　B. 高风险
    C. 非系统性风险　　　　　D. 低风险
12. 属于间接投资的是( )。
    A. 流动资产投资　　B. 股票投资　　　　C. 固定资产投资
    D. 长、短期债券投资　E. 外汇和期权投资
13. 从期权的对象物来看,可包括( )。
    A. 股票　　　　　　B. 债券　　　　　　B. 股票指数
    D. 利率　　　　　　E. 商品期货

(三)填空题
1. 财务上研究的投资主要是指_____上的投资,又称_____投资。
2. _____和_____是财务管理的两个不同的主要环节,二者相互联系,相互制约。
3. 市场有效理论的核心是在_____和_____两字。
4. 马克威茨认为经过投资组合后投资方案会在_____中得到平衡。
5. 投资组合理论主要是指_____。
6. 所有金融工具的定价是根据_____关系给出的,期权当然如此。

(四)名词解释
1. 企业投资
2. 直接投资
3. 对内投资
4. 有效市场理论
5. 投资组合理论
6. 期权

(五)判断题
1. 任何投资活动的发生,都是在投资之前对各个投资方案比较的基础上再加以选择的结果,所以它具有选择性和垫付性。( )
2. 间接投资又称金融资产投资,是指把资金投放于债券、股票、外汇和期权等金融资产上,以便取得股利、利息、收入或资本利得。( )
3. 对外投资就是间接投资。( )
4. 中强式有效市场的证券价格已经包含现在的公开信息,任何证券投资者根据历史价格信息和交易量信息,将无法获得经济利润。( )

5. 在投资组合中,要重视若干证券的相关性,尽可能把相关程度高的证券组合在一起,使高风险与低风险的证券风险抵消,以取得市场平均报酬率。（ ）

6. 期权对于其拥有者来说,是指在未来必须选择行使的权利。（ ）

7. 当一个企业决定对某项目进行投资时,必须坚持对该投资项目进行可行性分析。（ ）

8. 期权定价理论的核心原理是动态有套利均衡分析。（ ）

9. 利用期权交易时,对择购期权或择售期权的购买者来说,它放弃选择权时,其损失的风险是有限的,但执行选择权时,获利的空间则是无限的。（ ）

10. 对于B-S模型的推广运用:如财产保险,可以认为发生财产损失时,你有提出求偿权的要求,也可以放弃这种求偿权,执行价格则是承保金额。（ ）

（六）简答题

1. 简述企业投资及投资的特点。
2. 简述企业投资的意义。
3. 简述企业投资的原则。

三、练习题答案

（一）单项选择题

1. C 2. B 3. B 4. A 5. B 6. B 7. C 8. A 9. B 10. B 11. B 12. C 13. C 14. A 15. B 16. A 17. D 18. A 19. A 20. B 21. B 22. A 23. A 24. C 25. D

（二）多项选择题

1. ABC 2. CE 3. AB 4. AB 5. ABC 6. CD 7. ABE 8. AC 9. AC 10. AB 11. AC 12. BDE 13. ABCDE

（三）填空题

1. 财力 资金 2. 筹资 投资 3. 有 效 4. 风险—收益 5. 证券组合投资 6. 无套利均衡

（四）名词解释

1. 企业投资是指企业将所筹资金投放于某一客体,以期未来获益的经济行为。

2. 直接投资是指把资金投放于本企业或外单位生产经营性资产,具有资产的所有权与物权,以便取得收益的投资。

3. 对内投资是指企业把资金投放于企业自身的生产经营过程中,形成企业的固定资产、无形资产、流动资产等的投资,它主要拥有资产的物权。

4. 有效市场理论是由尤金·法玛提出的,是西方财务理论框架中最重要的内容之一。它的基本思想可以归纳为:在证券市场上交易者如果根据获得的一组信息而无法获得额外盈利,那么就可以认为资本市场是有效的。

5. 投资组合理论是西方财务理论体系中关于投资决策理论的重要内容之一。它以马克威茨提出的"投资组合选择"为理论基础。这一理论的中心思想认为经过投资组合后投资方案会在"风险—收益"中得到平衡:既能规避一定的投资风险,又能取得一定的投资效益。

6. 期权是指对未来特定对象物的选择权,这种权利只能在将来某一天或某一天以前行使,而不必承担义务。

（五）判断题

1. ×　2. √　3. ×　4. ×　5. ×　6. ×　7. √　8. ×　9. √　10. √

（六）简答题

1. 企业投资是指企业将所筹资金投放于某一客体，以期未来获益的经济行为。企业投资具有如下特点：

（1）投资总是以取得一定的投资报酬或投资效益为前提条件，即效益性。

（2）任何投资活动的发生，都是在投资之前对多个投资方案比较的基础上再加以选择的结果，即可选择性。

（3）任何投资行为都是先支付后收益，先投入后产出，即投资具有垫付性。

2. 企业投资具有的深远意义：

（1）企业投资是保证再生产过程顺利进行的必要手段。

（2）企业投资是提高资金使用效果、增加企业盈利的基本前提。

（3）企业投资是调整生产能力和生产结构的重要手段。

3. 企业投资必须坚持下列原则：

（1）坚持项目的可行性分析。

（2）投资组合与筹资组合相适应。

（3）投资收益与投资风险均衡。

第八章　流动资产投资管理

第一部分　内容提要和要求

一、内容提要图示

流动资产投资管理
- 货币资金管理
  - 货币资金概述（概念、特点、动机、目的和要求、策略）
  - 货币资金需求量预测（现金收支法、调整净损益法、销售比例法、成本费用比例法）
  - 货币资金需求量控制（成本分析模式、存货模式、随机模式）
- 应收账款管理
  - 债权资产管理意义（必要性、目的）
  - 应收账款信用政策（信用标准、信用条件）
  - 收账政策
  - 现阶段运作（混乱原因、防欠方法）
- 存货管理
  - 存货管理目的和内容（概念、意义、目的、内容）
  - 存货资金最低占用量确定（形态、意义、方法、储备资金占用量、生产资金占用量、成品资金占用量）
  - 存货决策（最佳采购批量、最佳生产批量）
  - 存货控制（归口分级控制、ABC控制法、动态控制）

二、学习目的与要求

学习本章要一般了解货币资金的概念、特点以及货币资金管理的目的和要求；债权资产管理的意义；存货管理的目的和内容。重点应掌握货币资金需要量预测、控制的方法；应收账款信用政策制定的标准与原则方法；存货资金最低占用量确定的方法。难点应注意货币资金需要量控制方法、信用条件制订方法的实践运用。

第二部分　思考与练习

一、思考题

1. 什么是货币资金的特点？认识它对搞好财务管理有何作用？
2. 企业置存货币资金和管理货币资金的目的各是什么？它们之间有没有联系？
3. 货币资金需求量预测的方法有哪些？
4. 货币资金需求量控制的方法有哪些？它们各自有什么特点？
5. 什么是债权资产？为什么说它是企业的一项流动资产？
6. 与应收账款信用政策相关的成本有哪些？
7. 收账政策的制定原则是什么？坏账损失与收账费用有什么样的关系？
8. 目前我国应收账款有增无减、管理混乱的原因是什么？应采取怎样的措施？

9. 存货资金有哪几种形态？存货资金的特点是什么？
10. 确定存货资金最低需要量有何意义？
11. 与储存原材料有关的存货成本有哪些？
12. 什么是存货资金归口分级控制？其具体内容是什么？

二、练习题

（一）单项选择题

1. 货币资金管理的目的就是要在（　　）之间作出恰当的选择。
　　A. 成本和收益　　　　　　　　　　B. 风险和收益
　　C. 收入与支出　　　　　　　　　　D. 投入与产出
2. 企业库存现金的限额一般以企业（　　）的日常零星开支额为限。
　　A. 10～15 天　　B. 3～5 天　　C. 7～9 天　　D. 5～7 天
3. 持有现金的管理费用一般属于（　　）。
　　A. 机会成本　　B. 变动费用　　C. 固定费用　　D. 置存成本
4. 下列哪项不属于货币资金需要量预测的方法？（　　）
　　A. 现金收支法　　　　　　　　　　B. 调整净损益法
　　C. 销售比例法　　　　　　　　　　D. 净现值法
5. 下列哪项属于货币资金需要量预测的方法？（　　）
　　A. 净现值法　　　　　　　　　　　B. 内含报酬率法
　　C. 现值指数法　　　　　　　　　　D. 成本费用比例法
6. 根据企业一定时期内的商品销售收入总额与货币资金平均余额之间的比例关系来预测货币资金需要量的方法，称为（　　）。
　　A. 现金收支法　　　　　　　　　　B. 调整净损益法
　　C. 销售比例法　　　　　　　　　　D. 成本费用比例法
7. 下列哪项成本不属于成本分析模式中企业持有货币资金的成本？（　　）
　　A. 占用成本　　B. 管理成本　　C. 短缺成本　　D. 置存成本
8. 存货模式中的持有货币资金的置存成本是一种（　　）。
　　A. 机会成本　　B. 虚拟成本　　C. 实际成本　　D. 理论成本
9. 随机模式假定货币资金的支出是（　　）。
　　A. 均衡的　　　B. 随机的　　　C. 波动的　　　D. 定量的
10. 随机模式确定的是控制货币资金持有量的一个（　　）。
　　A. 区域　　　　B. 上限　　　　C. 下限　　　　D. 最佳量
11. 一般而言，债权资产的主要形式是指（　　）。
　　A. 应收票据　　　　　　　　　　　B. 应收账款
　　C. 其他应收款　　　　　　　　　　D. 应付账款
12. 企业在制定信用标准时，应进行（　　）分析。
　　A. 成本—效益　　　　　　　　　　B. 投入—产出
　　C. 收入—支出　　　　　　　　　　D. 成本—收入
13. 企业债权资产数量的多少与市场的经济状况和企业的（　　）有关。
　　A. 信用标准　　B. 信用条件　　C. 信用政策　　D. 收账政策

14. 信用等级评价法通常按企业提供给客户的应收账款可能发生的( )划分等级。
    A. 收账率   B. 呆账率
    C. 边际贡献率   D. 坏账准备率

15. 运用信用风险量化评价法,通常选择( )指标作为信用风险指标。
    A. 5个   B. 10个   C. 3个   D. 20个

16. 信用额度代表企业对该客户愿意承担的( )。
    A. 最高限额费用   B. 最高标准待遇
    C. 最高风险   D. 最高收益

17. 企业确定信用期限应掌握的原则是:通过延长信用期限取得的收益至少要等于( )。
    A. 因这种延长而增加的机会成本、坏账损失及其他费用
    B. 因这种延长而减少的机会成本、坏账损失及其他费用
    C. 因这种延长而减少的机会成本和增加的坏账损失及其他费用
    D. 因这种延长而增加的机会成本和减少的坏账损失及其他费用

18. 企业制定收账政策时,要在收账费用和( )之间作出权衡。
    A. 所减少的坏账损失和机会成本
    B. 所减少的坏账损失和增加的机会成本
    C. 所增加的坏账损失和减少的机会成本
    D. 所增加的坏账损失和机会成本

19. 财务成本是占用在应收账款上的资金的( )。
    A. 资金成本   B. 机会成本
    C. 利息   D. 占用成本

20. 下列给出的信用条件哪个是正确的?( )
    A. "2/10,n/30"   B. "2/10,30/n"
    C. "2/n,10/30"   D. "n/10,2/30"

21. 在ABC管理法中,A类存货是指那些( )的存货。
    A. 品种多所占资金也多   B. 品种少所占资金也少
    C. 品种多所占资金少   D. 品种少所占资金多

22. 外购商品周转期包括( )、库存、发运和结算日数。
    A. 在途   B. 整理
    C. 保险   D. 供应间隔

23. 保险储备量=平均日耗量×( )。
    A. 保险日数   B. 整理日数
    C. 采购和入库间隔日数   D. 结算日数

24. 产成品单位计划成本×( )=在产品平均单位成本。
    A. 供应间隔系数   B. 在产品成本系数
    C. 风险价值系数   D. 经营杠杆系数

25. 供应间隔系数是库存原材料资金的( )与最高占用额的比例。
    A. 平均占用额   B. 采购总金额
    C. 计划总金额   D. 平均采购金额

26. 根据国家规定,供应间隔系数一般在( )之间。
    A. 10%～30% B. 20%～50%
    C. 30%～60% D. 50%～80%

27. ( )的长短对原材料资金占用高低影响最大。
    A. 在途日数 B. 整理日数
    C. 供应间隔日数 D. 保险日数

28. 应用( )既可测算企业全部存货资金最低占用额,又可测算企业某项存货最低占用量。
    A. 比例推算法 B. 余额计算法
    C. 因素分析法 D. 周转期法

29. 存货资金的最低占用量 = $\left(\dfrac{上年度存货资金实际平均占用额} - \dfrac{不合理占用额}\right) \times \left(1 \pm \dfrac{计划年度生产任务增减率}\right) \times [1-($ $)]$
    A. 计划年度流动资金周转加速率
    B. 计划年度流动资金增加率
    C. 计划年度固定资金增加率
    D. 计划年度固定资金降低率

30. 存货资金的最低占用量 = 计划年度总产值 $\times ($ $) \times \left(1-\dfrac{计划年度资金周转加速率}\right)$
    A. 预计销售收入资金率 B. 预计成本资金率
    C. 预计资金利润率 D. 预计产值资金率

31. 对信用期限的叙述,正确的是( )。
    A. 信用期限越长,企业坏账风险越小
    B. 信用期限越长,表明客户享受的信用条件更优越
    C. 延长信用期限,不利于销售收入的扩大
    D. 信用期限越长,应收账款的机会成本越低

32. 建立存货合理保险储备的目的是( )。
    A. 在过量使用存货时保证供应
    B. 在进货延迟时保证供应
    C. 使存货的缺货成本和储存成本之和最小
    D. 降低存货的储备成本

33. 某企业全年需用A材料3 600吨,一次订货成本为600元,单位储存变动成本14元,每日送货量为30吨,每日消耗量为10吨,则每年最佳订货次数为( )次。
    A. 5.29 B. 4.26
    C. 5.18 D. 4.62

34. 企业持有短期有价证券,主要是为了维持企业资产的流动性和( )。
    A. 企业良好的信用地位 B. 企业资产的收益性
    C. 正常情况下的现金需要 D. 非正常情况下的现金需要

35. 通常,在基本模型下确定经济批量时,应考虑的成本是( )。
    A. 采购成本 B. 订货成本
    C. 储存成本 D. 订货成本和储存成本

36. 信用的"5C"系统中,资本是指( )。
    A. 顾客的财务实力和财务状况,表明顾客可能偿还债务的背景
    B. 指顾客拒付款项或无力支付款项时能被用作抵押的资产
    C. 指影响顾客付款能力的经济环境
    D. 指企业流动资产的数量和质量以及与流动负债的比例

37. 在供货企业不提供数量折扣的情况下,影响经济订货量的因素是( )。
    A. 采购成本   B. 储存成本中的固定成本
    C. 订货成本中的固定成本   D. 订货成本中的变动成本

38. 在其他因素不变的情况下,企业采用积极的收账政策,可能导致的后果是( )。
    A. 坏账损失增加   B. 应收账款投资增加
    C. 收账成本增加   D. 平均收账期延长

39. 在下列各项中,属于应收账款机会成本的是( )。
    A. 收账费用   B. 坏账损失
    C. 应收账款占用资金的应计利息 D. 对客户信用进行调查的费用

40. 在延长信用期时,"应收账款占用资金"正确的计算公式是( )。
    A. 应收账款占用资金＝日销售额×平均收现期×变动成本率
    B. 应收账款占用资金＝销量增加×边际贡献率
    C. 应收账款占用资金＝应收账款平均余额×资金成本
    D. 应收账款占用资金＝应收账款占用资金×资本成本

41. 在存货陆续供应和使用下,导致经济批量减少的因素有( )。
    A. 存货年需用量增加   B. 一次订货成本增加
    C. 每日耗用量增加   D. 每日耗用量降低

42. 若企业的应收账款周转天数为60天,应付账款周转天数为40天,平均存货期限为70天,则企业现金周转期为( )。
    A. 170天   B. 90天   C. 50天   D. 30天

43. 企业在进行应收账款管理时,除了要合理确定信用标准和信用条件外,还要合理确定( )。
    A. 现金折扣期间   B. 现金折扣率
    C. 信用期间   D. 收账政策

44. 下列项目属于速动资产的是( )。
    A. 一年内到期长期投资   B. 存货
    C. 递延资产   D. 短期投资

45. 存货资金属于( )。
    A. 流动资金   B. 非流动资金
    C. 速冻资金   D. 短期资金

46. 对于存货控制中ABC控制法,其品种数量约占全部存货品种的5%～10%,但其资金占用额约占全部存货资金的60%～80%的为( )存货。
    A. B类   B. C类   C. D类   D. A类

47. 企业制定收账政策应十分谨慎,宽严适度,对于短期拖欠户,可采用( )催讨账款。
    A. 电话   B. 上门催讨   C. 书信方式   D. 求助法律

48. 采用最佳订货批量计算时,存货的储存成本为( )。

A. $\dfrac{D}{Q}K$ B. $\dfrac{Q}{2}C$ C. S D. $\sqrt{\dfrac{2DK}{C}}$

(二)多项选择题

1. 货币资金管理的目的是( )。
   A. 要在风险和收益之间作出恰当选择
   B. 采取严密措施保证现金安全
   C. 要在成本和收益之间作出选择
   D. 要在成本和收入之间作出选择
   E. 要在投入和产出之间作出选择

2. 货币资金的特点是( )。
   A. 流动性最强   B. 收益性最低   C. 周转性最慢
   D. 可接受性弱   E. 收益稳定性强

3. 货币资金日常管理可运用下列哪些策略?( )
   A. 力争现金流量同步   B. 充分运用闲置资金
   C. 使用现金浮游量   D. 加速收款
   E. 推迟应付款的支付

4. 成本分析模式中持有货币资金成本可以分解为( )。
   A. 置存成本   B. 占用成本   C. 管理成本
   D. 短缺成本   E. 交易成本

5. 下列各项中哪些构成存货模式中的货币资金管理总成本?( )
   A. 置存成本   B. 占用成本   C. 管理成本
   D. 短缺成本   E. 交易成本

6. 下列各项哪些属于债权资产存在的必要性?( )
   A. 迫于商业竞争需要   B. 减少存货积压
   C. 销售和收款两个行为在时间上的不一致
   D. 减少资金占用   E. 增加销售收入

7. 企业向客户提供现金折扣,可能产生下列哪些结果?( )
   A. 表面看要损失一部分销售收入
   B. 加速应收账款周转,减少应收账款占用资金的财务成本
   C. 减少收账费用和坏账损失
   D. 增加收账费用和坏账损失
   E. 增加应收账款占用资金的财务成本

8. 信用条件包括的三要素是( )。
   A. 信用标准   B. 折扣率   C. 折扣期限
   D. 信用期限   E. 信用额度

9. 信用政策包括( )两部分。
   A. 收账政策   B. 信用标准   C. 信用条件
   D. 信用期限   E. 信用额度

10. 债权资产是指性质属于企业债权的（　　）。
    A. 应收账款　　　　B. 应收票据　　　　C. 其他应付款
    D. 应付票据　　　　E. 应付账款
11. 存货的三个基本特征是（　　）。
    A. 所有权属于企业
    B. 储存存货的最终目的是为了销售或用于销售
    C. 必须是流动资产
    D. 必须是用于生产的设备
    E. 用于生产的其他资产
12. 构成企业存货资金的项目有（　　）。
    A. 储备资金　　　　B. 生产资金　　　　C. 成品资金
    D. 货币资金　　　　E. 结算资金
13. 原材料周转期是指（　　）之和。
    A. 在途日数　　　　　　　　B. 整理准备日数
    C. 应计供应间隔日数　　　　D. 供应间隔日数
    E. 保险日数
14. 确定存货资金最低占用量的基本方法有（　　）。
    A. 周转期法　　　　B. 因素法　　　　C. 比例推算法
    D. 余额计算法　　　E. 差异分析法
15. 确定在产品资金最低占用额的四因素是指（　　）。
    A. 计划期产品平均日产量　　B. 单位计划成本
    C. 在产品成本系数　　　　　D. 生产周期
    E. 产品生产的每日生产费用
16. 下列项目中,属于与存货经济批量无关的是（　　）。
    A. 储存变动成本　　　　　　B. 订货提前期
    C. 年度计划订货总量　　　　D. 存货单价
17. 应收账款周转率提高意味着（　　）。
    A. 销售成本降低　　　　　　B. 短期偿债能力增强
    C. 收账费用水平较低　　　　D. 赊账业务减少
18. 在确定经济订货量时,下列表述中正确的有（　　）。
    A. 经济订货量是指通过合理的进货批量和进货时间,使存货的总成本最低的采购批量
    B. 随每次进货批量的变动,订货成本和储存成本呈反方向变化
    C. 变动储存成本的高低与每次进货批量成正比
    D. 变动订货成本的高低与每次进货批量成反比
    E. 年储存总成本与年订货总成本相等时的采购批量,即为经济订货量
19. 下列属于对应收账款清理与防欠的方法有（　　）。
    A. 约期清偿　　　　B. 实物清偿　　　　C. 委托清收
    D. 信用咨询　　　　E. 依法催收

20. 工业企业的存货有三种形式,分别是(　　)。
   A. 原材料类　　　　B. 生产设备类　　　　C. 在产品类
   D. 产成品类　　　　E. 零星修理工具
21. 存货资金具有的两大特点是(　　)。
   A. 周期性　　　　　　　　　　B. 并存性
   C. 继起性　　　　　　　　　　D. 收益稳定性

(三) 填空题

1. 货币资金的特点是_____、_____。
2. 构成存货模式中的货币资金管理总成本的项目是_____、_____。
3. 信用政策包括_____、_____两个方面。
4. 信用条件包括的三要素是指_____、折扣期限、_____。
5. 企业制定信用标准时应进行_____分析。
6. 与储存原材料有关的存货成本可分为取得成本、_____和_____三类。
7. 利用经济批量模型确定最佳生产批量时涉及的成本有_____、_____。
8. 决定原材料最低储备量的日数是_____和_____。
9. 处于生产领域的流动资金包括_____和_____。
10. 存货资金具有_____和_____两个特点。

(四) 名词解释

1. 货币资金
2. 成本费用比例法
3. 货币资金占用成本
4. 商业信用政策
5. 信用标准
6. 收账政策
7. 供应间隔系数
8. 在产品成本系数
9. 经济批量
10. 存货资金最低占用额

(五) 判断题

1. $\dfrac{T}{M}$ 是在存货模式中用来计算有价证券转化为现金次数的。　　　　　　　　(　　)

2. 米勒—欧尔模式中 z 的最佳值可由如下公式确定:
$$z=\sqrt{\dfrac{3\delta^{-2}i}{4\delta}}$$
　　　　　　　　　　　　　　　　　　　　　　　　　　　　　　　　(　　)

3. "现金收支法"中确定各期现金余缺数的公式如下:

现金余缺数 = (期初现金余额 + 本期预计现金流入总额 − 本期预计现金流出总额) − 最佳现金持有量
　　　　　　　　　　　　　　　　　　　　　　　　　　　　　　　　(　　)

4. 一般地说,收账费用越多,平均收账期越短,呆账率越低。因此它们之间的关系是线性的。
　　　　　　　　　　　　　　　　　　　　　　　　　　　　　　　　(　　)

5. 延长信用期限,也就延长了应收账款的平均收账期。（　　）
6. 信用额度是客户在任何时候可以赊欠的最大限额。（　　）
7. 一般的,存货周转率越高,存货资金占用水平越低,流动性就越强。因此,存货周转率越高越好。（　　）
8. 在 ABC 管理法中,A 类存货品种少则所占资金也少,因此属"关键少数"。（　　）
9. 调整准备成本与每批生产数量没有直接关系,但与生产的批数成正比。（　　）
10. 储存成本总额取决于这一时期的平均储存量。（　　）

（六）简答题

1. 简述企业置存货币资金的动机。
2. 简述货币资金收支内部控制制度的内容。
3. 简述"5C"评估法。
4. 简述债权资产管理的目的。
5. 简述存货的功能。
6. 简述存货管理的目的。

（七）计算题

1. 某企业有两种货币资金持有方案,甲方案现金持有量为 300 000 元,占用成本 30 000 元,管理成本 60 000 元,短缺成本 40 000 元；乙方案现金持有量为 400 000 元,占用成本 40 000 元,管理成本 60 000 元,短缺成本 20 000 元,试确定哪个方案最优。

2. 假设某企业每月货币资金需要量为 40 000 元,货币资金和有价证券的转换成本为每次 30 元,有价证券的月利率为 6‰。试求最佳货币现金持有量及有价证券转换为货币资金的交易次数。

3. 某企业每日货币资金收支方差为 640 000 元,有价证券年利率为 10%,每次买卖证券的交易成本为 80 元,若该企业所需货币资金余额的下限为 300 元,试确定最佳转换点和最佳上限。

4. 某企业一直采用现销方法销售产品,每年可以销售 60 000 件,每件售价为 50 元,该产品单位变动成本 30 元,固定成本总额为 500 000 元。该企业尚有剩余生产能力,拟采用信用政策扩大销售,现设想给予信用期限为 30 天和 60 天两个方案,信用期限为 30 天方案的销售量为 100 000 件,收账费用为 40 000 元,坏账损失 40 000 元；信用期限为 60 天方案的销售量为 120 000 件,收账费用为 60 000 元,坏账损失 50 000 元。若企业资金利润率为 30%,试比较运用哪个方案对企业更有利？

5. 继计算题第 4 题,企业规定在信用期间为 30 天的方案中,若客户在 10 天内付清货款可享受 2% 的现金折扣,并估计所有客户都会在折扣期内付款,企业的收账费用可减少 1/4,坏账损失将不再发生。试计算企业给予现金折扣方案是否可行？

6. 某企业拟变更收账政策,其当前收账方案和新方案有关资料如下表：

项　目	当前方案	新方案
收账费用(元)	21 500	33 200
应收账款周转率(次)	4	6
呆账率(%)	5	3

设该企业年销售额在 1 500 000 元,销售成本占销售额的 85%,资金利润率为 15%,试比较两个方案哪个更佳?

7. 某企业耗用乙材料全年为 25 000 元,该企业购进原材料的在途日数为 7 天,间隔日数 15 天,供应间隔系数 60%,保险日数 3 天。试求乙材料资金最低占用额。

8. A 产品生产周期为 4 天,原材料成本 500 元,其中第一天投料 200 元,第三天投料 300 元,工资及其他费用 500 元在 4 天中均衡发生,单位产品计划成本为 1 000 元,求在产品成本系数。

9. 某企业某种外购材料全年需要量为 10 000 千克,预计每次订货费用为 100 元,单位储存费用为 2 元。试确定该企业的最佳采购批量及批数。

10. 某公司每年需要某种零件 360 000 个,生产设备每天能生产 4 000 个,每日领用 1 000 个。每批调整准备成本为 2 000 元,每个零件每年的储存成本为 1 元。试求最优生产批量和最优生产批数。

11. 某企业每年需用甲材料 8 000 件,每次订货成本为 160 元,每件材料的年储存成本为 6 元,该种材料的单价为每件 25 元,一次订货量在 2 000 件以上时可获 3% 的折扣,在 3 000 件以上时可获 4% 的折扣。

要求:计算确定对企业最有利的进货批量。

12. 某企业生产并销售 M 产品,该产品单价 6 元,单位变动成本 5 元,固定成本 6 000 元,预计信用期若为 30 天,年销售量可达 12 000 件,可能发生的收账费用为 3 200 元,可能发生的坏账损失为 1%;信用期若为 60 天,年销售量可达 15 000 件,可能发生的收账费用为 4 200 元,增加销售部分的坏账损失为 1.5%,假定资金成本率为 10%。

要求:确定对企业有利的信用期。

13. 某公司现金收支平衡,预计全年(360 天计)现金需要量为 25 万元,现金与有价证券的转换成本为每次 500 元,有价证券年利率为 10%。计算:

(1) 最佳现金持有量;

(2) 最低现金管理总成本、转换成本、持有机会成本;

(3) 有价证券交易次数、有价证券交易间隔期。

三、练习题答案

(一) 单项选择题

1. B 2. B 3. C 4. D 5. D 6. C 7. D 8. A 9. B 10. A 11. B 12. A
13. C 14. B 15. B 16. C 17. A 18. A 19. A 20. A 21. D 22. A 23. A
24. B 25. A 26. D 27. C 28. A 29. A 30. D 31. B 32. C 33. A 34. B
35. D 36. A 37. D 38. C 39. C 40. A 41. B 42. B 43. D 44. D 45. A
46. D 47. C 48. B

(二) 多项选择题

1. AB 2. AB 3. ACDE 4. BCD 5. AE 6. AB 7. ABC 8. BCD 9. BC
10. AB 11. ABC 12. ABC 13. ABCE 14. ABCD 15. ABCD 16. AD 17. BC
18. ABCDE 19. ABCDE 20. ACD 21. BC

(三) 填空题

1. 流动性最强 收益性最低 2. 交易成本 置存成本 3. 信用标准 信用条件 4. 信

用期限　折扣率　5. 成本—效益　6. 储存成本　缺货成本　7. 调整准备成本　储存成本
8. 整理准备日数　保险日数　9. 储备资金　生产资金　10. 并存性　继起性

（四）名词解释

1. 货币资金是指企业在生产经营活动中停留于货币形态的那部分资金，包括硬币、纸币、活期银行存款以及其他单位或个人出具的、由本企业要求银行付给现款的即期或到期票据。

2. 成本费用比例法是根据企业在一定时期内的成本费用总额与货币资金平均余额之间的比例关系来预测货币资金需要量的方法。

3. 货币资金的占用成本是指将货币资金作为企业的一项资金占用所付的代价，这种代价是一种机会成本。货币资金持有额越大，其占用成本越高。

4. 商业信用政策是指企业关于应收账款等债权资产的管理或控制方面的原则性规定，包括信用标准和信用条件两个方面。

5. 信用标准是指企业愿意向客户提供商业信用所要求的关于客户信用状况方面的最低标准，即客户获得商业信用所应具备的起码条件。

6. 收账政策是指企业向客户收取已过期应收账款所采取的措施。包括规定允许客户拖欠账款的期限和为催收准备付出的代价等。

7. 供应间隔系数是库存原材料资金的平均占用额与最高占用额的比例。

8. 在产品成本系数是指在产品的平均成本占产成品成本的比例。

9. 经济批量是指存货总成本最低时的最佳存货批量，它包括最佳采购批量和最佳生产批量。

10. 存货资金最低占用额，就是企业在正常生产条件下，为完成生产经营任务所必需的、经常占用的、最低限度的存货资金需要量。

（五）判断题

1. √　2. ×　3. √　4. ×　5. √　6. √　7. ×　8. ×　9. √　10. √

（六）简答题

1. 企业置存货币资金的动机有：

（1）交易动机。是指企业为了满足日常经营活动的交易行为而对货币资金的需求。

（2）预防性动机。是指企业为应付意外情况的发生而对货币资金的需求。

（3）投机性动机。是指企业为了抓住意外有利可图的购买机会而掌握一定的备用货币资金。

2. 货币资金收支内部控制制度内容如下：

（1）建立货币资金收支业务处理的会计程序，明确责任分工。

（2）将掌握货币资金与记录货币资金的工作分开，做到会计出纳分开、钱账分管。

（3）建立货币资金查库制度，确保账存额与实存额一致，防止挪用。

（4）强化货币资金收支凭证管理。

（5）严格遵守库存现金使用范围和库存现金限额，减少现金不必要的占用。

3. 所谓"5C"评估法是指对客户信用品质的五个方面进行评估：

（1）品德。是指客户的信誉，即其履行偿债义务的可能性。这个因素是最重要的标准。

（2）能力。指客户的偿债能力，即其流动资产的数量和质量与流动比率。

（3）资本。是指客户的财务状况。

(4) 抵押品。指客户为获得商业信用可能提供的担保资产。

(5) 条件。指可能出现的影响客户偿债能力的社会经济环境。

4. 债权资产的存在,可以刺激销售,导致利润增加,但与应收账款信用政策相关的成本费用也会同时增加。一般情况下,应收账款信用政策越松,成本就越高。反之,虽可减少应收账款资金占用从而减少这种政策成本,但也会使市场占有率降低从而导致利润下降。因此,应收账款管理的目的就是要在应收账款信用政策所增加的利润与成本之间作出正确权衡,以求企业利润最大。

5. 存货是企业在生产经营过程中为销售或耗用而储备的物资。企业置存的存货有如下功能:

(1) 储存原材料和在产品可以保证生产正常进行。

(2) 储备必要的产成品,以利于销售。

(3) 储备必要的在产品、半成品,以利于均衡生产

(4) 留有保险储备,以防不测。

6. 存货管理的目的,就是要在充分发挥存货功能、存货效益和增加的存货成本之间作出权衡。既要保证生产经营的连续性,同时又要保证尽可能地减少资金占用,使两者之间达到最佳结合。因为储备存货虽有必要性,但存货的储备也是要付出代价的。

(七) 计算题

1. 解:甲方案货币资金持有量总成本为:

$30\ 000+60\ 000+40\ 000=130\ 000(元)$

乙方案货币资金持有量总成本为:

$40\ 000+60\ 000+20\ 000=120\ 000(元)$

所以选乙方案。

2. 解:该企业货币资金持有量为:

$$M=\sqrt{\frac{2\times30\times40\ 000}{6‰}}=20\ 000(元)$$

有价证券转换为货币资金的次数:

$$\frac{T}{M}=40\ 000/20\ 000=2(次)$$

3. 解:当 $k=0$ 时,

$$z=\sqrt[3]{\frac{3\times80\times640\ 000}{4\times10‰\div360}}=5\ 171(元)$$

$h=3z=3\times5\ 171=15\ 513(元)$

当 $k=300$ 时,

$z'=300+5\ 171=5\ 471(元)$

$h'=300+3\times5\ 171=15\ 813(元)$

4. 解:信用期为 30 天的财务成本为:

$3\ 500\ 000\times30\times30\%/360=87\ 500(元)$

信用期限为 60 天的财务成本为:

$4\ 100\ 000\times60\times30\%/360=205\ 000(元)$

企业扩大信用的两个方案可以通过下表来比较。

企业销售方案比较表 (单位:元)

项目＼方案	现销	30 天	60 天
年销售量(件)	60 000	100 000	120 000
年销售额(元)	3 000 000	5 000 000	6 000 000
销售成本(元)	2 300 000	3 500 000	4 100 000
变动成本	1 800 000	3 000 000	3 600 000
固定成本	500 000	500 000	500 000
毛利	700 000	1 500 000	1 900 000
收账费用	—	40 000	60 000
坏账损失	—	40 000	50 000
财务成本	—	87 500	205 000
利润	700 000	1 332 500	1 585 000

经比较,两个方案都是可行的,但信用期为 60 天的方案为最优。

5. 解:企业因采用现金折扣的损失为:

$5\,000\,000 \times 2\% = 100\,000$(元)

提前 20 天收回应收账款而减少的机会成本为:

$3\,500\,000 \times 20 \times 30\%/360 = 58\,333$(元)

减少的收账费用与坏账损失的和为:

$40\,000 \times \dfrac{1}{4} + 40\,000 = 50\,000$(元)

企业提供现金折扣的获益为:58 333+50 000=108 333(元),大于现金折扣的损失 100 000 元,故企业应采用现金折扣方案。

6. 解:收账政策方案的比较可见下表:

企业收账政策方案比较表 (单位:元)

项目＼方案	当前方案	新方案	差额
① 年销售额	1 500 000	1 500 000	0
② 应收账款周转率(次)	4	6	+2
③ 平均应收账款	375 000	250 000	−125 000
④ 应收账款平均占用资金	318 750	212 500	−106 250
⑤ 机会成本	47 812.5	31 875	−15 937.5
⑥ 坏账损失	75 000	45 000	−30 000
⑦ 机会成本与坏账损失合计	122 812.5	76 875	−45 937.5
⑧ 收账费用	21 500	33 200	+11 700

因为新方案收账费用与当前方案相比较只增加了 11 700 元,而减少的机会成本和坏账损失却为 45 937.5 元,因此,新方案更佳。

7. 解:$\text{乙材料资金最低占用额} = \dfrac{25\,000}{360} \times (7 + 15 \times 60\% + 3) = 1\,319.4(元)$

8. 解:$\text{原材料折扣率} = \dfrac{(200 \times 4 + 300 \times 2) \div 4}{500} = 70\%$

   $\text{在产品成本系数} = \dfrac{500 \times 70\% + 500 \times 50\%}{1\,000} = 60\%$

9. 解:$Q = \sqrt{\dfrac{2 \times 10\,000 \times 100}{2}} = 1\,000(千克)$

   $\dfrac{D}{Q} = 10\,000 / 1\,000 = 10(批)$

10. 解:$Q = \sqrt{\dfrac{2 \times 360\,000 \times 2\,000}{1 \times \left(1 - \dfrac{1\,000}{4\,000}\right)}} = 43\,817.8(个)$

    $\dfrac{D}{Q} = 360\,000 / 43\,817.8 \approx 8(批)$

11. 解:计算各批量下的总成本。由于存在折扣,进货单价不同,购置成本是相关成本,应予以考虑。

    如果不享受折扣:

    $Q = \sqrt{(2 \times 8\,000 \times 160)/6} = 653(件)$

    相关总成本 $= 8\,000 \times 25 + \sqrt{2 \times 8\,000 \times 160 \times 6} = 203\,919.18(元)$

    如果享受 3% 折扣、以 2 000 件为订货量时:

    相关总成本 $= 8\,000 \times 25 \times (1 - 3\%) + 8\,000/2\,000 \times 160 + 2\,000/2 \times 6 = 200\,640$(元)

    如果享受 4% 折扣、以 3 000 件为订货量时:

    相关总成本 $= 8\,000 \times 25 \times (1 - 4\%) + 8\,000/3\,000 \times 160 + 3\,000/2 \times 6 = 201\,426.67(元)$

    由于以 2 000 件为批量时的总成本最低,所以经济订货批量为 2 000 件。

12. 解:收益的增加 = 销售量增加 × 单位边际贡献 = 3 000 × (6 − 5) = 3 000(元)

    应收账款占用资金的应计利息增加 = Δ(应收账款平均余额 × 变动成本率 × 资金成本率)

    $= (15\,000 \times 6)/360 \times 60 \times 5/6 \times 10\% - (12\,000 \times 6)/360 \times 30 \times 5/6 \times 10\% = 750$(元)

    坏账损失的增加 = 3 000 × 6 × 1.5% = 270(元)

    收账费用增加 = 4 200 − 3 200 = 1 000(元)

    改变信用期的净损益:

    收益增加 − 成本费用增加 = 3 000 − (750 + 270 + 1 000) = 980(元),由于收益增加大于成本增加,故应采用 60 天信用期。

13. 解:(1) 最佳现金持有量＝50 000(元)
    (2) 最低管理成本＝5 000(元)
        转换成本＝2 500(元)
        持有机会成本＝2 500(元)
    (3) 有价证券交易次数＝5(次)
        有价证券交易间隔期＝72(天)

第九章　固定资产和无形资产管理

第一部分　内容提要和要求

一、内容提要图示

固定资产和无形资产管理
- 固定资产投资概述
  - 固定资产投资的概念及特点（概念、特点）
  - 固定资产投资的种类（按范围分、按关系分）
- 固定资产投资决策方法
  - 贴现现金流量法（现金流量、净现值法、现值指数法、内含报酬率法）
  - 非贴现现金流量法（回收期法、平均收益率法）
- 固定资产折旧方案管理
  - 固定资产折旧方法（折旧的概念和意义及范围、平均折旧法、加速折旧法）
  - 最佳更新期确定（考虑时间价值、不考虑时间价值）
- 无形资产管理
  - 无形资产管理意义（概念、意义、内容）
  - 无形资产计价（计价方法、摊销）
  - 无形资产日常管理（投资管理、使用管理、转让、效果考核）

二、学习目的与要求

学习本章要一般了解固定资产投资的概念及特点，固定资产投资的种类；无形资产管理的意义，无形资产的计价，无形资产的日常管理。重点掌握固定资产投资决策方法中的贴现现金流量法、非贴现现金流量法；固定资产折旧方法，最佳更新期的确定。难点为贴现现金流量法。

第二部分　思考与练习

一、思考题

1. 什么是固定资产？固定资产投资有什么特点？
2. 固定资产投资可以进行怎样的分类？
3. 什么是现金流量？它在固定资产投资中有怎样的重要作用？
4. 投资决策中现金流量由哪几个部分构成？
5. 投资决策方法有哪些？各有什么特点？
6. 什么是固定资产折旧？正确计算固定资产折旧有什么意义？
7. 计提固定资产折旧的方法有哪些？各有什么特点？
8. 什么是固定资产的最佳更新期？它的确定分哪几种情况？
9. 什么是无形资产？它包括哪些内容？
10. 无形资产计价时应注意哪些问题？

二、练习题

(一) 单项选择题

1. 在确定固定资产折旧年限时,不仅要考虑其有形损耗,而且要考虑其( )。
   A. 价值损耗   B. 精神损耗   C. 无形损耗   D. 实物损耗
2. 固定资产具有较差的变现性与( )。
   A. 流动性   B. 实用性   C. 损耗性   D. 效益性
3. 固定资产投资按投资的范围可分为( )和对内投资。
   A. 对外投资   B. 直接投资
   C. 间接投资   D. 独立投资
4. 现代财务管理以( )作为衡量一项投资方案或各方案投资报酬之大小的一条重要标准。
   A. 净利润   B. 折旧
   C. 现金流量   D. 现金净流量
5. ( )是指在有关投资方案基础上形成的现金流入和现金流出的数量。
   A. 现金净流量   B. 现金流量
   C. 现金收支差额   D. 现金收支净额
6. 当净现值为零时,下列哪种说法是正确的?( )
   A. 投资报酬率大于资金成本
   B. 投资报酬率大于预定的最低报酬率
   C. 投资报酬率等于资金成本
   D. 投资报酬率小于预定的最低报酬率
7. 若某方案现值指数小于1,下列哪种说法是正确的?( )
   A. 说明未来报酬总现值小于原投资额现值
   B. 说明未来报酬总现值大于原投资额现值
   C. 说明未来报酬总现值等于原投资额现值
   D. 说明未来现金流入等于原投资额现值
8. 内含报酬率是一项投资方案的净现值( )的投资报酬率。
   A. 等于零   B. 小于零   C. 大于零   D. 等于1
9. 内含报酬率其实就是投资项目所能得到的( )。
   A. 最高收益率   B. 最低收益率
   C. 最高成本率   D. 最低成本率
10. 固定资产使用过程中的持有成本呈( )的趋势。
    A. 逐年减少   B. 逐年增加
    C. 每年均衡   D. 前期减少后期增加
11. 工业产权一般是指专利权和( )的统称。
    A. 知识产权   B. 著作权   C. 专营权   D. 商标权
12. 无形资产的摊销期限若法律和合同或企业申请书均未规定法定有效期限和受益年限的,应按照不少于( )的期限确定。
    A. 10年   B. 5年   C. 3年   D. 15年

13. 商誉只有（　　）才能计价。
    A. 向外购入的　　　　　　　　B. 自己建立的
    C. 评估机构认定的　　　　　　D. 具有获利能力的

14. 下列投资决策方法中哪个未考虑货币的时间价值？（　　）
    A. 净现值法　　　　　　　　　B. 现值指数法
    C. 内含报酬率法　　　　　　　D. 投资回收期法

15. 下列投资决策方法中哪个考虑了货币的时间价值？（　　）
    A. 投资回收期法　　　　　　　B. 平均收益率法
    C. 净损益法　　　　　　　　　D. 内含报酬率法

16. 投资回收期法的优点是（　　）。
    A. 简便易行　　　　　　　　　B. 简单明了
    C. 繁杂难懂　　　　　　　　　D. 繁杂易懂

17. 平均收益率法的优点是（　　）。
    A. 简单易算　　　　　　　　　B. 简便易行
    C. 简单明了　　　　　　　　　D. 繁杂难懂

18. 下列固定资产哪一项不提折旧？（　　）
    A. 季节性停用　　　　　　　　B. 大修理停用
    C. 不需用、未使用的　　　　　D. 融资租入的

19. 以固定资产应计折旧总额除以预计使用期内工作小时数求得单位工作小时折旧额的方法称为（　　）。
    A. 工作时间法　　　　　　　　B. 使用年限法
    C. 工作量法　　　　　　　　　D. 余额计算法

20. 以固定资产折旧总额除以预计使用期内可以完成的工作量，求得单位工作量折旧额，再据以计算各期折旧额的方法称为（　　）。
    A. 工作时间法　　　　　　　　B. 使用年限法
    C. 工作量法　　　　　　　　　D. 加速折旧法

21. 下列折旧方法的公式中未考虑净残值的有（　　）。
    A. 余额递减法　　　　　　　　B. 双倍余额递加法
    C. 使用年限法　　　　　　　　D. 年数总和法

22. 固定资产从开始启用到其年平均成本最低时的期限，我们称之为（　　）。
    A. 最佳更新期　　　　　　　　B. 经济寿命
    C. 使用寿命　　　　　　　　　D. 自然寿命

23. 固定资产的年平均成本达到最低值时的那个时点就是（　　）。
    A. 最佳更新期　　　　　　　　B. 经济寿命
    C. 更新期　　　　　　　　　　D. 使用期

24. 无形资产主要由（　　）和专有技术构成。
    A. 知识产权　　　　　　　　　B. 工业产权
    C. 商标权　　　　　　　　　　D. 专利权

25. 无形资产的原始价值应在有效期内平均摊入（　　）。
    A. 制造费用　　　　　　　　　B. 管理费用

C. 生产成本 D. 销售成本

26. 当贴现率与内含报酬率相等时( )。
    A. 净现值大于0 B. 净现值等于0
    C. 净现值小于0 D. 净现值不一定

27. 计量投资方案的增量现金流量时,一般不需要考虑方案( )。
    A. 可能的未来成本 B. 之间的差额成本
    C. 有关的重置成本 D. 动用现有资产的账面成本

28. 决策分析中的无关成本是( )。
    A. 变动成本 B. 酌量性固定成本
    C. 约束性固定成本 D. 机会成本

29. 投资决策的首要环节是( )。
    A. 确定投资要求的最低报酬率或确定资本成本的一般水平
    B. 估计投入项目的预期现金流量
    C. 估计预期投资风险
    D. 确定投资方案收入现值与资本支出现值,通过比较,确定拒绝或确认投资方案

30. 下列关于投资项目营业现金流量预计的各种作法中,不正确的是( )。
    A. 营业现金流量等于税后净利加上折旧
    B. 营业现金流量等于营业收入减去付现成本再减去所得税
    C. 营业现金流量等于税后收入减去税后成本再加上折旧引起的税负减少
    D. 营业现金流量等于营业收入减去营业成本再减去所得税

31. 现值指数与净现值相比,其优点是( )。
    A. 便于投资额相同方案的比较
    B. 便于进行独立投资机会获利能力比较
    C. 考虑了现金流量的时间价值
    D. 考虑了投资风险性

32. 在期望值不同的情况下,下列表述正确的是( )。
    A. 标准差越大,风险越大 B. 标准差越大,风险越小
    C. 变化系数越大,风险越大 D. 变化系数越大,风险越小

33. 投资决策中的现金流量是指它们的( )。
    A. 账面价值 B. 目标价值
    C. 变现价值 D. 净值

34. 在确定投资方案的相关的现金流量时,所应遵循的最基本原则是:只有( )才是与项目相关的现金流量。
    A. 增量现金流量 B. 现金流入量
    C. 现金流出量 D. 净现金流量

35. NPV与PI法的区别主要是( )。
    A. 前者考虑了货币时间价值,后者没有考虑
    B. 前者所得结论总是与内含报酬率法一致,后者所得结论有时与IRR法不一致
    C. 前者不便于在投资额不同的方案之间比较,后者便于在投资额不同的方案间比较
    D. 前者用途不广泛,后者用途较广

36. 下列表述不正确的有( )。
    A. NPV是未来总报酬的总现值与初始投资额现值之差
    B. 当NPV为零时,说明此时的贴现率为内含报酬率
    C. 当NPV>0时,PI<1
    D. 当NPV>0时,说明方案可行

37. ( )指那种在一系列的投资方案中,因选用其中一个而其他的投资收益丧失的投资。
    A. 独立投资   B. 先决投资
    C. 互不相容投资   D. 重置投资

(二) 多项选择题

1. 固定资产按其所属关系分类可分为( )。
   A. 自有固定资产   B. 融资租入固定资产
   C. 经营性固定资产   D. 生产用固定资产
   E. 非生产经营用固定资产

2. 根据各固定资产投资项目之间的关系可以把固定资产投资分为( )。
   A. 独立投资   B. 互不相容投资   C. 先决投资
   D. 重置投资   E. 直接投资

3. 下列项目中,哪些属于现金流量的具体内容? ( )
   A. 现金流入   B. 现金流出   C. 现金净流量
   D. 现金余额   E. 最佳现金持有量

4. 下列投资方案的分析评价方法哪些属于非贴现现金流量法? ( )
   A. 内含报酬率法   B. 投资回收期法
   C. 平均收益率法   D. 净现值法
   E. 现值指数法

5. 固定资产的年平均成本是使用固定资产每年的( )之和。
   A. 平均持有成本   B. 运行成本   C. 占用成本
   D. 机会成本   E. 变动成本

6. 下列各项哪些属于固定资产计提折旧的范围? ( )
   A. 房屋建筑物
   B. 季节性停用的固定资产
   C. 融资租入固定资产
   D. 已提足折旧继续使用的固定资产
   E. 未提足折旧提前报废的固定资产

7. 下列哪些方法属于平均折旧法? ( )
   A. 余额递减法   B. 使用年限法   C. 工作时间法
   D. 工作量法   E. 年数总和法

8. 无形资产转让有( )两种形式。
   A. 所有权转让   B. 使用权转让
   C. 所有权、使用权一并转让
   D. 获利能力转让   E. 使用期限转让

9. 无形资产主要由（　　）构成。
   A. 知识产权　　　　　　B. 专有技术　　　　　　C. 工业产权
   D. 著作权　　　　　　　E. 财产权
10. 企业在进行无形资产投资方向决策时应考虑（　　）。
    A. 投资成本和效益因素　　　　B. 未来收益的风险因素
    C. 投入产出因素　　　　　　　D. 风险收益因素
    E. 产品成本、收入因素
11. 考核无形资产利用效果的指标有（　　）。
    A. 无形资产占全部有形资产的比率
    B. 无形资产利润率　　　　　　C. 无形资产利用率
    D. 无形资产产值率　　　　　　E. 无形资产净值率
12. 下列投资方案的分析评价方法哪些属于贴现现金流量法？（　　）
    A. 净现值法　　　　B. 内含报酬率法　　　　C. 投资回收期法
    D. 平均收益率法　　E. 现值指数法
13. 下列几种因素影响 IRR 的有（　　）。
    A. 存款利率　　　　　　　　　B. 贷款利率
    C. 投资项目有效年限　　　　　D. 初始投资金额
14. 必要投资报酬率实际上由（　　）组成。
    A. 货币的时间价值　　B. 借款利率　　　　　　C. 额外利润
    D. 现金流入量　　　　E. 风险报酬率
15. 一项投资方案的现金流入量通常包括（　　）。
    A. 固定资产投入使用后计提折旧
    B. 投产后年营业收入
    C. 固定资产报废时的残值收入
    D. 收回流动资金垫支
    E. 投产后每年降低成本数
16. 内含报酬率是指（　　）。
    A. 投资报酬与总投资的比率
    B. 能使未来现金流入量现值与未来现金流出量现值相等的贴现率
    C. 投资报酬现值与总投资现值的比率
    D. 使投产方案 $NPV=0$ 的贴现率
    E. 现值指数为 1 时的贴现率
17. 固定资产按其经济用途分类,可分为（　　）。
    A. 生产用固定资产　　　　　　B. 非生产用固定资产
    C. 自有固定资产　　　　　　　D. 融资租入固定资产
18. 固定资产投资具有以下特点（　　）。
    A. 投资金额大,回收期短　　　B. 投资的一次性
    C. 使用效益的逐年递减性　　　D. 较差的变现性
    E. 较差的流动性

(三) 填空题

1. 固定资产投资具有投资的_____和收回的_____。
2. 现金流量是指与固定资产投资决策有关的_____和_____的数量。
3. 每年净现金流量＝_____－_____。
4. 每年净现金流量＝_____＋_____。
5. 净现值＝_____－_____。
6. 现值指数是指_____与_____的比率。
7. 内含报酬率是能使一项投资方案的_____等于零的_____。
8. 平均收益率法是某个投资项目的_____与该项目的_____的比率。
9. 平均折旧法包括使用年限法、_____和_____。
10. 无形资产转让的方式有_____和_____。

(四) 名词解释

1. 固定资产投资
2. 现金流量
3. 营业现金流量
4. 净现值法
5. 现值指数
6. 内含报酬率
7. 投资回收期法
8. 固定资产折旧
9. 固定资产经济寿命
10. 无形资产

(五) 判断题

1. 直线法就是我们通常讲的平均折旧法，它可用下面的公式表示：

$$\frac{固定资产}{年折旧率} = \frac{1-预计净残值率}{折旧年限}$$ （　　）

2. 加速折旧法就是通过缩短折旧年限而加速折旧的步伐。（　　）
3. 固定资产的年平均成本达到最低值时的那个期限，就是最佳更新期。（　　）
4. 年投资回收额平均数高，意味着相同的时间回收的资金多。（　　）
5. 无形资产的摊销价值，应列入管理费用。（　　）
6. 内含报酬率大于资金成本，则净现值大于零。（　　）
7. 若某方案现值指数小于1，说明未来报酬总现值小于原投资额现值，故方案不可行。（　　）
8. 两个投资决策方案，不管在任何情况下，都选择净现值大的。（　　）
9. 投资回收期法是一个未考虑货币时间价值的非贴现现金流量法。（　　）

(六) 简答题

1. 简述固定资产投资的特点。
2. 简述现金流量构成内容。
3. 简述当每期现金净流量不等时，求内含报酬率的过程。
4. 简述采用加速折旧的原因。

5. 无形资产使用管理中应注意什么?

（七）计算题

1. 某公司的有关资料如下表：

项 目	第 0 年	第 1 年	第 2 年	第 3 年	第 4 年	第 5 年
甲方案：						
固定资产投资	−120 000					
营业现金流量		40 000	40 000	40 000	40 000	40 000
现金流量合计	−120 000	40 000	40 000	40 000	40 000	40 000
乙方案：						
固定资产投资	−120 000					
营运资金垫支	−10 000					
营业现金流量		50 000	45 000	40 000	35 000	20 000
固定资产残值						10 000
营运资金回收						10 000
现金流量合计	−130 000	50 000	45 000	40 000	35 000	40 000

要求依据上述资料解决下列问题：

(1) 分别计算甲、乙两方案的投资回收期。

(2) 假设资金成本为 10%，分别计算甲、乙两方案的净现值。

(3) 分别计算甲、乙两方案的内含报酬率。

(4) 假设资金成本为 10%，分别计算甲、乙两方案的现值指数。

2. 企业拟建一仓库，固定资产投资约为 400 万元，预期残值 20 万元，使用 10 年，平均每年增加税后盈利 45 万元，试求平均收益率。

3. 某企业一个机库的原值为 1 600 000 元，预计清理费用为 100 000 元，残余价值为 260 000 元，使用年限为 15 年，求其年折旧率、折旧额。（使用年限法）

4. 某设备原始价值为 100 000 元，预计可使用 9 000 小时，残余价值为 11 000 元，清理费用 1 000 元。该设备每年平均工作 2 000 小时，求年折旧额。（工作小时法）

5. 某项固定资产原值为 160 000 元，预计净残值为 10 000 元，预计使用年限 5 年。试用年数总和法求各年折旧额。

6. 某项固定资产原值为 50 000 元，预计净残值 1 000 元，预计使用年限 5 年。试按双倍余额递减法计算折旧。

7. 某企业现有资金 100 000 元可用于以下投资方案 A 或 B：

A. 购入国库券（五年期，年利率 14%，不计复利，到期一次支付本息）。

B. 购买新设备（使用期五年，预计残值收入为设备总额的 10%，按直线法计提折旧；设备交付使用后每年可以实现 12 000 元的税前利润。该企业的资金成本率为 10%，适用所得税税率为 30%）。要求：

(1) 计算投资方案 A 的净现值；

(2) 计算投资方案 B 的各年的现金流量及净现值；

(3) 运用净现值法对上述投资方案进行选择。

8. 某公司有甲、乙两个投资方案，有关资料如下：甲方案共需投资 40 万元，投资期限 2 年，每年投资 20 万元,预计使用年限为 10 年,残值率为 10%,投产后每年可获得净利 4.8 万元;乙项目共需投资 60 万元,投资期限为 3 年,第一年投资 20 万元,第二年投资 10 万元,第三年投资 30 万元,预计使用年限为 15 年,残值率为 10%,投产后每年可获得净利 6 万元。该公司设备采用直线法计提折旧,资金成本为 14%。要求:

(1) 计算甲、乙方案的净现值;

(2) 根据以上计算结果对甲、乙两个投资方案进行评价。

三、练习题答案

(一) 单项选择题

1. C 2. A 3. A 4. C 5. B 6. C 7. A 8. A 9. A 10. A 11. D 12. A
13. A 14. D 15. D 16. A 17. A 18. C 19. A 20. C 21. B 22. B 23. A
24. A 25. B 26. B 27. D 28. C 29. B 30. D 31. B 32. C 33. C 34. A
35. C 36. C 37. C

(二) 多项选择题

1. AB 2. ABCD 3. ABC 4. BC 5. AB 6. ABC 7. BCD 8. AB 9. AB
10. AB 11. AB 12. ABE 13. CD 14. AE 15. ABCD 16. BDE 17. AB
18. BCDE

(三) 填空题

1. 一次性 分次性 2. 现金流入 现金流出 3. 营业现金收入 付现的营运成本
4. 净利润 折旧 5. 未来报酬总现值 原投资额现值 6. 未来报酬总现值 原投资额现值
7. 净现值 投资报酬率 8. 年平均税后净利 平均投资额 9. 工作时间法 工作量法
10. 所有权转让 使用权转让

(四) 名词解释

1. 固定资产投资,就是将货币资金、实物资金等投放在固定资产上,以增加固定资产净额或保持企业固定资产正常运转的行为或事项。

2. 现金流量是指与固定资产投资决策有关的现金流入和现金流出的数量,它是评价投资方案是否可行时必须事先计算的一个基础性指标。

3. 营业现金流量是指项目投资完成后,就整个寿命周期内由于正常生产营业所带来的现金流量。

4. 这是一种通过判别投资方案的净现值来确定方案优劣的方法。所谓净现值是指一项投资方案的未来报酬总现值与原投资额现值的差额,净现值大于零方案可行。

5. 现值指数是指未来报酬的总现值与原投资额现值的比率。

6. 内含报酬率又称内在收益率,它是能使一项投资方案的净现值等于零的投资报酬率,也就是项目所能得到的最高收益率。

7. 投资回收期是指某项投资额全部收回所需的时间;投资回收期法就是通过对各投资方案的回收期进行比较来作出选择的方法。

8. 固定资产折旧是指固定资产在使用过程中由于不断损耗而转移到产品成本中去的那部分价值。

9. 固定资产从开始启用到其年平均成本最低时的期限,我们称之为固定资产的经济寿命。

10. 无形资产是企业长期使用而没有实物形态的那部分资产。

(五) 判断题
1. ✗ 2. ✗ 3. ✗ 4. ✓ 5. ✓ 6. ✓ 7. ✓ 8. ✗ 9. ✓

(六) 简答题

1. 固定资产投资的特点如下：
(1) 投资金额大,回收期长。
(2) 投资的一次性和收回的分次性。
(3) 使用效益的逐年递减性。
(4) 较差的流动性与变现性。
(5) 资金占用数量相对稳定性。

2. 投资决策中的现金流量,可由以下几个部分构成：
(1) 初始现金流量:固定资产投资;配套流动资产投资;其他投资费用;原有固定资产变价收入。
(2) 营业现金流量:营业现金收入;付现营运成本。
(3) 终结现金流量:固定资产变价收入或残值收入;固定资产清理费用。

3. 当每期现金净流量不相等时,求内含报酬率应有如下步骤：
(1) 凭直觉先估计一个折现率,并按此折现率计算方案的净现值。
(2) 若净现值为正数,表明估计的折现率小于该方案的实际投资报酬率,应稍稍提高折现率估计值。
(3) 若净现值为负数,表明该估计的折现率大于方案实际的投资报酬率,应稍稍降低些。
(4) 最终找到两个净现值由正到负的两个相邻的折现率,用插值法确定内含报酬率。插值法公式为：

$$\text{内含报酬率} = \text{偏低的折现率} + \text{两个折现率的差额} \times \frac{\text{偏低折现率计算出的净现值}}{\text{两个折现率计算出的净现值绝对值之和}}$$

4. 之所以要采用加速折旧法,其原因如下：
(1) 使各年折旧费、维修费平衡,从而使各年产品成本平衡。
(2) 有利于产品参与市场竞争,保持企业盈利水平。
(3) 可以加速固定资产的更新改造。
(4) 减轻企业前几年税负。

5. 在无形资产使用的管理中应注意以下几点：
(1) 加强无形资产的核算。
(2) 区别对待,全面管理。
(3) 讲究效益,提高无形资产的利用率。
(4) 建立健全无形资产各种使用管理制度。

(七) 计算题

1. 解:(1) 甲方案投资回收期为：
$$120\,000 \div 40\,000 = 3(\text{年})$$
乙方案投资回收期为：
$$2 + 35\,000/40\,000 = 2.875(\text{年})$$

(2) 甲方案的净现值为：

40 000×3.791－120 000＝31 640(元)

乙方案的净现值为：

50 000×0.909＋45 000×0.826＋40 000×0.751＋
35 000×0.683＋40 000×0.621＝45 450＋37 170＋
30 040＋23 905＋24 840＝161 405(元)
161 405－130 000＝31 405(元)

(3) 甲方案的内含报酬率可按下列步骤求出：

年金现值系数＝120 000/40 000＝3

查年金现值系数表，第 5 期年金现值系数 3 处在 18%～20%之间，用插值法计算如下：

贴现率	年金现值系数
18%	3.127
?% } x% } 2%	3.000 } 0.127 } 0.136
20%	2.991

$\dfrac{x}{2}=\dfrac{0.127}{0.136}$ $x=1.87$

即甲方案的内含报酬率＝18%＋1.87%＝19.87%

乙方案的内含报酬率可按如下步骤求出：

先用 18%、20%的折现率进行测算，发现乙方案的内含报酬率在 18%～20%之间。因为折现率为 18%时净现值为正数，但数额较小，折现率为 20%时净现值为负数。运用插值法计算如下：

折现率	净现值
18%	4 560
?% } x% } 2%	0 } 4 560 } 5 570
20%	－1 010

$\dfrac{x}{2}=\dfrac{4\,560}{5\,570}$ $x=1.637$

乙方案的内含报酬率＝18%＋1.637%＝19.637%

(4) 甲方案的现值指数为：

40 000×3.791/120 000＝1.26

乙方案的现值指数为：

161 405/130 000＝1.24

2. 解：平均投资额＝$\dfrac{400+20}{2}$＝210(万元)

平均收益率＝45/210＝21.43%

3. 解：年折旧率＝$\dfrac{1\,600\,000+100\,000-260\,000}{1\,600\,000\times 15}\times 100\%=6\%$

年折旧额＝1 600 000×6%＝96 000(元)

4. 解：每小时折旧额＝$\dfrac{100\,000+1\,000-11\,000}{9\,000}$＝10(元)

年折旧额＝10×2 000＝20 000(元)

5. 解：折旧总额＝160 000－10 000＝150 000(元)

 年数总和＝1＋2＋3＋4＋5＝15(年)

 每年的折旧率、折旧额计算如下：

 第一年：$150\,000 \times \dfrac{5}{15} = 50\,000$(元)

 第二年：$150\,000 \times \dfrac{4}{15} = 40\,000$(元)

 第三年：$150\,000 \times \dfrac{3}{15} = 30\,000$(元)

 第四年：$150\,000 \times \dfrac{2}{15} = 20\,000$(元)

 第五年：$150\,000 \times \dfrac{1}{15} = 10\,000$(元)

6. 解：年折旧率＝$\dfrac{2}{5} \times 100\%$＝40％

 各年折旧额计算如下：

 第一年：50 000×40％＝20 000(元)

 第二年：(50 000－20 000)×40％＝12 000(元)

 第三年：(30 000－12 000)×40％＝7 200(元)

 第四年：(18 000－7 200－1 000)÷2＝4 900(元)

 第五年：(18 000－7 200－1 000)÷2＝4 900(元)

7. 解：(1) 投资方案 A 的净现值计算。

   解答方法 1：

   购买国库券于到期日所获的本利和为：

   100 000×(1＋14％×5)＝170 000(元)

   按 10％折算的现值为：

   170 000×0.621＝105 570(元)

   该方案净现值为：

   105 570－100 000＝5 570(元)

   解答方法 2：

   投资方案 A 的净现值为：

   [100 000×(1＋14％×5)]×0.621－1 000 130＝5 570(元)

 (2) 投资方案 B 的净现值计算。

   ① 计算各年的现金流量

     初始投资现金流量(第 1 年年初)＝－100 000(元)

     设备年折旧额＝100 000×(1－10％)÷5＝18 000(元)

     税后净利润＝12 000×(1－30％)＝8 400(元)

     营业过程现金流量(第 1～5 年)＝18 000＋8 400＝26 400(元)

     终结现金流量(第 5 年年末)＝100 000×10％＝10 000(元)

   ② 该投资方案的净现值＝26 400×3.791＋10 000×0.621－100 000＝6 292.4(元)

(3) 由于 B 方案的净现值大于 A 方案,故应选择方案 B。

8. 解:(1) 甲方案:年折旧额=(40-4)/10=3.6(万元)

投资额现值=20×[(P/A,14%,2-1)+1]=37.5(万元)

净现值=(4.8+3.6)×(P/A,14%,10)×(P/F,14%,2)+4×(P/F,14%,12)-37.5=-3(万元)

乙方案:年折旧额=(60-6)/15=3.6(万元)

投资额现值=20+10×(P/F,14%,1)+30×(P/F,14%,2)=51.84(万元)

净现值=(6+3.6)×(P/A,14%,15)×(P/F,14%,3)+6×(P/F,14%,18)-51.84=-11.49(万元)

(2) 从计算结果来看,甲方案的净现值大于乙,因此应选择甲方案;但甲、乙方案的净现值均小于零,因此两方案均不可行。

第十章 金融资产管理

第一部分 内容提要和要求

一、内容提要图示

```
                    ┌ 短期有价证券特点及持有原因(特点、持有原因)
        购买短期有价证券 ┤ 短期有价证券投资的选择标准
                    └ 短期有价证券投资形式(国库券、地方政府证券、
                      企业证券)

        购买长期债券 ┌ 我国债券及其发行特点(比重、还本付息、利率)
金融                ┤ 债券投资收益评价(价值估算、收益率计算)
资产                └ 债券投资优缺点(优点、缺点)
管理
        购买股票   ┌ 股票投资类型(参股、控股)
                ┤ 股票价值和收益估计(价值估计、收益率估计)
                │ 股票投资风险及其防范(风险、防范方法)
                └ 股票投资优缺点(优点、缺点)

        外汇和期权投资 ┌ 外汇投资(外汇业务、风险与防范)
                   └ 期权投资(期权交易、期权合约要素、期权价值、保证金)
```

二、学习目的与要求

学习本章,要一般了解短期有价证券投资的形式,我国债券及其发行特点,债券投资的优缺点;股票投资的类型,股票投资的风险及其防范,股票投资的优缺点;外汇和期权投资。重点掌握短期有价证券的特点及企业持有的原因,短期有价证券选择的标准;债券投资收益评价;股票价值和收益估计。难点是债券投资收益评价、股票价值和收益估计。

第二部分 思考与练习

一、思考题

1. 短期有价证券有什么特点?企业为什么要持有它?
2. 投资短期有价证券的选择标准是什么?
3. 我国债券及其发行特点是什么?
4. 债券投资价值的估价模式有哪些?债券收益率的计算有哪几种情况?
5. 债券投资的优缺点有哪些?
6. 股票价值的估价模式有哪些?股票的收益由哪几部分构成?
7. 股票投资有哪些风险?怎样防范?
8. 股票投资的优缺点是什么?

9. 外汇投资有哪些风险？怎样防范？

10. 期权合约有哪几种？期权合约的基本要素有哪些？

二、练习题

（一）单项选择题

1. 一般的，债券投资的风险很小，安全性强，但（　　）。
   A. 收益中等　　　B. 收益较低　　　C. 收益最低　　　D. 收益较高

2. 作为短期投资的普通股，其风险较大，但（　　）。
   A. 收益较低　　　　　　　　　　　B. 收益中等
   C. 收益可能会较高　　　　　　　　D. 收益较高

3. 债券的收益是固定的，但其价格去随市场利率的上升而（　　）。
   A. 下跌　　　　　B. 上升　　　　　C. 保持不变　　　D. 有波动性

4. 由于短期有价证券变现能力十分强，因此企业可以将它作为（　　）的替代品。
   A. 现金　　　　　B. 股票　　　　　C. 投资　　　　　D. 期权

5. 企业持有短期有价证券的第二个原因是（　　）。
   A. 作为现金替代品　　　　　　　　B. 作为短期投资的对象
   C. 作为投机的目标　　　　　　　　D. 作为获利的对象

6. 企业为了应付特殊或不测的现金需要，在投资短期有价证券时应注意其（　　）。
   A. 安全性　　　　B. 收益性　　　　C. 变现能力　　　D. 流动性

7. 我国规定其他各种债券和有价证券的利率不得（　　）国库券。
   A. 高于　　　　　B. 低于　　　　　C. 等于　　　　　D. 小于

8. 企业证券，是企业为筹措资金，经国家证券委员会批准公开发行的（　　）。
   A. 股票　　　　　B. 债券　　　　　C. 股票或债券　　D. 有价证券

9. 在我国债券发行中，（　　）占有绝对比重。
   A. 政府债券　　　　　　　　　　　B. 企业债券
   C. 公司债券　　　　　　　　　　　D. 金融债券

10. 债券投资的现金流出是其（　　）。
    A. 购买价格　　　B. 折价　　　　　C. 溢价　　　　　D. 本利和

11. 债券未来现金流入的现值称为债券的（　　）。
    A. 购买价格　　　B. 本利和　　　　C. 投资价值　　　D. 未来报酬

12. 如果债券到期收益率（　　）投资者要求的报酬率，则可进行该债券的投资。
    A. 高于　　　　　　　　　　　　　B. 低于
    C. 等于　　　　　　　　　　　　　D. 前面答案都错

13. 以追求股票升值或红利收入为目的的股票投资属于股票投资的（　　）类型。
    A. 参股　　　　　B. 控股　　　　　C. 募股　　　　　D. 募集

14. 以被投资单位实际控制权为主要目的的股票投资属于股票投资的（　　）类型。
    A. 参股　　　　　B. 控股　　　　　C. 募股　　　　　D. 入股

15. 股票的收益由（　　）两部分组成。
    A. 每年可得股利　　　　　　　　　B. 出售股票时的价值增值额
    C. 手续费　　　　　　　　　　　　D. （A）和（B）

16. 股票期望投资收益率由( )两部分构成。
    A. 期望股利收益率　　　　　　　B. 期望资本增值率
    C. 债券收益率　　　　　　　　　D. (A)和(B)
17. 投资者之所以乐意承担股票投资的风险,其直接的目的便是为了获得较高的( )。
    A. 投资收益　　　　　　　　　　B. 股利收益率
    C. 资本增值率　　　　　　　　　D. 股利
18. 股票投资风险的( )使得股票投资者必须认识风险、正视风险、防范风险。
    A. 保守性　　　B. 进攻性　　　C. 主观性　　　D. 客观性
19. 投资( )能适当降低购买力风险。
    A. 股票　　　　　　　　　　　　B. 债券
    C. 有价证券　　　　　　　　　　D. 短期有价证券
20. 由于在运用外币进行计划收付交易中,企业因汇率的变动而造成损失的可能性是指( )。
    A. 交易风险　　B. 转换风险　　C. 经济风险　　D. 价格风险
21. ( )是指未预计到的汇率变动,通过影响公司生产销售的数量、价格和成本,引起企业未来收益或现金净流量减少的潜在损失。
    A. 转换风险　　B. 交易风险　　C. 经济风险　　D. 利率风险
22. 期权是一种( )。
    A. 现在选择权　B. 未来选择权　C. 现行交易权　D. 未来放弃权
23. 卖出期权或看跌期权被称为( )。
    A. 择购期权　　B. 择售期权　　C. 未来卖出权　D. 未来放弃权
24. 买入期权或看涨期权被称为( )。
    A. 择购期权　　B. 择售期权　　C. 未来买入权　D. 未来卖出权
25. 期权的价值是由( )组成的。
    A. 投资价值　　B. 内涵价值　　C. 时间价值　　D. (B)和(C)
26. 相对于债券投资而言,不属于股票投资具有的特点是( )。
    A. 股票投资是权益性投资　　　　B. 股票价格的波动性大
    C. 股票投资的收益稳定　　　　　D. 股票投资的风险大
    E. 股票投资收益较高

(二) 多项选择题
1. 有价证券投资的风险有下列几项?( )
    A. 利率风险　　　　　B. 拒付风险　　　　　C. 购买力风险
    D. 政策风险　　　　　E. 再投资风险
2. 下列各项哪些是短期有价证券投资选择的标准?( )
    A. 风险性和收益性之间的关系　　B. 安全性和收益性之间的关系
    C. 利率和购买力变动因素　　　　D. 市场变现能力
    E. 到期日
3. 短期有价证券投资的形式主要有( )。
    A. 国库券　　　　　B. 地方政府机构证券　　　C. 企业证券
    D. 股票　　　　　　E. 债券

4. 我国债券及其发行特点有（　　）。
   A. 政府债券占有绝对比重　　　　B. 多为一次还本付息
   C. 单利计算　　　　　　　　　　D. 平价发行与折扣发行并行
   E. 短期与长期并行

5. 企业评价债券收益水平的指标是（　　）。
   A. 债券投资风险　　　B. 债券投资价值　　　C. 债券投资规模
   D. 债券投资收益率　　E. 债券投资效益

6. 下列各项哪些不属于债券投资的优点？（　　）
   A. 投资风险较小　　　　　　　　B. 收益较稳定
   C. 变现性较好　　　　　　　　　D. 购买力风险较大
   E. 投资收益可能较高

7. 企业投资股票的类型主要有（　　）。
   A. 网上申购　　　　　B. 黑市交易　　　　　C. 个人募股
   D. 参股　　　　　　　E. 控股

8. 股票的收益由（　　）两部分组成。
   A. 每年可得股利　　　　　　　　B. 出售股票时的价格增值额
   C. 手续费　　　　　　　　　　　D. 有价证券投资收益
   E. 有价证券投资价值

9. 股票投资收益率由（　　）两部分构成。
   A. 股利收益率　　　　B. 市盈率　　　　　　C. 资本增值率
   D. 资本扩张率　　　　E. 资本收益率

10. 股票投资的风险有（　　）。
    A. 利率风险　　　　　B. 物价风险　　　　　C. 企业风险
    D. 市场风险　　　　　E. 政策风险

11. 股票投资的优点有下列哪几项？（　　）
    A. 拥有被投资公司的一定的经营控制权
    B. 能取得较高的投资收益
    C. 能适当降低购买力风险
    D. 股票投资收益极不稳定
    E. 再投资风险较大

12. 外汇业务主要产生于以下哪些经济活动？（　　）
    A. 对外商品贸易　　　　　　　　B. 短期资本流动
    C. 对外劳务输出输入　　　　　　D. 长期资本流动
    E. 对外投资

13. 外汇投资风险类型有（　　）。
    A. 转换风险　　　　　B. 交易风险　　　　　C. 经济风险
    D. 通货膨胀风险　　　E. 利率风险

14. 期权合约的种类包括（　　）两方面。
    A. 择购期权　　　　　B. 择售期权　　　　　C. 选择期权
    D. 现货期权　　　　　E. 期货期权

15. 由于标定资产可以是现货商品、金融工具，也可以是某种期货合约，因此期权又分为（　　）。
    A. 择购期权　　　　　B. 择售期权　　　　　C. 选择期权
    D. 现货期权　　　　　E. 期货期权
16. 债券到期收益率是（　　）。
    A. 能够评价债券收益水平的指标之一
    B. 它是指购进债券后，一直持有该债券至到期日可获取的收益率
    C. 它是按复利计算的收益率
    D. 它是能使未来现金流入现值等于债券买入价格的贴现率
    E. 基金收益率
17. 从财务管理角度看，政府债券不同于企业债券的特点包括（　　）。
    A. 流动性强　　　　　　　　B. 抵押代用率高
    C. 可享受免税优惠　　　　　D. 违约风险大
18. 证券投资收益包括（　　）。
    A. 债券利息　　　　　B. 股利　　　　　　　C. 资本利得
    D. 购买风险补偿　　　E. 税收优惠
19. 评价债券收益水平的指标是（　　）。
    A. 面值　　　　　　　B. 债券价值　　　　　C. 票面利率
    D. 到期收益率　　　　E. 期限
20. 股票的价值又叫（　　）。
    A. 内在价值　　　　　B. 真实价值　　　　　C. 理论价值
    D. 市场价值　　　　　E. 账面价值

（三）填空题
1. 期权价值是由_____和_____两部分构成。
2. 企业进行债券投资的目的是_____、_____。
3. 债券未来现金流入的现值称为债券的_____或债券的_____。
4. 企业投资股票的类型主要有_____和_____两种。
5. 股票的收益由_____与_____两部分组成。
6. 股票期望的投资收益率由_____和_____两部分构成。
7. 以借款形式出现的国际资本流动包括_____、国际金融机构贷款、_____及出口信贷四种个体形式。
8. 外汇风险总起来看有三种类型：_____、_____和经济风险。
9. 期权合约的种类包括_____和_____两方面。
10. 期权合约的基本要素是指_____、_____、履约价格和保险费。

（四）名词解释
1. 证券投资风险
2. 购买力风险
3. 拒付风险
4. 企业证券
5. 债券投资价值

6. 参股

7. 外汇业务

8. 投机性资本流动

9. 期权交易

10. 内涵价值

(五)判断题

1. 一般的,期权的时间价值与其剩余的有效时间长短呈正相关关系。   (   )
2. 由于短期有价证券通常可以在货币市场上随时买卖,因此其变现性高于现金。   (   )
3. 债券投资的风险小,安全性高,因此其收益也相对稳定而且较高。   (   )
4. 债券投资的现金流入指的是利息和归还的本金,或者是出售时得到的现金。   (   )
5. 参股就是指以追求股票升值为目的的股票投资类型。   (   )
6. 控股就是指以掌握被投资单位实际控制权为主要目的的股票投资类型。   (   )
7. 股票投资的潜在报酬率比其他投资高,但其投资的风险则不一定比其他投资高。
                                                                              (   )
8. 在通货膨胀时期,股票投资与其他固定收益证券相比,能适当地降低购买力风险。   (   )
9. 外汇转换风险是指企业在编制资产负债表时,将以外币表示货币转换成本国货币记账,因汇率变动而呈现账面损失可能性。   (   )
10. 期权交易是一种合约买卖权利,买方无论在怎样的情况下都必须履行。   (   )

(六)简答题

1. 简述短期有价证券的特点及企业持有的原因。
2. 简述短期有价证券投资的选择标准。
3. 简述股票投资风险防范的方法。
4. 简述企业外汇业务产生的原因。
5. 简述期权合约的基本要素。

(七)计算题

1. 某债券面值为1 000元,票面利率为10%,期限为5年,某企业要对这种债券进行投资,要求必须获得12%的报酬率,问债券价格为多少时才能进行投资?

2. 某企业拟购买另一家企业发行的利随本清的企业债券,该债券面值为1 000元,期限5年,票面利率为10%,不计复利,当前市场利率为8%,问该债券发行价格为多少时,企业才能购买?

3. 投资者以950元购进一债券,债券面值为1 000元,票面利率为10%,债券还有2年到期,债券购买者在债券到期时可获利息200元,求债券投资最终收益率。

4. 企业于2009年7月1日以100 000元购入面额为100 000元的新发行债券,票面利率为15%,期限为3年,企业在2011年6月30日以120 000元的价格出售,求该债券的持有期间利率。

5. 某公司的普通股基年股利为6元,估计年股利增长率为3%,投资者期望收益率为15%,准备一年以后转让出去,估计转让价格为20元,求该普通股的估计价值。

6. 某公司的普通股基年股利为6元,估计年股利增长率为3%,投资者期望收益率为15%,求该普通股的估计价值。

7. 某公司某一优先股的年股利额为6元,投资者预期的收益率为15%,求该优先股的估计价值。

8. 某企业拟用100元购入甲种股票,将可获股利5元,预计未来卖出股票可得110元。求该企业预计股票收益率。

9. 某投资人持有F公司股票100股,每股面值为100元,公司要求的最低报酬率为18%。预计ABC公司的股票未来4年股利成零增长,每期股利18元。预计从第5年起转为正常增长,增长率为12%。

要求:计算ABC公司股票的价值。

10. 某公司发行票面金额为100 000元,票面利率为8%,期限为5年的债券。该债券每年1月1日与7月1日付息一次,至期归还本金。当时的市场利率为10%,债券的市价为92 000元。要求:

(1) 计算该债券的价值,判别应否购买该债券;
(2) 计算按债券市价购入该债券的到期收益率。

11. 某公司发行的债券面值为1 000元,票面利率为10%,期限为5年,债券发行时的市场利率为14%。要求:

(1) 该债券为每年付息一次,到期还本的债券,计算债券的价值;
(2) 该债券为到期一次还本付息且不计复利的债券,计算债券的价值;
(3) 该债券为贴现法付息的债券,计算债券的价值。

三、练习题答案

(一)单项选择题

1. B 2. C 3. A 4. A 5. B 6. C 7. A 8. C 9. A 10. A 11. C 12. A 13. A 14. B 15. D 16. D 17. A 18. D 19. A 20. A 21. C 22. B 23. B 24. A 25. D 26. C

(二)多项选择题

1. ABCD 2. BCDE 3. ABC 4. ABCDE 5. BD 6. DE 7. DE 8. AB 9. AC 10. ABCDE 11. ABC 12. ABCD 13. ABC 14. AB 15. DE 16. ABCD 17. ABC 18. ABCD 19. BD 20. ABC

(三)填空题

1. 内涵价值 时间价值 2. 高收益 低风险 3. 投资价值 内在价值 4. 参股 控股 5. 期望每年可得股利 出售股票时的价格增值额 6. 期望股利收益率 期望资本增值率 7. 政府贷款 国际银行贷款 8. 转换风险 交易风险 9. 择购期权 择售期权 10. 标定资产 到期日

(四)名词解释

1. 证券投资风险是指投资人持有某种有价证券,在规定期内实际收益小于预期收益,或者到期不能收回本金和利息的不确定。

2. 购买力风险是指由于商品价格上涨、通货膨胀而使投资者所获报酬的购买力下降的风险。

3. 拒付风险是证券发行者由于财务的原因无法到期足额支付证券投资者本金和利息(或股利)的可能性。

4. 企业证券是企业为筹措资金,经国家证券委员会批准公开发行的股票或债券。

5. 债券投资价值是指债券未来现金流入的现值。

6. 参股是指以追求股票升值或红利收入为目的的股票投资类型。

7. 外汇业务是指以记账本位币以外的货币进行各类款项的收入、支付、结算及计价的业务。

8. 投机性资本流动是指投机者在汇率、金融资产及商品价格频繁波动的情况下,以牟取高利为目的的买卖,进而形成国际的短期资本流动。

9. 期权交易是一种合约买卖,该合约赋予买方在到期日或之前的任何时候以合约规定的价格向卖方购入或出售一定数量的某种商品的权利。

10. 内涵价值是指在权利期间的任何时点将期权履约所能获得的利益。

(五) 判断题

1. √ 2. × 3. × 4. √ 5. × 6. √ 7. × 8. √ 9. √ 10. ×

(六) 简答题

1. 短期有价证券的特点是:

(1) 短期有价证券的变现性强。

(2) 有价证券有一定的风险性。

(3) 有价证券价格有一定的波动性。

企业持有短期有价证券的原因:

(1) 以有价证券作为现金的替代品。

(2) 以有价证券作为短期投资的对象:一是为了获利;二是出于投机性动机;三是为了进一步扩大生产经营规模,积累基金。

2. 企业在进行短期有价证券投资决策时应注意下列几项基本标准:

(1) 安全性和收益性之间的关系。

(2) 利率和购买力变动因素。

(3) 市场变现能力。

(4) 到期日。

3. 股票投资风险的防范措施如下:

(1) 分散投资

① 分散投资于不同企业单位的股票。

② 分散投资于不同类型、不同行业的企业单位的股票。

③ 分散投资时间。

(2) 及时转换投资

(3) 进行多目标投资

4. 企业外汇业务主要由以下四方面的经济活动而产生:

(1) 对外商品贸易。

(2) 对外劳务输出输入。

(3) 短期资本流动:短期证券投资与贷款;保值性短期资本流动;投机性的资本流动。

(4) 长期资本流动:直接投资;证券投资;国际贷款。

5. 期权合约的基本要素为:

(1) 标定资产,指期权合约上指定的买卖对象。

(2) 到期日,是期权合约中规定的履行权利期间的最后一天。

(3) 履约价格,指期权在履约时,其标定资产的买卖价格。

(4) 保险费,也称权费,指期权的成交价格,即期权的买方为取得期权的权利而支付给期权卖方的费用。

(七) 计算题

1. 解:$P = \sum_{t=1}^{5} \frac{1\,000 \times 10\%}{(1+12\%)^t} + \frac{1\,000}{(1+12\%)^5}$

$= 100 \times (P/A, 12\%, 5) + 1\,000 \times (P/F, 12\%, 5)$

$= 100 \times 3.605 + 1\,000 \times 0.567 = 927.5(元)$

即这种债券的价格必须低于 927.5 元时,该投资者才能购买,否则得不到 12% 的报酬率。

2. 解:$P = \frac{1\,000 + 1\,000 \times 10\% \times 5}{(1+8\%)^5} = 1\,021.5(元)$

即债券价格必须低于 1 021.5 元时,企业才能购买。

3. 解:该债券的最终收益率为:

$\frac{[200 + (1\,000 - 950)] \div 2}{950} = 13.16\%$

4. 解:该债券的持有期间收益率为:

$\frac{100\,000 \times 15\% + (120\,000 - 100\,000) \div 2}{100\,000} = 25\%$

5. 解:该普通股的估计价值为:

$P_0 = \frac{6(1+3\%)}{1+15\%} + \frac{20}{1+15\%} = 22.76(元)$

6. 解:该股票的估计价值为:

$P_0 = \frac{6(1+3\%)}{15\% - 3\%} = 51.5(元)$

7. 解:该优先股的估计价值为:

$P_0 = \frac{6}{15\%} = 40(元)$

8. 解:股票预计收益率 $= \left(\frac{5}{100} + \frac{110-100}{100}\right) = 15\%$

9. 解:计算前 4 年股利的现值之和 $= 18 \times (P/A, 18\%, 4) = 48.42(元)$

按固定成长股票的价值公式计算第 5 年以后股利的现值:

$= 18 \times (1+10\%)/(18\% - 10\%) \times (P/F, 18\%, 4) = 127.71(元)$

股票价值 $= 48.42 + 127.71 = 176.13(元)$

10. 解:(1) 债券价值 $= 100\,000 \times 8\%/2 \times (P/A, 5\%, 10) + 100\,000 \times (P/F, 5\%, 10) = 92\,184(元)$

债券的价值大于债券的市价,如果不考虑风险问题,应购买债券,可获大于 10% 的年收益。

(2) 按市价购入债券的收益率 i:$92\,000 = 4\,000 \times (P/A, i, 10) + 100\,000 \times (P/F, i, 10)$

已知当 $i=5\%$ 时,债券价值为 92 184 元,应提高利率进行测试,令 $i=6\%$ 进行试算：

$4\,000 \times (P/A, 6\%, 10) + 100\,000 \times (P/F, 6\%, 10) = 88\,240(元)$

采用"插值法"计算：

$i = 5\% + \dfrac{92\,000 - 92\,184}{88\,240 - 92\,184} \times (6\% - 5\%) = 5.05\%$

该债券年收益率 $= 5.05\% \times 2 = 10.1\%$

11. 解：(1) 每年付息一次、到期还本债券价值的计算：

债券价值 $= 1\,000 \times 10\% \times (P/A, 14\%, 5) + 1\,000 \times (P/F, 14\%, 5) = 862.3$(元)

(2) 到期一次还本付息债券价值的计算：

债券价值 $= (1\,000 + 1\,000 \times 10\% \times 5) \times (P/F, 14\%, 5) = 778.5$(元)

(3) 债券价值贴现法的计算：

债券价值 $= 1\,000 \times (P/F, 14\%, 5) = 519$(元)

第四篇　收入、费用、利润管理

第十一章　收入和费用管理

第一部分　内容提要和要求

一、内容提要图示

二、学习目的与要求

学习本章应了解收入的含义、收入的特征、成本费用的概念和内容；重点掌握收入的预测、成本费用控制的程序与原则、弹性预算控制；本章的难点是目标成本控制和责任成本考核。

第二部分　思考与练习

一、思考题

1. 什么是收入？收入有哪些特征？
2. 收入如何确认？
3. 收入如何计量？
4. 什么是收入的预测？简述收入预测的步骤。
5. 财务人员在销售合同的签订和履行中应做好哪些工作？
6. 怎样理解成本费用？
7. 成本费用有哪些内容？

8. 成本费用有哪些重大作用？
9. 简述成本费用控制的含义与程序。
10. 怎样确定目标成本？

二、练习题

（一）单项选择题

1. 收入是指企业在销售商品、提供劳务及（　　）等日常活动中所形成的经济利益的总流入。
   A. 他人使用本企业的资产　　　　B. 罚没收入
   C. 保险贴款收入　　　　　　　　D. 营业外收入
2. 在同一会计年度内开始并完成的劳务，应在（　　）时确认为收入。
   A. 劳务完成　　B. 按月　　C. 按季　　D. 预收工程款
3. 如劳务的开始和完成分属不同的会计年度，且在资产负债表日对该项交易的结果作出可靠的估计，应按（　　）确认收入。
   A. 完工百分比法　　　　　　　　B. 形象进度法
   C. 预收款项　　　　　　　　　　D. 预计工作量
4. 收入具有能保证企业获取利润和（　　）的作用。
   A. 保证企业持续经营　　　　　　B. 保证企业降低成本
   C. 保证企业新产品开发　　　　　D. 保证企业创收
5. 时间序列法有算术平均法、加权平均法、移动平均法、移动平均趋势法和（　　）。
   A. 指数平滑法　　　　　　　　　B. 因素分析法
   C. 专家意见法　　　　　　　　　D. 因果分析法
6. 因果分析法的关键是（　　）。
   A. 建立数学模型　　　　　　　　B. 确定是一元关系
   C. 分析历史数据　　　　　　　　D. 确定是多元关系
7. 成本费用是以（　　）为基础的。
   A. 产品价值　　　　　　　　　　B. 产品价格
   C. 产品质量　　　　　　　　　　D. 产品数量
8. 成本费用的内容包括直接费用、间接费用和（　　）。
   A. 期间费用　　　　　　　　　　B. 制造费用
   C. 财务费用　　　　　　　　　　D. 管理费用
9. 成本费用管理的基本环节是（　　）。
   A. 成本费用核算　　　　　　　　B. 成本费用预测
   C. 成本费用控制　　　　　　　　D. 成本费用决策
10. 成本费用控制的原则有（　　）、因地制宜原则和领导重视与全员参与原则。
    A. 经济原则　　　　　　　　　　B. 稳健原则
    C. 实际成本原则　　　　　　　　D. 及时性原则
11. 有效的成本控制是以（　　）为前提的。
    A. 健全的基础工作　　　　　　　B. 健全的原始记录工作
    C. 健全的计量工作　　　　　　　D. 健全的定额管理制度

12. 确定企业经营过程中人力、物力、财力的消耗标准的是( )。
    A. 定额   B. 计划
    C. 预算   D. 标准
13. ( )是指根据预计可实现的销售收入扣除目标利润计算出来的成本。
    A. 标准成本   B. 目标成本
    C. 预计成本   D. 变动成本
14. 预计目标利润的方法通常有( )和上年利润基数法。
    A. 目标利润率法   B. 标准利润率法
    C. 计划利润率法   D. 实际利润率法
15. ( )是指对初步测得出的目标成本是否切实可行作出分析和判断。
    A. 目标成本的可行性分析   B. 目标成本的敏感性分析
    C. 目标成本的差异分析   D. 目标成本的预测分析
16. ( )是以具体的责任单位为对象,以其承担的责任为范围所归集的成本。
    A. 责任成本   B. 目标成本
    C. 制造成本   D. 计划成本
17. 直接成本和间接成本的划分依据是( )。
    A. 成本的可追溯性   B. 成本的可控性
    C. 成本计算对象   D. 成本的责任范围
18. 变动成本和固定成本的划分依据是( )。
    A. 成本的变动性   B. 成本的可追溯性
    C. 成本计算对象   D. 成本的可控性
19. ( )是企业在不能准确预测业务量的情况下,根据本量利之间有规律的数量关系,按照一系列业务量水平编制的预算。
    A. 弹性预算   B. 固定预算
    C. 零基预算   D. 滚动预算
20. 弹性预算的主要用途是( )、评价和考核成本控制业绩。
    A. 控制支出   B. 控制收入
    C. 控制预测   D. 控制计划
21. 下列不作为企业商品销售处理的是( )。
    A. 销售原材料   B. 销售包装物
    C. 以商品进行投资   D. 正常情况下以商品抵偿债务
22. 企业下列收入中不属于其他业务收入的是( )。
    A. 罚款收入   B. 转让无形资产使用权收入
    C. 包装物出租收入   D. 材料销售收入
23. 企业发生的销售折让应( )。
    A. 增加财务费用   B. 冲减财务费用
    C. 增加管理费用   D. 冲减销售收入
24. 不能计入产品成本的费用是( )。
    A. 生产产品发生的原材料费用 B. 行政管理人员的工资费用
    C. 车间管理人员的工资费用   D. 生产设备维修费用

25. 某企业销售材料发生的成本应计入( )账户。
    A. 销售费用   B. 管理费用
    C. 其他业务成本   D. 营业外支出
26. 工业企业应将本期销售产品、提供劳务的成本结转到( )账户的借方。
    A. 主营业务成本   B. 其他业务支出
    C. 营业外支出   D. 管理费用
27. 以下应计入制造费用的是( )。
    A. 直接人工   B. 广告费
    C. 劳动保护费   D. 劳动保险费
28. 企业销售商品一批,售价10 000元,增值税1 700元,已按总价法入账。现金折扣条件是:2/10,1/20,n/30(计算现金折扣时,不考虑增值税),买方在10天内付款,则实际付款为( )元。
    A. 11 700   B. 11 600   C. 11 500   D. 10 000

(二) 多项选择题
1. 收入包括( )等。
    A. 商品销售收入   B. 劳务收入   C. 利息收入
    D. 使用费收入   E. 股利收入
2. 收入可以按业务收入比重的大小及其发生的经常性程度分为( )。
    A. 主营业务收入   B. 其他业务收入   C. 销售收入
    D. 股利收入   E. 利息收入
3. 收入的主要作用有( )。
    A. 保证企业获取利润   B. 保证企业持续经营
    C. 保证企业提取折旧   D. 保证企业降低成本
    E. 保证企业提高利润率
4. 收入预测时,收集资料工作应遵循的原则有( )。
    A. 相关性   B. 广泛性   C. 时效性
    D. 系统性   E. 客观性
5. 在收入预测中,进行预测时的主要工作包括( )。
    A. 选择预测方法   B. 制定预测模型
    C. 确定预测值   D. 计算差异   E. 分析差异
6. 时间序列预测法通常包括( )。
    A. 算术平均法   B. 加权平均法   C. 移动平均法
    D. 移动平均趋势法   E. 指数平滑法
7. 收入预测的方法通常包括( )。
    A. 专家意见法   B. 时间序列法   C. 因果分析法
    D. 因素分析法   E. 平衡分析法
8. 财务部门和财务人员在销售合同的签订和履行中要做好的工作包括( )。
    A. 审查对方资信状况   B. 控制商业折扣
    C. 控制信用规模和期限   D. 监督结算方式,及时收回价款
    E. 监督解除合同的善后处理

9. 成本费用的内容可归纳为( )。
   A. 直接费用　　　　　　B. 间接费用　　　　　　C. 期间费用
   D. 制造成本　　　　　　E. 标准成本
10. 成本费用控制的原则可概括为( )。
    A. 经济原则　　　　　　　　　　　B. 因地制宜原则
    C. 领导重视与全员参与原则
    D. 健全计量原则　　　　　　　　　E. 建立完整的原始记录制度原则
11. 收入可能表现为企业( )。
    A. 企业资产的增加　　　　　　　　B. 企业负债的减少
    C. 资产与负债同时增加　　　　　　D. 所有者权益的增加
    E. 资产的减少
12. 以下属于本企业收入的有( )。
    A. 增值税　　　　　　　B. 代收利息　　　　　　C. 主营业务收入
    D. 其他业务收入　　　　E. 营业税
13. 下列不属于工业企业主营业务收入的有( )。
    A. 对外提供劳务收入　　　　　　　B. 技术转让收入
    C. 出租固定资产取得的收入　　　　D. 出售固定资产取得的收入
    E. 出售股票收入
14. 不能计入"生产成本"账户核算的工资费用是( )。
    A. 基本生产车间生产工人工资　　　B. 辅助生产车间人员工资
    C. 专设销售机构人员工资　　　　　D. 在建工程人员工资
    E. 厂部管理人员收入

(三) 填空题
1. 收入可以按业务收入所占比重的大小及其发生的经常性程度分为_____和_____。
2. 收入预测的步骤为_____、_____、_____。
3. 收入预测的方法有_____、_____、_____。
4. 成本费用一般可分为_____、_____、_____。
5. 弹性预算的表达方式主要有_____和_____。

(四) 名词解释
1. 收入
2. 专家意见法
3. 时间序列法
4. 因果分析法
5. 目标成本
6. 责任成本

(五) 判断题
1. 出售固定资产取得的收益应作为收入。　　　　　　　　　　　　( )
2. 收入能否可靠地计量,是确认收入的基本前提。　　　　　　　　( )
3. 曲线回归分析法不是因果分析法。　　　　　　　　　　　　　　( )
4. 控制信用规模和期限与企业的财务人员无关。　　　　　　　　　( )

5. 成本费用是补偿生产经营费用的标准。 （ ）
6. 经济原则是指因推行成本控制而发生的成本不应超过因缺少控制而丧失的收益。
（ ）

（六）简答题
1. 简述收入预测的步骤。
2. 财务部门和财务人员在销售合同的签订和履行中应做好哪些工作？
3. 简述成本控制的基本程序。
4. 目标成本分解有哪些方法？

（七）计算题
1. 某企业 2004～2009 年销售收入如下表：

年 份	2004	2005	2006	2007	2008	2009
销售收入/万元	68	71	75	79	84	88

要求：用直线回归法预测 2010 年的销售收入。

2. 某电视机厂近几年的销售收入如下表：

年 份	2003	2004	2005	2006	2007	2008	2009	2010	2011
销售收入/亿元	5	7	10	13	15	16	14	12	11

要求：用二次曲线回归法预测 2012 年的销售收入。

3. 资料：

① 茂昌公司 2007～2011 年甲产品销售资料及设定权数如下：

年份	销售收入（万元）	权数
2007	32 120	1
2008	32 480	2
2009	31 120	3
2010	33 440	4
2011	33 510	5

② 红光公司 2011 年产品销售收入的预测值为 2 470 万元，实际值为 2 420 万元，设定的平滑系数为 0.6。

③ 求新公司 2012 年继续生产乙产品，单位售价 600 元，单位成本变动费用 300 元，月固定成本总额 60 000 元。

要求：
(1) 根据资料①，用加权算术平均法预测 2012 年产品销售收入；
(2) 根据资料②，用指数平滑法预测 2012 年产品销售收入；
(3) 根据资料③，若要求年获利 498 万，应销售多少件乙产品？

三、练习题答案

(一) 单项选择题

1. A 2. A 3. A 4. A 5. A 6. A 7. A 8. A 9. A 10. A 11. A 12. A 13. B 14. A 15. A 16. A 17. A 18. A 19. A 20. A 21. C 22. A 23. D 24. B 25. C 26. A 27. C 28. C

(二) 多项选择题

1. ABCDE 2. AB 3. AB 4. ABCDE 5. ABC 6. ABCDE 7. ABC 8. ABCDE 9. ABC 10. ABC 11. ABD 12. CD 13. BCD 14. CD

(三) 填空题

1. 主营业务收入　其他业务收入　2. 收集资料　分析判断　进行预测　3. 专家意见法　时间序列法　因果分析法　4. 直接费用　间接费用　期间费用　5. 多水平法　公式法

(四) 名词解释

1. 指企业在销售商品、提供劳务及他人使用本企业的资产等日常活动中所形成的经济利益的总流入。

2. 是指聘请有关专家,向他们提供一定的背景资料,用表格问卷的方式,背靠背地不记名答卷,答卷后汇总整理,然后再问卷、再答卷,多次反复逐渐集中出一定结果的预测方法。

3. 是指以历史的时间序列数据为基础,运用一定的数学方法向后延伸以计算未来预测结果的预测方法。

4. 是分析收入变化的原因,找出收入同这些原因的依存关系,并依此预测收入的方法。

5. 是指根据预计可实现的销售收入扣除目标利润计算出来的成本。

6. 是以具体的责任单位为对象,以其承担的责任为范围所归集的成本。

(五) 判断题

1. × 2. √ 3. × 4. × 5. √ 6. √

(六) 简答题

1. ① 收集资料;② 分析判断;③ 进行预测。

2. ① 审查对方的资信状况;② 检查合同价格,控制商业折扣;③ 控制信用规模和信用期限;④ 监督结算方式;⑤ 及时收回价款;⑥ 监督解除合同的善后处理。

3. ① 确定控制目标;② 监督成本的形成过程;③ 成本差异的核算、分析和考核;④ 采取纠正措施,修正成本控制标准。

4. ① 按管理层次分解;② 按管理职能分解;③ 按产品结构分解;④ 按产品形成过程分解;⑤ 按成本的经济内容分解。

(七) 计算题

1. 解:设 x 分别为 1,2,3,4,5,6,将坐标平移至中间年份 3.5,使得 $\sum x = 0$,趋势方程 $y = a + bx$ 中的 a、b 分别为:

$$a = \frac{\sum y}{n} = 465/6 = 77.5$$

$$b = \frac{\sum xy}{\sum x^2} = 71.5/17.5 = 4.09$$

趋势方程为 $y=77.5+4.09x$

所以预测2010年的销售收入为 $y=77.5+4.09×(7-3.5)=91.82$（万元）

2. 解：令趋势方程为 $y=a+bx+cx^2$

当 $\sum x=0$ 时（将坐标移至1988年，设 x 分别为 $-4,-3,-2,-1,0,1,2,3,4$），可得出标准方程式的 a、b、c：

$$\begin{cases} 103=9a+60c \\ 50=60b \\ 542=60a+708c \end{cases}$$

解得：$a=14.58, b=0.83, c=-0.47$

趋势方程：$y=14.58+0.83x-0.47x^2$

所以预测2012年的销售量（$x=5$）为：$14.58+0.83×5-0.47×5^2=6.98$（亿元）

3. 解：(1) 用加权算术平均法预测2012年销售收入

年份	销售收入（万元）X_i	权数 W_i	X_iW_i
2007	32 120	1	32 120
2008	32 480	2	64 960
2009	31 120	3	93 360
2010	33 440	4	133 760
2011	33 510	5	167 550
总和	162 670	15	491 750

预测2012年产品销售收入为 $X=491\,750/15=32\,783.33$（万元）

(2) 用指数平滑法预测公司2012年的产品销售收入

$X=2\,470+0.6×(2\,420-2\,470)=2\,440$（万元）

(3) 计算实现目标利润的销售量

$(60\,000×12+4\,980\,000)/(600-300)=19\,000$（件）

第十二章 利润管理

第一部分 内容提要和要求

一、内容提要图示

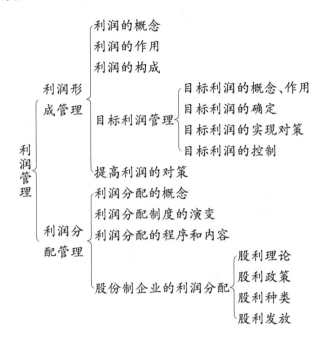

二、学习目的与要求

学习本章时,应了解掌握一些基本概念,如:利润的概念、利润的作用、利润的构成、利润分配的概念、利润分配的程序和内容。同时应重点掌握:目标利润管理、提高利润的对策、股份制企业的利润分配。本章的难点内容是:风险情况下的利润决策和股利理论。

第二部分 思考与练习

一、思考题

1. 怎样理解利润的概念?
2. 目标利润如何确定?
3. 实现目标利润有哪些对策?
4. 简述利润分配制度的演变过程。
5. 怎样理解股利政策?
6. 常见的股利支付方式有哪些?
7. 简述股利政策理论的内容。

二、练习题

（一）单项选择题

1. 利润总额扣除按规定可以扣除的项目后的利润即为企业的（　　）。
   A. 税前利润　　　　　　　　　　B. 税后利润
   C. 总利润　　　　　　　　　　　D. 息前税前利润

2. 毛利润反映了（　　）之间的差距。
   A. 销价和成本　　　　　　　　　B. 利润和成本
   C. 销价和利润　　　　　　　　　D. 利润和所得税

3. 利润总额由（　　）三部分构成。
   A. 销售利润、投资净收益、营业外收支净额
   B. 销售收入、投资收入、营业外收入
   C. 销售收入、销售成本、投资净收益
   D. 销售利润、其他业务利润、投资净收益

4. 营业利润的计算公式为（　　）。
   A. 主营利润＋其他利润－财务费用－管理费用
   B. 主营利润＋其他利润－销售费用
   C. 主营利润＋其他利润
   D. 主营利润＋其他利润－财务费用－管理费用－销售费用

5. 目标利润的特点是：可行性、科学性、（　　）和统一性。
   A. 激励性　　B. 一致性　　C. 可比性　　D. 谨慎性

6. 目标利润确定的方法主要有：利润率法、递增率法和（　　）。
   A. 定额法　　B. 比率法　　C. 盘存法　　D. 调节法

7. 根据各种利润率和其他相关指标来确定目标利润的方法称为（　　）。
   A. 利润率法　　B. 递增率法　　C. 定额法　　D. 比率法

8. 根据企业的基期利润和利润增长比率来确定目标利润的方法称为（　　）。
   A. 递增率法　　B. 利润率法　　C. 定额法　　D. 比率法

9. 根据某一种利润额来确定目标利润的方法称为（　　）。
   A. 定额法　　B. 利润率法　　C. 递增率法　　D. 比率法

10. 实现目标利润的对策可分为（　　）。
    A. 单项对策和综合对策　　　　　B. 增加销售量或金额
    C. 提高销售价格和成本　　　　　D. 降低成本和价格

11. 企业的某种产品发生了亏损，该产品（　　）。
    A. 不一定立即停止生产　　　　　B. 立即停止生产
    C. 边际贡献为正时，应立即停产　D. 边际贡献为负时，继续生产

12. 将企业的利润在国家、企业法人、企业所有者之间进行分配的过程称为（　　）。
    A. 利润分配　　B. 利润政策　　C. 利润理论　　D. 利润形成

13. 凡全面完成国家规定的产量、质量、利润、供货合同四项指标的企业，可按职工全年工资总额的5%提取（　　）。
    A. 企业基金　　B. 福利基金　　C. 发展基金　　D. 更改基金

14. "两包"即指:一包上交国家利润,二包( )。
    A. 技术改进任务　　　　　　　　B. 职工工资总额
    C. 职工福利基金　　　　　　　　D. 固定资产折旧

15. ( )是企业在税后净利润中计提的用于增强企业物质后备、防备不测事件的资金。
    A. 公积金　　B. 公益金　　C. 福利金　　D. 保险金

16. ( )是企业在税后利润中计提的用于购置或建造职工集体福利设施的资金。
    A. 公益金　　B. 公积金　　C. 福利金　　D. 保险金

17. ( )是关于股份有限公司的股利是否发放、发放多少和何时发放等问题的方针和策略。
    A. 股利政策　　　　　　　　　　B. 股利政策实施
    C. 股利发放程序　　　　　　　　D. 股利种类

18. 股利政策理论有( )。
    A. 股利无关论和股利相关论　　　B. 股利种类和股利实施
    C. 普通股利和优先股利　　　　　D. 股利发放的程序和方法

19. 对收益经常波动的企业最适宜选择的股利政策是( )。
    A. 固定发放率政策　　　　　　　B. 剩余股利政策
    C. 固定股利或稳定增长股利政策　D. 固定股利加增长股利政策

20. 某产品单位变动成本10元,计划销售1 000件,每件售价15元,欲实现利润800元,固定成本应控制在( )。
    A. 4 200元　　B. 5 000元　　C. 4 800元　　D. 5 800元

21. 计算利润总额的正确公式是( )。
    A. 主营业务利润+其他业务利润－营业费用－管理费用－财务费用
    B. 营业利润+营业外收入－营业外支出
    C. 营业利润+投资净收益+营业外收入－营业外支出
    D. 营业利润+营业费用－管理费用－财务费用

22. 企业账面会计利润为350 000元,税收滞纳金3 000元,业务招待费超支2 450元,国债利息收入6 000元,其应纳税所得额为( )。
    A. 361 450元　　　　　　　　　B. 338 550元
    C. 350 550元　　　　　　　　　D. 349 450元

23. 某工业企业本期主营业务收入为200万元,主营业务成本为100万元,其他业务收入为50万元,其他业务成本为40万元,管理费用为15万元,投资收益为30万元,所得税费用为30万元。假定不考虑其他因素,该企业本期营业利润为( )万元。
    A. 125　　B. 95　　C. 100　　D. 110

24. 某企业税前会计利润为1 000万元。根据有关财务制度规定,该企业应开支业务招待费40万元,实际全年开支60万元,按应付税款法(所得税税率25%)计算所得税费用为( )元。
    A. 255　　B. 330　　C. 6.6　　D. 323.4

25. 企业根据资产减值等准则确定资产发生的减值的,按应减记的金额,借记( )账户。
    A. 管理费用　　　　　　　　　　B. 销售费用
    C. 营业外支出　　　　　　　　　D. 资产减值损失

26. 在剩余生产能力可以转移时,亏损产品是否停产,还要考虑的因素是有关的( )。
    A. 付现成本　　　B. 机会成本　　　C. 可控成本　　　D. 专属成本
27. 下列股利理论中不属于股利相关论的是( )。
    A. 信号传递理论　　　　　　　B. 股利重要论
    C. MM 理论　　　　　　　　　D. "在手之鸟"理论
28. 确定股利分配方案,不需要考虑的内容是( )。
    A. 选择股利政策　　　　　　　B. 确定股利支付水平
    C. 股利发放的日期　　　　　　D. 确定股利支付形式
29. 关于利润分配的顺序,下列说法正确的是( )。
    A. 提取法定盈余公积金、弥补亏损、提取任意盈余公积金、向股东分配股利
    B. 弥补亏损、提取法定盈余公积金、提取任意盈余公积金、向股东分配股利
    C. 提取法定盈余公积金、弥补亏损、向股东分配股利、提取任意盈余公积金
    D. 弥补亏损、提取任意盈余公积金、提取法定盈余公积金、向股东分配股利

(二) 多项选择题

1. 属于利润概念的有( )。
    A. 总利润　　　　　　B. 毛利润　　　　　　C. 息前税前利润
    D. 税前利润　　　　　E. 税后利润
2. 营业利润由( )构成。
    A. 主营业务利润　　　B. 其他业务利润
    C. 财务费用　　　　　D. 管理费用　　　　　E. 销售费用
3. 目标利润一般具有如下特点( )。
    A. 可行性　　　　　　B. 科学性　　　　　　C. 激励性
    D. 统一性　　　　　　E. 可比性
4. 确定目标利润的主要方法有( )。
    A. 利润率法　　　　　B. 递增率法　　　　　C. 定额法
    D. 连环法　　　　　　E. 因素法
5. 实现目标利润的对策有( )。
    A. 单项对策　　　　　B. 综合对策　　　　　C. 增加销售量
    D. 降低固定成本　　　E. 提高售价
6. 盈余公积的主要用途有( )。
    A. 弥补亏损　　　　　B. 分配股利　　　　　C. 转增资本
    D. 向外投资　　　　　E. 增加工资
7. 股利政策理论有( )。
    A. 股利无关论　　　　B. 股利相关论
    C. 剩余股利政策　　　D. 固定股利政策
    E. 固定股利支付率政策
8. 股利政策通常有( )。
    A. 剩余股利政策　　　　　　　B. 固定或持续增长股利政策
    C. 固定股利支付率政策　　　　D. 低正常股利加额外股利政策
    E. 财产股利政策

9. 常见股利支付方式有（　　）。
   A. 现金股利　　　　　B. 财产股利　　　　　C. 负债股利
   D. 股票股利　　　　　E. 股票回购
10. 股利发放程序主要经过包括（　　）。
    A. 股利宣告日　　　　B. 股权登记日　　　　C. 除息日
    D. 股利通知日　　　　E. 股利发放日
11. 下列各项影响企业营业利润的有（　　）。
    A. 投资收益　　　　　　　　　B. 公允价值变动损益
    C. 主营业务成本　　　　　　　D. 营业外收入
12. 利润分配的程序是（　　）。
    A. 提取法定盈余公积　　　　　B. 提取法定公益金
    C. 提取任意盈余公积　　　　　D. 向投资者分配利润
13. 下列项目影响企业的利润总额的有（　　）。
    A. 营业利润　　　　　　　　　B. 营业外收入
    C. 营业外支出　　　　　　　　D. 所得税费用

（三）填空题
1. 目标利润的特点有_____、_____、_____、_____。
2. 目标利润确定的方法有_____、_____、_____。
3. 实现目标利润的对策有_____、_____。
4. 不确定情况下利润决策方法有_____、_____、_____。
5. 股利政策理论有_____、_____。

（四）名词解释
1. 利润率法
2. 递增率法
3. 不确定性决策
4. 最大最小收益值法
5. 最小最大后悔值法
6. 股利政策

（五）判断题
1. 毛利润不能完全反映产品销价和产品成本之间的差距。（　　）
2. 目标利润是企业事先确定,要在一定时间内实现的利润。（　　）
3. 如果企业实现了某种形式的经济责任制,则可把利润承包数作为目标利润数。（　　）
4. 最大最小收益值法是把各个方案的最大收益值都计算出来,然后取其最小者的一种决策方法。（　　）
5. 股票分割也是股利的一种支付方式。（　　）

（六）简答题
1. 简述目标利润控制的内容。
2. 简述利润分配的内容。
3. 股份有限公司常用的股利政策有哪些?

(七) 计算题

1. 某公司生产经营 A 产品,基年销售量 6 000 件,单价 80 元,固定成本 18 万元,税前利润 6 万元,公司资产总额 60 万元。公司拟于计划年度扩大 A 产品生产,因此需增加投资 20 万元,增加年固定成本 2 万元,从而使 A 产品增加 3 000 件,单位变动成本降低 5 元,单价降低 4 元,假设该公司没有负债,所得税率为 30%,产销一致,资金成本率为 10%。

要求:
(1) 从收益和风险两个方面来论证 A 产品扩产计划的可行性;
(2) 如果公司需要以 20% 的利率借入 20 万元资金,扩产计划是否还可行?

2. 某企业只产销一种产品,1995 年销售量为 10 000 件,每件售价 200 元,单位成本为 150 元,其中单位变动成本为 120 元。该企业拟使 1996 年的利润在 1995 年的基础上增加 20%。

要求:
(1) 运用量本利分析原理进行规划,从哪些方面采取措施,才能实现目标利润?
(2) 对你提出的各项措施,运用敏感分析原理,测算其对利润的敏感系数。

3. 某公司提出三种经营方案,预期不同市场状况下的利润资料如下:

单位:万元

经营方案	繁荣收益	一般收益	萧条收益
甲	500	320	-50
乙	350	300	50
丙	280	260	200

要求:(1) 用大中取大法选择决策方案;
(2) 用小中取大法选择决策方案。

4. 已知:某公司生产甲、乙、丙三种产品,其固定成本总额为 19 800 元,三种产品的有关资料如下:

品种	销售单价(元)	销售量(件)	单位变动成本(元)
甲	2 000	60	1 600
乙	500	30	300
丙	1 000	65	700

要求:采用加权平均法计算该厂的综合保本销售额及各产品的保本销售量。

5. 已知:某企业产销 A、B、C、D 四种产品的有关资料如下表所示:

单位:元

产品名称	销售数量	销售收入总额	变动成本总额	单位贡献边际	固定成本总额	利润(或亏损)
A	(1)	20 000	(2)	5	4 000	6 000
B	1 000	20 000	(3)	(4)	8 000	-1 000
C	4 000	40 000	20 000	(5)	9 000	(6)
D	3 000	(7)	15 000	2	(8)	4 000

要求:计算表中用数字(1)、(2)、(3)、(4)、(5)、(6)、(7)、(8)表示的项目。

三、练习题答案

(一) 单项选择题

1. A 2. A 3. A 4. A 5. A 6. A 7. A 8. A 9. A 10. A 11. A 12. A 13. A 14. A 15. A 16. A 17. A 18. A 19. A 20. A 21. C 22. D 23. A 24. A 25. D 26. B 27. C 28. C 29. B

(二) 多项选择题

1. ABCDE 2. ABCD 3. ABCD 4. ABC 5. AB 6. ABC 7. AB 8. ABCD 9. ABCDE 10. ABCE 11. ABCD 12. ABD 13. ABC

(三) 填空题

1. 可行性 科学性 激励性 统一性 2. 利润率法 递增率法 定额法 3. 单项对策 综合对策 4. 最大最小收益值法 最大最大收益值法 最小最大后悔值法 5. 股利相关论 股利无关论

(四) 名词解释

1. 是根据各种利润率和其他相关指标来确定目标利润的一种方法。
2. 是根据企业的基期利润和利润递增比率来确定目标利润的一种方法。
3. 是指未来情况很不明朗,只能预测有关因素可能出现的状况,但其概率不可预知的决策。
4. 是把各个方案的最小收益值都计算出来,然后取其中最大者的一种决策方法。
5. 是把各个方案的最大后悔值都计算出来,然后取其最小者的一种决策方法。
6. 是关于股份有限公司的股利是否发放、发放多少和何时发放等问题的方针和策略。

(五) 判断题

1. × 2. √ 3. √ 4. × 5. √

(六) 简答题

1. ① 合理分解目标利润;② 利润差异的分析;③ 采取调整措施。
2. ① 弥补以前年度亏损;② 提取盈余公积;③ 提取公益金;④ 向投资者分配利润。
3. ① 剩余股利政策;② 固定或持续增长股利政策;③ 固定股利支付率政策;④ 低正常股利加额外股利政策。

(七) 计算题

1. 解:(1) 基年单位变动成本 $= 80 - \dfrac{180\,000 + 60\,000}{6\,000} = 40$(元)

    计划年单位变动成本 $= 35$(元)

    计划年度单价 $= 76$(元)

    计划期税后利润 $= [(76-35) \times 9\,000 - (180\,000 + 20\,000)] \times (1-30\%) = 118\,300$(元)

    基期税后会计收益率 $= \dfrac{60\,000 \times (1-30\%)}{600\,000} \times 100\% = 7\%$

    计划期税后会计收益率 $= \dfrac{118\,300}{800\,000} \times 100\% = 14.79\%$

    基期经营杠杆 $= \dfrac{(80-40) \times 6\,000}{60\,000} = 4$

计划期经营杠杆 $=\dfrac{(76-35)\times 9\,000}{169\,000}=2.18$

因为收益率提高 1 倍以上,经营风险有所下降,所以扩产可行。

(2) 借款后:

年税后收益 $=118\,300-200\,000\times 20\%=78\,300(元)$

基期税后利润 $=[(80-40)\times 6\,000-180\,000]\times(1-30\%)=42\,000(元)$

借款投资后税后利润高于基期税后利润,仍然有利可行。

2. 解:(1) 固定成本 $=10\,000\times(150-120)=300\,000(元)$

  1995 年利润 $=10\,000\times(200-120)-300\,000=500\,000(元)$

  1996 年利润 $=500\,000\times(1+20\%)=600\,000(元)$

  措施如下:

  提高销量 $=\dfrac{300\,000+600\,000}{200-120}-10\,000=1\,250(件)(提高 12.5\%)$

  降低单位变动成本 $=120-(200-\dfrac{600\,000+300\,000}{10\,000})=10(元)(降低 8.33\%)$

  降低固定成本 $=600\,000-500\,000=100\,000(元)(降低 33.33\%)$

  提高价格 $=(\dfrac{300\,000+600\,000}{10\,000}+120)-200=10(元)(提高 5\%)$

(2) 计算敏感系数:

  销售敏感系数 $=\dfrac{20\%}{12.5\%}=1.6$

  单位变动成本敏感系数 $=\dfrac{20\%}{-8.33\%}=-2.4$

  固定成本敏感系数 $=\dfrac{20\%}{-33.33\%}=-0.6$

  单价敏感系数 $=\dfrac{20\%}{5\%}=4$

3. 解:(1) 取甲方案;(2) 取丙方案。

4. 解:甲产品的销售比重 $=2\,000\times 60/200\,000=60\%$

  乙产品的销售比重 $=500\times 30/200\,000=7.5\%$

  丙产品的销售比重 $=1\,000\times 65/200\,000=32.5\%$

  甲产品的贡献边际率 $=(2\,000-1\,600)/2\,000=20\%$

  乙产品的贡献边际率 $=(500-300)/500=40\%$

  丙产品的贡献边际率 $=(1\,000-700)/1\,000=30\%$

  综合贡献边际率 $=20\%\times 60\%+40\%\times 7.5\%+30\%\times 32.5\%=24.75\%$

  综合保本额 $=19\,800/24.75\%=80\,000(元)$

  甲产品保本量 $=80\,000\times 60\%/2\,000=24(件)$

  乙产品保本量 $=80\,000\times 7.5\%/500=12(件)$

  丙产品保本量 $=80\,000\times 32.5\%/1\,000=26(件)$

5. 解:(1) $(20\,000-4\,000-6\,000)/5=2\,000$

  (2) $20\,000-4\,000-6\,000=10\,000$

(3) 20 000－8 000－(－1 000)＝13 000

(4) (20 000－13 000)/1 000＝7

(5) (40 000－20 000)/4 000＝5

(6) 40 000－20 000－9 000＝11 000

(7) 2×3 000＋15 000＝21 000

(8) 21 000－15 000－4 000＝2 000

第五篇 特殊财务管理

第十三章 资本运营理论

第一部分 内容提要和要求

一、内容提要图示

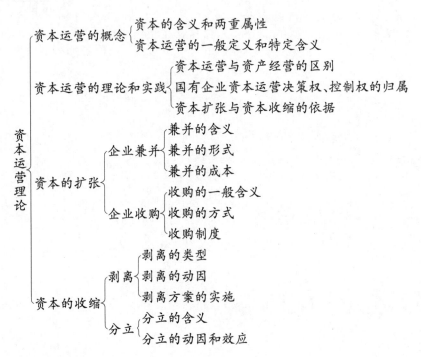

二、学习目的与要求

本章需要一般了解的内容有：资本的两重属性，资本运营的一般含义和特定含义。

本章需要重点掌握的内容有：资本扩张的具体形式即企业的兼并和收购；资本收缩的具体形式即企业的剥离和分立；资本运营与资产经营的区别；国有企业资本运营决策权、控制权的归属。

本章的难点为：资本运营与资产经营的区别；国有企业资本运营决策权、控制权的归属。

第二部分　思考与练习

一、思考题

1. 如何认识资本的两重属性？
2. 资本运营的一般定义和特定含义分别为什么？
3. 资本运营与资产经营的一般性区别有哪些？
4. 如何理解国企资本运营决策权和控制权的归属问题？
5. 企业兼并的形式有哪些？
6. 企业兼并过程中如何考虑成本问题？
7. 如何完善企业收购制度？
8. 如何看待企业的剥离与分立？

二、练习题

（一）单项选择题

1. 下列关于资本阐述正确的是（　　）。
   A. 资本的表现形式就是货币
   B. 资本必须能够带来剩余价值
   C. 资本的自然属性是指资本归谁所有的问题
   D. 资本的社会属性决定了资本的自然属性

2. 下列关于资本运营判断正确的是（　　）。
   A. 资本运营的本质就是资产经营
   B. 股份公司的资本运营决策权、控制权应归属于经营者
   C. 资本运营是资产经营发展到一定阶段的产物
   D. 搞好资本运营是进行资产经营的前提

3. 企业兼并的本质是（　　）。
   A. 将一个或多个独立企业并入另一个企业
   B. 两个或多个企业合并成一个企业
   C. 一个企业消失，或者成为另一个企业的下属子公司
   D. 资本的兼并，资本发生质和量的变化

4. 企业下列兼并形式中，出于同一出资者的行为的形式是哪一个？（　　）
   A. 入股式　　　　　　　　　　B. 承担债务式
   C. 购买式　　　　　　　　　　D. 资本重组式，形成母子公司

5. 企业兼并成本是以下何种价格？（　　）
   A. 底价　　　B. 浮动价格　　　C. 兼并价格　　　D. 资本成本

6. 属于企业扩张的形式是（　　）。
   A. 企业收购　　B. 企业剥离　　C. 企业分立　　D. 企业清算

7. 下列形式不属于企业剥离业务中按所出售资产形式来划分的内容是（　　）。
   A. 出售资产　　　　　　　　　　B. 出售产品生产线

C. 分立　　　　　　　　　　　　D. 自愿剥离
8. 下列不属于剥离动因的是(　　)。
   A. 改变公司的市场形象,提高公司股票价值
   B. 满足公司的现金需求
   C. 有利于公司更好地适应和利用有关法规和税收条例
   D. 消除负协同效应
9. 关于剥离和分立,下列叙述不正确的是(　　)。
   A. 剥离和分立都是资本收缩的形式
   B. 剥离和分立的动因之一都是消除负协同效应
   C. 纯粹的分立与剥离之间存在着区别
   D. 剥离和分立中都存在涉及各利益主体之间的现金或证券的支付
10. 下列不属于分立的动因的是(　　)。
    A. 分立可以通过消除负协同效应来提高公司价值
    B. 分立可以帮助公司纠正一项错误的兼并
    C. 分立可以作为公司反兼并与反收购的一项策略
    D. 分立形成的新公司拥有与母公司不同的新股东
11. 投资者因冒风险投资而获得超过时间价值的一部分报酬,称为(　　)。
    A. 平均报酬　　　　　　　　　　B. 投资报酬
    C. 风险报酬　　　　　　　　　　D. 合理报酬
12. 某金融机构的贷款利率为6%,每半年复利一次,其实际利率应为(　　)。
    A. 6%　　　B. 6.6%　　　C. 6.09%　　　D. 12.36%

(二) 多项选择题
1. 下列关于资本论述正确的有(　　)。
   A. 凡是没有价值的东西都不是资本
   B. 资本的自然属性会随着其社会属性发生变化
   C. 没有资本的自然属性就没有资本的社会属性
   D. 资本能够带来剩余价值
   E. 资本在社会经济生活中的存在与否是由其自然属性决定的
2. 下列属于资本运营的性质特点的有(　　)。
   A. 资本运营离不开生产经营,因此资本运营的本质就是生产经营
   B. 资本运营通过资本流动和产权交易,实现了资本量的扩张和结构调整
   C. 资产经营发展到一定阶段才产生资本运营
   D. 资本运营主要涉及资产负债表左方的项目
   E. 搞好资产经营是进行资本运营的基本前提
3. 下列关于国有企业资本运营决策权、控制权归属的说法中正确的有(　　)。
   A. 国有企业资本运营决策权、控制权归属于经营者
   B. 国有企业资本运营决策权、控制权归属于所有者
   C. 国有股份制企业资本运营决策权、控制权归属于董事会
   D. 国有股份制企业资本运营决策权、控制权归属于监事会
   E. 国有企业资本运营决策权、控制权归属于政府行政主管部门

4. 国际性的大资本的企业兼并形式有（   ）。
   A. 入股式   B. 承担债务式   C. 购买式
   D. 采取资本重组的方式
   E. 出资者授权委托并参与经营

5. 企业兼并费用的形成要考虑的因素有（   ）。
   A. 可评估的资产
   D. 兼并双方同一投资的机会成本的比较
   C. 兼并双方对未来预期的收益
   D. 兼并市场的供求状况
   E. 经营环境的变化

6. 企业收购最常见的三种方式是（   ）。
   A. 购买某一方企业的净资产,并承担其债权债务
   B. 通过协议,以付现的方式买进某公司的部分或全部资产
   C. 通过购买某公司的股票,对其进行控股,使之成为子公司
   D. 通过将本公司的股票发行给另一个企业的资本所有者,取得该企业资产负债,使其丧失法人实体地位
   E. 某一方企业以承担另一方企业债务为条件接受其资产

7. 按照是否符合公司的意愿,企业剥离可分为（   ）。
   A. 自愿剥离和非自愿剥离   B. 自愿剥离和被迫剥离
   C. 出售剥离和出售资产   D. 分立和清算
   E. 出售资产和出售子公司

8. 分立的形式有（   ）。
   A. 纯粹的分立   B. 并股   C. 拆股
   D. 出售资产   E. 清算

9. 资本收缩的典型方式有（   ）。
   A. 剥离   B. 清算   C. 变更
   D. 分立   E. 收购

10. 下列关于资本运营阐述正确的有（   ）。
    A. 资本运营就是资本扩张和资本收缩
    B. 资本运营建立在商品经营的基础之上
    C. 资本扩张和资本收缩的依据是企业净资产的扩大
    D. 作为公司经营失败的标志,资本收缩可以提高资本的市场价值
    E. 分立的本质就是剥离

11. 货币资金属于流动资产,包括（   ）。
    A. 现金   B. 银行存款   C. 其他货币资金
    D. 应收账款   E. 应付账款

12. 下列各项中属于流动负债的有（   ）。
    A. 应付账款   B. 预付费用   C. 预收账款
    D. 短期借款   E. 应收账款

(三) 填空题

1. 资本的两重属性主要是指它的_____和_____。
2. 从财务学的角度而言,财务要素权益包括_____和_____。
3. 资本运营主要包括_____和_____两个方面。
4. 资本交易价格的确定,其经营"三步曲"为_____、_____和_____。
5. 按照是否符合公司的意愿,剥离可以划分为_____和_____。
6. 按照业务中所出售资产的形式,剥离可以分为_____、_____、_____和_____。
7. 资本收缩的两种典型方式分别为_____和_____。

(四) 名词解释

1. 资本
2. 资本运营
3. 企业收购
4. 企业兼并
5. 企业剥离
6. 企业分立
7. 并股
8. 拆股

(五) 判断题

1. 资本一定具有价值并能带来剩余价值。　　　　　　　　　　　　　(　　)
2. 资本的社会属性决定了资本的自然属性。　　　　　　　　　　　　(　　)
3. 资本收缩和资本扩张都是以企业净资产增值为依据。　　　　　　　(　　)
4. 企业的兼并成本就是资本成本。　　　　　　　　　　　　　　　　(　　)
5. 剥离可以提高公司股票的市场价值,满足公司现金需求。　　　　　(　　)
6. 在分立的过程中,会出现股权和控制权向第三者转移的情况。　　　(　　)
7. 所谓并股与纯粹的分立比较相似,是指母公司将子公司的控制权移交给它的股东。
　　　　　　　　　　　　　　　　　　　　　　　　　　　　　　　(　　)

(六) 简答题

1. 简述资本运营的一般定义和特定含义。
2. 简述资本运营和资产经营的一般性区别。
3. 要完善企业收购制度,需要考虑的问题有哪些?
4. 简述剥离的动因。
5. 简述分立的动因。

三、练习题答案

(一) 单项选择题

1. B　2. C　3. D　4. D　5. C　6. A　7. D　8. C　9. D　10. D　11. C
12. C

(二) 多项选择题

1. ACDE　2. BCE　3. CE　4. ABCDE　5. ABCDE　6. BCD　7. AB

8. ABC 9. AD 10. BE 11. ABC 12. AD

(三)填空题

1. 社会属性 自然属性 2. 债主权益 业主权益 3. 资本扩张 资本收缩 4. 最初交易价格/底价 浮动价格/谈判价格 兼并价格/成交价格 5. 自愿剥离 非自愿剥离/被迫剥离 6. 出售资产 出售产品生产线 出售子公司 分立 清算 7. 剥离 分立

(四)名词解释 (略)

(五)判断题

1. √ 2. × 3. × 4. × 5. √ 6. × 7. ×

(六)简答题 (略)

第十四章　企业设立、变更、清算的管理

第一部分　内容提要和要求

一、内容提要图示

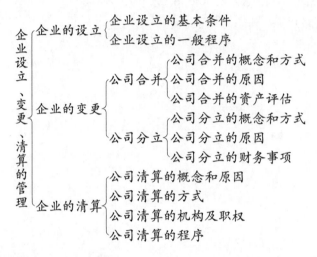

二、学习目的与要求

本章需要一般了解的内容有：企业设立的基本条件，企业设立的一般程序。

本章需要重点掌握的内容有：企业变更的主要形式即企业合并的财务管理和企业分立的财务管理；企业清算的概念、方式，企业清算的机构、职权和清算的程序。

本章的难点为：企业变更的主要形式即企业合并的财务管理和企业分立的财务管理。

第二部分　思考与练习

一、思考题

1. 按照我国有关法律法规的规定，企业设立应具备哪些条件？
2. 企业设立的基本程序有哪些？
3. 公司合并的原因是什么？
4. 公司合并的资产评估可以采用哪些方法？
5. 公司清算的方式是什么？

二、练习题

（一）单项选择题

1. 下列不属于企业设立必须具备的条件是(　　)。
   A. 合法的企业名称　　　　　　　B. 注册资本超过1 000万元

  C. 规范的企业章程   D. 健全的财务会计制度

2. 成立下列哪些企业不需要报经国家指定的主管部门批准,只需直接向企业登记机关申请登记?（ ）

  A. 外商投资企业   B. 股份有限公司
  C. 批发型企业   D. 金融性企业

3. 下列不属于公司变更的形式的是( )。

  A. 公司的合并   B. 公司的改组
  C. 公司的重整   D. 公司股票的上市

4. 将评估对象剩余寿命期每年的预期收益,用适当的折现率折现,累加得出评估基准日的现值,以此估算资产价值的方法是( )。

  A. 收益现值法   B. 重置成本法
  C. 现行市价法   D. 清算价格法

5. 下列不属于公司分立的原因的是( )。

  A. 公司规模过大   B. 公司可以合理避税和避免破产
  C. 公司扩张或收缩   D. 法律原因

6. 下列不属于公司应当予以终止并进行清算的是( )。

  A. 公司营业期届满   B. 公司连年亏损
  C. 股东会决议解散   D. 公司因合并或需要解散

7. 公司清算登记债权时,清算组应于自成立之日起几日内通知债权人?（ ）

  A. 5 日   B. 10 日   C. 15 日   D. 60 日

（二）多项选择题

1. 公司合并原因有下列哪些?（ ）

  A. 扩大公司规模,取得规模效益   B. 减少经营风险
  C. 改善财务状况   D. 充分利用闲置资金
  E. 管理者个人的动机

2. 根据清算是否自行开始,清算可分为哪两种形式?（ ）

  A. 正常清算   B. 直接清算   C. 破产清算
  D. 干预清算   E. 被迫清算

3. 破产清算是按照下列哪些法律规定进行的?（ ）

  A.《中华人民共和国公司法》   B.《中华人民共和国企业破产法》
  C.《中华人民共和国民事诉讼法》   D.《中华人民共和国企业清算法》
  E. 财务准则和会计通则

4. 两个或两个以上的公司进行合并时,其中一个公司存续,其他公司则被解散,取消法人资格,其产权转给存续公司的形式是下列哪些?（ ）

  A. 兼并   B. 吸收合并   C. 新设合并
  D. 企业收购   E. 企业合伙

5. 对企业合并进行资产评估的机构可以是下列哪些?（ ）

  A. 资产评估公司   B. 会计师事务所
  C. 审计师事务所   D. 财务咨询公司
  E. 证券交易所

(三) 填空题

1. 根据我国《公司法》的规定,公司合并的两种形式为:_____ 和_____。
2. 公司清算根据清算是否自行开始,可分为两种方式:_____ 和_____。
3. 根据我国《国有资产评估管理法》规定,资产评估主要可采取的四种方法为_____、_____、_____ 和_____。
4. 正常清算是按照我国_____ 的规定进行的。
5. 清算时,债权人应当自接到通知书之日起_____ 日内,未接到通知书的自第一次公告之日起_____ 日内,向清算组申报其债权,并提供有关债权的证明材料。

(四) 名词解释

1. 企业设立
2. 公司合并
3. 吸收合并
4. 新设合并
5. 公司分立
6. 公司清算

(五) 判断题

1. 企业名称被登记机关核准后,6个月内该名称将被保留,企业发起人可以开展企业筹建工作,并以该企业名义从事经营活动。 (　　)
2. 企业的设立要有发起人发起,发起人只能是自然人,不可以是企业法人。 (　　)
3. 减少经营风险、改善财务状况是公司合并的原因之一。 (　　)
4. 破产清算的有关事项是按照我国《公司法》的规定进行的。 (　　)
5. 公司章程规定的营业期限届满或其他解散事由出现时,或股东会议解散时,应当在20日内成立清算组。 (　　)

(六) 简答题

1. 企业设立的基本条件有哪些?
2. 公司合并的主要原因有哪些?
3. 公司分立的主要原因有哪些?

三、练习题答案

(一) 单项选择题

1. B　2. C　3. D　4. A　5. B　6. B　7. B

(二) 多项选择题

1. ABCDE　2. AC　3. BC　4. AB　5. ABCD

(三) 填空题

1. 吸收合并　新设合并　2. 正常清算　破产清算　3. 收益现值法　重置成本法　现行市价法　清算价格法　4.《公司法》　5. 30　90

(四) 名词解释 (略)

(五) 判断题

1. ×　2. ×　3. √　4. ×　5. ×

(六) 简答题 (略)

第十五章 跨国公司财务管理

第一部分 内容提要和要求

一、内容提要图示

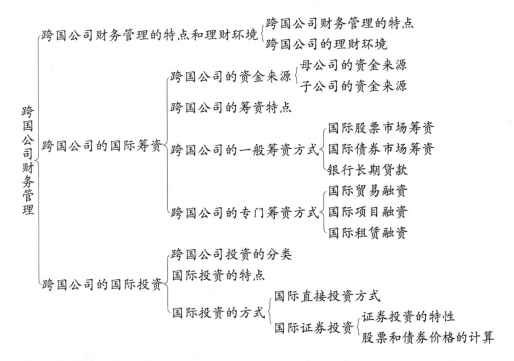

二、学习目的与要求

本章需要一般了解的内容有:跨国公司财务管理的特点和跨国公司的理财环境。

本章需要重点掌握的内容有:跨国公司国际筹资的资金来源、筹资特点、一般筹资方式及其专门筹资方式;跨国公司投资的分类、特点及其方式。

第二部分 思考与练习

一、思考题

1. 跨国公司财务管理的特点有哪些?
2. 跨国公司中母公司和子公司的资金来源有何联系和区别?
3. 跨国公司的筹资特点体现在哪些方面?
4. 跨国公司的一般筹资方式有哪些?
5. 跨国公司的专门筹资方式有哪些?
6. 企业国际投资的特点体现在哪些方面?

7. 国际直接投资的具体形式有哪些?
8. 如何理解股票和债券的价格计算?
9. 如何理解国际直接投资决策?

二、练习题

(一) 单项选择题

1. 下列不属于跨国公司子公司资金来源的是(　　)。
   A. 子公司内部及子公司之间　　B. 母公司的资金
   C. 母公司所在国的金融市场　　D. 子公司所在国的金融市场
2. 下列不属于跨国公司一般筹资方式的是(　　)。
   A. 国际股票市场筹资　　B. 国际债券市场筹资
   C. 银行长期贷款　　D. 国际贸易融资
3. 下列关于跨国公司叙述错误的是(　　)。
   A. 跨国公司的经营业务涉及世界许多国家,因此理财环境复杂
   B. 母公司既可在所在国金融市场筹资,也可在子公司所在国金融市场筹资
   C. 子公司在其所在国不具备独立法人地位
   D. 跨国公司可以通过内部转移资金的方法降低筹资成本
4. 下列关于国际债券市场叙述正确的是(　　)。
   A. 国际债券市场是跨国公司筹资的专门方式
   B. 国际债券市场包括欧洲债券市场和外国债券市场
   C. 欧洲债券是指由国际银行辛迪加和证券公司包销后,出售给欧洲国家的债券
   D. 欧洲债券的发行不与任何国家的金融市场联系,因此不受任何国家金融管理部门的限制
5. 下列关于项目融资叙述不正确的是(　　)。
   A. 项目融资是指一些大型建设项目在实施时由国际金融机构提供贷款的融资方式
   B. 为了适应项目融资,项目的主办公司必须成立一个新公司
   C. 对于矿山、油田等建设项目,一般由政府或世界银行等金融组织提供贷款
   D. 企业、政府、金融机构等都可以为项目建设提供贷款
6. 下列属于国际融资租赁特点的是(　　)。
   A. 国际租赁融资可以降低政治风险
   B. 出租人和承租人分别属于不同的国家
   C. 可以降低跨国公司的税负
   D. 国际融资租赁是由国内融资租赁逐渐分离出来发展而成的
7. 关于跨国公司的投资,下列阐述正确的是(　　)。
   A. 跨国公司的投资是指跨国公司把筹集的资金投放于母公司所在国以外的国家和地区的投资
   B. 国际直接投资是以取得或拥有国外企业的经营、管理权为特征的投资
   C. 国际间接投资者参与国外企业的经营、管理活动,其投资是通过国际资本市场进行的
   D. 跨国公司的投资不包含国内投资

8. 合资经营是国际直接投资的一种具体形式,我国规定合资企业的外方投资者的股权不低于(　　)。
   A. 30%　　　　B. 25%　　　　C. 20%　　　　D. 35%

9. 下列不是债券收益率的一种形式的是(　　)。
   A. 面值收益率　　　　　　　　B. 持有期收益率
   C. 到期收益率　　　　　　　　D. 债券利率

10. 下列关于债券收益率阐述不正确的是(　　)。
    A. 债券利率提高,债券的收益率也提高
    B. 债券的价格高于面值时,其收益率低于利率
    C. 债券的还本期限越长,对收益率的影响越小
    D. 债券的利率受资本市场的影响,与银行利率没有太大关系

(二) 多项选择题

1. 国际企业财务管理相对于国内企业财务管理有以下特点(　　)。
   A. 资金筹集都来自于国际金融市场
   B. 财务活动具有更高的风险性
   C. 资金投放主要是在除母公司地主国以外的国家
   D. 财务政策具有更强的统一性
   E. 财务关系更为复杂

2. 下列属于跨国公司专门筹资方式的是(　　)。
   A. 国际贸易融资　　　　　　　B. 国际项目融资
   C. 国际租赁融资　　　　　　　D. 国际股票市场筹资
   E. 银行长期贷款

3. 作为跨国公司,其内部资金来源渠道主要有哪些?(　　)
   A. 母公司所在国的金融市场贷款
   B. 母公司的未分配利润
   C. 各子公司向母公司上缴的利润及划拨的资金
   D. 子公司所在国的金融市场贷款
   E. 子公司的未分配利润

4. 国际企业能否成功地利用债券筹资,要受以下哪些因素的影响?(　　)
   A. 债券的种类、期限和偿还条件
   B. 资金市场的汇率走势
   C. 外汇汇率的变化趋势
   D. 国际金融市场的变动趋势
   E. 企业现金流量对利率变化的敏感性

5. 项目融资是一种特殊的融资方式,其具有的特点有(　　)。
   A. 为适合项目融资,项目的主办公司必须成立一个新公司
   B. 在全部投资额中,债务所占的比重较少,主要是自有资本
   C. 为项目建设提供贷款来自许多方面
   D. 项目投产后的产品一般作为项目贷款者的贷款抵押品
   E. 项目融资一般订有融资协定

6. 债券的收益率主要受以下哪些因素的影响？（　　）
   A. 债券的面值　　　　　　　　B. 债券的利率
   C. 债券的价值与其面值的差额　　D. 债券的还本期限
   E. 债券的市场价格

（三）填空题

1. 跨国公司的一般筹资方式主要指传统筹资方式，包括_____、_____和_____。
2. 跨国公司的专门筹资方式有：_____、_____和_____等。
3. 按照投资是否跨越国界，跨国企业投资可分为_____和_____。
4. 按照投资者对企业是否享有控制权，国际企业投资可分为_____和_____。
5. 证券是一种特殊的资本，具有的特性有_____、_____、_____和_____。

（四）名词解释

1. 出口信贷
2. 信用证
3. 项目融资
4. 国际直接投资
5. 国际间接投资
6. 合资经营
7. 决策
8. 国际证券投资

（五）判断题

1. 国际债券市场中外国债券的发行要受本国金融管理部门的管制。（　　）
2. 国际债券市场中欧洲债券市场的历史比外国债券市场长。（　　）
3. 虽然有许多企业涉及国际股票市场，但真正依靠股票筹资的企业并不多。（　　）
4. 项目融资一般有融资协定。对于农业、通讯等基础建设项目，一般由国际商业银行提供贷款。（　　）
5. 国际投资与国内投资一样，唯一的目的是获利。（　　）
6. 跨国公司投资是指国际企业把筹集的资金投放于母公司所在国以外的国家和地区。（　　）
7. 国际间接投资者并不参与国外企业的经营和管理活动，其投资是通过国际资本市场进行的。（　　）
8. 国际投资中通常使用"硬通货"，因此发行硬通货国家的投资者在进行国际投资时，就不会发生投资者所在国的货币与投资对象国的货币的相互兑换。（　　）
9. 国外分公司适用于从事生产性等投资额比较大的企业，可以起到本国总公司与国外市场的桥梁作用。（　　）
10. 在投资决策中，投资报酬法考虑了资本的时间价值，计算精度大，是现代投资决策中广泛应用的方法。（　　）

（六）简答题

1. 简述跨国公司的母公司和子公司的资金来源。

2. 简述跨国公司的筹资特点。

3. 简述跨国公司的投资特点。

4. 简述国际股票市场和国际债券市场融资的联系与区别。

5. 简述债券投资的几个特点。

（七）计算题

1. 设现行国库券的收益率为12%，平均风险股票的必要收益率为16%，如果A股票的β系数为1.5，则该股票的预期报酬率为多少？又如果该股票为固定成长股，成长率为5%，预期一年后的股利是2元，则该股票的价值为多少？

2. 国际市场上B公司发行新债券，其面值为每张100$，发行价格为每张120$，5年期限，年利率为10%，设某企业购买该公司债券，5年后还本付息，则该债券收益率为多少？如果该企业在2年后以每张150$的价格出售，则持有期间该债券的收益率为多少？如果2年后另一企业以每张150$的价格购买该债券，又在2年后以每张160$的价格出售，则另一企业持有该债券期间的收益率为多少？

三、练习题答案

（一）单项选择题

1. C 2. D 3. C 4. B 5. C 6. B 7. B 8. B 9. D 10. D

（二）多项选择题

1. BDE 2. ABC 3. BC 4. ABCDE 5. ACDE 6. BCD

（三）填空题

1. 国际股票市场筹资　国际债券市场筹资　银行长期贷款　2. 国际贸易融资　国际项目融资　国际租赁融资　3. 国内投资　国际投资　4. 国际直接投资　国际间接投资　5. 收益性　风险性　变现性　分权性

（四）名词解释　（略）

（五）判断题

1. √ 2. × 3. √ 4. × 5. × 6. × 7. √ 8. × 9. × 10. ×

（六）简答题　（略）

（七）计算题

1. $K(A) = 12\% + 1.5 \times (16\% - 12\%) = 12\% + 6\% = 18\%$

    $P(A) = 2/(18\% - 5\%) = 15.4(元)$

2. 收益率＝[100×10%＋(100－120)÷5]÷120＝5%

    新发债券持有期间收益率＝[100×10%＋(150－120)÷2]÷120＝20.8%

    已发债券持有期间收益率＝[100×10%＋(160－120)÷2]÷150＝20%

附录：

新编财务管理教学大纲

第一部分　课程性质和设置要求

《新编财务管理》课程是江苏省高等教育自学考试会计学专业和管理类相关专业的必修课，是为了培养和检验自学应考者对财务管理知识掌握情况而设置的一门专业主干课。为了全面、系统地理解和掌握本课程的主要内容，使个人自学、社会助学和考试命题得到贯彻和落实，特编写本大纲。

一、自学的教材

本课程使用的教材，经江苏省高等教育自学考试指导委员会指定为由南京经济学院吴明礼为主编的《新编财务管理》，由东南大学出版社出版。

二、自学的方法

1. 应考者在全面、系统学习的基础上掌握财务管理的基本理论和基本方法。由于财务管理的基本理论涉及经济学、金融学、管理学等知识，基本方法涉及数学、统计学、会计学等知识，所以其知识范围广泛，各章节之间既有联系又有区别还有交叉。要求自考学员认真、细致、全面了解各章基本内容。对概念、特点、原则、作用等内容应以识记为主；对名词的内涵、各概念之间的相互关系和异同、各公式之间的联系应以领会为主；对方法的运用、计算公式的使用则以应用为主。在以上全面、系统学习的基础上，再去抓难点、要点与重点，做进一步巩固和提高。

2. 学习财务管理要注意内容体系的完整性和各板块的独立性。本书内容体系共分成五大板块，每个板块的内容有其独特的逻辑关系，而板块之间的联系则是由财务管理学科自身特点而架构的，所以学习各篇各章时，一定要注意前后之间的联系，并能用一根主线串联起来，从而使得知识点显出系统性，便于记忆，便于思考，而不使知识点成一盘散沙。

3. 自学考试强调学习的自主性和自觉性，这两个方面缺一不可。这里所说的自主性，是指学员有好的学习方法和时间的自由安排，学习不仅要逐句、逐段、逐节、逐章学习，而且要学会归纳和概括，在每句话中找出关键词，在每段话中找出关键句，从而提炼出核心内容和核心思想，利用学习杠杆作用，从而省时省力。这里所说的自觉性，包括学习和练习两个方面的自觉，自考学员对学习的自觉性把握得比较好，在看书和听课方面严格要求自己，对书本知识掌握得较好，但对练习的自觉性把握得较差，对有关的练习题和习题缺少做下去的耐心。需知每个知识点都是片断式的，而练习题则是综合性的，只有通过大量的练习之后，才能对知识点深入了解，才能对相关问题引起思考，尤其是财务管理这门课程，一定要加强综合习题的练习，才会收到比较好的学习效果。

4. 注重理论联系实际。财务管理是一门应用性很强的经济类学科,要求把学习过程同我国的财务实践密切结合起来,增强学科的理论对实践的指导作用,从而提高自己发现问题、分析问题、解决问题的能力。

三、考核的目标

为使考试内容具体化和考试要求标准化,本大纲在列出考试内容的基础上,对各章规定了具体考核目标,包括考核知识点和考核要求。明确考核目标,使自学应考者能够进一步明确考试内容和要求,更能有目的地、系统地学习教材;使社会助学者能够更全面地、有针对性地分层次进行辅导;使考试命题能够更明确命题范围,更准确地安排试题以及合理地安排知识能力层次和难易度。

本大纲在考核目标中,按照识记、领会、应用三个层次规定其应达到的能力层次要求。其中"应用"层次细分为简单应用和综合应用。三个能力层次是递进关系。各层次的含义是:(1) 识记:能知道有关名词、概念、知识的意义,能正确认知和表述其内容。此为低层次的要求。(2) 领会:在识记的基础上,能全面地把握基本概念、基本原理和基本方法;能掌握有关概念、原理、方法的区别与联系。此为较高层次的要求。(3) 应用:在领会的基础上,能运用基本概念、基本原理、基本方法分析和解决有关的理论问题和实际问题。其中"简单应用"是指在领会的基础上,能用学过的一两个知识点分析和解决简单的问题;"综合应用"是指在简单应用的基础上,能用学过的多个知识点,综合分析和解决比较复杂的问题。此为最高层次的要求。

四、对社会助学者的要求

1. 社会助学者应根据本大纲规定的考试内容和考核目标,认真钻研指定教材,明确本课程不同的特点和学习要求,对自学应考者进行切实有效的辅导,引导他们防止自学中的各种偏向,把握社会助学的正确导向。

2. 要正确处理基础知识和应用能力的关系,努力引导自学应考者将识记、领会同应用联系起来,把基础知识转化为应用能力,在全面辅导的基础上,着重培养和提高自学应考者的分析问题和解决问题的能力。

3. 要正确处理重点和一般的关系。课程内容有重点与一般之分,但考试内容是全面的,而且重点与一般是相互联系的,不是截然分开的。社会助学者应指导自学应考者全面、系统地学习教材,掌握全部考试内容和考核知识点,在此基础上再突出重点与难点。总之,要把握重点,不要把自学应考者引向猜题押题。

五、关于考试命题的若干要求

1. 本课程的命题考试内容和考试目标,皆在本大纲所规定的范围之内。考试命题覆盖到各章,并适当突出重点章节,体现本课程的内容重点。

2. 本课程在考试题中对不同能力层次要求的分数比例不同,一般为:识记占20%,领会占40%,简单应用占20%,综合应用占20%。

3. 本课程考试题的难易度结构可分为易、较易、较难、难四个等级。每份试卷中不同难易度试题的分数比例一般为:易占20%,较易占30%,较难占30%,难占20%。必须注意,试题难易度与能力层次不是一个概念,在各能力层次中都会存在不同难度的问题,切勿混淆。

4. 本课程考试试卷采用的题型一般有：单项选择题，多项选择题，填空题，名词解释题，判断题，简答题，计算题。具体参见本大纲附录。

六、考核内容和目的

通过本课程的学习，使应考者对财务管理基本问题、筹资管理、投资管理、损益及分配管理、特殊财务管理的知识有全面、系统地了解；并通过对该门课程系统的学习，具备解决财务活动实际问题的能力，以适应当前企业对财务人员的要求。

第二部分　课程内容与考核目标

第一篇　财务管理基本问题

第一章　财务管理概论

一、考核知识要点

（一）财务管理概述
（二）财务管理基本问题
（三）财务管理理论基础

二、考核要求

财务管理概述

1. 识记　① 财务管理概念、特点、体制；② 财务管理目标、内容、方法。
2. 领会　① 财务管理的内涵；② 财务管理三个特点之间的联系；③ 财务管理体制的构成；④ 财务管理环境生存系统；⑤ 财务管理三层次目标与会计报表之间的联系；⑥ 财务管理的六个理论基础及地位。

第二章　基本价值观念

一、考核知识要点

（一）资金的时间价值
（二）投资的风险价值

二、考核要求

（一）资金的时间价值

1. 识记　① 时间价值的含义及表现形式；② 复利终值和现值计算公式；③ 年金终值和现值计算公式。
2. 领会　① 资金时间价值的实质和表现形式；② 普通年金、预付年金两者的不同点及公式转换。
3. 应用　① 复利现值、终值的计算及应用；② 普通年金现值、终值的计算和运用；③ 通货膨胀的扣除;④ 名义利率和实际利率之间的转换。

(二) 投资的风险价值

1. 识记　① 风险价值;② 市盈率。
2. 领会　① 风险价值的形成;② σ的含义;③ 市盈率指标的评价意义。
3. 应用　① 投资风险价值的计算;② β系数的计算;③ 市盈率的计算。

第三章　财务分析

一、考核知识要点

(一) 财务分析概述

(二) 财务比率分析

(三) 企业财务状况的综合分析

二、考核要求

(一) 财务分析概述

1. 识记　① 财务分析的作用;② 财务分析的目的;③ 财务分析的程序。
2. 领会　① 财务分析的基础;② 财务分析的种类。

(二) 财务比率分析

1. 识记　① 偿债能力指标的概念;② 营运能力指标的概念;③ 获利能力指标的概念。
2. 领会　① 偿债能力指标的理解和分析;② 营运能力指标的理解和分析;③ 获利能力指标的理解和分析。
3. 应用　① 偿债能力指标的计算;② 营运能力指标的计算;③ 获利能力指标的计算。

(三) 企业财务状况的综合分析

1. 识记　① 财务比率综合评分法的概念;② 杜邦分析法的概念。
2. 领会　① 财务比率综合评分法的分析理解;② 杜邦分析法的财务比率关系;a. 股东权益报酬率=资产报酬率×权益乘数;b. 资产报酬率=销售净利率×总资产周转率;c. 销售净利率=净利润÷销售收入;d. 总资产周转率=销售收入÷资产总额。
3. 应用　利用杜邦分析法分析企业财务状况。

第二篇　负债和所有者权益管理

第四章　筹资管理概述

一、考核知识要点

(一) 筹资的基本内容

(二) 资金成本

(三) 资本结构

二、考核要求

(一) 筹资的基本内容

1. 识记 筹资原则、筹资渠道、筹资方式的概念。
2. 领会 ① 筹资的动因；② 筹资原则；③ 筹资的基本要求；④ 筹资渠道和方式。

（二）资金成本

1. 识记 资金成本的概念。
2. 领会 ① 资金成本研究的作用；② 个别资金成本；③ 加权资金成本。
3. 应用 个别资金成本和加权平均资金成本的测算。

（三）资本结构

1. 识记 资本结构、财务杠杆的概念。
2. 领会 ① 风险与杠杆；② 营业杠杆、财务杠杆和复合杠杆；③ 资本结构。

第五章 所有者权益管理

一、考核知识要点

（一）资本金制度

（二）吸收直接投资

（三）股票筹资

二、考核要求

（一）资本金制度

1. 识记 资本金制度的概念。
2. 领会 ① 推行资本金制度的意义；② 资本金制度的内容；③ 资本金筹集方式；④ 资本金筹集期限。

（二）吸收直接投资

1. 识记 吸收直接投资的概念、联营投资的概念。
2. 领会 ① 吸收直接投资的种类、优缺点；② 国家直接投资；③ 联营企业的组织形式。

（三）股票筹资

1. 识记 股票的概念、股票的上市。
2. 领会 ① 股票的种类；② 股票筹资的优缺点；③ 股票的发行；④ 股票上市及终止。

第六章 负债管理

一、考核知识要点

（一）负债筹资概述

（二）流动负债管理

（三）长期负债管理

二、考核要求

（一）负债筹资概述

1. 识记 流动负债、长期负债的概念。
2. 领会 ① 负债的特征；② 企业负债的种类；③ 负债与所有者权益的关系。

（二）流动负债的管理

1. 识记　商业信用的概念、短期融资券的概念。

2. 领会　① 商业信用的种类及信用筹资的优缺点；② 短期银行借款的种类、程序及该方式筹资的优缺点；③ 短期融资券的种类、发行程序及该方式筹资的优缺点。

（三）长期负债的管理

1. 识记　债券的概念、融资租赁的概念。

2. 领会　① 长期借款的种类、程序及该方式筹资的优缺点；② 债券的种类、发行及该方式筹资的优缺点；③ 融资租赁的特征、程序及其优缺点。

3. 应用　债券发行价格的确定。

第三篇　资产管理

第七章　投资管理概述

一、考核知识要点

（一）企业投资的意义与原则

（二）西方财务投资理论概述

二、考核要求

（一）企业投资的意义与原则

1. 识记　企业投资的概念。

2. 领会　① 企业投资的特点；② 企业投资的意义和原则；③ 企业投资的分类。

（二）西方财务投资理论概述

1. 识记　期权的概念。

2. 领会　① 有效市场理论的基本思想；② 投资组合理论的基本思想；③ 期权定价的核心原理。

第八章　流动资产投资管理

一、考核知识要点

（一）货币资金管理

（二）应收账款管理

（三）存货管理

二、考核要求

（一）货币资金管理

1. 识记　货币资金的概念。

2. 领会　① 货币资金的特点；② 企业持有货币资金的动机；③ 货币资金管理的目的；④ 货币资金日常管理策略。

3. 应用　① 预测货币资金需求量的方法；② 货币资金需求量控制方法。

（二）应收账款管理

1. 识记　①债权资产概念；②信用政策概念；③信用标准概念；④信用条件概念；⑤收账政策概念。

2. 领会　①应收账款存在的原因；②应收账款管理的目的；③对客户信用状况评估的方法；④现阶段应收账款成"三角债"的原因及解决的方法。

3. 应用　①企业给予信用条件的决策方法；②企业制定收账政策决策方法。

（三）存货管理

1. 识记　①存货概念；②存货资金最低占用量概念。

2. 领会　①存货的功能；②存货管理的目的；③存货控制方法。

3. 应用　①存货资金最低占用量确定方法；②存货决策方法；③存货动态控制指标。

第九章　固定资产和无形资产管理

一、考核知识要点

（一）固定资产投资概述

（二）固定资产投资决策方法

（三）固定资产折旧方案管理

（四）无形资产管理概述

二、考核要求

（一）固定资产投资概述

1. 识记　固定资产投资概念。

2. 领会　①固定资产投资的特点；②固定资产投资的种类。

（二）固定资产投资决策方法

1. 识记　①现金流量概念；②净现值法概念；③现值指数法概念；④内含报酬率概念；⑤投资回收期法概念；⑥平均收益率概念。

2. 领会　固定资产投资决策方法的种类、特点。

3. 应用　固定资产投资决策方法。

（三）固定资产折旧方案管理

1. 识记　①折旧概念；②平均折旧法含义；③加速折旧法含义；④最佳更新期概念。

2. 领会　①平均折旧法种类；②加速折旧法种类；③最佳更新期的确定。

3. 应用　①平均折旧法各方法；②加速折旧法各方法；③最佳更新期确定的两种情况。

（四）无形资产管理概述

1. 识记　①无形资产概念；②无形资产内容。

2. 领会　①无形资产特点；②无形资产计价；③无形资产的摊销；④无形资产投资选择应考虑的因素；⑤无形资产使用应考虑的问题；⑥无形资产转让形式。

3. 应用　无形资产考核指标。

第十章 金融资产管理

一、考核知识要点

（一）购买短期有价证券

（二）购买长期债券

（三）购买股票

（四）外汇和期权投资

二、考核要求

（一）购买短期有价证券

1. 识记　短期有价证券特点。

2. 领会　① 企业持有短期有价证券的原因；② 有价证券投资的选择标准；③ 短期有价证券投资形式。

（二）购买长期债券

1. 识记　债券投资收益及收益率。

2. 领会　① 我国债券及其发行特点；② 债券投资优缺点。

3. 应用　① 债券投资价值评价模式；② 债券收益率计算方法。

（三）购买股票

1. 识记　股票投资收益。

2. 领会　① 投资股票类型；② 股票投资风险及防范；③ 股票投资优缺点。

3. 应用　① 股票价值估价模型；② 股票收益率计算。

（四）外汇和期权投资

1. 识记　① 外汇业务概念；② 期权交易概念；③ 期权概念。

2. 领会　① 外汇业务产生的原因；② 外汇投资风险类型及防范对策；③ 期权合约种类；④ 期权合约基本要素；⑤ 期权价值；⑥ 保证金制度。

第四篇　收入、费用、利润管理

第十一章　收入和费用管理

一、考核知识要点

（一）收入的概念与特征

（二）收入的预测和计划

（三）收入的控制

（四）成本费用管理概述

（五）成本费用控制的程序与原则

（六）目标成本控制

（七）责任成本及考核

（八）弹性预算控制

二、考核要求

（一）收入的概念与特征

1. 识记　①收入的概念；②收入的特征。
2. 领会　收入的确认与计量。

（二）收入的预测和计划

1. 识记　①收入的预测；②收入的计划。
2. 应用　收入的预测方法。

（三）收入的控制

1. 识记　收入的控制。
2. 领会　①销售合同管理；②销售市场开拓。

（四）成本费用管理概述

1. 识记　①成本费用；②成本费用内容。
2. 领会　成本费用管理的要求。

（五）成本费用控制的程序与原则

1. 识记　成本控制程序。
2. 领会　①成本控制的基本程序；②成本控制应遵循的原则。

（六）目标成本控制

1. 识记　目标成本。
2. 领会　①目标成本控制的程序；②目标成本确定的方法。
3. 应用　目标成本的确定。

（七）责任成本及考核

1. 识记　责任成本。
2. 领会　①责任成本确认应遵循的原则；②责任成本的考核。

（八）弹性预算控制

1. 识记　弹性预算。
2. 领会　弹性预算的表达方式。
3. 应用　弹性预算中综合成本的分解。

第十二章　利润管理

一、考核知识要点

（一）利润形成管理
（二）利润分配管理

二、考核要求

（一）利润形成管理

1. 识记　①利润的不同概念；②目标利润；③目标利润的特点。
2. 领会　①目标利润确定的方法；②实现目标利润的对策。
3. 应用　提高利润的对策。

（二）利润分配管理

1. 识记 ① 利润分配；② 股利理论；③ 股利政策。
2. 领会 ① 利润分配制度的演变；② 利润分配程序；③ 股利政策理论内容；④ 股利政策内容；⑤ 股利种类；⑥ 股利发放程序。
3. 应用 ① 股票股利；② 股票分割。

第五篇　特殊财务管理

第十三章　资本运营理论

一、考核知识要点

（一）资本运营的概念
（二）资本运营的理论和实践
（三）资本的扩张
（四）资本的收缩

二、考核要求

（一）资本运营的概念
1. 识记 ① 资本的含义；② 资本运营的一般含义和特定含义。
2. 领会 ① 资本的两重属性；② 资本运营的本质。
（二）资本运营的理论和实践
1. 识记 ① 资产经营的本质；② 资本运营的本质。
2. 领会 ① 资本运营与资产经营的一般性区别；② 国有企业资本运营的决策权、控制权的归属；③ 资本扩张和资本收缩的原则依据。
（三）资本的扩张
1. 识记 ① 企业的定义；② 企业收购的定义。
2. 领会 ① 企业兼并的本质；② 企业兼并的形式；③ 企业兼并的成本；④ 企业收购方式；⑤ 企业收购制度。
（四）资本的收缩
1. 识记 ① 企业剥离的含义；② 企业剥离的类型；③ 企业分立的含义。
2. 领会 ① 企业剥离的动因；② 企业剥离方案的实施；③ 企业分立的动因与效应。

第十四章　企业设立、变更、清算的管理

一、考核知识要点

（一）企业的设立
（二）企业的变更
（三）企业的清算

二、考核要求

（一）企业的设立

1. 识记 企业设立的基本条件：包括合法的名称、健全的组织机构、企业章程、自有的经营财产、合法的经营范围和健全的财务会计制度。

2. 领会 企业设立的一般程序：① 发起；② 论证；③ 批准；④ 筹建；⑤ 申请设立登记；⑥ 批准注册。

（二）企业的变更

1. 识记 ① 公司合并的概念；② 公司分立的概念。

2. 领会 ① 公司合并的原因。② 公司合并的资产评估法：a. 收益现值法；b. 重置成本法；c. 现行市价法；d. 清算价格法。③ 公司分立的方式。④ 公司分立的原因。

（三）企业的清算

1. 识记 ① 公司清算的概念；② 公司清算的方式。

2. 领会 ① 公司清算的原因；② 公司清算的机构和职权；③ 公司清算的程序。

第十五章 跨国公司财务管理

一、考核知识要点

（一）跨国公司财务管理的特点和理财环境

（二）跨国公司的国际筹资

（三）跨国公司的国际投资

二、考核要求

（一）跨国公司财务管理的特点和理财环境

1. 识记 跨国公司财务管理的特点：① 资金筹集具有更多的选择性；② 资金投放具有更大的广泛性；③ 财务活动具有更高的风险性；④ 财务政策具有更强的统一性等。

2. 领会 国际企业的理财环境：经济环境、法律环境、政治环境、文化环境。

（二）跨国公司的国际筹资

1. 识记 ① 跨国公司筹资特点；② 跨国公司的一般筹资方式；③ 跨国公司的专门筹资方式。

2. 领会 ① 跨国公司的资金来源；② 跨国公司一般筹资方式的具体内容；③ 跨国公司专门筹资方式的具体内容。

（三）跨国公司的国际投资

1. 识记 ① 跨国公司的特点；② 跨国公司的分类。

2. 领会 ① 跨国公司的直接投资方式；② 国际证券投资。

考题类型

一、单项选择题

1. 信用额度实际上代表企业对客户愿意承担的最高（B）。
   A. 收益   B. 风险   C. 成本   D. 差价

二、多项选择题

1. 存货资金包括（ABD）。

A. 储备资金　　B. 生产资金　　C. 货币资金
D. 成品资金　　E. 结算资金

三、填空题

1. 存货资金具有<u>并存性</u>和<u>继起性</u>两个特点。

四、判断题

1. 营业杠杆与财务杠杆之和称为复合杠杆。（×）

五、名词解释

1. 财务风险——是由于利用财务杠杆给企业带来的破产风险或普通股收益发生大幅度变动的风险。

六、简答题

1. 简述存货及存货的功能

答：存货是企业在生产经营过程中为销售或耗用而储备的物资。它具有如下功能：

(1) 储存原材料和在产品可以保证生产的正常进行。

(2) 储备必要的产成品，以利于销售。

(3) 储备必要的存货，以利于均衡生产。

(4) 留有保险储备，以防不测。

七、计算题

1. 某企业某种外购材料全年需要量为 10 000 千克，预计每次订货费用为 100 元，单位储存费用为 2 元。试确定该企业最佳采购批量及批数。

解：$Q = \sqrt{\dfrac{2 \times 10\,000 \times 100}{2}} = 1\,000$（千克）

$\dfrac{D}{Q} = 10\,000 / 1\,000 = 10$（批）

参考文献

1. 刘贵生,何进日.财务管理学[M].北京:中国经济出版社,1997
2. 复旦大学财务学系.公司财务管理[M].北京:机械工业出版社,1996
3. 欧阳令南.公司财务[M].上海:上海财经大学出版社,1995
4. 庄恩岳等.新财务管理方法[M].北京:中国审计出版社,1995
5. 余新平.财务管理[M].北京:中国人民大学出版社,1995
6. 郭复初等.财务通论[M].上海:立信会计出版社,1997
7. 郭复初等.财务专论[M].上海:立信会计出版社,1998
8. 吴明礼.现代财务理论与方法[M].北京:中国统计出版社,2002
9. 丁元霖.财务管理习题与解答[M].上海:立信会计出版社,2005
10. 秦志敏,牛彦秀.财务管理习题与案例[M].2版.大连:东北财经大学出版社,2010
11. 李海波.财务管理习题集[M].上海:立信会计出版社,2004
12. 王明虎.财务管理原理[M].北京:机械工业出版社,2009

后 记

企业进行经济活动,加强企业管理,离不开人、财、物等各生产要素的管理,其中财务管理则居于中心地位,"企业管理以财务管理为中心,财务管理以资金管理为中心"已成为企业界和理论界的共识。本书内容体系就是循着这一指导思想编写的,并与成熟的财务管理内容保持较好的连续性。

随着我国经济体制改革的推进和进一步深化,企业(公司)必须充分利用财务管理的理论和方法指导财务活动实践,才能在激烈而又残酷的市场竞争中得以生存和发展。无论是企业(公司)日常财务活动所涉及的商品(生产)经营,还是企业重大财务活动所涉及的资本运营,都与财务工作的效率和质量密切相关,尤其是当前国有企业的股份制改造以及企业间兼并、收购所涉及的企业重组,还有波及资本结构再调整的债转股形式,这一系列深化国企改革的探索,都与财务管理的基本理论和基本方法紧密相连,同时也对财务理论研究提出了新的课题。

基于上述两点,本书在借鉴成熟的《财务管理》体系框架下,尽力吸收最新的财务理论研究成果和财务实践经验总结,力求使本书在理论体系上尽可能更加完善,在实践中更易操作,在内容上保持一定的连续性,更便于自考生的学习、运用和应考。

本书由吴明礼任主编,负责制定编写计划,修改、总纂全书内容,蒋琰、石文亚、李传忠和武清华等同志编写本书各章及习题,罗萌、吴永泽等同志对各章习题进行了补充。本书编写过程中得到了江苏省教育考试院、南京财经大学自学考试办公室、南京财经大学会计学院有关领导的大力支持,在此一并感谢。书中疏漏和错误之处,敬请指正。

编　者
二〇一二年二月